PPP模式社会资本方操作实务

李秋东　江小燕　主编
安徽鼎信项目管理股份有限公司
鼎信建设管理技术创新研究院组织编写

中国建材工业出版社

图书在版编目（CIP）数据

PPP模式社会资本方操作实务/李秋东，江小燕主编
. --北京：中国建材工业出版社，2019.10
ISBN 978-7-5160-2638-0

Ⅰ.①P… Ⅱ.①李… ②江… Ⅲ.①政府投资—合作
—社会资本—中国 Ⅳ.①F832.48 ②F124.7

中国版本图书馆CIP数据核字（2019）第160760号

PPP模式社会资本方操作实务
PPP MoShi SheHui ZiBenFang CaoZuo ShiWu
主 编 李秋东 江小燕

出版发行：中国建材工业出版社
地 址：北京市海淀区三里河路1号
邮 编：100044
经 销：全国各地新华书店
印 刷：北京雁林吉兆印刷有限公司
开 本：787mm×1092mm 1/16
印 张：23.75
字 数：570千字
版 次：2019年10月第1版
印 次：2019年10月第1次
定 价：95.80元

本社网址：www.jccbs.com，微信公众号：zgjcgycbs

安徽鼎信项目管理股份有限公司
鼎信建设管理技术创新研究院
组织编写

主　　编：李秋东　江小燕
主　　审：陈　梅
编制人员：陈可珍　徐宗伟　汪　林
王玉芳　孙　健　陈玉明
李胜平　孙　燕　郭丰涛
张春梅　夏　权　章会青
赵恒福　王姗姗　肖　征

前　言

基础设施建设对于经济增长与发展至关重要。近年来，我国大力推广 PPP 模式，提出“一带一路”倡议，在谋求自身发展的同时，加强国际合作。基础设施建设互联互通取得了一系列早期成果，亚投行、丝路基金等投融资平台的筹建，极大地激发了我国企业投身于基础设施建设的新一轮热潮。为推广 PPP 模式，国务院、财政部、住房城乡建设部、发改委等部委先后颁发了一系列政策、法规，用以促进和规范基础设施和公用事业领域 PPP 模式的应用。截至 2018 年 12 月 31 日，财政部项目库项目总计 12553 个，项目规模共 17.55 万亿元。

虽然 PPP 项目推进较快，但在我国当前实施 PPP 仍然面临较多的问题，如法律政策环境方面存在过于笼统以及一致性和连贯性差等问题；项目实施主体之间存在利益诉求较大的分歧、项目的风险分担机制不完善等问题。这些不仅为顺利推行 PPP 项目带来了障碍，也使 PPP 项目在实施过程中没有可靠的法律依据和合理的实施规则，影响项目未来实施结果。为帮助政府方更好的组织和推进 PPP 项目 2018 年我们组织编写并出版了《PPP 模式政府方操作实务》，为政府方提供了操作借鉴与指引；但作为 PPP 的另外一个重要参与方；社会资本方，同样也需要导流性的了解 PPP 模式策划、选择、投资和建设运作的操作指引，鉴于此，本书从社会资本方的角度对 PPP 全过程进行了详细的分析论述。

本书共分十一章：第一章对 PPP 模式、政策现状与发展趋势等进行了详细论述；第二章、第三章论述了 PPP 项目策划、采购流程；第四章对我国 PPP 项目投融资进行了详细分析；第五章较详细地分析了 PPP 项目风险；第六章介绍了 PPP 项目的定价机制与利益分配；第七章、第八章、第九章介绍了 PPP 项目中的合同、再谈判机制与 PPP 项目特有的建设、运营与移交的过程；第十章讲述了 PPP 项目绩效的特点、指标与问题等；第十一章简要介绍了国际工程 PPP 项目的概况。

本书在编写过程中，参阅了大量文献，也引用了其中部分内容，在此对这些文献的作者和单位深表感谢。

由于编者水平有限，本书存在很多不足，恳请读者予以批评指正！

目　录

第一章　PPP 模式与发展趋势

第一节　PPP 模式

2017 年下半年以来，财政部全面贯彻党的十九大精神，按照全国金融工作会议部署，着力推进 PPP 规范发展，重点开展了以下工作：

一是规范 PPP 项目库管理。印发《关于规范政府和社会资本合作（PPP）综合信息平台项目库管理的通知》（财办金〔2017〕92 号），统一新项目入库标准，集中清理“僵尸”项目和违规项目，遏制泛化滥用现象。各地累计清理退库项目 2148 个，涉及投资额 2.5 万亿元。

二是规范国有金融企业投融资行为。印发《关于规范金融企业对地方政府和国有企业投融资行为有关问题的通知》（财金〔2018〕23 号），规范国有金融企业参与 PPP 项目融资行为，确保项目资本金来源合法合规。

三是守住财政承受能力“红线”。分析全国 PPP 项目财政承受能力情况，启用 PPP 项目财政支出责任监测预警系统。

四是完善配套制度。配合推进 PPP 条例起草、PPP 税收政策制定工作，联合文化和旅游部出台旅游领域推广 PPP 模式的指导意见。

五是加强示范引领。会同 18 个部委推出第四批 396 个 PPP 示范项目，涉及投资额 7588 亿元。会同国家发改委推选 27 个市县作为 2017 年度推广 PPP 工作有力市县，国务院办公厅对这 27 个市县给予了表扬激励。

六是推进国际合作。利用 APEC、金砖、世行、亚行、亚投行等多边机制，推进 PPP 国际交流合作，服务“一带一路”建设。

PPP 即政府和社会资本方合作，作为一种创新型的政府采购模式，在全世界已经被广泛应用到各种公众产品和服务当中，弥补了各国财政在基础设施建设上投入的不足。其主要适用于规模较大、需求较稳定、长期合同关系较清楚的项目，如供水、供电、通信、建桥修路、医院等。国际上，PPP 指政府与私营企业之间长期合作提供公共产品（服务），分为服务外包、特许经营、私有化三类。由于我国存在着国有企业、集体企业和私营企业等不同性质的社会资本，因此，PPP 在国内指的是政府与社会资本之间长期合作提供公共产品（服务），合作对象不仅限于私营企业。

目前中国政府力推 PPP 模式有以下四个方面的考虑：

（1）政府财税制度改革的需要，多采用股权而非债权模式从事基础设施、公共事业开发，有效遏制地方政府债务无序增长。

（2）以竞争方式向社会购买服务，提高服务质量和提升服务效率，转变政府职能，加强政府监管。

（3）鼓励、支持和引导非公有制经济发展，进一步鼓励和引导民间投资，给民营资本平等竞争机会。

（4）解决城镇化过程中大量基础设施、公用事业建设的融资需求。

一、PPP 的相关概念

PPP 是基础设施领域里的一场制度变革，是公共产品和服务的一种交付方式，是政府职能转变的工具。其是一个相对宽泛的表述性词语，在不同国家和不同发展阶段有不同的形式，目前，它仍然没有一个确切的定义。

（一）PPP 的定义与特征

1. 国内代表性定义

（1）政策层面。

《关于推广运用政府和社会资本合作模式有关问题的通知》（财金〔2014〕76 号文）指出，政府和社会资本合作模式（PPP）是在基础设施及公共服务领域建立的一种长期合作关系，通常模式是由社会资本承担设计、建设、运营、维护基础设施的大部分工作，并通过“使用者付费”及必要的“政府付费”获得合理投资回报；政府部门负责基础设施及公共服务价格和质量监管，以保证公共利益最大化。

《国家发展改革委关于开展政府和社会资本合作的指导意见》（发改投资〔2014〕2724 号）指出，政府和社会资本合作模式（PPP）是指政府为增强公共产品和服务供给能力、提高供给效率，通过特许经营、购买服务、股权合作等方式，与社会资本建立的利益共享、风险分担及长期合作关系。

《国务院办公厅转发财政部发展改革委人民银行关于在公共服务领域推广政府和社会资本合作模式指导意见的通知》（国办发〔2015〕42 号）指出，政府和社会资本合作模式（PPP）是公共服务供给机制的重大创新，即政府采取竞争性方式择优选择具有投资、运营管理能力的社会资本，双方按照平等协商原则订立合同，明确权利关系，由社会资本提供公共服务，政府依据公共服务绩效评价结果向社会资本支付相应对价，保证社会资本获得合理收益。

可见，财政部、发改委与国务院办公厅对 PPP 的定义略有差异，财政部更强调财政约束、政府监管；发改委更强调政府与社会资本的“利益共享、风险共担、长期合作”关系，强调“特许经营、购买服务、股权合作”的三种合作方式；国办则强调 PPP 是公共服务供给重大创新，强调政府与社会资本方的平等合作关系。但三者也有共同之处：一是均认为 PPP 是政府与社会资本在基础设施与公共服务领域建立的长期合作伙伴关系；二是认可社会资本与政府存在职责分工，社会资本提供服务，政府负责必要的付费、监督等。

（2）学理层面。

学术界目前从 PPP 的功能、融资形式、合同体系等角度出发阐释定义，但尚未形成统一认识。常见的观点有：①公共部门与社会资本在基础设施建设中通过正式协议建立起来的一种长期合作伙伴关系。②公共部门与社会资本通过建立伙伴关系来提供基础设施产品/服务的一种运行机制。③企业获得政府的特许经营权，提供传统上由政府负责的基础设施、公用事业的建设与服务的方式。④私人企业与公共部门合作的融资模式。⑤公共部门和社会资本为提供公共产品或服务、实现特定公共产品的公共效益而建立的项目全生命期合作的契约关系。

2. 国外代表性定义

联合国培训研究院认为：PPP 涵盖了不同社会系统倡导者之间的所有制度合作方式，目的是解决当地或区域内的某些复杂问题。其包含两层含义：其一，满足公共产品需要而建立的公共和私人倡导者之间的各种合作关系；其二，为满足公共产品需要，公共部门和社会资本建立伙伴关系进行的大型公共项目的实施。

欧盟委员会（European Public-Private）认为，PPP 是指公共部门和社会资本之间的一种合作关系，其目的是提供传统上由公共部门提供的公共项目和服务。

加拿大 PPP 国家委员会（Canadian Council for Public-Private Partner-ships）指出，PPP 是指公共部门和社会资本之间的一种合作经营关系，它建立在双方各自经验的基础上，通过适当的资源分配、风险分担和利益共享机制，最好地满足事先清晰界定的公共需求。

美国 PPP 国家委员会（Public-Private Partnerships）认为，PPP 是介于外包和私有化之间并结合了两者特点的一种公共产品提供方式，它充分利用私人资源进行设计、建设、投资、经营和维护公共基础设施，并提供相关服务以满足公共需求。

标准普尔认为，PPP 是公共部门与社会资本之间长期合约关系的媒介，包括风险分担和多部门之间的专有技术人才和融资共享，从而达到理想的政策结果。世界银行集团（Infrastructure Resource Center，IRC）认为，PPP 是指公共部门与社会资本为提供公共资产或服务而签订长期合约，其中社会资本承担了相当大的风险和管理责任，且报酬与实施效果挂钩。

可见，上述定义的一个共同之处是：均认为 PPP 是政府与社会资本之间建立的长期合作关系，但所界定的 PPP 内涵各有不同导致其外延也各不相同。比如在联合国的定义里，政府与社会资本的 PPP 合作范围是公共产品与大型项目。而欧盟的定义则更为广泛，包括一切公共项目和公共服务。世界银行则强调私有部门承担了大量风险，通过绩效取得报酬。美国的 PPP 模式仅局限于外包与私有化模式之间的中间模式，但我国的外包与私有化本身也是 PPP 的模式。

总之，目前 PPP 还缺乏一个统一的定义，每个国家 PPP 的外延也不一样。在美国，政府与社会资本在公共产品、公共服务领域的合作都可以称作 PPP，例如政府与保险公司合作医疗保险也作为 PPP 的一种实践，但是在我国“大病保险”通常不以 PPP 命名；再如政府与社会资本共同进行科技开发也是 PPP 的实践，但我国 PPP 通常局限于基础设施等“硬件服务”领域，尚未扩展至这些“软服务”领域。当然，国外的定义对我国也有借鉴意义，随着政府与社会资本合作的深入开展，越来越多的领域均可以尝试 PPP 模式操作。

审视各国 PPP 社会实践，虽然实现方式各异，但都具有合作关系持久性和关联性的特点。从合作性质出发，PPP 实质上是一张公私混合的组织网络，其吸引社会资本的关键是通过制度安排和机制设计建立长期稳定的合作关系，明确政策预期以降低政策风险。与传统公用事业运作中社会资本与公共部门谋求短期对价的合约关系不同，PPP 中各方深度合作并绑定为利益整体，共同承担责任和风险，通过运营期和风险期的对冲，实现长期连续的合作。

因此，PPP 作为一种公共产品的供给理念或模式，究其本质应是公共部门与社会资本间建立的以市场化为基础、以相应合同体系确立的权利义务为制约、以实施公共产品供给为目的的一系列长期合作关系。社会上有种流行的观点将 PPP 的本质放在了融资模式创新上，立足于引入社会资本，拓宽融资渠道，缓解政府财政压力之上，而忽略了 PPP 作为一种新型公共产品供给模式，融资仅仅是其中的一个环节。与公共产品供给的传统三种模式（政府供给、市场或企业供给、第三部门供给）相比，PPP 模式是公共部门与社会资本以伙伴关系进行充分协作、共享共建的新方式。所以我们理解 PPP 的本质不应放在化解地方政府债务危机上，而应在于充分发挥社会资本和政府各自的“专业”优势，更好地满足人们对公共产品和服务的需求，以及服务供给结构改革的需要。

在 PPP 和私有化两种形式下，社会资本的参与度有明显的差异：私有化是把原公共资产永久地移交给社会资本，而在 PPP 模式下，公共部门仍然发挥着社会资本的“合作伙伴”的角色。在 PPP 模式下，提供服务的责任显然在公共部门手中，政府与社会资本服务提供方建立直接的合同关系。私有化通常指提供服务的责任也随之转移给社会资本服务提供方（尽管最终还是政府对公民负责），在实现私有化的通信行业，如果某一电话机出现故障，人们通常会向社会资本服务提供方抱怨，而如果是运用 PPP 模式建造的医院关闭了，人们则认为政府须负直接责任。

外包是指将基础设施或公共产品的服务或管理外包给社会资本。

特许经营在我国法律法规中是指“各级人民政府依法选择中华人民共和国境内外的企业法人或者其他组织，并签订协议，授权企业法人或者其他组织在一定期限和范围内建设经营或者经营特定基础设施和公共事业，提供公共产品或者公共服务的活动”。

（二）PPP 的作用

PPP 模式炙手可热的原因在于，与以往政府开展基础设施建设和提供公共服务的模式相比，其更符合市场化的特点，能提高资本利用的效率，对政府治理能力和治理体系的现代化具有巨大的推动作用。PPP 模式的优势体现为宏观和微观两个层次。

1. 宏观作用

党的十八届三中全会通过的《中共中央关于全面深化改革若干重大问题的决定》指出，经济体制改革是全面深化改革的重点，其核心是处理好政府和市场的关系。《中华人民共和国国民经济和社会发展第十三个五年规划纲要》（简称为《“十三五”规划建议》）中明确提出要发挥投资对增长的关键作用，深化投融资体制改革，优化投资结构，增加有效投资。发挥财政资金撬动功能，创新融资方式，带动更多社会资本参与投资。创新公共基础设施投融资体制，推广政府和社会资本合作模式。政府和社会资本合作模式（PPP）很好地把市场在资源配置中的决定性作用与政府在经济发展中的引导作用结合在一起，充分利用市场机制和资源，增加、改善和优化公共产品和服务供给，推动经济更有效率、更加公平、更可持续发展。从公共管理理论上分析，在 PPP 模式中，政府不必制定公共服务的详细技术规范或为某个公共设施加以设计。而只需要对所要实现的公共服务成果进行描述并规定标准。这样的制度安排可以弥补政府部门在专业知识和人力资源方面的缺陷，充分利用社会资本的优势并发挥其能动性。具体而言，其优势体现在以下几个方面：

（1）PPP 模式有效缓解了政府部门在基础设施上的融资缺口，通过私营资本的融资解决财政瓶颈的问题和促进高效的风险管理。新《预算法》的颁布实施使地方政府融资平台渠道被切断，加之正在推动的集体建设用地、宅基地平等入市改革也将削弱地方政府在土地流转环节的资金来源，可以预见在未来很长一段时间，地方政府的基础设施供给能力将受到严格约束而趋于下降。与此同时，我国仍处于城镇化的上升通道，据有关部门测算，未来 20 年将要有 4 亿～5 亿农村人口市民化，至少需要 40 万亿～50 万亿基建投入，城镇化改革对公共设施和公共服务的需求迫切，地方政府面临严峻考验。面对上述难题，社会资本参与融资的 PPP 模式亦可以不受公共预算约束的影响，直接为公共服务和基础设施提供社会资本融资支持。此外，在政府付费的 PPP 模式下，政府部门实际上将一次性资本投入转化为整个合同期间的长期固定费用支出，从而有效缓解了短期预算约束所受到的限制。

（2）PPP 模式可以促进公共设施建设和提高服务效率，利用私营资本的高效管理提高公共工程项目的绩效水平。PPP 模式注重社会资本的参与，使政府和社会资本合理分担风险，有助于激发非公有制经济的活力，市场化方式的运用可以提高资源的配置和使用效率，在运营管理上实现公私部门优势互补，推动基础设施建设和运营的质量水平、绩效水平、管理水平的进一步提升，为公众提供更好的服务。

（3）PPP 模式可以理清政府与市场的关系，有助于政府治理能力现代化建设。该模式对政府部门角色的双重定位要求政府部门必须从根本上区分效率导向的出资人职能和公平导向的监管职能。过程设计合理、实施高效透明的 PPP 模式有助于政府、企业、公共设施和服务的最终消费者之间建立起良性的互动互信关系，最终实现政府治理能力的持续改善，同时推动我国基础设施发展的市场化和产业化。

2. 微观作用

微观层面上，PPP 模式带来的不只是社会资本，还包括资本方的知识技能、管理经验、创新能力、市场约束等“附加值”。其核心价值在于，在社会资本的催化之下，PPP 项目往往更具效率。具体而言，体现在以下几个方面：

一是 PPP 模式下，公共部门不再兼任项目的投资、建设和监督等工作，有益于解决管理人员的问题；二是能够以潜在的巨大市场和稳定的投资回报吸引更多优秀的民营资本介入，在增强投资主体多元化的同时刺激民营经济的发展，并使用管理技术和方法解决公共产品提供过程中的问题；三是该模式下，政府通过政策扶持提高民营资本投资基础设施项目的积极性，并保证民营资本“有利可图”，私人企业处于预期服务效果对自身经济利益影响的考虑而强化执行阶段的流程控制，公私合营所形成的长期伙伴关系可实现民营资本的持续收益；四是 PPP 模式促使企业来承担相应的项目风险，起到了分散政府风险的作用。

二、广义 PPP 的运作模式

PPP 的模式有很多不同的操作方式，下面介绍 PPP 模式的几种常见的运作方式。

（一）运营与维护（Operation and Maintenance，O&M）

O&M 是指政府部门与私人合作者签订合同，由私人合作者运营和维护公共设施，以获取商业利润的运作模式。其主要适用于市政服务，包括自来水厂、污水处理厂、固体垃圾收集、道路维护、公园景观的维护、停车场、娱乐设施等。它提供服务的质量和效率高，节约成本，合同设计灵活，政府拥有所有权，但如果集体协议不允许外包，承包商不履行职责，会导致公众获得服务的成本很大且削弱所有者的控制力，降低对不断变化的公共需求的反应能力。应用案例项目有深圳的滨海医院等。

（二）设计-建设（Design-Build，DB）

DB 是由社会资本设计和建设符合标准与绩效要求的设施，在设施建设完成后，政府拥有所有权，并且负责设施的运营和管理的运营模式。其主要适用于公共基础设施和建设项目，包括自来水厂和污水处理厂、给排水系统、道路、娱乐场所、游泳池等。它利用了社会资本的工程经验和创造力，可以节约成本，采购灵活且具有建设过程提升效率的可能，同时减少了建设时间和建设要求，但它降低了所有者的控制权，增加了加入预期的设计特征与改变合同的成本，运营与维护成本较高，可能会抵消较低的资本成本，同时私人部分承担的风险也增加。

（三）设计-建设-主要维护（Design-Build-Main Maintenance，DBM）

DBM 是指公共部门承担 DB 模式中提供的基础设施的经营责任，但主要的维护功能交给社会资本的运营模式。其主要适用于公共基础设施和建设项目，包括自来水厂和污水处理厂、给水排水系统、道路、娱乐场所、游泳池等。它可以利用社会资本的工程经验和创新能力，采购灵活，且具有建设过程提升效率的可能，减少了建设时间，节约了成本，降低维护费用，可以保证项目质量长期的可靠性。但它降低了所有者的控制权，增加了加入预期的设计特征与改变合同的成本，社会资本承担的风险也相应地增加。

（四）设计-建设-运营（Design-Build-Operate，DBO）

DBO 是指承包商在业主手中以某一合理总价承包设计并建造符合标准与绩效要求的设施，设施建设完成后负责运营该设施，满足该设施在运营期间公共部门的运作要求，公共部门拥有所有权并为该项目提供资金支持的模式，其主要适用于公共基础设施和建设项目，包括自来水厂和污水处理厂、废物转运站、给水排水系统、高速公路、海水淡化等。它区分了经营主体、建设主体和投资主体；避免了项目所有权转移带来的风险；社会资本不需要承担融资责任；可施工性高、施工周期更合理；设计费用降低；运营效率提高；可以保证项目质量长期的可靠性。但该模式下，公共部门承担融资责任；项目周期过长，大多社会资本很难接受；运营技术复杂。应用案例项目有天津市滨海新区汉沽城污水处理厂等。

（五）建设-租赁-运营-移交（Build-Lease-Operate-Transfer，BLOT）

BLOT 是指社会资本与公共部门签订长期租赁合同，社会资本投资建设设施并在租赁期内经营该设施，通过向用户收费而回收投资实现利润，合同结束后将该设施交还给公共部门的运作模式。在我国项目建设土地由国家划拨、项目公司享有所有权的惯例下，BLOT 模式并不常见。

（六）建设-移交-运营（Build-Transfer-Operate，BTO）

BTO 是由社会资本投资者进行融资和建设公共设施，设施建设后，社会资本把设施的所有权转移给政府，然后政府与私人部分签订租赁合同，实行租赁经营，在租赁期间，社会资本有机会收回投资，并得到合理的回报的运作模式。其主要适用于大部分的基础设施和公共设施，包括道路、供水系统、排水系统、自来水厂与污染处理厂、停车设施、政府建筑物、机场、剧院、游泳池等。政府能够从社会资本的专业建设知识中获益；公共部门通过社会资本的运营获益并节省成本；公共部门保持资本的所有权；公共部门所有权和运营外包限制了所有税收要求；公共部门保持控制服务和收费标准的权威。与下面介绍的 BOT 相比，该模式可以避免法律、监管和侵权责任问题；政府可以控制运营表现、服务与维护水平。但如果社会资本出现破产或违约的情况，要替代社会资本或者终止协议将遇到困难。应用案例项目有深圳市龙岗区布吉文体中心等。

（七）建设-运营-移交（Build-Operate-Transfer，BOT）

BOT 是指社会资本按照与政府议定的价格建造设施，根据与政府签订的合约或特许经营协议经营设施，而在合约期内社会资本可取得合理的回报收益的运作模式。其适用于大部分的基础设施和公共设施，包括自来水厂和污水处理厂、垃圾处理、煤气供应、热力供应、热水供应、城市轨道交通、公路、桥梁、隧道、港口码头、体育馆、医疗卫生保健、文化娱乐设施等。它可以使政府在有限的财政预算下降低成本；政府可以利用社会资本提高运营效率；鼓励外商投资及国外私人资金进入国内；可提前满足社会和公众需求；有利于培养各专业人才，有助于促进东道国法制制度的健全和完善。但由于受 BOT 项目授权协议及相关条例的约束，政府应变的弹性差；投资额大，相对授权期限较长；投资回收期较长、投资风险大；前期准备工作资源耗费量大；项目参与方协作配合信任要求高。应用案例项目有广西来宾 B 电厂等。

（八）建设-拥有-运营-移交（Build-Own-Operate-Transfer，BOOT）

BOOT 是指社会资本从政府部门得到特许权，负责融资、建设、经营、维护和管理公共设施，并在一定的期限内，通过使用者付费的方式，向使用者收取费用以收回投资；在特许经营期满后，所有权转让给政府的运作模式。其主要适用于大部分基础设施和公共设施，包括自来水厂和污水处理厂、娱乐设施、机场、政府建筑物、停车设施及固体废物处理设施等。它能够最大限度地利用社会资本的资金资源，在节约成本的基础上，确保能够建设最有效率和效果最好的设施；在不增加政府支出及长期负债的情况下，向社会提供公共设施；可以利用社会资本的经营、创新能力和劳动关系节约运营成本；与社会资本分担风险，但政府可能丧失对建设和运营模式的控制权；社会资本有权决定收费的标准（除非政府提供补贴），在设施投入运营后，如果运营成本上涨，社会资本会提高收费标准，可能会给政府造成公众抗议的风险；合同签订时需要考虑得十分周全，以涵盖未来可能出现的问题；与 BOT 模式相比，政府的控制权要少一些；如果社会资本出现破产和违约的情况，要替代私人合作者或终止协议会遇到困难。

（九）建设-拥有-运营（Build-Own-Operate，BOO）

BOO 是指政府把现有公共设施的所有权和经营权移交给社会资本，或者与社会资本签订合同，由社会资本永久地建设、拥有和经营新的设施，由社会资本进行融资的运营模式。其主要适用于大部分的基础设施和公共设施，包括自来水厂与污水处理厂、停车设施、娱乐设施、机场及政府建筑。公共部门委托社会资本进行公共设施的建设或经营；公共部门不需要投资；公共部门能够对私人合作制所提供的“受监管的/垄断的”服务进行监管；无论是长期还是短期来看，社会资本都能够以最有效率的方式提供服务；政府通过对私人所有的设施征收所得税和财产税，增加公共利益；长期的所有权能够鼓励开发商进行重大的资本投资。但在建设、运营设施和提供服务时，社会资本可能不会从公共利益角度考虑问题；公共部门没有监管服务价格的机制，除非该服务是一种受到特殊监管的产品；该产品或服务要受到省及地方税收法规的约束；由于缺乏竞争，所以有必要制定必要的法规来规范经营活动并控制价格。应用案例项目有北京市高安屯垃圾焚烧发电厂等。

（十）购买-建设-运营（Buy-Build-Operate，BBO）

BBO 是指社会资本进行扩建或者改建从政府租赁或者购买的一项设施，然后根据与政府签订的合同进行运营，设施的改建或者完善由社会资本投资，并赋予合作者一段时期的经营权，使其能够收回投资并得到回报的运营模式。它主要适用于大部门基础设施和其他公共设施，包括道路、供水系统、自来水厂与污水处理厂、停车设施、政府建筑物、机场、剧院、游泳池等。如果私人合作者购买设施，政府可获得一笔可观的现金收入；政府不用为设施的更新投资；融资的风险政府不需承担；双方都能获得利益；灵活采购，提高建设效率，缩短项目完成时间，但可能会丧失对设施的控制；接受过资金援助的资本性资产在出售或租赁时存在问题；未来设施更新不能写入合同中；即使设施已出售给社会资本，失败的风险仍然存在，政府仍然可能成为服务或设施的提供者。

（十一）转让-运营-移交（Transfer-Operate-Transfer，TOT）

TOT 是指政府部门将已竣工运营的城市基础设施项目的产权和经营权有偿转让给私营投资主体，由其进行运营管理；私营投资主体在约定的时间内通过经营收回全部投资并得到合理的回报，并在合约期满之后，无偿转交给政府部门的一种融资方式。

TOT 模式的优势在于其不涉及建设过程，社会资本不需要承担此过程中的风险，风险低于 BOT 模式，同时使社会资本得以进入某些政府垄断经营的项目中。而公共部门能一次性获得大笔资金，减轻了财政压力，同时有利于引进先进的管理经验，提高公共服务质量。TOT 又可以称为并购模式，适用于各种纯经营性和准经营性项目，如交通运输项目、轨道交通项目、供水项目等。TOT 模式将基础设施转让以后，每年可以减少大量的财政补贴，不但盘活了城市基础设施存量资产，也能引导更多的社会资金投向城市基础设施建设。同时，采用融资方式引进外资，可以打破政府对基础设施的垄断经营市场，加快基础设施的市场化进程。应用案例项目有安徽合肥的王小郢污水处理厂等。

（十二）改建-运营-移交（Rehabilitate-Operate-Transfer，ROT）

ROT是指政府在TOT模式的基础上，增加改扩建内容的项目运作方式。合同期限一般为20～30年。

ROT模式能够得到发展是因为现有政府公共设施或资源项目的技术设备已老化，政府无意或无力进行改造，于是保留现有的基础设施及产权资源，将项目的改造和运营完全交给ROT承包商，要求其以新理念、新设备、新技术等进行改造并运营基础设施，实现政府、社会、企业等共赢局面。ROT模式适用于年久失修、需要翻新后使用的项目，多见于供水、供电等项目。因为含有改建的部分，ROT模式中社会资本需要承担施工中的风险，而运营风险并未减少，所以ROT模式中社会资本的风险较之TOT模式无疑又要更胜一筹。应用案例项目有郑州市八岗污泥处理厂等。

三、PPP模式与传统模式的比较

在实践中，PPP模式并不适用于所有的公共服务，一项公共服务也很有可能同时具备对PPP模式有利的条件和不利的条件。公共部门该如何选择公共服务的提供模式呢？公共部门应建立相应的标准，通过定量比较PPP模式与传统模式，选择具有较高效率的提供模式。下面从融资和采购两方面对PPP模式和传统模式的差异进行比较分析。

（一）融资方面

1. 项目融资主体的变迁

（1）政府自身作为融资主体。

政府投资建设的基础设施和公用事业一般具有公共物品的属性，相应地具有非排他性和非竞争性。这时候的融资主体是中央政府，财权与事权未分离，地方政府还未被授权发行地方债。

（2）地方政府投融资平台作为融资主体。

地方政府投融资平台是我国财税体制改革的产物。1994年我国实行财税分离制度，导致地方政府财权与事权不对等，地方政府无力满足基础设施和公用事业建设所需的资金投入，为了解决当前矛盾，地方政府通过土地财政和银行贷款等方式注入资金，成立了地方政府投融资平台公司，以满足资金不足。在2008年的世界金融危机爆发后，为刺激经济增长，我国政府开始推行积极的财政政策和适度宽松的货币政策。地方政府投融资平台作为政府投资的载体以及扩大内需计划的落实者，受到各方的支持，得到了扩张性的发展。

（3）项目公司作为融资主体。

这个时期主要以BOT模式进行建设，属于广义的PPP模式，以政府授予特许经营权为主，项目发起人对项目的控制权小，承办人对项目的控制权大。很多时候政府方并不了解项目的具体运作过程，很容易出现监督不到位，难以保证项目的质量和运营效率，并没有充分发挥地方财政的资金使用效率。

（4）混合所有制公司作为融资主体。

2014年以来，国家发改委和财政部接连发声，要求剥离地方政府融资平台的融资职能，并且杜绝地方政府对项目公司提供任何形式的担保以及财政兜底、最低收益等承诺，此时的融资主体为混合所有制公司，即地方政府拥有项目公司部分股权，这就是狭义的PPP项目融资模式，它能够保证在项目的整个规划、建设、运营、移交等整个过程双方的充分参与，不仅保证了政府方的有效监督和管理职能，也充分发挥了投资方的质量和运营效率，真正实现了互利共赢和风险共担。

2. 项目运作模式的差异

2014年以前，我国的基础设施和公用事业运作方式包括BT和BOT模式，其中以BT模式为主；2014年以来，更多的是以狭义的PPP运作模式为主，原则上不再包括BT模式。

BT模式即“建设-转让”模式，其基本含义是指：项目所在国政府或所属机构（项目最终业主）为项目建设提供一种特许权协议作为项目的基础，与项目的投资者和经营者组织成立的项目公司签订合同，在合同规定时间内由项目公司安排融资、设计、建设，并承担期间风险，建设完成后移交给所在国政府或所属机构（项目最终业主）。它更多的是以政府回购以及保底承诺等方式来保证投资方的资本和回报。《关于加强地方政府性债务管理的意见》（国发〔2014〕43号）发布之后，这种模式基本不存在。狭义的PPP模式是更加强调项目进程中公私部门全面参与合作的一种项目融资方式。这种模式下，政府方和社会资本方参与项目的整个过程，而且政府方不再为投资方提供融资担保，项目所需资金由社会资本方通过多元化的融资渠道进行筹资，不仅降低了政府方的财政风险，而且充分调动了社会资本方的先进技术和管理经验，保证了项目的运营质量和效率，更好地为人民服务。

3. 项目成本差异

PPP项目融资模式作为政府部门新的项目操作模式，在地方债持续居高不下的历史背景下能够有效解决地方政府在基础设施和公用事业建设过程中资金不足的问题，不仅能够有效地防范和化解地方债务风险，遏制隐性债务增量和风险，盘活地方政府存量资产，而且能够提升政府方资金使用效率，提高企业主观能动性，同时提高公共产品和服务的供给质量和效率。

在分析传统投融资模式和PPP投融资模式成本差异时，不妨假定采用PPP模式与政府传统投融资方式产出绩效相同的前提下，通过对PPP项目全生命周期内政府方净成本的现值（PPP值）与公共部门比较值（PSC值）进行比较，判断PPP模式能否降低项目全生命周期成本。PPP值可等同于PPP项目全生命周期内股权投资、运营补贴、风险承担和配套投入等各项财政支出责任的现值；PSC值是以下三项成本的全生命周期现值之和：

（1）参照项目的建设和运营维护净成本。

（2）竞争性中立调整值。

（3）项目全部风险成本。

具体计算过程可参照《PPP物有所值评价指引（试行）》，通过这样的定量分析对比，能够很好地帮助政府筛选出适合PPP模式的好项目。

通过PPP项目融资与传统项目融资模式的对比，在新的历史条件下，特别是由于近些年来中央政府防范和化解地方政府债务风险的管控力度日益加大，以及为了提升资金使用效率、提高公共产品和服务的供给质量和效率，PPP项目融资模式是历史发展之必然。

（二）采购方面

党的十八届三中全会明确提出建立透明、规范的城市建设投融资机制，允许社会资本通过特许经营等方式参与城市基础设施投资和运营。为贯彻落实这一改革部署，各地方 PPP 模式采购风生水起，成为当下社会关注的热点。下面从八个方面来分析两种采购模式的差异。

1. 采购主体及范围的差异

传统模式政府采购需满足三项基本条件：

（1）采购主体为各级国家机关、事业单位和团体组织。

（2）资金来源为财政性资金。

（3）采购对象为集中采购目录以内的或者采购限额标准以上的货物、工程和服务。

PPP 模式采购对采购主体、资金来源等均未做出具体要求，虽然现阶段看，目前实施的多数 PPP 项目采购主体为政府方，很多项目也由财政资金直接投入或提供补贴，但是现有政策也为 PPP 模式的灵活实施预留了空间，如《政府和社会资本合作模式操作指南（试行）》规定 PPP 项目可由政府发起，也可由社会资本发起；PPP 项目资金来源可能为财政资金，也可能为非财政资金。采购对象除传统意义购买货物、工程和服务的行为外，还包括买断、承包、租赁、许可权的转让等。不难看出，PPP 采购明显区别于传统的政府采购形式，采购主体和对象范围等都比国内法律意义上的政府采购更宽泛。

2. 合同差异

采购的目的是缔结合同，PPP 模式采购与传统模式政府采购在合同方面存在很大差异，住房和城乡建设部标准定额研究所李明哲在《PPP 的认识误区与公共服务改革》一文中对两种采购模式做了具体解释，他认为，“在 PPP 模式下，政府不再是公共产品（服务）的投资者和生产者，而是向私营企业采购大宗产品（服务）的机构。传统的政府采购一般是‘付现’，即付出现金、即刻提货，而 PPP 政府采购的重要特征是：政府‘描述产出要求’，与私营企业签订 20～30 年的长期采购合同，私营企业按合同生产本该由政府生产、提供的产品（服务），企业主要承担财务与市场风险，而政府则将短期投资变成长期向企业购买服务”。另外，PPP 采购合同还可能涉及生产产品（服务）的资产归属问题。例如，BOT 类合同可能包括资产的权属与转移条款，资产在合同期满前使用权属于社会资本，在合同到期后一般被无偿移交给公共部门。

3. 法律依据的差异

传统模式政府采购有明确的法律依据，即《中华人民共和国政府采购法》（以下简称《政府采购法》）及其实施条例，如政府采购工程以及与工程建设有关的货物、服务，采用招标方式采购的，则适用《中华人民共和国招标投标法》（以下简称《招标投标法》）及其实施条例。世界各国的实践表明，PPP 模式采购中付费方式及合同类型大体分为两类：一类是政府付费；另一类是使用者付费。按照我国《政府采购法》分析，由于“使用者付费”的 PPP 项目政府并没有财政性资金投入，PPP 项目还款来源为终端用户付费而非政府资金，将“使用者付费”的 PPP 项目完全纳入政府采购范畴不妥；另外，《招标投标法》强调工程建设项目，适用于大多数 PPP 项目，但有些 PPP 项目并非工程建设项目，故不适用《招标投标法》及其实施条例。

因此，与传统政府采购项目相比，PPP 模式采购适用法律上就不明确，目前 PPP 模式采购在遵循《政府采购法》和《招标投标法》以及各自实施条例的基础上，主要依据《政府和社会资本合作项目政府采购管理办法》（财库〔2014〕215 号）等部门规章的规定要求，用以指导 PPP 实践，解决各项政策文件之间衔接不畅甚至相互矛盾的问题。

4. 采购方式的差异

根据《政府采购法》有关规定，传统模式政府采购包括以下 5 种采购方式：公开招标、邀请招标、竞争性谈判、单一来源采购、询价。

随着政府和社会资本合作工作在各地的蓬勃开展，财政部为推广 PPP 模式，适应 PPP 模式采购需要，增补了竞争性磋商的采购方式。PPP 项目采购方式包括公开招标、邀请招标、竞争性谈判、竞争性磋商和单一来源采购 5 种方式。

根据《政府采购法》第 27 条、《政府采购货物和服务招标投标管理办法》（财政部令第 87 号）第 4 条、《政府采购非招标采购方式管理办法》（财政部 74 号令）第 4 条和《政府采购竞争性磋商采购方式管理暂行办法》（财库〔2014〕214 号）第 4 条等规定，对于政府采购的服务项目，各级政府应当制定公开招标的数额标准。达到公开招标数额标准的服务项目，必须采用公开招标的方式进行采购；达到公开招标数额标准的服务项目，拟采用公开招标以外的采购方式的，采购人应当在采购活动开始前，报经主管预算单位同意后，依法向设区的市、自治州以上人民政府财政部门申请批准。

因此，PPP 模式采购与传统政府采购的主要采购方式都应为公开招标方式，但根据 PPP 模式采购特点，PPP 项目在进入采购程序时，往往存在采购需求核心边界条件不清、技术经济参数不明确等问题，即使达到公开招标限额标准，也可报请财政部门批准，采用竞争性磋商等其他采购方式。

5. 采购流程的差异

根据《政府和社会资本合作项目政府采购管理办法》（财库〔2014〕215 号）第 5 条，PPP 项目采购应当实行资格预审。传统的政府采购中，资格预审并非采购的必经前置程序，然而，PPP 项目中，无论采取何种采购模式，均在传统采购流程基础上增加了资格预审及合同签订前的谈判流程，即资格预审公告、资格预审、发售招标文件、疑问及答复、组织开标评标、中标公示、发出中标通知书、合同谈判、签订合同方式，均应进行资格预审程序。故认为，这是由于 PPP 项目作为一种新型的政府采购服务，建立了政府与企业间的长期合作关系，政府希望通过前置的资格预审程序，实现项目实施机构对参与 PPP 项目的社会资本进行更为严格的筛选和把控，以保障项目安全。

根据《政府和社会资本合作项目政府采购管理办法》第 14 条规定，评审委员会在对各响应文件进行采购评审后，项目实施机构应当成立专门的采购结果确认谈判工作组，相比传统政府采购评审公示后直接签订合同的程序，增加了“谈判”这一工作环节。但目前，各地方执行文件规定的尺度不同，“谈判”工作时常被实施机构忽略或简化。

6. 采购内容的不同

传统模式政府采购内容相对单一，一般为某一货物、某项工程的施工，若采购服务，也基本为单一的工程设计、物业管理、项目审计等服务，相应的采购条件和采购需求的制定较为简单，也有以往成功的采购案例可以借鉴。

PPP 项目分为 BOT、TOT 等多种模式，不同模式对应的采购内容不同，一般包括投融资、建设、运营、移交等工作，涉及项目建设周期长，采购内容可能包括货物、服务、工程施工等各项内容，相应的采购条件和采购需求的制定复杂，需结合 PPP 项目权利义务合同和项目实际情况编制。各种 PPP 项目差异性大，即使有成功案例，也因政策环境不同、地域差异、监督部门要求不同等使其难以成功复制。

此外，根据《招标投标法实施条例》第 9 条规定，“已通过招标方式选定的特许经营项目投资人依法能自行建设、生产或提供的项目，在施工阶段可不进行招标”，在一些基础设施特许经营项目中，采购人为加快项目进度，往往要求社会资本具有工程施工总承包资质或接受与总承包单位联合投标，这样的采购要求和采购条件，不仅要考量投融资方面的财务能力，还需考量其总承包资质条件等其他因素，评分标准中对人员、业绩等也应考虑两个方面要求。

7. 采购重点的不同

政府在传统采购模式操作中，工作重点集中在采购程序的严谨和合法上，对于采购条件及评审标准均有相对规范的文件要求，留给采购人和代理机构进行工作调整的空间不大。在 PPP 模式采购中，从资格预审条件、资格预审的组织程序、评审程序和标准、采购需求及技术要求等各方面均需根据项目特点和实际情况来拟定，均是工作的重点和难点；同时还需做好与 PPP 项目合同有关条款的衔接，按照采购程序和法律要求提出合同编制方面的有关建议，防范采购环节和后续合同执行可能遇到的法律风险。

8. 实施时间的不同

政府在传统采购模式操作中，从签订委托协议至完成采购任务，一般约需 30～40 天时间。PPP 项目因其复杂性，除应急工程等特殊情况外，往往要求代理机构完成从参与实施方案编制到编制资格预审文件、发布资格预审公告、完成资格审查、编制并发布招标文件、组织评审、公示及合同签订等一系列程序，一般时间长达 60～90 天。

PPP 模式采购与传统模式政府采购在法律依据、采购方式、流程、内容、时间等方面均存在较大差异，在 PPP 采购工作中需注意区分这些差异，需要采购代理及咨询机构改变部分在传统模式政府采购中的做法，顺应形势发展和项目特点，发挥政策及综合咨询的优势，合理处理风险与责任，推动 PPP 模式采购业务的健康持续发展。

四、PPP 全生命周期操作流程的比较

（一）发改委 PPP 操作流程

2014 年 12 月国家发展改革委发布的《关于开展政府和社会资本合作的指导意见》（发改投资〔2014〕2724 号）规定，加强政府和社会资本合作项目的规范管理分为 6 个环节：

（1）项目储备。根据经济社会发展需要，按照项目合理布局、政府投资有效配置等原则，切实做好 PPP 项目的总体规划、综合平衡和储备管理。从准备建设的公共服务、

基础设施项目中，及时筛选PPP模式的适用项目，按照PPP模式进行培育开发。各省、区、市发展改革委要建立PPP项目库，并从2015年1月起，于每月5日前将项目进展情况按月报送国家发展改革委。

（2）项目遴选。会同行业管理部门、项目实施机构，及时从项目储备库或社会资本提出申请的潜在项目中筛选条件成熟的建设项目，编制实施方案并提交联审机制审查，明确经济技术指标、经营服务标准、投资概算构成、投资回报方式、价格确定及调价方式、财政补贴及财政承诺等核心事项。

（3）伙伴选择。实施方案审查通过后，配合行业管理部门、项目实施机构，按照《招标投标法》《政府采购法》等法律法规，通过公开招标、邀请招标、竞争性谈判等多种方式，公平择优选择具有相应管理经验、专业能力、融资实力以及信用状况良好的社会资本作为合作伙伴。

（4）合同管理。项目实施机构和社会资本依法签订项目合同，明确服务标准、价格管理、回报方式、风险分担、信息披露、违约处罚、政府接管以及评估论证等内容。各地可参考《政府和社会资本合作项目通用合同指南》，细化完善合同文本，确保合同内容全面、规范、有效。

（5）绩效评价。项目实施过程中，加强工程质量、运营标准的全程监督，确保公共产品和服务的质量、效率和延续性。鼓励推进第三方评价，对公共产品和服务的数量、质量以及资金使用效率等方面进行综合评价，评价结果向社会公示，作为价费标准、财政补贴以及合作期限等调整的参考依据。项目实施结束后，可对项目的成本效益、公众满意度、可持续性等进行后评价，评价结果作为完善PPP模式制度体系的参考依据。

（6）退出机制。政府和社会资本合作过程中，如遇不可抗力或违约事件导致项目提前终止时，项目实施机构要及时做好接管，保障项目设施持续运行，保证公共利益不受侵害。政府和社会资本合作期满后，要按照合同约定的移交形式、移交内容和移交标准，及时组织开展项目验收、资产交割等工作，妥善做好项目移交。依托各类产权、股权交易市场，为社会资本提供多元化、规范化、市场化的退出渠道。

2016年国家发改委发布《传统基础设施领域实施政府和社会资本合作》（发改投资〔2016〕2231号），将PPP操作流程分为：

（1）项目储备：加强规划政策引导，建立PPP项目库，纳入年度实施计划，确定实施机构和政府出资人代表等。

（2）项目论证：PPP项目实施方案编制、项目审批、核准或备案，PPP项目实施方案审查审批、合同草案起草等。

（3）社会资本方选择：社会资本方遴选，PPP合同确认谈判，PPP项目合同签订等。

（4）项目执行：项目公司设立，项目法人变更，项目融资及建设，运营绩效评价，项目临时接管和提前终止，项目移交，PPP项目后评价，信息公开及社会监督等。

（二）财政部PPP操作流程的关键阶段和内容

财政部将PPP的操作流程分为5个阶段、18个步骤，详细内容如图1-1所示。

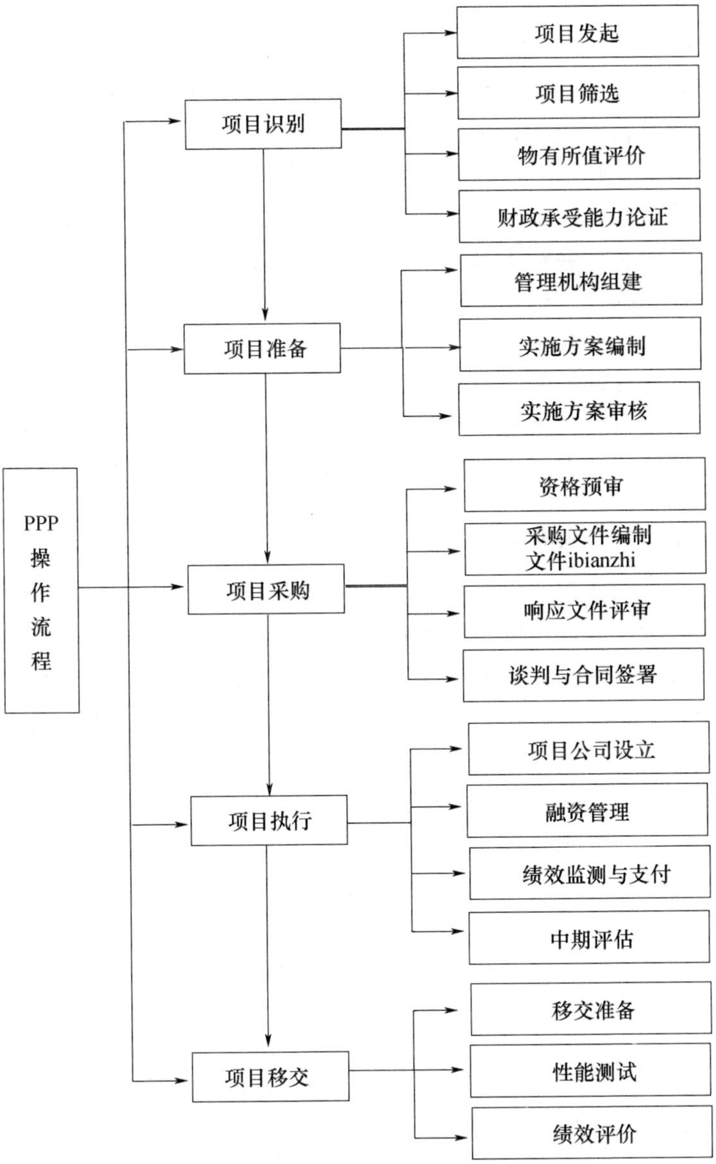

图1-1 PPP操作流程图

1. 项目识别

（1）项目发起。

政府和社会资本合作项目由政府或社会资本发起，以政府发起为主。

1）政府发起。财政部门（政府和社会资本合作中心）应负责向交通、住建、环保、能源、教育、医疗、体育健身和文化设施等行业主管部门征集潜在的政府和社会资本合作项目。行业主管部门可从国民经济和社会发展规划及行业专项规划中的新建、改建项目或存量公共资产中遴选潜在项目。

2）社会资本发起。社会资本应以项目建议书的方式向财政部门（政府和社会资本合作中心）推荐潜在的政府和社会资本合作项目，政府部门在接到社会资本提出的PPP

项目建议书之后，对该 PPP 项目建议进行初步审查，判定该项目是否具有潜在的公共利益；如果该 PPP 项目符合公共利益的需求，那么政府部门将邀请 PPP 项目的发起人提交更多的关于项目可行性的信息，以便政府部门对社会资本的资质以及项目的技术可行性和经济可行性进行适当的评估，判定项目是否可以按照政府部门可接受的方式顺利实施。

（2）项目筛选。

财政部门（政府和社会资本合作中心）会同行业主管部门，对潜在的政府和社会资本合作项目进行评估筛选，确定备选项目。财政部门（政府和社会资本合作中心）应根据筛选结果制定项目年度和中期开发计划。

对于列入年度开发计划的项目，项目发起方应按财政部门（政府和社会资本合作中心）的要求提交相关资料。新建、改建项目应提交可行性研究报告、项目产出说明和初步实施方案；存量项目应提交存量公共资产的历史资料、项目产出说明和初步实施方案。

（3）物有所值评价。

财政部门（政府和社会资本合作中心）会同行业主管部门，从定性和定量两方面开展物有所值评价工作。定量评价工作由各地根据实际情况开展。定性评价重点关注项目采用政府和社会资本合作模式与采用政府传统采购模式相比能否增加供给、优化风险分配、提高运营效率、促进创新和公平竞争等；定量评价主要通过对政府和社会资本合作项目全生命周期内政府支出成本现值与公共部门比较值进行比较，计算项目的物有所值量值，判断政府和社会资本合作模式是否降低项目全生命周期成本。

（4）财政承受能力论证。

为确保财政中长期可持续性，财政部门应根据项目全生命周期内的财政支出、政府债务等因素，对部分政府付费或政府补贴的项目，开展财政承受能力论证，每年政府付费或政府补贴等财政支出不得超出当年财政收入的一定比例。通过物有所值评价和财政承受能力论证的项目，可进行项目准备。

2. 项目准备

（1）管理机构组建。

县级（含）以上地方人民政府可建立专门协调机制，主要负责项目评审、组织协调和检查督导等工作，实现简化审批流程、提高工作效率的目的。政府或其指定的有关职能部门或事业单位可作为项目实施机构，负责项目准备、采购、监管和移交等工作。

（2）实施方案编制。

项目实施机构应组织编制项目实施方案，依次对以下内容进行介绍：

1）项目概况。主要包括基本情况、经济技术指标和项目公司股权情况等。基本情况主要明确项目提供的公共产品和服务内容、项目采用政府和社会资本合作模式运作的必要性和可行性，以及项目运作的目标和意义。经济技术指标主要明确项目区位、占地面积、建设内容或资产范围、投资规模或资产价值、主要产出说明和资金来源等。项目公司股权情况主要明确是否要设立项目公司以及公司股权结构。

2）风险分配基本框架。按照风险分配优化、风险收益对等和风险可控等原则，综合考虑政府风险管理能力、项目回报机制和市场风险管理能力等要素，在政府和社会资本间合理分配项目风险。原则上，项目设计、建造、财务和运营维护等商业风险由社会资本承担，法律、政策和最低需求等风险由政府承担，不可抗力等风险由政府和社会资本合理共担。

3）项目运作方式。项目运作方式主要包括委托运营、管理合同、建设-运营-移交、建设-拥有-运营、转让运营-移交和改建-运营-移交等。具体运作方式的选择主要由收费定价机制、项目投资收益水平、风险分配基本框架、融资需求、改扩建需求和期满处置等因素决定。

4）交易结构。交易结构主要包括项目投融资结构、回报机制和相关配套安排。项目投融资结构主要说明项目资本性支出的资金来源、性质和用途，项目资产的形成和转移等。项目回报机制主要说明社会资本取得投资回报的资金来源，包括使用者付费、可行性缺口补助和政府付费等支付方式。相关配套安排主要说明由项目以外相关机构提供的土地、水、电、气和道路等配套设施和项目所需的上下游服务。

5）合同体系。合同体系主要包括项目合同、股东合同、融资合同、工程承包合同、运营服务合同、原料供应合同、产品采购合同和保险合同等。项目合同是其中最核心的法律文件。项目边界条件是项目合同的核心内容，主要包括权利义务、交易条件、履约保障和调整衔接等边界。权利义务边界主要明确项目资产权属、社会资本承担的公共责任、政府支付方式和风险分配结果等。交易条件边界主要明确项目合同期限、项目回报机制、收费定价调整机制和产出说明等。履约保障边界主要明确强制保险方案以及由投资竞争保函、建设履约保函、运营维护保函和移交维修保函组成的履约保函体系。调整衔接边界主要明确应急处置、临时接管和提前终止、合同变更、合同展期、项目新增改扩建需求等应对措施。

6）监管架构。监管架构主要包括授权关系和监管方式。授权关系主要是政府对项目实施机构的授权，以及政府直接或通过项目实施机构对社会资本的授权；监管方式主要包括履约管理、行政监管和公众监督等。

7）采购方式选择。项目采购应根据《中华人民共和国政府采购法》及相关规章制度执行，采购方式包括公开招标、竞争性谈判、邀请招标、竞争性磋商和单一来源采购。项目实施机构应根据项目采购需求特点，依法选择适当采购方式。公开招标主要适用于核心边界条件和技术经济参数明确、完整、符合国家法律法规和政府采购政策，且采购中不做更改的项目。

（3）实施方案审核。

财政部门（政府和社会资本合作中心）应对项目实施方案进行物有所值和财政承受能力验证，通过验证的，由项目实施机构报政府审核；未通过验证的，可在实施方案调整后重新验证；经过重新验证仍然不能通过的，不再采用政府和社会资本合作模式。

3. 项目采购

（1）资格预审。

项目实施机构应根据项目需要准备资格预审文件，发布资格预审公告，邀请社会资本和与其合作的金融机构参与资格预审，验证项目能否获得社会资本响应和实现充分竞争，并将资格预审的评审报告提交财政部门（政府和社会资本合作中心）备案。

项目有3家以上社会资本通过资格预审的，项目实施机构可以继续开展采购文件准备工作；项目通过资格预审的社会资本不足3家的，项目实施机构应在实施方案调整后重新组织资格预审；项目经重新资格预审合格社会资本仍不够3家的，可依法调整实施方案选择的采购方式。

资格预审公告应在省级以上人民政府财政部门指定的媒体上发布。资格预审合格的社会资本在签订项目合同前资格发生变化的，应及时通知项目实施机构。资格预审公告应包括项目授权主体、项目实施机构和项目名称、采购需求、对社会资本的资格要求、是否允许联合体参与采购活动、拟确定参与竞争的合格社会资本的家数和确定方法，以及社会资本提交资格预审申请文件的时间和地点。提交资格预审申请文件的时间自公告发布之日起不得少于15个工作日。

（2）采购文件编制。

项目采购文件应包括采购邀请、竞争者须知（包括密封、签署、盖章要求等）、竞争者应提供的资格、资信及业绩证明文件、采购方式、政府对项目实施机构的授权、实施方案的批复和项目相关审批文件、采购程序、响应文件编制要求、提交响应文件截止时间、开启时间及地点、强制担保的保证金交纳数额和形式、评审方法、评审标准、政府采购政策要求、项目合同草案及其他法律文本等。

采用竞争性谈判或竞争性磋商采购方式的，项目采购文件除上述规定的内容外，还应明确评审小组根据与社会资本谈判情况可能实质性变动的内容，包括采购需求中的技术、服务要求以及合同草案条款。

（3）响应文件评审。

评审小组由项目实施机构代表和评审专家共5人以上单数组成，其中评审专家人数不得少于评审小组成员总数的2/3。评审专家可以由项目实施机构自行选定，但评审专家中应至少包含1名财务专家和1名法律专家。项目实施机构代表不得以评审专家身份参加项目的评审。

项目采用公开招标、邀请招标、竞争性谈判、单一来源采购方式开展采购的，按照政府采购法律法规及有关规定执行。

项目采用竞争性磋商采购方式开展采购的按照下列基本程序进行：

1）采购公告发布及报名。竞争性磋商公告应在省级以上人民政府财政部门指定的媒体上发布。竞争性磋商公告应包括项目实施机构和项目名称，项目结构和核心边界条件，是否允许未进行资格预审的社会资本参与采购活动，以及审查原则，项目产出说明，对社会资本提供的响应文件要求，获取采购文件的时间、地点、方式及采购文件的售价，提交响应文件截止时间、开启时间及地点。提交响应文件的时间自公告发布之日起不得少于10日。

2）资格审查及采购文件发售。已进行资格预审的，评审小组在评审阶段不再对社会资本资格进行审查。允许进行资格后审的，由评审小组在响应文件评审环节对社会资本进行资格审查。项目实施机构可以视项目的具体情况，组织对符合条件的社会资本的资格条件进行考察核实。采购文件售价，应按照弥补采购文件印制成本费用的原则确定，不得以营利为目的，不得以项目采购金额作为确定采购文件售价依据。采购文件的发售期限自开始之日起不得少于5个工作日。

3）采购文件的澄清或修改。提交首次响应文件截止之日前，项目实施机构可以对已发出的采购文件进行必要的澄清或修改，澄清或修改的内容应作为采购文件的组成部分。澄清或修改的内容可能影响响应文件编制的，项目实施机构应在提交首次响应文件截止时间至少5日前，以书面形式通知所有获取采购文件的社会资本；不足5日的，项目实施机构应顺延提交响应文件的截止时间。

4）响应文件评审。项目实施机构应按照采购文件规定组织响应文件的接收和开启。评审小组对响应文件进行两阶段评审：

第一阶段：确定最终采购需求方案。评审小组可以与社会资本进行多轮谈判，谈判过程中可实质性修订采购文件的技术、服务要求以及合同草案条款，但不得修订采购文件中规定的不可谈判核心条件。实质性变动的内容，须经项目实施机构确认，并通知所有参与谈判的社会资本。具体程序按照《政府采购非招标方式管理办法》及有关规定执行。

第二阶段：综合评分。最终采购需求方案确定后，由评审小组对社会资本提交的最终响应文件进行综合评分，编写评审报告并向项目实施机构提交候选社会资本的排序名单。具体程序按照《政府采购货物和服务招标投标管理办法》及有关规定执行。

项目实施机构应在资格预审公告、采购公告、采购文件、采购合同中，列明对本国社会资本的优惠措施及幅度、外方社会资本采购我国生产的货物和服务要求等相关政府采购政策，以及对社会资本参与采购活动和履约保证的强制担保要求。社会资本应以支票、汇票、本票或金融机构、担保机构出具的保函等非现金形式缴纳保证金。参加采购活动的保证金的数额不得超过项目预算金额的2%，履约保证金的数额不得超过政府和社会资本合作项目初始投资总额或资产评估值的10%。无固定资产投资或投资额不大的服务型合作项目，履约保证金的数额不得超过平均6个月的服务收入额。

项目实施机构应组织社会资本进行现场考察或召开采购前答疑会，但不得单独或分别组织只有一个社会资本参加的现场考察和答疑会。

（5）谈判与合同签署。

项目实施机构应成立专门的采购结果确认谈判工作组。按照候选社会资本的排名，依次与候选社会资本及与其合作的金融机构就合同中可变的细节问题进行合同签署前的确认谈判，率先达成一致的即为中选者。确认谈判不得涉及合同中不可谈判的核心条款，不得与排序在前但已终止谈判的社会资本进行再次谈判确认。谈判完成后，项目实施机构应与中选社会资本签署确认谈判备忘录，并将采购结果和根据采购文件、响应文件补遗文件和确认谈判备忘录拟定的合同文本进行公示，公示期不得少于5个工作日。合同文本应将中选社会资本响应文件中的重要承诺和技术文件等作为附件。合同文本中涉及国家秘密、商业秘密的内容可以不公示。

公示期满无异议的项目合同，应在政府审核同意后，由项目实施机构与中选社会资本签署。

需要为项目设立专门项目公司的，待项目公司成立后，由项目公司与项目实施机构重新签署项目合同，或签署关于承继项目合同的补充合同。

项目实施机构应在项目合同签订之日起2个工作日内，将项目合同在省级以上人民政府财政部门指定的媒体上公告，但合同中涉及国家秘密、商业秘密的内容除外。

各级人民政府财政部门应当加强对PPP项目采购活动的监督检查，及时处理采购活动中的违法违规行为。

4. 项目执行

（1）项目公司设立。

社会资本可依法设立项目公司，也可根据需求不再成立项目公司。政府可指定相关机构依法参股项目公司。项目实施机构和财政部门（政府和社会资本合作中心）应监督社会资本按照采购文件和项目合同约定，按时足额出资设立项目公司。

（2）融资管理。

项目融资由社会资本或项目公司负责。社会资本或项目公司应及时开展融资方案设计、机构接洽、合同签订和融资交割等工作。财政部门（政府和社会资本合作中心）和项目实施机构应做好监督管理工作，防止企业债务向政府转移。社会资本或项目公司未按照项目合同约定完成融资的，政府可提取履约保函直至终止项目合同；如果遇到系统性金融风险或不可抗力的，政府、社会资本或项目公司可根据项目合同约定协商修订合同中相关融资条款。

当项目出现重大经营或财务风险，威胁或侵害债权人利益时，债权人可依据与政府、社会资本或项目公司签订的直接介入协议或条款，要求社会资本或项目公司改善管理等。在直接介入协议或条款约定期限内，重大风险已解除的，债权人应停止介入。

（3）绩效监测与支付。

项目合同中涉及的政府支付义务，财政部门应结合中长期财政规划统筹考虑，纳入同级政府预算，按照预算管理相关规定执行。财政部门（政府和社会资本合作中心）和项目实施机构应建立政府和社会资本合作项目政府支付台账，严格控制政府财政风险。在政府综合财务报告制度建立后，政府和社会资本合作项目中的政府支付义务应纳入政府综合财务报告。

项目实施机构应根据项目合同约定，监督社会资本或项目公司履行合同义务，定期监测项目产出绩效指标，编制季报和年报，并报财政部门（政府和社会资本合作中心）备案。

政府有支付义务的，项目实施机构应根据项目合同约定的产出说明，按照实际绩效直接或通知财政部门向社会资本或项目公司及时足额支付。设置超额收益分享机制的，社会资本或项目公司应根据项目合同约定向政府及时足额支付应享有的超额收益。

项目实际绩效优于约定标准的，项目实施机构应执行项目合同约定的奖励条款，并可将其作为项目期满合同能否展期的依据；未达到约定标准的，项目实施机构应执行项目合同约定的惩处条款或救济措施。

社会资本或项目公司违反项目合同约定，威胁公共产品和服务持续稳定安全供给，或危及国家安全和重大公共利益的，政府有权临时接管项目，直至启动项目提前终止程序。

政府可指定合格机构实施临时接管。临时接管项目所产生的一切费用，将根据项目合同约定，由违约方单独承担或由各责任方分担。社会资本或项目公司应承担的临时接管费用，可以从其应获终止补偿中扣减。

在项目合同执行和管理过程中，项目实施机构应重点关注合同修订、违约责任和争议解决等工作。

1）合同修订。按照项目合同约定的条件和程序，项目实施机构和社会资本或项目公司可根据社会经济环境、公共产品和服务的需求量及结构等条件的变化，提出修订项目合同申请，待政府审核同意后执行。

2）违约责任。项目实施机构、社会资本或项目公司未履行项目合同约定义务的，应承担相应违约责任，包括停止侵害、消除影响、支付违约金、赔偿损失以及解除项目合同等。

3）争议解决。在项目实施过程中，按照项目合同约定，项目实施机构、社会资本或项目公司可就发生争议且无法协商达成一致的事项，依法申请仲裁或提起民事诉讼。

（4）中期评估。

项目实施机构应每 3～5 年对项目进行中期评估，重点分析项目运行状况和项目合同的合规性、适应性和合理性；及时评估已发现问题的风险，制订应对措施，并报财政部门（政府和社会资本合作中心）备案。

政府相关职能部门应根据国家相关法律法规对项目履行行政监管职责，重点关注公共产品和服务质量，价格和收费机制、安全生产、环境保护和劳动者权益等。

社会资本或项目公司对政府职能部门的行政监管处理决定不服的，可依法申请行政复议或提起行政诉讼。

政府、社会资本或项目公司应依法公开披露项目相关信息，保障公众知情权，接受社会监督。

社会资本或项目公司应披露项目产出的数量和质量、项目经营状况等信息。政府应公开不涉及国家秘密、商业秘密的政府和社会资本合作项目合同条款、绩效监测报告、中期评估报告和项目重大变更或终止情况等。

社会公众及项目利益相关方发现项目存在违法、违约情形或公共产品和服务不达标准的，可向政府职能部门提请监督检查。

5. 项目移交

（1）移交准备。

项目移交时，项目实施机构或政府指定的其他机构代表政府收回项目合同约定的项目资产。

项目合同中应明确约定移交形式、补偿方式、移交内容和移交标准。移交形式包括期满终止移交和提前终止移交；补偿方式包括无偿移交和有偿移交；移交内容包括项目资产、人员、文档和知识产权等；移交标准包括设备完好率和最短可使用年限等指标。

采用有偿移交的，项目合同中应明确约定补偿方案；没有约定或约定不明的，项目实施机构应按照“恢复相同经济地位”原则拟定补偿方案，报政府审核同意后实施。

（2）性能测试。

项目实施机构或政府指定的其他机构应组建项目移交工作组，根据项目合同约定与社会资本或项目公司确认移交情形和补偿方式，制定资产评估和性能测试方案。

项目移交工作组应委托具有相关资质的资产评估机构，按照项目合同约定的评估方式，对移交资产进行资产评估，作为确定补偿金额的依据。

项目移交工作组应严格按照性能测试方案和移交标准对移交资产进行性能测试。性能测试结果不达标的，移交工作组应要求社会资本或项目公司进行恢复性修理、更新重置或提取移交维修保函法律文件，连同资产清单移交项目实施机构或政府指定的其他机构，办妥法律过户和管理权移交手续。社会资本或项目公司应配合做好项目运营平稳过渡相关工作。

（3）绩效评价。

项目移交完成后，财政部门（政府和社会资本合作中心）应组织有关部门对项目产出、成本效益、监管成效、可持续性、政府和社会资本合作模式应用等进行绩效评价，并按相关规定公开评价结果。评价结果作为政府开展政府和社会资本合作管理工作决策参考依据。

五、PPP 模式创新应用

（一）PPP＋EPC 模式

2017 年“工程咨询单位资格”认定的取消，关于 PPP 咨询服务是否需要咨询资质的争论也基本告一段落。咨询成果质量终身负责制的实行，促使市场对咨询人员要求趋高，PPP 咨询不仅需要具备投资、法律、财务、金融、工程等方面的综合能力和经验，还需要具备较强的沟通能力和较高的职业修养，建立和完善行业自律的管理体制，是适应市场经济的需要，也是有效履行行业职责规范的重要保障。成熟的团队及专业的咨询公司及人员依然紧缺。

全过程咨询覆盖前期、建设、运营至移交全过程，管理思想统一化有助于 PPP 模式的一致性与全生命在国家推行 PPP 模式的背景下，较强投资实力的工程建设企业实施 PPP 项目运作获取投资回报的同时，将工程建设整体 EPC 总承包，通过 EPC 管理优势发挥获取合理的总承包利润。也有很多投资企业涌入到基础设施建设领域与工程建设企业合作实施 PPP 项目，双方联合各自发挥投资与 EPC 总承包优势，获取更多的项目合作机会，更加全面、深入、充分地控制整个项目的进程与风险。在此情形下 PPP＋EPC 项目模式有了广泛的发展与应用。

1. PPP 和 EPC 模式简介

PPP 模式是政府与社会资本合作，通过成立项目 SPV 公司，承担项目法人的职责，负责项目合作期的投融资、建设、运营、移交等任务，获取投资回报及合理利润。EPC 是工程建设模式，对工程项目的设计、施工、采购等实施总承包，承担项目勘查设计、采购、施工职责，对所承包建设工程的进度、投资、质量、安全等全面负责，总承包方通过优化整合，最终向发包方交付一个符合合同规定，并通过竣工验收的建设工程承包模式。通过工程建设总承包，获取总承包管理费和合理的总承包利润。

“PPP＋EPC”是 PPP 与 EPC 的复合模式，概括起来是指在采用 PPP 模式的项目中，以 EPC 总承包的模式进行项目建设。对“PPP＋EPC”模式的内涵存在两种理解：一种是从 PPP 项目的合同体系上判断，认为只要采用了 EPC 总承包合同的 PPP 项目都属于“PPP＋EPC”项目；另一种是从采购方式上判断，特指 PPP 与 EPC 的合并采购，即通过一次采购程序同时选定 PPP 社会投资人和 EPC 总承包单位。后一种理解体现了当前大型施工企业和设计院积极主推“PPP＋EPC”模式的初衷，也存在较多值得关注的问题。

2. PPP＋EPC 模式应用的优势

多年来工程建设领域 EPC 模式的应用与推广，EPC 模式的优势越来越得到体现与发挥。在 PPP 模式下 EPC 和常规模式 EPC 对比分析可以发现，其主要有以下优势：

（1）有助于优化项目全过程管理，从管理体制上克服设计、采购、施工相互制约和脱节的矛盾，发挥总承包方和投资人的集成管理优势，融合投融资实力、设计能力、建设能力、成熟的采购网络等专业模块，进行整体统筹安排。

（2）有助于优化合作期内的风险管理。在科学设置相关机制的情况下，有助于使投资人主动承担成本控制的风险，产生节约成本的动机。同时也有助于降低建设招投标和工程管理的质量、安全和廉政等全过程风险。

（3）有助于提高项目落地成功率。投资人或其 PPP 联合体通过 EPC 方式参与项目建设，可获得施工阶段的利润，降低单纯投资带来的风险，使项目投资股东各方在追求投资效益、控制成本、质量和工期目标方面趋于一致。

3. PPP＋EPC 模式吸引社会资本参与的原因

（1）符合行业有关法律法规和政策要求。

《招标投标法实施条例》第 9 条第 3 款规定，已通过招标方式选定的特许经营项目投资人依法能够自行建设、生产或者提供的可以不进行招标。因此，PPP 项目在通过公开招标确定了具有相应设计施工资质的投资人后，可以对 PPP 项目的设计、采购和施工不再进行招标，直接由投资人实施。同时，住房和城乡建设部要求，工程建设项目应当优先采用工程总承包模式（即 EPC 模式）。建设单位在选择建设项目组织实施方式时，应当本着质量可靠、效率优先的原则，优先采用工程总承包模式。政府投资项目和装配式建筑应当积极采用工程总承包模式。PPP 项目一般都是有社会资本参与的政府投资项目，因此，从这个意义讲，在工程承发包阶段应当积极采用工程总承包模式。

（2）使投资企业利润达到最大化。

企业投资的最终目的，是实现利润最大化。这是 PPP＋EPC 模式吸引社会资本参与的核心原因。其具体表现为以下两个方面：

1）工程成本实现有效控制。PPP＋EPC 模式使得投资人同时作为工程项目的设计单位，而设计是工程项目成本控制的关键。据统计，影响项目投资的最大阶段是设计阶段，其影响项目投资的可能性为 75%。投资人在设计阶段就可以考虑在满足功能和质量的情况下尽可能地降低投资及控制成本。成本得到有效控制，利润必然增加。

除此之外，PPP＋EPC 模式可以体现规模效应，实现设计、采购、施工等各阶段工作的深度融合，有利于集中采购、整合社会资源、进行专业化管理。总承包单位同时具备投资人身份，投资人的产权约束机制能有效传导给总承包单位，真正达到合理控制投资、节约社会资源的目的。

2）获得设计及施工阶段的利润。PPP 融资模式与 EPC 工程项目管理模式的结合，使得投资人在城市基础设施领域获得投资收益的同时，赢得了设计和施工任务，这就使得投资人获得了投资全过程各阶段的利润，投资收益达到最大化。

3）缩短建设周期，降低投资风险。在城市基础设施中，PPP 项目一般都投资规模大、工程技术复杂，而且设计工期较长。EPC 工程总承包模式把设计、采购、施工作为一个整体，在一个管理主体下组织实施，有别于传统的工程项目管理模式，EPC 模式实现了在设计的同时进行设备材料的采购，同时实现设计和施工的通盘考虑、深度交叉，大大缩短了工期。建设周期的缩短，意味着投资周期的缩短，投资风险大大降低。

3. PPP＋EPC 模式的风险控制

PPP 项目的采用多见于基础设施建设，这些设施建设和运行生命周期长，运营模式复杂，由此面临着政治、经济、法律等宏观因素影响以及市场、收益、运行成本等微观因素影响。同样，EPC 项目也面临政治、经济、技术、自然及管理等多项风险，二者的结合应起到有效控制风险作用而不是风险放大。通常情况下，PPP 项目选定投资人以后投资成立项目公司 SPV，由项目公司 SPV 作为建设单位建设运营 PPP 项目，涉及选择设计单位、施工单位、设备材料供应商等单位；签订相关合同；完成项目建设、运营投资项目。在 PPP＋EPC 模式操作的项目中存在法律风险、金融风险、建造风险、运营风险、政治环境风险等需进行控制和防范。

（1）PPP＋EPC 中的法律风险。

PPP＋EPC 模式的合法性基础在于《招标投标法实施条例》第 9 条所规定的：“已通过招标方式选定的特许经营项目投资人依法能够自行建设、生产或者提供的项目可以不进行招标。”目前并没有任何法律法规明确规定“特许经营项目”和“PPP 项目”是相同含义，可以互相替换的概念。但从 PPP 的三种模式（承包、特许经营、私有）来看，目前我国实施的 PPP 模式多属特许经营的“N＋n”（建设时间＋运营时间）模式，利用 PPP＋EPC 的操作方式避免二次招标的确有其合理性。在 EPC＋PPP 模式下，金融企业与工程建设企业组成联合体进行投标，招标人将会在确定社会投资人的同时将工程建设企业确定为该项目的建设工程总承包人，根据 PPP 模式的相关规定，其可以自行建设的主体应是主要投资人。但到目前为止，工程建设企业作为项目公司小股东而同时获得承包权的案例颇多。虽然作为投资人的小股东成为 PPP 项目建设承包方的做法基本为实践所接受，但从工程建设的相关法律来看，还有诸多风险亟待规范。

（2）PPP＋EPC 中的金融风险。

PPP 运行模式的实施核心是特许运营公司的设立，该公司可以通过股份募集、银行贷款、发债、资产证券化等单一或者混合的市场化方式，举债并承担偿债责任。政府对特别目的公司按约定规则依法承担特许经营权、合理定价、财政补贴等相关责任，但不承担投资者偿债责任；与一般的投资项目不同，PPP 项目具有投资巨大、杠杆融资高、建设投资期长、融资成本较高等特点，在这种投资过程中存在着汇率风险、利率风险、通货膨胀等风险。风险分担是项目发起人需要在项目的前期与政府机构、贷款银行、保险以及各个参与者进行多次的谈判，并通过签订合同的方式实现项目风险的转移，从而降低自身面临的风险。近来，财政部、国资委以及国家金融监管部门连续出台相关规定，为控制 PPP 项目盲目上马，尤其是抵御系统风险起到了至关重要的作用。

（3）PPP＋EPC 中的建造风险。

在 PPP＋EPC 合同条件下，建造风险涉及工程设计、设备材料采购、工程施工、项目试运行。当项目进入到实施阶段后，工程设计工作由社会资本方进行，相应的设计缺陷风险也是由社会资本方承担。因此在设计时应严格复核前期资料成果，尤其是相关的测量和地质资料，以免施工时发生变更甚至影响工程进度。设备材料采购工作的好坏，直接关系到整个工程项目的费用和进度，并决定工程项目建成后能否连续稳定安全运转。施工是工程项目建设过程中的重要阶段，它影响到项目的全过程，面临技术风险、现场条件风险、安全环境及职业健康管理风险等。PPP 项目往往集中在交通、水利、生态环保工程等大型项目上，建设周期长，在施工过程中管理难度大。因此，施工过程中充分考虑健康安全、环境问题、人与自然的和谐统一是 EPC 总承包商面临的重要课题。

（4）PPP＋EPC 中的运营风险

PPP＋EPC 中的运营风险主要是项目质量风险、市场收益不足风险、项目的唯一性风险、市场需求变化风险、收费审批及变更风险、政府信用风险。为保证项目运营，应充分地做好市场调查，做好市场预测工作和风险分担机制，加强管理人员的风险管理意识，建立有效的项目风险管理制度和措施，设立强有力的项目建设管理机构和运营管理机构，并设置专业人员。对项目从前期可行性研究、设计、施工、验收到运营整个项目过程中的各项活动进行有机的计划、组织、控制、协调，主要对工程的设计标准、质量、进度、费用等关键因素进行严密的控制。

4. 结语

PPP 融资模式为社会资本进入公共产品或服务领域提供了平台，EPC 工程总承包模式为投资人获得了更高的投资收益率，两者结合，必能吸引更多的有资本实力、有专业能力的并具备一定资质资格的企业参与到公益事业的建设中来。但也应该清醒地认识到 PPP＋EPC 模式目前还存在一定的局限，需要住房和城乡建设部、国家发改委、国税局、财政部、审计署等有关部门沟通协调，解决制约 PPP＋EPC 模式发展的有关问题。同时，应充分发挥行业组织的作用，积极开展复合型项目管理人才的培训，组织开展投资企业经验交流会，协助政府推进相关政策的研究，制定统一、配套的行业管理规范，加快 PPP 项目的建设，提出推动 PPP＋EPC 模式发展的对策。PPP＋EPC 模式将成为未来基础设施建筑业的新常态，其推广运用将为建筑业发展带来前所未有的机遇与挑战。

（二）PPP＋全过程咨询模式

在习近平总书记新时代中国特色社会主义思想指导下，我国工程咨询业进入全新的发展时期，全过程工程咨询试点工作得到稳步推进。从当前的状况来看，PPP 项目在实施的过程中仍然存在着一些问题以及不确定的风险因素。但由于我国咨询公司在咨询的过程中能力有限，从而给利益带来了一定的风险。

1. PPP 项目全过程咨询管理定义

PPP 项目的全过程咨询管理涉及 PPP 项目实施从决策开始到竣工后，参与整个过程的咨询服务。PPP 项目和过去传统模式不同，传统模式具有一定的局限性，而 PPP 项目则具有全面性以及动态性，PPP 项目的全过程咨询即咨询公司参与 PPP 项目的全程控制以及运用。咨询公司的基本业务流程一般分为委托阶段、业务启动阶段、咨询阶段以及咨询结束阶段等四个流程。

2. 应用形式

根据建设工程项目合同特点，目前我国 PPP 项目的合同结构形式如图 1-2 所示。

从图 1-2 可以看出，PPP 项目政府方实施机构为了主导 PPP 项目管理工作，需要与招标代理单位、PPP 咨询单位、项目管理（含监理）单位、造价咨询单位、前期技术咨询单位等签订相关服务合同，合同管理工作量较大，不利于发挥政府方在 PPP 项目中的主导、监管作用。另外，PPP 项目公司需要签订设计合同、施工合同、材料合同，对项目公司的项目管理经验、人员要求等较高，临时组建的项目公司可能难以胜任。根据《关于保持基础设施领域补短板力度的指导意见》（国办发〔2018〕101 号）可知，全过程工程咨询试点及该制度本身优势，同时基于国家对工程总承包（EPC）模式的提倡，PPP 项目可以采用全过程工程咨询和工程总承包（EPC）建设模式，合同结构如图 1-3 所示。

其中：

1）全过程工程咨询主要负责项目前期咨询、报批报建、投资管理、设计管理、招标采购管理、合同管理、工程监理、信息管理等服务。

2）工程总承包（EPC）主要负责项目的工程设计、施工、采购、试运行等工作，其目的是实现设计与施工集成，提供建设工程项目资源整合力，实现项目建设增值。

PPP 项目在全过程工程咨询和工程总承包（EPC）建设模式下，政府方能够借助全过程工程咨询的资源整合、内部协调、目标统一等优势，充分发挥在 PPP 项目中的主导作用；而工程总承包（EPC）实现了设计、施工、采购等一体化，极大地避免了项目公司在建设工程项目管理中的能力不足问题。与此同时，该制度使得 PPP 项目由原先工程建设、管理经验均不足的政府方与社会资本方之间沟通、协调转变为工程管理经验丰富的全过程工程咨询单位与工程总承包（EPC）单位之间协调与监管，大大提高了项目的建设效率，保障了 PPP 项目建设增值目标的实现。

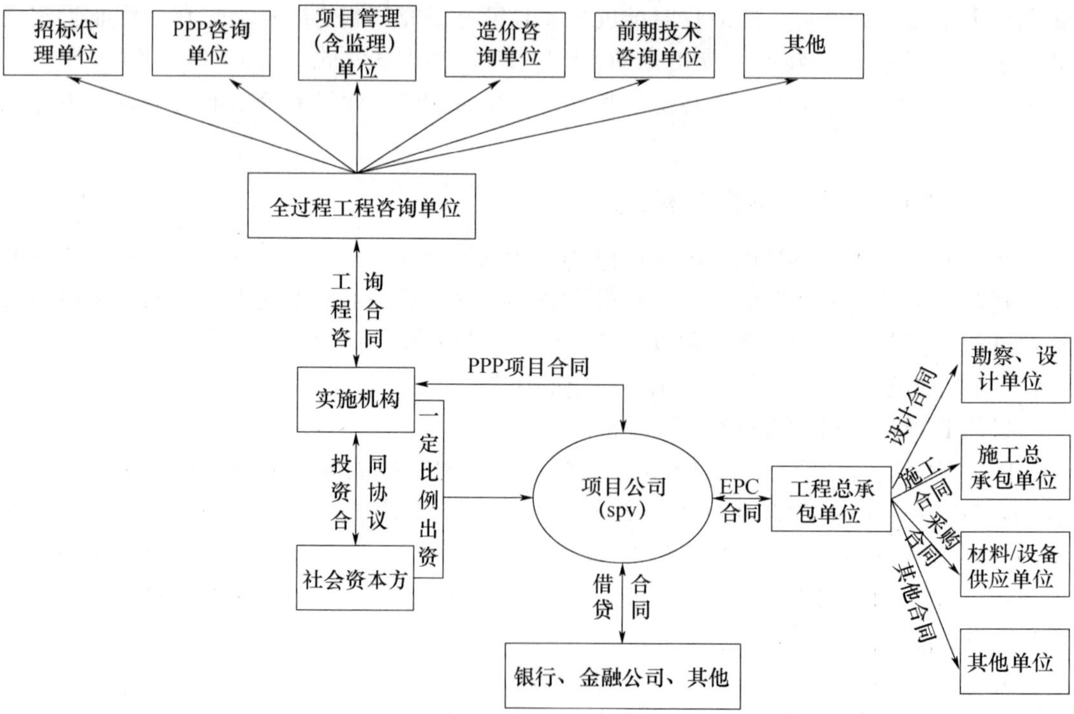

图 1-2　传统模式下 PPP 项目合同结构

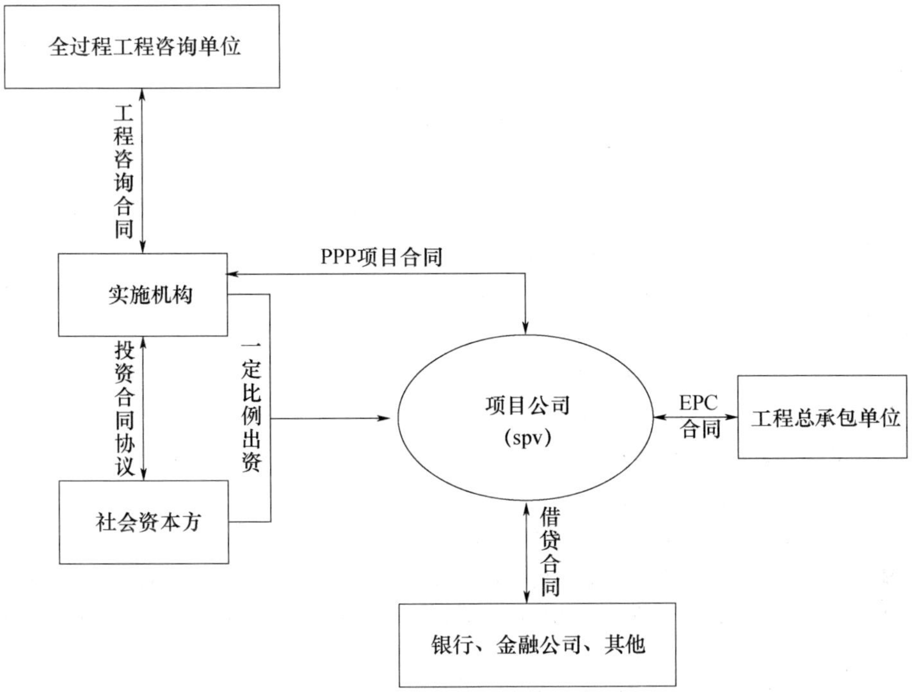

图1-3 全过程工程咨询与EPC下PPP项目合同结构

造价咨询乃是当前PPP项目中最为重要，同时也是最为关键的一个环节之一，它关系到政府以及各个私有资本和市场之间的利益，同时也能够以客观的角度实现多种利益维护。下文主要论述全过程中造价咨询的流程。

1. 我国全过程造价咨询业务流程分析

（1）项目的参与主体在逐渐增加。

为了使得我国建筑工程全过程的造价管理咨询内容以及范围有一个规定的标准，确保其具有一定的规范性，我国建筑工程提出了造价管理意见，同时制定了统一的相关文件，即《建设项目全过程造价管理咨询工作规程》，进一步地提高咨询内容质量。在这个文件中，明确规定，其在整个管理当中要确保每一个环节都能得到有效保障。其管理需要从决算、设计以及交易等几个阶段中进行管理。和传统的造价项目不同，PPP项目所参与的主体往往比传统造价项目多得多。PPP项目所参与的主体一般有政府、社会资本以及融资方等。除此之外，还有各种提供原材料的供应商和专业运营商，PPP项目的参与性具有一定的复杂性，其关系以及利益错综复杂，而在这中间的相关法律法规的关系尤为复杂。

（2）项目融资方式发生改变。

虽说PPP项目是由各种主体参与的，其中包括政府以及社会资本进行合作发展的，但是这两者之间有着不一样的区别，且这两者之间所获得的目的以及利益各不相同。社会资本对PPP项目进行投资，能够通过这个项目获得利益。而政府则是为了能够完成我国的基础设施建设，是以推动社会的发展为主。社会资本是为了企业乃至个人利益，而政府则是带着公益的目的进行投资。PPP项目的主要特点是融资方式的创新，且能够为当前的政府解决一定的问题，能够有效地缓解政府的债务压力。PPP项目中大部分的融资任务是由社会所承担，而回收的成本以及合理的利润获得主要通过政府的补贴形式以及付费形式，这样的方式补贴计算基数为项目的造价。

2. PPP 项目的全过程造价咨询业务构建

（1）应纳入政府投资项目评审与监管范畴。

PPP 项目自发展以来，不断地进行改革，其融资机制在发展的过程中发生了一定的改变。但融资机制的本质仍然是以公共项目为主，对此需要政府去承担。政府和私人部门联合形成的公司合作制项目公司，由政府将特许经营权委托给合作项目的私人公司。对此需要承担风险的是由指定公司进行。公司合作制项目有明文规定，规定公司独立性、公正性以及法定资格，同时还需要与项目投资方建立一定的经济责任关系。虽说，社会资本对 PPP 进行了相关投资，但仍然需要政府承担最低需求量的风险，能够使得项目得到有效的发展。对此，PPP 项目的本质是政府方的相关部门对全过程的造价进行监督以及审计。

（2）需要精准的投资估算指标。

大部分的 PPP 项目一般是从可行性研究这个阶段开始的，因此为了确保估算的精准性，须比较投资估算指标以及政府收费和相关调价等。估算的准确性能够对当前政府的财政起着一定的作用，且发挥的功能是巨大的，因此估算异常重要。现今加上 PPP 项目“两标并一标”，若社会资本中标后，那么原招标和施工阶段的投资就会失去控制，因此需要准确的投资估算指标。

总而言之，PPP 项目是这几年来我国城市基础建设工程中最为典型的一种模式，在工程造价管理过程中具有一定的复杂性以及风险性。而工程造价的风险性有些是客观存在的，而有些则是主观造成的。对此，造价咨询公司须考虑各方的利益，在全过程造价咨询业务开展过程中能够有效地识别风险因素，并能够根据风险因素采取有效的防范措施，确保造价的合理性。

随着 PPP 模式在我国基础设施和公用事业的建设和供给领域的应用不断扩大，以 PPP 模式为核心的建设项目对我国建筑业及工程咨询企业的发展带来了新的契机。工程咨询企业业务不再局限于传统业务（建设过程和竣工决算造价咨询），PPP 项目前期决策和全过程造价咨询也包含其中。工程造价咨询企业在 PPP 项目识别、准备、采购、执行、移交五大阶段的业务基础上进行延伸，集成化与一体化成为倾向。工程咨询企业协助政府选择 PPP 模式，确定实施机构，明晰项目组织股权结构，合理使用盈利模式，协助构建融资结构。未来，面对新环境，将会出现一批以工程造价咨询为核心，兼顾项目策划、前期咨询、项目管理与后期运维的全过程工程咨询服务企业，全过程工程咨询服务成为一种新型业态。这有利于解决项目投资咨询、勘察设计、监理、造价咨询、招标代理等业务分段管理或实施带来的信息传递与管理难题。

第二节　PPP 政策分析与发展趋势

一、探索试点阶段（1980—2000 年）

（一）阶段背景

自 20 世纪 80 年代中国实行改革开放以后，因急需吸引和利用外资推动经济建设，我国逐步开始在政策和实践中对政府和社会资本合作模式进行了探索。BOT模式是随着我国鼓励和吸引外资政策而被引入的一种模式，这一模式对我国吸引外资起到了很好的促进作用。

在1980—2000年间我国政府从中央层面间断性零星发布了一些政策文件，开始放开对部分公共项目的投资，PPP模式相关的建设-运营-移交（BOT）、移交-运营-移交（TOT）、再建-运营-移交（ROT）等运作形式得到了实际项目应用。但是从政策角度而言，由于处于探索初期，这一时期的政策以国务院发布宏观鼓励投资政策为主，政策用词多为“允许”“可以”等，语气较弱，且这些政策多为粗线条和务虚的鼓励投资规定，对于吸收社会资本投资的审批、执行等过程缺乏具体行业部门的详细指导。

另外，基于该时期国内民间资本实力较弱，《国务院关于鼓励外商投资的规定》（国发〔1986〕95号）鼓励外商投资境内事业，其相关规定基本上针对外商资本及港资，其政策目的一方面在于进行市场化探索需要，另一方面在于国内相关技术水平发展在国际上还比较滞后，试图通过吸引外商进行技术引进。

但是随着我国外商进行境内投资实践的发展以及1997年的亚洲金融危机，地方PPP/BOT项目进入热潮，BOT模式中政府无原则担保或承诺等问题逐渐暴露。1995年后，中央相继出台政策对地方政府为项目开出无原则担保或承诺及特许权项目一哄而上等问题进行管制。

表1-1 1980—2000年PPP相关主要政策文件

序号	发文时间	政策文件名称	文号
1	1986/10/11	国务院关于鼓励外商投资的规定	国发〔1986〕95号
2	1987/12/15	指导吸收外商投资方向暂行规定	国办发〔1987〕76号
3	1988/07/16	国务院关于印发投资管理体制近期改革方案的通知	国发〔1988〕45号
4	1990/05/19	外商投资开发经营成片土地暂行管理办法[失效]	国务院令第56号
6	1995/01/16	对外贸易经济合作部关于以BOT收外商投资有关问题的通知	〔1994〕外经贸法函字第89号
7	1995/06/20	指导外商投资方向暂行规定[失效]	国家计委、对外经济贸易合作部令5号
8	1995/08/21	国家计委、电力工业部、交通部关于试办外商投资特许权项目审批管理有关问题的通知	计外资〔1995〕1208号
9	1997/04/16	境外进行项目融资管理暂行办法[失效]	〔97〕计外资第612号
10	1997/06/06	国务院办公厅关于加强外商投资勘查、开采矿产资源管理工作的紧急通知	国办发明电〔1997〕21号
11	1999/07/02	国务院关于扩大外商投资企业从事能源交通基础设施项目税收优惠规定适用范围的通知	国发〔1999〕13号
12	1999/10/19	国家发展计划委员会关于加强国有基础设施资产权益转让管理的通知[失效]	计外资〔1999〕1684号
13	2000/05/27	建设部城市市政公用事业利用外资暂行规定[失效]	建综〔2000〕118号

相应开放的项目投资领域也主要集中于电厂、收费公路等能源和交通小部分行业。1984年我国启动了国内第一个BOT模式项目——深圳沙角B电厂项目；1995年法国电

力公司和阿尔斯通公司联合开始对广西来宾 B 电厂进行长达 18 年的特许经营。这一时期 PPP 典型项目见表 1-2。

表 1-2 1980—2000 年 PPP 典型项目

序号	项目名称	开始时间	投资额/万元（人民币）	特许经营期/年	模式
1	深圳沙角 B 电厂	1985	520000	15	BOT
2	大场水厂 BOT 项目	1996	60000	20	BOT
3	成都第六自来水厂	1996	90000	18	BOT
4	广深高速公路	1997	1221700	30	BOT
5	北京市第十水厂 BOT 项目	1999	160000	23	BOT
6	大连路隧道 BOT 项目	2001	165500	28	BOT

（四）阶段特征

总体来看，这一阶段的特征有：①项目应用领域以交通、能源、水务为主；②前期以外商投资为主，外商的参与及国际化运作模式在一定程度上发挥了技术引进的作用，并促进了 PPP 项目的本土化；③PPP 项目前期策划与招商阶段周期长、成本高、技术壁垒强，限制了 PPP 模式的大规模推广应用。

二、波动发展阶段（2001—2008 年）

（一）阶段背景

2001—2008 年间，我国国民经济快速发展，人民大众日益增长的配套基础设施需求同落后的供给之间存在较大矛盾。同时，我国加大了促进非公有制经济发展的政策力度，放开了许多传统上禁止非公有制进入的领域，基础设施和公用事业领域的特许经营政策得到快速发展。地方政府公共基础设施建设项目繁多，然而基于传统的政府投资方式下有限的财政资金难以进行均匀的项目分配，为了满足供给，我国政府开始重视 PPP 模式的优势，进一步引入社会资本以解决发展困境。

2002 年原建设部鼓励市政公用领域市场化，之后更多行业向社会资本开放，同时国务院与原国家计委开始鼓励社会资本投资，松绑社会资本投资的审批程序，允许更多行业向社会资本开放。

2005 年，国务院“旧三十六条”成为第一个明确允许社会资本进入行业领域的中央政策，并提出要进一步建设法律框架以支持社会资本投资、建设和运营公共基础设施，是原建设部有关公用事业市场化和特许经营办法出台的依据。

2008 年金融危机后，政府实施了 4 万亿投资刺激政策，非公有制经济发展受到一定抑制，地方政府不加限制的投资，参与度提高但缺乏效率监管，使得地方债务问题加剧。国务院、银监会、财政部主导出台了一系列政策规范地方政府融资平台的行为，中央和地方层面也开始进行具体的政策研究。

例如：2002 年原建设部印发《关于加快市政公用行业市场化进程的意见》规定“鼓励社会资金、外国资本采取独资、合资、合作等多种形式，参与市政公用设施的建设，形成多元化的投资结构。对供水、供气、供热、污水处理、垃圾处理等经营性市政公用设施的建设，应公开向社会招标选择投资主体”；2004 年原建设部颁布《市政公用事业特许经营管理办法》；2005 年《国务院关于鼓励支持和引导个体私营等非公有制经济发展的若干意见》发布，要求“加快完善政府特许经营制度，规范招投标行为，支持非公有资本积极参与城镇供水、供气、供热、公共交通、污水垃圾处理等市政公用事业和基础设施的投资、建设与运营”。其间，发改委、建设部、交通运输部、财政部、国家税务局等分别相应发布了相关规定。这些政策的发布在很大程度上推进了 PPP 模式的应用，并且就政策对象而言，规定“对凡是鼓励和允许外商投资进入的领域，均鼓励和允许民间投资进入”，使得外资和民间资本较大规模的参与基础设施和公共服务的投资。

（二）相关政策

表 1-3 2001—2008 年间 PPP 相关主要政策文件列表

序号	发文时间	政策文件名称	文号
1	2001/12/11	国家计委关于促进和引导民间投资的若干意见的通知［失效］	计投资〔2001〕2653 号
2	2002/09/10	国家计委、建设部、国家环保总局关于印发推进城市污水、垃圾处理产业化发展意见的通知［失效］	计投资〔2002〕1591 号
3	2003/09/27	国务院办公厅关于加强城市快速轨道交通建设管理的通知	国办发〔2003〕81 号
4	2004/07/16	国务院关于投资体制改革的决定（附政府核准的投资项目目录（2004 年本）	国发〔2004〕20 号
5	2005/02/19	国务院关于鼓励支持和引导个体私营等非公有制经济发展的若干意见	国发〔2005〕3 号
6	2005/09/10	建设部关于加强市政公用事业监管的意见	建城〔2005〕154 号
7	2005/09/23	国务院办公厅转发建设部等部门关于优先发展城市公共交通意见的通知［失效］	国办发〔2005〕46 号
8	2007/03/19	国务院关于加快发展服务业的若干意见	国发〔2007〕7 号
9	2007/10/16	经营性公路建设项目投资人招标投标管理规定	交通部令 2007 年第 8 号
10	2008/09/18	交通运输部关于加强收费公路权益转让管理有关问题的通知	交财发〔2008〕315 号

（三）典型项目

在此期间也涌现了大批具有代表性的 PPP 项目，例如：中信集团、北京城建集团和美国金州公司成立联合体进行国家体育场投资建设，港铁、首创投资北京地铁四号线，以及威立雅水务项目、新奥燃气、港华燃气等。PPP 项目由之前的集中于电厂和收费公路领域逐渐向水务、垃圾处理、环境治理、轨道交通等领域扩展。

表 1-4 2001—2008 年 PPP 典型项目

序号	项目名称	开始时间	投资额/万元（人民币）	特许经营期/年	模式
1	北京国家体育场（鸟巢）	2003	313900	30	PPP
2	合肥市王小郢污水处理厂 TOT 项目	2003	48000	30	TOT
3	南京长江二桥	2003	450000	30	TOT
4	杭州绕城高速公路	2004	820000	30	TOT
5	北京地铁四号线	2006	1530000	27	PPP
6	张家港生活垃圾焚烧发电厂	2007	25000	30	BOO

（四）阶段特征

该阶段的特征有：①PPP 模式的应用以市政公用事业为主，包括供水、污水处理、垃圾处理、供热等项目，尤其是污水处理项目占据主导地位；②投资人类型中，外企比重下降，民企和国企占据主导地位，尤其是 2007 年左右出现的改革反思和争论的思潮，出现了国进民退的小态势；③大规模采用公开招标方式选择投资人，有效降低费用、提高效益，运作规范有效，同时地方政府更有主动权，避免黑箱操作，维护了公共利益；④形成了相对成熟的 PPP 项目实施流程、合同文本和运作方式，促进了 PPP 项目的推广实施。

三、调整反复阶段（2009—2012 年）

（一）阶段背景

虽然经历了波动性的发展，PPP 模式在部分领域得到了应用，但是依然是在特定领域进行的进一步尝试。2008 年，我国受全球性金融危机的影响，经济增速下滑，中央政府采取了多项积极政策。金融危机后的积极财政政策及地方债务问题为 PPP 发展提供了契机。

2009—2012 年，国务院、银监会、财政部主导出台了一系列政策，鼓励民营资本参与基础公益事业领域的投资，规范地方政府融资平台。2013 年后，中央明确表示将 PPP 作为化解地方政府债务问题、管理地方政府融资平台的重要手段。

（二）相关政策

表 1-5　2009—2012 年 PPP 相关主要政策文件

序号	发文时间	政策文件名称	文号
1	2009/1/26	国务院关于推进重庆市统筹城乡改革和发展的若干意见	国发〔2009〕3 号
2	2009/4/16	国家税务总局关于实施国家重点扶持的公共基础设施项目企业所得税优惠问题的通知	国税发〔2009〕80 号
3	2010/3/21	国务院关于落实《政府工作报告》重点工作部门分工的意见（2010）	国发〔2010〕8 号
4	2010/5/7	国务院关于鼓励和引导民间投资健康发展的若干意见	国发〔2010〕13 号
5	2010/11/26	国务院办公厅转发发展改革委卫生部等部门关于进一步鼓励和引导社会资本举办医疗机构意见的通知	国办发〔2010〕58 号
6	2011/2/13	国务院办公厅关于做好地方政府性债务审计工作的通知	国办发明电〔2011〕6 号
7	2011/5/28	国务院批转发展改革委关于 2011 年深化经济体制改革重点工作意见的通知［失效〕	国发〔2011〕15 号
8	2011/10/10	全国人民代表大会财政经济委员会关于第十一届全国人民代表大会第四次会议主席团交付审议的代表提出的议案审议结果的报告	
9	2012/4/13	交通运输部关于鼓励和引导民间资本投资公路水路交通运输领域的实施意见	交规划发〔2012〕160 号
10	2012/7/11	国务院关于印发国家基本公共服务体系“十二五”规划的通知	国发〔2012〕29 号

（三）典型项目

表 1-6　2009—2012 年 PPP 典型项目

序号	项目名称	开始时间	投资额/万元（人民币）	特许经营期/年	模式
1	兰州七里河安宁污水处理厂 TOT 项目	2010	49600	30	TOT
2	株洲市清水塘工业废水综合利用项目	2010	17980	30	BOT
3	门头沟垃圾焚烧发电厂	2010	21600	30	BOT
4	西安市第二污水处理厂二期工程 BOT 项目	2011	69700	30	BOT
5	太原市生活垃圾焚烧发电厂 BOT 项目	2011	80000	27	BOT
6	贵州省道真至瓮安高速公路	2012	2380000	30	BOT

（四）阶段特征

该阶段的特征有：①国企实力强、信用高，以政府资源作为支撑，备受地方政府和银行业的青睐，国企采用 PPP 模式参与基础设施建设占据主导地位，政府和国企合作的中国特色 PPP 模式成为这一阶段的主要特征；②随着资金需求额度的剧增以及金融市场的成熟，逐渐出现了上市（IPO）、企业债、信托等多元化的 PPP 项目融资渠道；③BT 模式具有短平快的特征，迎合了政府急需项目落地、增加投资的需求，得到了广泛的应用，但也导致了政府债务剧增，成为后续地方政府债务的主要原因，中央因此于 2012 年出台《关于制止地方政府违法违规融资行为的通知》（财预〔2012〕463 号）禁止了 BT 模式的应用。

四、发展完善阶段（2013 至今）

（一）阶段背景

2013 年后，中央明确表示将 PPP 作为加快供给侧结构改革，增加公共服务供给新动能，推进国家治理体系和治理能力现代化的重要手段。同年召开的十八届三中全会要求全面深化改革，允许社会资本通过特许经营等方式参与城市基础设施投资和运营，鼓励社会资本投向农村、公共文化服务体系、生态环境保护等领域。从 2013 年底开始，为了进一步推进市场化，解决地方政府债务问题，规范 PPP 模式的应用与 PPP 项目的实施，国务院、财政部和发改委以及各部委等出台了一系列政策大力推进和规范 PPP 模式。

国务院发布了两个重要文件，国发〔2014〕43 号文限制了地方政府传统融资平台的投融资行为，国发〔2014〕60 号文为地方政府未来的投融资指明了方向，鼓励通过 PPP 模式进行投融资改革，为社会资本参与竞争奠定正当性。鼓励社会资本通过特许经营的方式参与城市基础设施等有一定收益的公益性事业投资和运营，政府通过特许经营权、合理定价、财政补贴等事先公开的收益约定规则，使投资者拥有长期稳定的收益。PPP 模式下，政府不承担投资者或项目公司（SPV）的偿债责任，通过将 PPP 项目列入中长期财政预算，使得地方政府的预算软约束变成了硬约束的同时，减少了投资者的收益风险。

在国务院发文之后，财政部和发改委迅速响应，特别是财政部，通过连续发文，基本上确定了 PPP 模式的管理机制，主要包括实施流程、采购程序、合同管理、预算管理的相应规定。在采购方式方面，发改委沿用原有传统基础设施招标的做法，而财政部提出 PPP 模式可采用新的采购方式——竞争性磋商。在合同管理方面，两部委分别提出了合同指南，均作为指导性的文件供参考使用。两份指南所包含的 PPP 合同的主要内容和核心条款基本相同，但发改委是大纲式地提出 PPP 项目合同所需具备的要点内容，而财政部则是对各项要点内容进行进一步细化和补充。在预算管理方面，因为发改委主要是以特许经营项目为主，对地方预算影响相对较小；但财政部所推行的项目包含很多政府付费类项目，因此需要考察地方财政承受能力。财政部还提出了物有所值（VFM）评价，作为项目是否适合采用 PPP 模式的判断标准之一。

2014 年 11 月，财政部公布 30 个项目作为第一批示范项目，其中以存量项目为主，积极引入社会资本参与存量项目的改造和经营；财金〔2015〕57 号文提出建立“能进能出”的项目示范机制，促进示范项目的良性发展。2015 年 9 月财政部公布第二批 PPP 示范项目，明确严禁变相融资项目，对要求项目合作期限不低于 10 年；财金〔2015〕158 号文提出通过以奖代补支持 PPP 示范项目加快实施，引导和鼓励存量公共服务项目转型来化解地方政府存量债务。2016 年 10 月财政部公布第三批示范项目，项目数量和总投资额均较第二批有明显上涨，针对 PPP 项目的管理坚持“能进能出”和“以奖代补”，且明确鼓励同等条件下优先选择民营资本，并首次提及 PPP 项目用地问题，禁止直接以 PPP 项目为单位打包或成片供应土地。2017 年 7 月，财政部公开征集第四批 PPP 示范项目，此次对于 PPP 项目的要求有创新之处，强调行业破冰，明确优先支持民企参与、推广 PPP 模范县及幸福产业项目，鼓励存量盘活，强调运营及运营绩效考核机制；对于前期工作、项目进度等要求具体化且严格化。第四批 PPP 示范项目的申报要求有创新又重实际，促进规范 PPP 现行的变相违规、落地迟缓、不重视运营等问题，关注 PPP 的实际操作与落地情况。

《基础设施和公用事业特许经营管理办法》是在 PPP 立法之前级别最高的 PPP 行业指导文件，由发改委牵头，会同财政部等其他部委一并发文，将 PPP 模式的应用范围在基础设施特许经营的基础上增加了公用服务领域。同时该文件融入了财政部的意见和建议，例如纳入物有所值评价与财政可承受能力论证，作为可行性评估的一部分。《基础设施和公用事业特许经营管理办法》鼓励采用招标方式选择特许经营者，但是也允许采用竞争性谈判等其他方式。另外强调由地方发改委会同财政部等其他部门联合进行特许经营审查。从该文件来看，两部委的文件开始有走向统一的趋势。对于存量项目，国办发〔2015〕40 号文鼓励在合适的项目中采用 TOT 的方式进行融资建设，对于不合适的项目采用传统建设方式，解决了平台公司后续的融资问题。《国务院办公厅转发财政部发展改革委人民银行关于在公共服务领域推广政府和社会资本合作模式指导意见的通知》（国办发〔2015〕42 号）专门针对公共服务领域如何推进 PPP 模式进行了规定，此文明确指出依据政府采购法选择合作伙伴，因此在一定程度上与以招投标法为基础的发改委的做法有所不同。

在国务院明确了深化改革下的 PPP 改革方向，财政部和发改委建立了 PPP 管理机制之后，交通、市政、养老、公共租赁房、海绵城市、轨道交通、污水处理等行业的行政主管部门分别做出响应。各行业部门发文内容主要关注如何在本行业推进 PPP 模式，包括实施意见、项目推介、金融支持、绩效考核、收费管理等。发改委和国开行也联合发文，使用开发性金融工具为 PPP 项目提供支持。由于 PPP 模式中不同行业有很强的特殊性，财政部和发改委提出的 PPP 管理机制并不能照搬，需要做出适应性调整。因此，本阶段这一系列行业文件为 PPP 项目的落地创造了有利条件。此阶段，还发布了一些新的文件，在新的行业鼓励采用 PPP 模式，例如鼓励新办社会服务机构，探索社会资本参与贫困地区发展休闲农业、停车场设施、林业建设、增量配电、旅游休闲、教育、农业产业园、田园综合体、电子化招投标、市域铁路等领域。

由于实际推行的 PPP 项目中，大部分都是政府付费或者可行性缺口补贴的项目，涉及财政资金的使用。因此国办发〔2015〕42 号文成为财政部后续发文完善 PPP 管理机制的基础。这些文件的主要内容包括：提出了物有所值定性评价的操作方案、组织申报示范项目、搭建 PPP 综合信息平台、进一步明确了竞争性磋商采购办法、通过奖励措施推动项目落地、根据前期示范项目的实施情况完善管理机制等。

2017 年是 PPP 理性规范之年，是监管深化的一年，全国上下对 PPP 的推广与应用力度之大、范围之广，政策出台之密集都是前所未有的。党中央、国务院要求将防风险放在突出重要位置，整顿 PPP 市场的“乱象”，引领中国 PPP 项目由量到质的转变是该年度政策的着力点。

国务院要求财政部和发改委按照各自职责分工推进 PPP 项目信息公开工作。财政部〔2017〕1 号文明确 PPP 项目各阶段应公开的信息内容，并通过建立中国政府采购网地方分网实现全面管理，同时正式出台对 PPP 咨询机构的管理规范，促进 PPP 行业的信息公开与良性发展。国务院肯定了 PPP 在基础设施领域应用的成绩，并有意将 PPP 模式在公共服务领域继续大力推广。

同时，国家对地方政府债务管理与处置力度进一步加强，明确禁止地方政府违规变相举债，推动地方融资平台转型。发改委、财政部先后提出资产证券化，财政部提出土地专项债与政府收费公路专项债，以及保监会鼓励保险资金投资符合要求的 PPP 项目，均为 PPP 提供了新的融资途径。

中央高规格会议多次强调“防范化解系统性金融风险”。一行三会等监管机构持续出台文件，监管趋严，推动金融杠杆持续去化，改善资金“脱实向虚”态势。2017 年 4 月起，财政部强化地方债务管理，出台政策规范地方政府融资管理，“堵后门、开前门”，全面组织开展地方政府融资担保清理整改工作，加强融资平台公司融资管理，严格规范政府购买服务预算管理，列举政府购买服务的负面清单，严禁利用或虚构政府购买服务合同违法违规融资。

2017 年 7 月，国务院发布 PPP 条例征求意见稿，引起巨大反响。征求意见稿规定由国务院建立 PPP 项目工作协调机制，规定各职能部门及地方政府的监管范围，为 PPP 项目的开展奠定了良好的基础。然而该意见稿仍然存在很多问题，大幅度修订在所难免。

2017 年 9 月，国务院为进一步激发民间有效投资活力，促进经济持续健康发展，鼓励民间资本参与 PPP 项目。11 月，国资委发布 192 号文要求央企加强参与 PPP 的风险管控，约束央企在本轮 PPP 热潮中过热投资、非规范投资行为，强调防风险、控负债。发改委发布“民十条”鼓励民间资本参与 PPP 项目，从政策层面创造民间资本参与 PPP 项目的良好环境，鼓励民营企业运用 PPP 模式盘活存量资产。

2017 年 11 月，财政部发布 92 号文，以 PPP 综合信息平台项目库管理为抓手，进一步规范 PPP 项目运作，推动 PPP 回归创新公共服务供给机制的本源，促进 PPP 事业可持续发展。

2018 年 9 月 20 日国务院印发的《关于完善促进消费体制机制，进一步激发居民消费潜力的若干意见》，提出通过政府和社会资本合作（PPP）模式、社会领域产业企业专项债券等方式，鼓励支持社会力量参与文化、旅游、体育、健康、养老、家政、教育等领域基础设施建设。积极发挥财政资金引导作用，进一步吸引社会投资，优化消费领域基础设施建设投入机制。

尽管国务院将 PPP 立法提上日程，但是政府和社会资本平等合作的法律环境尚未完全建立。进一步强化监管、提质增效、完善法律环境等，将是未来 PPP 政策推进的重要方向。

（二）相关政策（表 1-7）

表 1-7　2013—2017 年 PPP 相关主要政策文件

序号	发文时间	政策文件名称	文号
1	2013/3/17	第十二届全国人民代表大会第一次会议关于 2012 年国民经济和社会发展计划执行情况与 2013 年国民经济和社会发展计划的决议	
2	2013/5/18	国务院批转发展改革委关于 2013 年深化经济体制改革重点工作意见的通知	国发〔2013〕20 号
3	2014/2/28	天然气基础设施建设与运营管理办法	国家发展和改革委员会令第 8 号
4	2014/3/3	国务院办公厅关于推进城区老工业区搬迁改造的指导意见	国办发〔2014〕9 号
5	2014/3/13	第十二届全国人民代表大会第二次会议关于 2013 年中央和地方预算执行情况与 2014 年中央和地方预算的决议	
6	2015/1/12	国家发展和改革委关于加强城市轨道交通规划建设管理的通知	发改基础〔2015〕49 号
7	2015/1/12	国家能源局关于鼓励社会资本投资水电站的指导意见	国能新能〔2015〕8 号
8	2015/12/28	国家发展改革委关于做好社会资本投资铁路项目示范工作的通知	发改基础〔2015〕3123 号
9	2016/7/8	农业部关于大力发展休闲农业的指导意见	农加发〔2016〕3 号
10	2016/12/30	财政部关于印发《财政部政府和社会资本合作（PPP）专家库管理办法》的通知	财金〔2016〕144 号
11	2016/12/31	中共中央、国务院关于深入推进农业供给侧结构性改革加快培育农业农村发展新动能的若干意见	
12	2017/8/14	财政部、民政部、人力资源和社会保障部关于运用政府和社会资本合作模式支持养老服务业发展的实施意见	财金〔2017〕86 号
13	2017/9/1	国务院办公厅关于进一步激发民间有效投资活力促进经济持续健康发展的指导意见	国办发〔2017〕79 号

（三）典型项目（表 1-8）

表 1-8 2013—2017 年 PPP 典型项目

序号	项目名称	开始时间	投资额/万元（人民币）	特许经营期/年	模式
1	北京新机场轨道线社会化引资项目	2014	2930000	33	PPP
2	南京市溧水区产业新城 PPP 项目	2015	1000000	20	PPP
3	迁安市海绵城市建设 PPP 项目	2015	122800	25	PPP
4	开封市体育中心 PPP 项目	2015	130000	20	PPP
5	芜湖市轨道交通 1 号线、2 号线一期 PPP 项目	2016	1463300	30	PPP
6	荥阳市人民医院整体建设 PPP 项目	2016	64248。54	12	PPP

（四）阶段特征

该阶段全国对 PPP 的推广与应用力度之大、范围之广，政策出台之密集都是前所未有的。主要特征有：①PPP 项目的落地得到最大力度的鼓励和推动；②PPP 相关政策不断完善，一系列政策文件为 PPP 行业的规范化提供了制度保障，助力 PPP 模式稳健发展；③此阶段“一刀切”地推广 PPP，项目数量过多，出现了变相融资、虚假 PPP 项目等问题，并没有很好实现政府减债、提高效率的目标。

第三节 PPP 发展影响因素与存在的问题

一、PPP 发展影响因素

无论国内外，PPP 都是由政府主导，政府的需求、偏好和意愿决定了 PPP 的应用与推广程度。据统计数据表明，近年来中国 PPP 项目数量和投资额总体呈现增长趋势，尤其是 2000 年以来，增长势头显著加快，但发展过程具有明显的波动性，2017 年新增落地规模或超 2.5 万亿，2018 年新增落地规模或超 3 万亿，如图 1-4 所示。其中 2017 年 PPP 项目数据仅截止上半年。

具体来讲，中国 PPP 发展主要受到以下几个方面的影响：

1. 国家经济发展与政策

国家经济发展形式及其采取的应对措施是影响中国 PPP 发展的最大因素。1992 年中国提出社会主义市场经济，中国开始正式试点推广 PPP 模式（主要为 BOT 模式），PPP 发展迎来了第一次高峰期。2002 年，中国政府为了促进经济发展，进一步强化市场，鼓励、引导和支持民间资本进入基础设施领域，出台了一些具体的规范文件，在政府的人力推动下形成了 PPP 发展的又一个新高潮。

2008 年源自美国的金融危机对中国产生很大影响，为了应对危机，中国政府提出了 4 万亿的经济刺激计划，通过政府财政引导大量银行资本投入到铁路、公路等基础设施项目中。巨额资金的涌入对民间资本和 PPP 项目带来了巨大的冲击，大量 PPP 项目

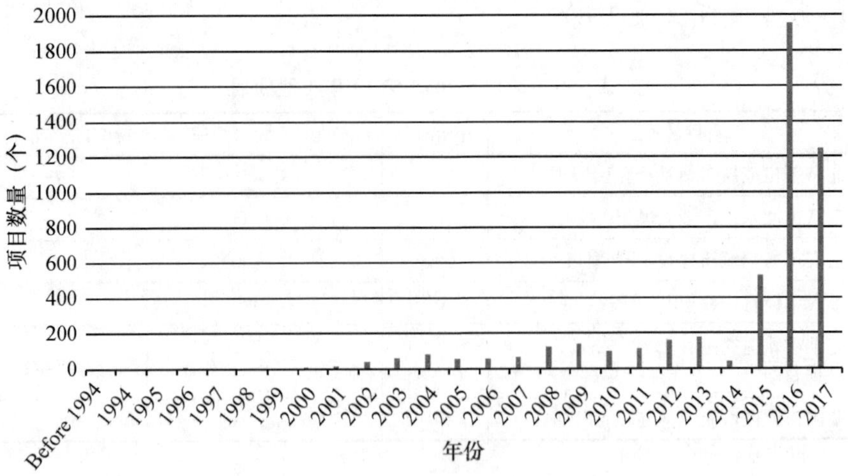

图 1-4　中国 PPP 项目时序分布

改由地方政府融资平台进行投资建设，但这种政府主导的投资建设模式弊端很多，例如效率低、浪费严重、政府负债严重等。随着危机的消退和政府过度投资弊端的显现，尤其是地方政府债务风险的加剧，迫使中央政府自 2014 年以来连续出台政策限制地方通过融资平台无序举债融资，鼓励通过 PPP 模式吸引社会资本进入公共产品和服务领域。

2. 地方政府偏好及动机

中国政府在采取 PPP 模式选择投资人的时候有明显的偏好，这一偏好在不同的阶段存在显著的差异。在第一阶段，由于中国经济水平低，建设资金严重不足，需要吸引外商投资加强基础设施建设进而促进经济增长。中国企业，无论是国有企业还是民营企业，在资金、技术、管理等方面都处于弱势，无法与外资企业竞争，外国公司在 PPP 项目中起着主导作用。在第三阶段，随着中国经济的快速发展和对外企经验和制度的学习与借鉴，中国企业的管理能力和资金实力不断提高。国企熟悉国情，实力雄厚，尤其是在政府的支持下，具有垄断优势，因而也备受地方政府和金融机构的青睐。国企从而在 PPP 项目中取代了 FDI（国外直接投资）和其他社会资本，开始发挥主导作用。

3. 地方政府能力和信用

PPP 是一种基于长期合作的双向选择，政府选择投资人，投资人也会挑选项目所在地的地方政府。信用较好、遵守法律、工作较规范、信息披露较多的地方政府，竞争力也较强，更容易吸引投资人。东部地区是中国最早实行改革开放的区域，较早参与了全球化，因而具有较好的法制意识、市场意识和信用意识，对 PPP 模式也更加重视。在 PPP 的应用过程中，东部地区地方政府运作规范、注重合作，对投资人具有较大的吸引力，PPP 项目的成功率也较高。

二、PPP 模式应用产生的影响

目前，我国已成为推广 PPP 模式的大国之一，我国的经验得到国际社会的广泛关注，我国专家学者也积极参与了联合国欧洲委员会等机构研究、制定 PPP 标准等活动。2018 年随着我国“一带一路”倡议的实施以及国内 PPP 模式的发展，PPP 领域的国际交流将会更加活跃，成为我国对外经济合作的重要舞台。在 1994 年中国官方批准的 5 个试点项目中，有 2 个电厂、2 个交通类项目（1 个桥梁和 1 个高速公路）和 1 个水电站。成都第六水厂和来宾 B 电厂取得了最后的成功，这些项目经验的成功总结，对中国 PPP 的推广及应用产生了深远的影响。在 20 世纪 90 年代，由于电力过剩导致了电厂 PPP 项目的衰退。而水务行业需求较大，且风险相对可控，收益较为稳定。此外，住建部门比较重视 PPP 模式，发布了若干扶持政策，提供了制度保障，从而使得水务行业成为公共产品和服务领域应用 PPP 模式最多且最为成熟的行业。成都第六水厂作为第一个成功的水务 PPP 项目，为当地的 PPP 发展提供了最佳实践和经验借鉴，也给地方政府发展 PPP 项目带来了信心，可以说是影响当地 PPP 发展的一个偶然但非常重要的因素。它使四川成为中西部地区唯一一个在 PPP 项目数量上能跟东部地区看齐的省份。在 PPP 应用早期阶段，由于缺乏成熟的做法和经验，早期的 PPP 项目开发成本较高，周期较长。比如第一批 5 个试点项目之一的长沙电厂 PPP 项目，前期招商时间长达 3 年。过高的成本和过长的周期严重阻碍了 PPP 项目的应用和推广，难以满足中国基础设施建设的巨大需求。因此，在第一阶段，通过试点项目的不断实践总结，形成了切合中国国情、适合时代需求的易于操作的 PPP 运作模式和运作流程。这种具有中国特色的模式摒弃了一些西方流行的合理而复杂的方法，如 VfM（Value for Money，物有所值评价）。通过这种简易模式，PPP 前期工作被压缩到几个月。在第一和第二阶段，为了推广 PPP 模式，尽快解决基础设施的欠账和缺口，这一模式是合理的。但是，随着经济的发展，基础设施的诉求开始由数量向质量和效率转变，这种模式在第三和第四阶段得到了一定程度的改进和完善，但仍有很大提升空间。

三、PPP 模式应用存在的问题

虽然 PPP 模式应用已为中国经济发展做出了巨大贡献，然而，目前中国还存在法律体系和法规不成熟、政府“重融资、轻管理”、政企缺乏契约精神、社会资本参与度不高、缺少专业第三方机构等问题，仍制约着 PPP 的持续健康发展。其主要问题如下：

（一）PPP 发展中缺乏成熟的法律体系和完善的法规

社会资本进入城市基础设施投资，在我国面临法律保障不完善的问题，致使 PPP 项目吸引力和可行性不足。投资商在投资 PPP 项目中面临法律风险从而对 PPP 项目投资热情或有下降，比如现行的招标法禁止对标书上的条款条件等做出实质性修改和评标完成后的谈判协商。PPP 合同的长期性及不完全性决定了 PPP 执行过程中会出现较频繁的“再谈判”可能。从国际经验来看，1980—2011 年拉美地区的 PPP 项目中超过 50%有再谈判发生。尽管在合同设计时应尽可能地考虑周到，减少再谈判的可能，但是应该将再谈判视作常态进而给出明确的规则制度。我国目前没有建立就 PPP 合同条款“再谈判”的具体规则，虽然在一定程度上杜绝了某些机会主义行为，但由于 PPP 项目在签约时就可能存在不公平性，缺乏“再谈判”规则容易导致项目因缺乏可操作性而难以推进。

（二）过度重视 PPP 融资功能

PPP 的核心在于公共部门与社会资源的公平合作，但我国政府部门在话语权方面一直处于主导和权威地位，关注自身的财政压力与投资方向而忽视需承担的责任，导致在某些领域的责任缺失，造成政府角色的缺位和错位，侵蚀公共利益，对 PPP 项目的实施和推广影响较大。PPP 的首要功能即以特许经营等方式开展市场化融资，加大重点领域有效投资，引进私人方的技术和管理来提高公共产品和服务的供给效率，但政府盲目利用 PPP 的项目融资功能满足自身“稳增长”的需求，导致 PPP 发展瓶颈的形成。

政府“重融资、轻管理”会导致项目选择上的懒惰与盲目，很多地方政府没有严格地做好项目的前期工作，主要表现在：项目识别阶段，PPP 项目的筛选存在盲目性，最核心的“物有所值评价”环节没有受到足够重视；项目准备阶段，实施方案制定不清晰，盲目要求政府补贴，对补贴额度的要求缺乏科学客观的测算，同时对经营年限没有经过系统测算，很多都拉长为二三十年。其中，物有所值评价环节是用来判断是否采用 PPP 模式代替政府传统投资运营方式提供公共服务项目。我国目前对物有所值的定量评价还在探索阶段，无法科学比较 PPP 模式下的支出成本现值（PPP 值）与公共部门比较基准值（PSC 值），不能保证 PPP 在效率提升方面有突出的优势。财政部 2015 年 12 月出台的《PPP 物有所值评价指引（试行）》中提出，由于缺乏充足的数据积累以及成熟的计量模型难以形成，物有所值定量评价处于探索阶段，现阶段以定性评价为主。此外，政府过度看重融资将可能导致政府性债务风险隐患。部分政府将 PPP 作为引用民间资金解决政府性债务危机的方式，事实上，如果只考虑融资功能而不注重效率上的提升，PPP 仅能起到延迟财政资金支付时间的作用，不重视投资效率的 PPP 项目可能会高估项目的收入来源，低估未来的政府补贴金额，隐藏了政府性债务风险。因此，地方政府在做好融资规范化的同时，应加强对项目的管理，平衡融资和管理的关系，加强自身诚信建设和法制建设。

（三）市场化、规范化相对不足，政企双方契约精神缺乏

对 PPP 合作双方来说，项目的全过程都是通过合约对项目进行约束，因此 PPP 项目的顺利完成需要在整个建设周期注重契约精神。所谓契约精神，是指商品经济所派生的契约关系及其内在原则，是一种平等、尚法、守信的品格，其主要特征除了表现为选择缔约方的自由，还隐含着契约各方的地位平等。PPP 项目需要政府与企业长达十几年甚至数十年的合作，双方要树立契约精神，严格按契约规则办事。

但当前政府部门对于契约精神认识不足，招商引资时积极承诺，存在包括虚增消费需求量、隐藏项目风险等不诚实的问题，项目执行过程中暴露出的执行力弱，完成基础设施建设运营后不能按照合同约定进行支付，政策随意性风险大，尤其是面临政府换届、重大政策调整、“朝令夕改”频繁改变项目运作的外部环境（如批准存在商业竞争的其他项目）时，影响原项目收益以及地方政府信用，政府之间推诿责任现象时有发生，损害了社会资本的权益。

另外，在项目的实施过程中，社会资本也存在一定的自主空间，少数企业违背契约精神的情况也有发生。究其原因，或是企业出于利润最大化目的而违背了合同中关于服务或产品的质量承诺，或是由于项目收益不及预期，企业不愿再履行合约等多种因素造成。在政府与企业组成的共同体中，政府掌握了政策、规则的制定权而处于强势地位，企业则处于相对弱小的地位。由于政企双方存在天然的不平等关系，需要用契约规定双

方的权利与义务，从而缩小双方地位的差距，确保双方能够以对等地位进行公平交易。因此，实施 PPP 的重要环节之一就是政企双方平等订立契约，坚守契约精神，建立利益与风险分担机制；同时，双方尊重并共同信守契约，政府不能滥用权力，企业必须履行责任。

（四）社会资本参与热情不高，PPP 退出机制需要完善

PPP 模式为社会资本参与基础设施投资提供了可能，但目前社会资本参与 PPP 项目积极性不高。退出渠道不丰富、资本投资周期与项目周期不匹配是 PPP 发展中社会资本表现冷淡的主要原因之一。一些地方政府在推广 PPP 过程中侧重准入保障，对正常情形下社会资本方的退出缺乏规范安排，需要补充完善。同时，资产证券化产品在 PPP 项目的推广运用还不够，社会资本难以在项目运营期实现适时退出，影响了企业和金融机构参与 PPP 项目的热情。以基建领域为例，中国城市对基础设施的需求不断上升，但社会资本的投资比例较小、参与度低。因为 PPP 项目的周期和不明确的业务前景，令一些短期基金不愿进入。若能利用资产证券化推动 PPP 项目投资，则可以有效吸引一些产业基金、养老基金、证券投资基金等更长远投资。PPP 项目有政府信用支撑，基础设施领域的 PPP 项目为资产证券化提供了大量优质标的，同时资产证券化也能为项目初始投资者提供更丰富的退出通道，社会资本参与投资的积极性或将有所上升。在 PPP 项目资产证券化的过程中，考虑到资本与项目投资周期的匹配程度，还可以在资产证券化过程中引入中长期的资金，比如保险资金、养老基金、社保基金等参与 PPP 项目资产证券化产品的投资。

第二章　PPP 项目策划

财政部发布的《关于印发政府和社会资本合作模式操作指南（试行）的通知》（财金〔2014〕113 号）指出，PPP 项目由政府或社会资本发起，以政府发起为主。无论政府还是社会资本方发起 PPP 项目，都要提交项目建议书。

项目发起后，财政部门（或 PPP 中心）会同行业主管部门对国民经济和社会发展规划及行业专项规划中的新建、改建项目或存量公共资产中的潜在项目进行评估筛选，确定备选项目。财政部门（或 PPP 中心）应根据筛选结果制定项目年度和中期开发计划。对于列入年度开发计划的项目，项目发起方应按财政部门（或 PPP 中心）的要求提交相关资料。新建、改建项目应提交可行性研究报告、项目产出说明和初步实施方案；存量项目应提交存量公共资产的历史资料、项目产出说明、初步实施方案及资产评估报告等。

确定备选项目后，财政部门（或 PPP 中心）会同行业主管部门开展物有所值评价工作，以此确定项目是否需要采用 PPP 模式；开展财政承受能力评价，以此确定政府有没有能力进行补贴。

第一节　PPP 项目的发起与筛选

一、PPP 模式的适用范围

财政部发布的《财政部关于推广运用政府和社会资本合作模式有关问题的通知》（财金〔2014〕76 号）明确“适用采用政府和社会资本合作模式的项目，具有价格调整机制相对灵活、市场化程度相对较高、投资规模相对较大、需求长期稳定等特点。优先选择收费定价机制透明、有稳定项目流的项目。”

（1）公共产品或公共服务领域的项目，具体包括基础设施类（如市政道路、高速公路、电厂）、市政公用类（如自来水厂及配套管网、固废处理和收运设施）及社会事业类（如文化体育场馆、医疗和教育服务设施）。

（2）合作期限相对较长，最好包括从项目前期准备到后期运营的全过程，其中运营期在 3 年以上。通过项目全过程的参与，社会投资方可以增加其对项目的全面了解，更有效地识别和管控项目风险；对于政府而言，则能更好地掌握建设运营成本信息，主动采取针对性的监管措施，在保障项目公司获得基本收益的同时又不至于获取暴利。对于短期（不含建设期，3 年以内）一次性完成的公共服务项目，不宜采取 PPP 方式，如果需要，可以改用政府采购服务的方式实施，并签订短期服务合同。

（3）项目具有一定专业要求，且存在足够多的潜在社会合作主体。PPP 项目的基本特征之一，就是要通过政府与社会资本合作取得 1＋1＞2 的效果，双方要优势互补，其中社会资本的相对优势主要体现在资本、技术、管理等方面，而且往往体现为综合优势。如果项目内容属于简单辅助性内容（如环卫保洁），或者虽然专业性较强但内容单一且已相对标准化（如工程设计或工程建设），则直接采取传统方式或通过政府采购方式实施可能更有效率。另外，潜在竞争者数量足够多才可能给社会合作主体带来必要的竞争压力，否则限制激励约束机制作用的发挥，使得政府在合作中处于相对被动的地位。

（4）综合评价 PPP 项目的交易成本。PPP 项目往往交易结构复杂、实施周期较长，在项目前期准备及实施过程中都会耗费大量人力、财力等资源，交易成本不容忽视。目前，国际上流行的评价方法是物有所值论证（VFM）。

（5）PPP 项目不限于收费机制完善的项目。从提高公共服务效率的角度来看，收费机制建设比较滞后或困难的领域（对社会专业主体缺乏吸引力），是最需要推行 PPP 模式的。在传统模式下，“重建设、轻经营”导致设施建成后不能发挥应有的运营能力，甚至出现豆腐渣工程。而在 PPP 模式下，项目主体需要统筹考虑项目全寿命周期的成本，社会资本方为了保障运营效率，减少运营维护的支出成本，会保证建设期的主体施工质量。收费不完善的项目虽然不能降低政府支出，但是可以通过分期支付的方式平衡当期的财政支出压力，并且能确保工程质量和运营效率。

（6）投资额具有一定的规模，一般要求至少达到 1 亿人民币以上。如果投资额过小，交易成本占比过高，则很难实现项目的物有所值。

二、政府方对 PPP 项目的发起与筛选

（一）PPP 由政府方发起的原因

1. 由合作范围所决定

财政部《关于推广运用政府和社会资本合作模式有关问题的通知》（财金〔2014〕76 号）指出，“政府和社会资本合作模式是在基础设施及公共服务领域建立的一种长期合作关系”。建设基础设施及公共服务是我国政府的一项重要职责，而其最终目的是满足居民基本生活需求，保障城市正常运行。出于这种原因，PPP 项目往往由政府发起。社会资本一般不考虑满足社会需求，其考虑的主要是能否盈利。

2. 有利于城市总体规划

国务院《关于加强城市基础设施建设的意见》（国发〔2013〕36 号）指出，“坚持先规划、后建设，切实加强规划的科学性、权威性和严肃性。发挥规划的控制和引领作用，严格依据城市总体规划和土地利用总体规划，充分考虑资源环境影响和文物保护的要求，有序推进城市基础设施建设工作”。但是社会资本获得的信息具有限制性，对城市的统筹规划了解较少，通常只局限于对潜在项目的所在区域进行调查。社会资本提出的项目如果不在城市总体规划内，或者存在重复建设的可能，往往很难得到政府的批准，也打击了社会资本方发起项目的积极性，造成社会资本方提出 PPP 项目在我国较少。

3. 政府职能部门之间信息更为畅通

国务院《关于在公共服务领域推广政府和社会资本合作模式的指导意见》（国办发

〔2015〕42）号指出，“政府发起的 PPP 项目由财政部门负责向交通、住建、环保、能源、教育、医疗、体育健身和文化设施等行业主管部门征集潜在政府和社会资本合作项目”。由于政府发起的项目信息均在政府内部流转，信息传递过程较为顺畅，可以加快项目立项、规划等前期工作进度。

（二）政府方对 PPP 项目的筛选

政府方对 PPP 项目的筛选主要考虑以下因素：

1. 财政补贴额度

绝大部分 PPP 项目是经营性或者准经营性项目，如地铁、公路、污水处理等。经营性项目全寿命周期内经营收入足以涵盖投资成本，社会资本方没有获得财政补贴也可以获得合理的投资回报。准经营性项目有收费机制，具有潜在的利润，但由于其建设和运营直接关系公众切身利益，因而其产出的价格由代表公众利益的政府确定，往往无法收回成本和获得合理的利润，需要政府通过适当政策优惠和财政补贴予以维持。PPP 模式通过引入社会资本，可以解决政府在城镇化进程中的资金缺口以及地方债务所带来的压力，把一次性财政支出转化为长期支出。

2. 长期合作关系

“PPP 不是一场婚礼，而是一段婚期”。PPP 项目是政府部门和社会资本在基础设施及公共服务领城建立的一种长期合作关系，其合作期限一般要长达几十年。PPP 模式下，政府利用社会资本专业的经营管理能力来提高项目的运营管理效率，靠后期运营的收益来弥补前期的投资。因此只有长期项目才适合做 PPP 项目，单纯的资产建设交付不适合采用 PPP 模式。

3. 长期稳定的市场需求

只有当需求长期稳定，社会资本才可对投资回报作出判断，如果社会资本接受这样的投资回报率则会参与投资。如果需求不稳定，那么社会资本并不能看清其中的利益，出于对该项目具有市场风险和销售量风险的考虑，社会资本会放弃参与 PPP 项目。

4. 具有一定规模的投资额

PPP 对项目规模有一定要求，一般是大额投资项目。因为 PPP 项目一般有较高的交易成本，包括各种项目的前期调研、可行性分析等。如果投资额过小，交易成本占比过高，则很难实现项目的物有所值。

5. 风险能够合理分配给社会资本方

如果项目大部分风险并不适合转移给社会资本方，仍需由政府方承担，则项目不适合采用 PPP，而是由政府方来实施更物有所值。

三、社会资本方对 PPP 项目的发起与筛选

（一）发起流程

（1）社会资本方向发展改革部门提交项目的初步描述性文件（项目意向书、项目初步建议书）。

（2）经过一定时间的审查评估，政府部门会给出一个初步的反馈意见，包括项目是

否符合公众利益，是否符合国家和地方的基础设施发展规划等。在审查过程中，政府方可以要求社会资本方提交财务可行性、环境保护等方面的分析报告，社会资本方需承担相关费用。

（3）如果项目的初步描述审查通过，社会资本方通常会收到正式的确认，同时需要继续完成项目建议书。

（4）对项目建议书的审查。通常政府有关部门会通过与社会资本方谈判将项目的主要边界确定下来。审查完成后，项目可能获得批复也可能被拒绝。

如果项目建议书获得批复，项目将进行公开招标的环节，旨在发掘不同于项目原始发起人所提出的有益的方案。

（二）筛选因素

社会资本方对 PPP 项目的筛选主要考虑以下因素：

1. 区域调研

社会资本方选择 PPP 项目时，首先需要对投资区域的宏观经济形势、金融规模、区域政策情况、政府信用、区域资源情况、竞争合作对手等做全方位的调研，在此基础上筛选。

（1）宏观经济形势。

宏观经济运行指标能综合反映出经济的发展状态和所处阶段。根据民生证券对 591 个已知所在省份信息的 PPP 签约项目的调查显示，华东地区的浙江省、江苏省，华南地区的广东省的签约数比例较高，原因在于这些地方的经济发达，债务的偿还能力可靠。此外，受西部大开发、“一带一路”的政策影响，西部地区基础设施建设的需求较大，西部地区也成为 PPP 项目的重要区域。

（2）金融规模。

金融规模可充分显示区域的金融活跃度、融资便捷度，这两方面都是社会资本较为关心的方面，会在一定程度上影响其对项目的筛选。

（3）区域政策情况。

政策代表着政府部门的诚信和承诺，如果政策随意制定或任意更改，最终的结果就是投资者的资本金和收益无法得到保障。由于 PPP 项目中政府与社会资本是长期合作关系，社会资本必然会担心法律政策的连续性和稳定性。此外，PPP 项目的特许期限一般都会超过一届政府的任期，当政府换届时，下一届的政府官员很可能会改变当地的发展战略，导致所需要的市政配套、土地等承诺难以保证或使原先的现金流发生重大改变，从而使项目无法进行。

因此，社会资本在选择项目过程中必须对该区域政策是否多变或存在矛盾，以及可否通过合同条款与政府合理分配此类风险等做出判断。

（4）政府信用。

作为政府，在签署 PPP 协议时往往会由于财政资金缺乏，市政建设项目紧急等原因为项目提供各项优惠措施，但是在运作过程中经常会出现不履约，或在履约的过程中拖延，前期市政配套、土地等承诺无法兑现，违约赔偿难以取得，建设竞争项目、建设后勤保障不及时等不诚信的现象。

（5）区域资源情况。

企业操作 PPP 项目需整合多方资源，地方资源供给将决定企业在项目操作中或可涉及的成本。成本将直接影响社会资本可获得的回报，因此充分了解区域资源情况对社会资本而言是必须且重要的。

（6）竞争合作对手。

PPP 项目将会有多家企业参与投标，尤其是当地企业更具竞争优势，因此需充分了解竞争合作对手的情况。

2. 项目边界清晰

项目的关键要素包括土地获取、特许经营期、定价和调价机制、产权归属、政府保证、风险分担、利益共享方式、产品/服务要求、争端解决方式等，是社会资本最为关心的方面，在筛选时社会资本必须全面清楚地了解。

3. 合理的回报机制

社会资本方参与投资一个项目一定是认为项目是有盈利的，最关心的往往是项目的回报机制。对于经营性项目，社会资本方的评估重点必须着眼于对预期收费的测算和收费保底条件，对未来 10～30 年的收费进行准确预测。而对于准经营性项目，由于经营性现金流无法弥补投资成本，社会资本必须考虑政府补贴等回报机制，对政府购买服务的资金（回购资金）保障进行评估。

4. 适当的优惠待遇

优惠待遇主要包括以奖代补、税收优惠以及融资便利等要素，也是社会资本选择项目时需要衡量的因素。

财政部已发布的《关于实施政府和社会资本合作项目以奖代补政策的通知》（财金〔2015〕158 号）提出，通过以奖代补方式支持政府和社会资本合作项目规范运作，对中央财政 PPP 示范项目中的新建项目，财政部将在项目完成采购确定社会资本合作方后，按照项目投资规模给予一定奖励。随后，各地的以奖代补政策也陆续出台。

PPP 项目涉及的税收优惠政策中企业所得税优惠政策包括从事《公共基础设施项目企业所得税优惠目录（2008 年版）》规定的项目可享受三免三减半的企业所得税政策、专用设备投资额的 10%抵免当年企业所得税应纳税额、项目公司为境内居民企业间分配股利免征企业所得税等；增值税优惠政策包括销售自产的再生水免征增值税、污水处理劳务免征增值税、增值税即征即退的政策，垃圾处理、污泥处理处置劳务免征增值税等。

国家发展委与国家开发银行联合印发的《关于推进开发性金融支持政府和社会资本合作有关工作的通知》（发改投资〔2015〕445 号）中提出，国家开发银行在监管政策允许范围内，将给予 PPP 项目差异化信贷政策，包括加强信贷规模的统筹调配，优先保障 PPP 项目的融资需求；对符合条件的 PPP 项目，贷款期限最长可达 30 年，贷款利率可适当优惠；建立绿色通道，加快 PPP 项目贷款审批；支持开展排污权、收费权、集体林权、特许经营权、购买服务协议预期收益、集体土地承包经营权质押贷款等担保创新类贷款业务，积极创新 PPP 项目的信贷服务等。

5. 风险分担措施

PPP 项目运营中面临的风险因素极其复杂，合理分担风险是保障 PPP 模式顺利运营的前提。社会资本方必须遵从风险应由最适宜的一方来承担，参与方对哪种风险控制力最强，就应发挥其优势控制哪种风险；高风险高收益，低风险低收益，承担的风险要和参与方的能力相适应等原则。对于风险过大而收益不足的项目，社会资本方应选择回避。

（三）可行性分析

社会资本方针对企业自身利益和战略发展规划，通过与政府建立良好的伙伴关系，兼顾企业外部环境和企业能力以及对社会和市场调查结果的分析，寻找 PPP 项目投资机会，并通过对项目的融资可行性分析、财务盈利能力分析、偿债能力分析、不确定性分析等，分析项目的可行性，是否值得投资。

1. 项目融资可行性分析

项目自身可融资性、社会资本方融资能力、资本结构、担保结构、市场风险等因素会影响项目融资的可行性，包括融资的难易程度和融资的成本高低。

（1）项目自身可融资性分析。

项目自身可融资性与是否是政策支持的项目、是否是经营性项目有关。

1）是否是政策支持的项目。对于国家政策支持的项目容易融资。因此，要分析建设项目是否符合国家产业政策、行业发展规划和区域经济发展规划等政策要求，是否可能享受国家和地方给予的优惠、扶持政策，项目受政策变化影响的程度和潜在政策风险。

一般政策性银行的贷款利息比商业银行要低，且贷款年限较高，适用于全生命周期年限较长的 PPP 项目。政策性银行包括国家开发银行和中国进出口银行。国家开发银行主要向国家基础设施建设及重要的生产性建设项目发放贷款。中国进出口银行主要执行国家产业政策和外贸政策，为产品出口提供政策性金融支持，为出口提供买方信贷和卖方信贷。

所以，如果项目符合政策性银行的贷款政策，则项目容易贷款且融资成本较低。

2）是否是经营性项目。项目一般分为经营性项目、准经营性项目、非经营性项目。其中，融资的难度从易到难排序一般为经营性项目、准经营性项目、非经营性项目。经营性项目的融资要比非经营性融资容易，并且融资方式更多。如项目融资方式就适用于经营性项目，不适用于非经营性项目。

（2）社会资本方融资能力分析。

社会资本方融资能力与社会资本方的行业地位、企业信用、资产负债和偿还能力、发展前景有关。

（3）资本结构。

项目资本结构是指项目长期负债与所有者权益之间的关系，以及项目各项长期资金的来源、组成及其相互关系，主要包括与权益资金构成、债务资金规模等相关的选择、权益资本结构的选择和本贷比例等内容。

项目资本结构会影响项目的融资难易程度和融资成本的高低。根据项目的特点（例如固定资产投资大或者专业技术要求高），了解影响项目资本结构选择的影响因素，选择合理的借款方，最终可以确定最优的资本结构。通过最优的资本结构，可以实现各方利益的尽可能最大化。具体的资本结构对融资的影响可详见盛和太、王守清所著《特许经营项目融资（PPP/BOT）：资本结构选择》一书（清华大学出版社 2015 年版）。

目前 PPP 项目多涉及基础设施等固定资产投资行为，项目公司设立及后续融资均有资本金的最低要求，通常应占项目投资额的 20%或以上。依据 2015 年《国务院关于调整和完善固定资产投资项目资本金制度的通知》（国发〔2015〕51 号文）规定，各行业固定资产投资项目的最低资本金比例按以下规定执行。

① 城市和交通基础设施项目：城市轨道交通项目由 25%调整为 20%，港口、沿海及内河航运、机场项目由 30%调整为 25%，铁路、公路项目由 25%调整为 20%。

② 房地产开发项目：保障性住房和普通商品住房项目维持 20%不变，其他项目由 30%调整为 25%。

PPP 项目公司自有资金一般约占投资额的 20%～30%，可以根据项目进度分批到位，缺口资金 70%～80%通常以债务融资形式获得。企业利用债务资本进行举债经营具有双重作用，既可以发挥财务杠杆效应，但也可能带来财务风险。因此，企业必须权衡财务风险和资本成本的关系，确定最佳的融资结构。

（4）担保结构

担保结构是项目融资的安全性、项目顺利实施的法律保证结构设计。其主要与项目的自身盈利能力，相关方直接或间接的担保，保险公司的保险等有关。一套完善有效的信用结构是顺利融资的前提，也是 PPP 项目顺利实施的基础。PPP 项目融资的担保结构一般有特许经营权质押、应收账款质押、资产抵押、股权质押、账户监管、保险权益转让、直接介入，还包括第三方权威机构出具的评估报告及长期购买合同。对于担保结构完善齐全、资信等级高的项目，放贷方会愿意放贷甚至降低贷款利息。

（5）市场风险

市场风险包括价格风险、市场竞争风险、市场需求变化风险、不可抗力风险。当产品或服务的价格较低，有类似的产品或公众接受程度低等原因导致该产品或服务的需求量较低时，会导致预测的效益低，放贷方就不愿意放贷，融资会比较困难。

2. 项目财务盈利能力分析

（1）净现值：指按照设定的折现率计算的项目计算期内各年净现金流量的现值之和。净现值大于 0，表示项目的盈利能力超过了设定折现率所要求的盈利水平，也表示项目的资金产出大于项目的资金投入，投资者可以投资。

$$NPV=\sum_{j=0}^{n}\frac{NCF_j}{(1+I)^j}$$

式中：NPV 为净现值；NPV_J 为第 j 年的净现金流量；I 为折现率；j 为年序号；n 为项目测算期的终年。

（2）内部收益率：指令项目在整个计算期内各年净现金流量现值累计等于 0 时的折现率，当内部收益率大于基准参数或折现率则投资者可以投资。

$$NPV=\sum_{j=0}^{n}\frac{NCF_j}{(1+I)^j}=0$$

（3）投资回收期：指项目的净收益抵偿全部资产所需要的时间。

$$\sum_{i=0}^{P_t}\frac{NCF_i}{(1+I)^i}=0$$

式中：P_t 是投资回收期。

投资回收期越短，说明项目投资回收快，抗风险能力强。

总投资收益率，指总投资的盈利水平，也指项目达到设计能力后正常年份的年息税前利润或运营期内年平均息税前利润与项目总投资的比率。

总投资收益率高于同行业的收益率参考值，表明总投资收益率表示的盈利能力满足要求，社会资本方可以投资。

3. 项目偿债能力分析

(1) 自偿率：指项目自我偿还建设成本的能力，是项目运营净收入的现值之和与项目建设成本的比值。公式如下：

自偿率＝项目运营期间每期的净营业现金收入的现值总和/项目建设期间建设经费现金流出的现值总和

1) 自偿率＞1，项目具有完全自偿能力，即所投入的建设成本可由项目收益回收。社会资本方可以投资。

2) 0＜自偿率＜1，项目不完全自偿，社会资本方应结合政府的财政补贴考虑是否投资。

3) 自偿率＜0，该项目不具备自偿能力，项目不可行。建议社会资本方不投资。

(2) 利息备付率：指在借款偿还期内的息税前利息与应付利息的比值。利息备付率至少应大于1，一般不宜低于2。利息备付率越大，表明利息偿付的保障程度越高。

(3) 偿债备付率：指在借款偿还期内，用于计算还本付息的资金与应还本付息金额的比值。偿债备付率至少应大于1，一般不宜低于1.3。偿债备付率越大，表明用于还本付息的资金保障程度越高。

注：本书中财务效益的分析指标的计算方法参考国家发展改革委和建设部于2006年发布的《建设项目经济评价方法与参数》（第三版）和《蒲明书．PPP项目财务评价实战指南．中信出版社：2016.11》。

4. 项目不确定性分析

项目评估都是估算预测，会有不确定性。为分析不确定因素对经济评价指标的影响，需进行不确定性分析。不确定性分析包括盈亏平衡分析和敏感性分析。

(1) 盈亏平衡分析。

盈亏平衡分析，是指在一定的市场和运营条件下对项目成本与收益的平衡关系进行的分析，以盈亏平衡点表示。项目盈亏平衡点根据项目正常运营年份的产品产量或销量、可变成本、固定成本、产品价格和销售收入及税金的年平均数值计算得出，一般可以运营能力利用率表示。公式为

$$BEP(\%) = \frac{CF}{S - C_V - T} \times 100\%$$

式中：BEP 为用运营能力利用率表示的盈亏平衡点；CF 为年平均固定总成本；S 为年平均销售收入；C_V 为年平均可变总成本；T 为年平均销售税金及附加＋年平均增值税。

盈亏平衡点越低，表示项目适应市场变化的能力越强。

(2) 敏感性分析。

通过分析、预测项目主要不确定性因素的变化对项目评价效益指标的影响程度，找出对评价指标影响最大的因素，即敏感因素，分析评价效益指标对该因素的敏感程度，

并分析该因素达到临界值时项目的承受能力。一般将产品价格、产品产量、主要原材料价格、总投资汇率、工期作为考察的不确定因素，将内部收益率和投资偿还期作为分析的评价指标。具体分析时，应根据项目具体情况，选择影响项目效益的几个最主要因素进行单因素敏感性分析，以了解和评估影响项目财务效益的最敏感因素，预测项目的潜在风险和抗风险能力。

影响内部收益率、投资偿还期的主要敏感性因素波动幅度可取该因素当前值或未来最可能值的正向和反向变动 5%、10%和 20%计算。根据项目情况也可将取值的浮动比例扩大，但一般不超过±30%。

对利用外资（包括权益类资金和负债类资金）达到项目投资总额 30%以上的项目应将汇率作为敏感性因素进行敏感性分析。

评估人员在对项目的不确定性进行分析的基础上，应对项目的风险点做出判断。

5. 运营能力分析

项目的运营能力与社会资本方的内在能力和项目的外部环境有关。

（1）社会资本方的内在能力

1）投入的资源。投入的资源包括人力、财力、物质和技术等。

① 人力资源。人力资源是资源和能力的共生体。一方面，管理人员、技术人员和工人作为劳动力，具有资源的性质；另一方面，他们又是经营管理能力的基本载体。

② 财力资源。发生财务危机，会影响运营的正常开展。

③ 物质资源。物质资源是指设施设备，设施设备是否先进、是否适用、是否符合国家环保等标准、是否是国家鼓励使用或者禁止使用，备品备件是否容易取得、价格是否合理等会影响到项目的运营能力。当设备不先进、不适应时，运营效率会低；当设备不环保时，有可能过不了国家环保的检查；当备品备件不容易取得时，容易导致设备窝工。

④ 技术资源。技术资源雄厚的企业可以提高劳动生产率，降低成本，巩固产品质量。当生产技术不可靠、适用性或稳定性差等，会导致难以达到项目预定的标准和要求，降低项目的运营能力。

2）社会资本方运营管理能力。社会资本方运营管理能力是指在项目运作过程中采用多种管理手段，对外协调各参与方矛盾冲突，对内妥善进行资源调配，保证项目稳步推进的能力。一方面，PPP 项目涉及政府、业主、金融机构、供应商等众多的参与方，各参与方有不同的利益诉求，项目运作过程中不可避免会出现利益冲突，企业需要协调好各方关系，促进积极合作，共同推进项目。另一方面，PPP 项目的投资方通常会把设计、施工和采购任务在公司内部分包，项目公司负责融资和建设管理，这样企业就需要充分利用自身的技术和资源优势，加强内部沟通协调工作，使组织内相关人员各司其职，通力合作，保证项目顺利完工。

3）招商能力。特色小镇、产业园区等有些项目的运作就需要招商，运营的前提就是能引进商家。当项目建设完成后，如果项目招商能力和运营公司的招商能力不够，入园的运营商不足会导致运营效果降低，难以支撑项目的正常运营。

（2）外部环境。

1）市场需求。市场需求包括项目产品或服务的需求数量、价格、质量、区域分布等历史情况、现状和发展趋势。

2）政府的作用。政府对国内项目的作用包括宏观和微观两方面。宏观方面的作用是指政府在经济政策上引导和推动 PPP 模式在我国健康有序地发展；在法律政策环境方面构建统一的项目法律框架和政策框架，完善项目运作的有关制度建设，提高政府的管理效能，政府应当努力营造一个稳定的政治环境。微观方面的作用是指政府对某个具体项目的支持和管理，它往往体现在运营中的权责和风险分配问题。

3）相关支持性产业的发展。与建筑业相关的行业同样对项目的运作有着不可忽视的作用。如金融业、保险业健全的体系和信息产业、机械制造业的发展水平对于建筑企业运作项目来说也是十分关键的。运作项目的融资、担保、支付等事宜与这些产业有着密不可分的关系。

4）信息技术。信息技术是指在信息的收集、处理、传递、运用、创新过程中所涉及的技术，主要包括用于获取信息的感测技术、用于传递信息的通信技术、用于处理信息的智能技术、用于实施信息控制与显示的技术。

6. 市场分析

市场分析包括市场供求现状分析、市场预测、市场接受程度、市场风险。

（1）市场供求现状分析。

市场供求现状分析包括市场容量现状分析、价格现状分析、市场竞争力现状分析。

1）市场容量现状分析主要调查和分析项目产品目前的市场供应现状和需求现状及其地区分布。应根据行业类别和产品特许，对项目的供应现状和需求现状进行分析。如交通运输项目，供应现状主要调查拟建项目影响区域的运输方式分布现状、客货运力、运量等；需求现状主要调查客货运输需求现状。

2）价格现状分析主要分析产品的价格，类似可替代产品的国内国外价格；分析价格是市场形成还是政府调控。

3）市场竞争力现状分析主要分析产品目前国内外的竞争程度，主要对手的生产、营销能力。

（2）市场预测。

市场预测包括对项目产品的供应量、需求量、价格的预测。

（3）市场风险。

1）价格风险。价格风险是指由于 PPP 项目中产品或服务价格过高、过低、未约定价格调整机制或价格调整机制不灵活而导政项目运营收入不足或项目失败的现象。

① 价格过高会导致公众购买能力不足，购买量较低；价格过低会导致社会资本方收益低，甚至不能收回投资成本。

② 合同中未约定调价机制。运营收益是经营性和准经营性 PPP 项目的主要收入来源，然而 PPP 项目期限很长，合同签订时的价格很可能无法适应市场变化而导致收益大幅下降，所以 PPP 合同应当约定调价机制。PPP 调价的原因包括汇率变化、利率变化、通货膨胀、原材料或设备市场供求情况变化等。

在 PPP 项目的公共服务项目中，如污水处理、垃圾处理等，通常是社会资本方与政府签订长期购买协议，并确定产品或服务的定价策略。长期购买协议具有长期服务性和担保性，能为项目运营时的市场需求量提供一定的保证。如今，我国采用最多的定价模式主要有两种，即边际成本加政府补贴定价法和两部制定价法。两部制定价法分为两部分，一是一次性收取的固定使用费（固定成本），二是每年收取的年度运营费用（变动成本费用），同时约定定期调整价格。边际成本加政府补贴是以项目的服务能力与成本两方面来确定单价，预先约定每年最低服务总量，若当年总量未达约定，则按约定总量计算费用；若服务量超过约定，则超额部分按单价计算，同时约定定期调整价格。这两种定价方式都应当有相应的调价机制配合。

价格调整机制对于保障社会资本方的收益而言十分重要，通过价格调整机制上调运营价格可以应对因实际的市场需求低于预期而给运营公司带来的亏损。所以应该在 PPP 合同中明确约定调价情形和调整公式。很多 PPP 合同均存在调价条款，但是此类条款过于原则，只能留待争议发生时订立补充协议，但争议发生后达成协议的成本是十分高昂的，因此 PPP 调价条款应更为具体明确。

2）调价审批不通过。不少 PPP 项目涉及用户付费，例如供电项目、供水项目、供热项目等，我国《价格法》和《政府价格决策听证办法》规定，公用事业价格等政府指导价、政府定价，应当建立听证制度。听证制度无疑很容易造成审批延误或者审批无法通过。

PPP 项目产品或服务的价格通常在长期协议中定制，并规定一定的调价机制，然而根据合同制定的调价方案往往得不到社会公众的认可。也就是说，即使合同存在详细的调价约定，价格调整也不一定能够执行。因此，建议社会资本方可在 PPP 合同中争取约定，如果价格听证不能通过审批，政府方应当按照一定比例给予补贴，以保证项目最低收益。

3）市场竞争风险。

① 项目唯一性风险，是指政府或其他投资人新建或改建其他项目，导致对该项目形成实质性的商业竞争而产生风险。项目唯一性风险出现后往往会带来市场需求变化风险、信用风险等一系列的后续风险。为了避免项目竞争风险，社会投资人可以在 PPP 合同中加入项目唯一性条款，即规定政府方在特定时间、特定地区不得再兴建类似项目，以避免对本项目造成竞争，降低项目公司的经营收益。

政府方可能会因政策原因无法对特定项目做出唯一性承诺，或者因为政策改变、公共利益、公众反对等无法遵守唯一性承诺。

② 其他替代性产品风险，如果产品或服务的功能能够被其他类似项目所代替，则有可能产生竞争。如轨道交通项目、桥梁项目、高速公路项目就属于替代性产品，就有可能有风险。

4）市场需求变化风险。市场需求变化风险，是指排除唯一性风险以外，由于宏观经济、社会环境、人口变化、法律法规调整等其他因素使市场需求发生变化。

5）不可抗力风险。不可抗力的起因包括自然因素和社会因素，其中自然因素如洪水、地震、旱灾等，社会因素如政府禁令、战争、罢工、禁运等。

因为不可抗力是不可避免和不可控制的，一般由政府和社会资本方共同承担。应该在 PPP 合同中明确约定不可抗力的情形、损失计算、分担、补偿的规则。

（四）社会资本方发起 PPP 项目的操作模式

目前，社会资本方发起 PPP 项目较为成熟的操作模式包括以下几种。

1. 奖励模式

奖励模式，指在招标过程中对原始项目发起人给予一定奖励。奖励形式有：在标书评估过程中，原始项目发起人的技术分或商务分获得额外加分，或者当项目原始发起人的报价与最佳报价的差距在一定的比例范围内，则选择原始发起人。奖励额度由政府的项目主管部门确定，通常有一个最高限额。韩国和智利较多采用奖励模式，并且设置奖励最高限额为10%。

2. Swiss Challenge 模式

这一模式与奖励模式类似，在意大利、菲律宾、关岛及中国台湾等国家和地区广泛应用。该模式下，原始发起人没有预先设定的奖励，但是有权利与其他更优报价的投标进行一对一的比较竞争。

3. 最后及最优报价模式

在该种模式下，在多轮的投标过程中，原始发起人可以直接进入最后一轮的投标。最后一轮投标要求在之前胜出的投标人给出最优的最终报价。标底价不会公开，中标人将在最后一轮投标中选出。如果中标人不是原始发起人，则中标人可能需要补偿原始发起人的项目开发成本，该费用可在招标文件中进行约定。

奖励模式和最后及最优报价模式可以一起使用。

社会资本方发起项目过程中不可避免地将产生项目开发成本，若最终未能立项，社会资本方的开发成本就会浪费，因此社会资本方在选择项目时要慎重。目前，我国关于社会资本方发起 PPP 项目的法律法规较少，急需政府完善这一部分。

第二节　社会资本方 PPP 项目策划流程

一、项目自身条件分析

（1）项目地块解析：在项目市场发展趋势研究的基础上，本部分将从项目条件分析入手，从地块角度判断适合发展的物业形态，并对项目周边环境地块的状况、性质进行研究，分析其对本地块可能产生的影响。

（2）项目区位分析：主要针对项目周边地块的现状以及未来发展状况进行分析，了解项目发展的环境及影响因素。

（3）项目地块条件分析：主要针对项目地块的开发条件进行透彻分析，找出影响项目发展的因素。

（4）项目 SWOT 分析（优势、劣势、发展机会、竞争威胁）：分析项目发展的重点及难点，明确项目本身的优势、劣势、发展机会、竞争威胁等。

（5）社会资本方自身条件评估：主要针对信誉情况、资金情况、建设、经营、运营维护等同类工程的业绩及经验、专业技术与知识力量、设备配置情况、质量安全管理体系完善情况等。

（6）项目经理能力评估：同类工程管理及施工经验、沟通协调能力、优秀领导能力、突发情况应急处置能力等。

二、投资机会分析

该阶段的主要任务是对投资项目或投资方向提出建议，即在一定的地区和部门内，以自然资源和市场的调查预测为基础，寻找最有利的投资机会。投资机会分析相当粗略，主要依靠笼统的估计而不是依靠详细的分析。该阶段投资估算的精确度为±30%，研究费用一般占总投资的0.2%～0.8%。如果机会分析认为可行，就可以进行下一阶段的工作。

三、初步可行性分析

在机会分析的基础上，进一步对项目建设的可能性与潜在效益进行论证分析。初步可行性分析阶段投资估算精度可达±20%，所需费用约占总投资的0.25%～1.5%。

四、详细可行性分析

详细可行性分析是开发建设项目投资决策的基础，是在分析项目在技术、财务、经济上的可行性后做出投资与否决策的关键步骤。这一阶段对建设投资估算的精度在±10%，所需费用，小型项目约占投资的1.0%～3.0%，大型复杂的工程约占0.2%～1.0%。

五、项目的评估和决策

按照国家有关规定，对于大中型和限额以上的项目及重要的小型项目，必须经有权审批单位委托有资格的咨询评估单位就项目可行性研究报告进行评估论证。未经评估的建设项目，任何单位不准审批，更不准组织建设。

六、项目定位

项目定位是指对项目投资开发中涉及的诸多要素（经济、政策、法规、规划、国土、市场、消费者、人文、地理、环境、交通、商业、市政配套等）进行客观调查，并通过科学系统的定量定性分析和逻辑判断，寻找到满足项目众多元素的结合点。

简言之，项目定位是策划的基础，项目定位的成果及结论（项目总体定位、客群定位、产品定位建议）对后续各阶段策划具有方向性和指导性，是策划的首要环节之一。项目定位包含的具体内容如下：

（1）项目客群定位。主要确定项目各功能物业的客户阶层、消费群体，为项目后期开发方案提供依据。

（2）项目发展形象定位及概念定位。确定项目的发展形象，为项目定位与规划设计提供方向。

（3）项目功能组合及业态配比定位。主要包括项目内部的功能确定、组合方案定位、功能布局及各功能间的关联性控制。就是利用对建设目标所处社会环境及相关因素的逻辑数理分析与相关定性分析，研究项目任务书对设计的合理导向，制定和论证建筑设计依据，科学地确定设计内容，并寻找达到这一目标的科学方法。

（4）项目开发规模与档次定位。根据项目发展主题，并结合项目所处市场背景环境，确定项目的开发规模与档次。

（5）项目价值定位（含财务分析）。根据项目自身条件、总体定位、市场供需状况、市场现有物业供应价格水平、潜在购买水平，以及项目所在区域未来发展趋势等因素，明确项目的价格水平。

（6）价格定位。项目的建设运营往往是很久的。而消费市场变化莫测，项目的定价要能被市场接受，需要一定的超前意识和科学预测。影响价格的因素有很多，主要包括成本、项目品质、顾客承受的价格、同类产品的竞争因素等。

第三节　PPP 项目策划前期实务

一、PPP 项目建议书编制

（一）项目建议书的概念

项目建议书是在项目周期内的最初阶段，以提出一个轮廓设想来要求建设某一具体投资项目和做出初步选择的建议性文件。它主要从总体和宏观上对拟建项目考察其建设的必要性、建设条件的可行性和获利的可能性，并做出项目的投资建议和初步设想，以作为国家（地区或企业）选择投资项目的初步决策依据及进行可行性研究的基础。PPP 项目建议书包括：

（1）在宏观上考察拟建项目是否符合国家（或地区或企业）长远规划、宏观经济政策和国民经济发展的要求，初步说明项目建设的必要性；初步分析人力、物力和财力投入等建设条件的可能性与具备程度。

（2）对于批准立项的投资项目即可列入项目前期工作计划，开展可行性研究工作。

（3）对于涉及利用外资的项目，项目建议书还应从宏观上论述合资、独资项目设立的必要性和可能性。在项目批准立项后，项目建设单位方可正式对外开展工作，编写可行性研究报告。

（二）项目建议书的基本内容

1. 项目建设的必要性和依据

项目建设的主要理由和必要性主要是：为什么要建，建设的目标是什么，满足哪种需要，是否获得经济效益等。

项目提出的主要依据文件一般包括国民经济和社会发展的长远计划、国家产业政策、投资政策、技术经济政策、行业与地区发展规划、生产力布局规划等。

2. 关于产品方案、拟建规模和建设地点的初步设想

（1）生产项目，包括项目的主要产品品种、规格、产量，项目建成后的全部生产能力，项目建设初步选定的地区。

（2）非生产项目，包括项目的总建筑面积、项目拟建的位置。

（3）单项工程，包括建筑物面积、层数、结构类型、拟建位置。

3. 资源、交通运输及其他建设条件和协作关系的初步分析

（1）拟利用的资源供应的可能性和可靠性。

（2）主要协作条件情况、项目拟建地点水电及其他公用设施、地方材料的供应情况分析。

（3）对于技术引进和设备进口项目应说明主要原材料、电力、燃料、交通运输及协作配套等方面的近期和远期要求，以及目前已具备的条件和资源落实情况。

4. 主要工艺技术方案的设想

（1）主要生产技术与工艺。如拟引进国外技术，应说明引进的国别以及国内技术与之相比存在的差距，技术来源、技术鉴定及转让等概况。

（2）主要专用设备来源。如拟采用国外设备，应说明引进理由以及拟引进设备的国外厂商的概况。

5. 投资估算和资金筹措

投资估算根据掌握数据的情况，可进行详细估算，也可以按单位生产能力或类似企业情况进行估算。投资估算中应包括建设期利息、投资方向调节税和一定时期内的涨价影响因素（即涨价预备金），流动资金可参照同类型企业情况进行估算。

总体上看，项目的资金来源（筹资方式）可分为投入资金和借入资金两种方式。投入资金包括：国家预算内投资，上级主管部门、地方、单位、城乡个人的自筹资金，发行股票筹资，以及吸收国外资本直接投资（根据吸收国外资本直接投资方式不同，可分为合资经营、合作经营、合作开发等）。借入资金（负债资金）包括：银行贷款，发行债券，设备租赁，借用外国资金（主要包括外国政府贷款、国际金融组织贷款、国外银行贷款、在国外金融市场发行债券、利用出口信贷等形式）等。

资金筹措计划中应说明资金来源，利用贷款的需要附上贷款意向书，分析贷款条件及利率，说明偿还方式，测算偿还能力。对于技术引进和设备进口项目，应估算项目的外汇总用汇额及其用途，外汇的资金来源与偿还方式，以及国内费用的估算和来源。

6. 项目进度安排

项目进度安排包括整个项目建设安排的总进度计划和各单项工程进度计划安排。

7. 项目经济效益和社会效益的初步分析

项目经济效益的分析包含初步的财务评价和国民经济评价的内容：计算项目内部收益率、贷款偿还期、投资利税率等指标，进行盈利能力、偿还能力的初步分析。

项目社会效益的分析，如果项目提高了就业率，带动了经济增长、保护环境等社会效益。

二、PPP项目可行性研究报告编制

PPP项目可行性研究报告一般包括总论、项目背景及建设必要性、建设条件和项目选址、市场分析、项目建设方案、项目运营管理方案、项目投资估算及融资方案、项目组织、财务评价、环境影响评价、节能评价、社会效益评价等。

（一）总论

项目总论一般包括项目概况和编制依据。

1. 项目概况

项目概况一般主要介绍项目名称、项目主管单位、项目建设单位、项目法人、项目建设地点、项目建设性质（新建还是改建）、项目建设规模、主要建设内容、建设投资规模、资金来源等。

2. 编制依据

编制依据一般包括以下内容：

（1）国民经济建设的长远规划、地区和部门的规划。

（2）国家有关方针、政策和法规等。

（3）经国家有关部门批准的资源报告。

（4）项目建议书和委托单位关于拟建项目设想的文字说明。

（5）可靠的自然、地理、气象、地质、经济、社会等基础资料。

（6）水、电、交通、原料燃料等外部条件资料。

（7）有关的技术标准、规范、参考指标等。

（8）国家颁布的有关项目评价的通用方法与参数。

（二）项目背景及建设必要性

1. 项目背景

项目背景一般包括以下内容：

（1）项目区社会经济状况，包括人口、经济结构、产业结构、经济发展水平等。

（2）相关产业发展现状，包括围绕项目涉及的内容说明本地区相关产业发展的现状。

2. 项目建设的必要性

项目必要性分析首先应明确项目主体是谁。这里项目主体指投资单位、运营单位、项目公司、政府等，不同的项目主体由于利益差别，对同一项目的必要性也会有所差异，因此项目建设是否必要与项目主体的目标有很大关系。

在明确项目主体的基础上，可以从以下几个方面对项目的必要性进行分析。

（1）对国家和当地的经济、社会的贡献。

建设项目不只是为企业创造利润，还应该为国家和地区创造更多的经济效益和社会效益。项目建设的必要性取决于项目对国家和当地的经济和社会的贡献。对于企业获利，而国家或当地经济和社会效益受损的项目，要么不符合国家和区域经济发展规划及工业布局，要么会造成环境污染。例如，对于国家近几年对于保护环境的重视，一些带有大型污染的项目，如建设造纸厂、印染厂或大型化工厂就很难获得批准；而保护环境的项目如环境治理、垃圾处理厂、污水处理厂等就容易获得国家的批准。

（2）资源有效利用。

资源优势是项目主体竞争优势的一个主要方面，但拥有资源不等于能够充分利用资源，不同产品对资源利用情况也有所不同。拟建项目能够充分利用现有资源，提高产品质量，改善产品结构，引入新工艺，节约能源，减少环境污染等，项目投资就具有必要性。因此，项目的必要性一般要建立在充分发挥项目主体在市场营销、资金、技术、管理经验，以及本国、本地的自然资源，天然条件等方面的优势基础上。

（3）项目产品的市场潜力。

项目产品的市场潜力取决于它的市场需求，分析项目必要性就要分析项目产品是否有足够的市场需求，这种需求是否是长期的、具有发展潜力的需求。有些项目从表面上看有巨大的市场需求，但是实际却并非如此。这种错误判断产生的原因，多半是分析人员忽略需求者的实际购买力，使用产品所必须具备的条件，以及文化特征、生活环境的特性等因素对产品有效需求的影响。另外，还要分析国内和国际市场上的需求变化。

（4）项目主体的发展战略。

项目主体的发展战略是实现项目主体长远目标的必要手段。由于资源的有限性，任何项目主体都不会进行与自己的发展战略无关、不利的项目，虽然市场需求是项目存在的必要条件，但也要分析该项目是否是项目主体实现目标的最佳方法。

（三）建设条件和项目选址

1. 建设条件

项目选址需要深入分析和研究建设条件，包括分析自然条件（气候、水文、土壤、大气环境等）、资源条件（项目所涉及的资源量、品质、价格情况及其对项目的影响）、科技支撑条件（企业技术研发力量或技术依托单位及团队力量、相关成果及与项目的关联情况等）、基础设施条件（水、电、路、气等现状及对项目的保障情况）等。

（1）政策条件。包括国家和当地政府对该地区的经济发展和投资政策、产业政策、税收政策、进出口政策和金融政策等。

（2）资源条件。项目资源包括项目在建设过程中所需的建筑材料，项目建成后所需的原材料、辅料和燃料等。建厂地区必须具备与拟建项目相适应的良好资源条件，包括有关的矿产资源条件、原材料条件以及资源的质量状况。原材料供应的可靠性主要从以下几方面考虑：

1）生产量。有些项目对原材料的需要量很大，这时供应企业的产量就会对项目有较大影响，其产量的波动将直接影响项目原材料供应的可靠性。如果原材料是进口的则还要分析本国的进口政策和对方国的出口政策，并估计其变化趋向。要防止因为材料供应不足导致项目停工甚至终止。

2）原材料供应的运输条件。如果项目所需原材料量大且需长途运输，则项目原材料供应的可靠性将大大降低而且成本会大幅度上升，有时还会因长途运输而使原材料的性能受损。

原材料供应的经济性包含两个方面：一是不同的原材料对于不同的工艺技术和设备投资费用；二是因为原材料来源的不同导致价格、运输和保险等费用上的差异，这直接影响产品成本。在确定原材料供应来源时要综合考虑权衡利弊，做出正确选择。

3）我国条块体制的影响。在传统的条块体制下，各地区、部门的本位意识极强，相互封锁、争能源、争原材料的现象非常普遍。因此，当需要从外省调入原材料时，要充分考虑供应省份原材料工厂中断减少供应的可能性，最好能有供应协议书等书面文件做保证。

（3）能源条件。能源是任何建设项目都必不可少的基本条件，选址时应给予足够的重视。一般工程项目的热能供应，大多是自备热电站或供热锅炉房供热。但如果是由区域热电厂供热网或集中供热网或集中供热站供应时，供热距离是厂址选择中至关重要的因素。因为距离过远，不仅工程管线投资增加，而且热能损耗太大，不利于能源的合理利用。

（4）运输条件。包括运输方式、运输距离和运输费用等。运输方式和运输距离的选择最为重要。

（5）外部协作条件。一些项目需要高科技、高技术，需要外部企业或高校协作时，需要考虑科技密集、技术密集的地区。

（6）市场条件。包括拟建项目在建设前的自给程度、潜在需求量大小等。

（7）劳动力来源条件。为了减轻大量职工调进可能造成的城镇人口密集和膨胀的压力，减少劳动力成本，应选择在劳动力多且文化教育水平高的地区。

（8）自然、气候条件。建厂地区的温度、湿度、降雨量、风级、地震情况要符合项目的要求。

（9）工程地质条件。厂址应具有良好的工程地质和水文地质条件。

（10）地形要求条件。根据项目特点需要所在地有特殊的地形要求等。

（11）基础设施条件。指项目所在地供水、供电、供燃气、道路、通信、污水处理等基础设施。

2. 项目选址

项目选址的基本原则如下：

（1）符合国家长远规划及行业布局、国土开发整体规划和所在地的地区规划或城镇规划。

（2）具备政府建设主管部门对厂址选址的规划审批的必要条件。项目规划审批的关键是投资者必须获得国土资源局有关地块的红线图。

（3）便于施工，便于生活。

（4）节约用地，注意资源、能源的合理开发利用。

（5）保护生态环境，保护文物古迹和风景名胜。

（四）市场分析

1. 市场分析的主要内容

市场分析一般包括市场调查和市场预测。

（1）市场调查。

市场调查的内容一般有以下几个主要方面：

1）关于产品需求的宏观经济环境调查，如人口数、增长率、国民生产总值和增长率等。

2）有关的政策、法规、标准和财税制度调查。

3）市场需求量调查，包括有效需求现状、潜在需求量和需求增长速度等。

4）消费者和消费行为调查。

5）拟建项目产品质量状况调查，包括产品质量、使用寿命及用户反映等。

6）拟建项目产品生产能力及发展规划的情况调查。

7）拟建项目产品的价格状况调查，包括现行产品出厂价格、零售价格、生产成本、税收、盈利、国际市场价格状况及其变化趋势，有关替代产品、竞争产品的价格情况、消费者购买水平与价格接受能力。

8）拟建项目主要投入物的资源及供应情况调查，包括资源量、生产能力、产量、产地、供应价格和供应方式等。

（2）市场预测。

市场预测是在市场调查的基础上进行的。市场预测要对拟建项目涉及的具体产品的需求情况、价格水平和竞争形势等做出总体的预测和定性的评价，进而科学地估计项目的生产能力，评估项目是否可行。

（五）项目建设方案

建设方案包括产品方案和规模、建设标准、技术方案、设备选型方案、建设规划和布局、实施进度等。

（1）产品方案和规模。通过市场调查和预测，可以确定产品方案和项目规模。

（2）建设标准。包括主体建筑物的标准，如抗震抗风等级、承载力、产出规模等。

（3）技术方案。技术方案主要由三个部分构成：

1）为实现项目的功能目标所具有的科学知识技能。

2）工艺技术方法。

3）为落实工艺技术方法而采用的物质手段，包括设备、器具。

（4）设备选型方案。

设备是机器、机械、运输工具及其他生产或生产装备的统称。

设备选择通常要包括设备类型、数量、来源、生产能力、价格及性能特点等内容。一般应考虑以下因素：

1）设备的技术性能。包括设备的生产效率，如功率、日生产能力等；设备对产品质量的保证程度，如精度等；设备能耗情况，如耗油耗电等；设备的使用寿命和技术寿命等。

2）设备的可维修性。包括是否便于安装和维护，结构是否简单，通用化、标准化程度如何等。

3）设备的适用性和灵活性。包括设备的成套性和通用性要求，对工艺条件的适应性，结构是否便于布置等。

4）设备的投资效果。包括投资费用、使用和维护费用以及产出效益等。

（5）建设规划和布局。包括功能布局、空间布局等，进行短期规划和长期规划的结合。

（6）实施进度。包括前期准备阶段、施工阶段、竣工验收阶段等。

（六）项目运营管理方案

项目运营管理方案主要考虑项目在运营过程中的技术方案。

（七）项目投资估算和融资方案

1. 项目投资估算

（1）项目投资估算的编制依据。

1）工程设计文件及说明等；

2）国务院、各部委、各省市的相关专业的概算定额、投资估算指标、投资估算编制办法、工程取费费率，包括市政工程、道路工程、土建工程、园林工程等。

（2）项目投资估算的计算。

项目总投资是指项目建设和投入营运所需要的全部投资，为建设投资、建设期利息和流动资金。建设投资可以根据对投资估算精度的要求和相关规定选用相应估算方法。详细的投资估算计算方法参见刘林的《项目投融资管理与决策》（机械工业出版社 2009 年版）。

投资机会研究或项目建议书阶段的投资估算，一般是通过与已建类似项目的对比得来的，误差在 30%以内。初步可行性研究阶段，弄清项目的投资规模、原材料来源、工业技术、厂址、组织结构和建设进度，进行经济效益评价，投资估算误差范围在 20%以内。进行全面的技术经济论证，详细可行性研究阶段的误差范围在 10%以内。而且，通过的可行性研究投资估算的值是政府审批同意的该项目的总投资值，项目下一阶段的初步设计编制的总投资和实施过程中施工阶段总投资不得大于可行性研究的投资估算值，否则要重新编写可行性研究报告，进行可行性研究分析。

2. 融资方案

PPP 项目融资是贷款人向 PPP 项目提供贷款协议融资，对于该项目所产生的现金流享有偿债请求权的融资类型。它是一种以项目未来收益和资产偿还贷款的资金来源和安全保障的融资方式。

常见的融资方式及适用范围见刘林《项目投融资管理与决策》（机械工业出版社 2009 年版）、赵琦《中国 PPP 理论与实操》（企业管理出版社 2017 年版）。

（八）项目组织

项目组织包括以下内容：

（1）机构设置与职责，分别说明项目建设期及竣工后的组织机构设置、人员配备及职责分工等。工程建设项目的劳动组织与劳动定员的确定，应以有利生产、提高经济效益为原则，做到分工合理、职务分明、精简高效。劳动定员应根据项目的工艺特点、技术水平和自动控制水平，并按照企业经营管理的要求合理确定。

（2）管理措施，分别说明建设阶段和项目竣工投产后的管理措施。重点说明建设过程中的资金管理方式，包括财政资金、自筹资金及银行贷款的具体管理办法；竣工投产后的生产经营管理、财务管理、营销管理等。

（3）技术培训，包括生产性项目、特殊设备使用等前期技术培训。

（4）劳动安全、卫生与消防。主要劳动安全、卫生和消防规范标准依据国家、行业相关规范及标准等。

（九）财务评价

财务评价，是通过计算营业收入、税金和附加估算、总成本及经营成本估算，进行财务效益分析，包括盈利能力分析、银行贷款清偿能力分析和不确定性分析。其中，盈利能力分析包括投资利润率、投资回收期（税后、静态）、财务内部收益率（税后）和财务净现值（税后）等。银行贷款清偿能力分析是分析银行贷款偿还期、利息备付率、偿债备付率等。不确定性分析包括盈亏平衡分析（计算盈亏平衡点并绘制盈亏平衡分析图）、敏感性分析（编制敏感性分析表并绘制敏感性分析图，针对敏感性因素提出应对风险的对策措施）。

财务评价具体的指标、公式等详见国家发展改革委、建设部发布的《建设项目经济评价方法与参数》(第三版)，中国计划出版社，2006。

（十）国民经济评价分析

项目的国民经济评价和财务分析组成了完整的项目经济分析。投资和放贷者关注财务评价，计算项目为企业带来的利润；政府则更关注经济评价。项目的国民经济评估旨在把国家有限的各种投资资源用于国家最需要的投资项目上，使资源合理配置和有效利用。

项目的国民经济评价，采用费用效益分析方法、费用效果分析方法，运用影子价格、影子汇率、影子工资和社会折现率等参数，计算分析项目需要国家付出的代价和对国家的贡献。

具体的国民经济评价分析方法计算参见《建设项目经济评价方法与参数（第三版）》(中国计划出版社 2006 年版)。

（十一）社会效益分析

项目社会效益分析是以国家社会政策为基础，对项目实现国家和地方社会发展目标所做贡献和产生的影响及其与社会相互适应的分析。

1. 社会影响分析

项目对社会发展目标产生的影响包括自然影响和社会影响。正面影响如对人口、社会就业、人民收入、生活质量、基础设施、城市化进程等的影响。负面影响如项目征地拆迁的影响、项目对国土资源的影响、项目对环境的影响等。

2. 互适性分析

项目与社会之间相互适应的分析包括项目是否适应当地人民的需要；是否符合当地的文化；当地社区对项目的适应程度，如当地政府对项目的态度、不同利益群体对项目的态度和参与程度等。

具体的指标和计算方法详见王勇《项目可行性研究与评估》(中国建筑工业出版社 2004 年版)。

（十二）环境影响评价

环境影响评价包括评价项目对生活环境可能的影响、对生态环境可能的影响、对土地资源的影响、对矿产资源的影响、对文物古迹的影响等，最后提出应对措施。环境影响评价的依据是国家、行业相关规范及标准等。

（十三）节能分析

节约能源、保护资源是我国的一项基本国策。PPP 项目可分为建设期能源分析和运营期能源分析。能源包括煤、石油、天然气、水力、电力、风力及地热等。

1. 依据法规

(1)《中华人民共和国节约能源法》；

(2) 各专业建设项目节能设计规范、节能评价方法等。

2. 能源指标

(1) 实物总量指标：分品种计算项目消耗的各种能源总量，折算成标准煤汇总得出能源综合消耗总量。

（2）单位产品能源消耗。

（3）万元产值能耗。

3. 节能措施

建立与节能降耗配套的奖惩机制，编制节能规划。

三、存量项目评估

存量 PPP 项目相比于新建项目，具有项目数据相对透明、运作周期短、项目前期建设投资压力较小、风险低等特点，越来越受到社会资本的青睐。而且对于政府方来说，存量项目可有效盘活存量优质资产，形成良性投资循环，提高市政公用产品和服务供给的质量及地效率。存量项目的 PPP 模式多为委托运营、管理合同、转让-运营-移交、改建-运营-移交等模式。

社会资本方在参与投资 PPP 存量项目之前，要对存量项目进行评估分析，主要分析以下因素：

1. 资产评估

存量 PPP 项目运作过程中，政府方采用股权转让或者资产所有权转让方式时，为防止国有资产流失，资产评估是实施存量项目的前置程序。存量项目的资产评估一般包括房产、设备、车辆等固定资产的评估。

（1）资产评估的方法。

PPP 项目资产评估常用的方法是现行市价法、重置成本法和收益现值法。

1）现行市价法。现行市场法又称市场比较法，以相同的或类似项目资产的市场价格作为比较基础。计算公式为：

$$E = K \times K_b \times G \times S \times N$$

式中：E 为项目资产的评估值；K 为项目质量调整系数；K_b 为项目使用者消费水平调整系数；G 为参照对象单位市场价值；S 为项目有效利用率；为 N 为其他影响因素。

2）重置成本法。重置成本法是指在现时条件下重新购置或建造一个全新状态的评估对象，所需的全部成本减去评估对象的实体性陈旧贬值、功能性陈旧贬值和经济性陈旧贬值后的差额，以其作为评估对象现实价值的一种评估方法。公式：评估值＝重置价值－实体性陈旧贬值－功能性陈旧贬值－经济性陈旧贬值，评估值＝重置价值×成新率。利用重置成本法，可以得出 PPP 项目资产的测算公式：

$$E = K \times \sum_{i=1}^{n} C_i = (1 + P)^{n-i+1} + Q$$

式中：E 为项目资产的评估值；K 为项目质量调整系数；C_i 为第 i 年的项目营业收入；P 为年利率；Q 为项目设施设备重置价格。

3）收益现值法。主要包括年金资本化法和条件价值法等，该方法适用于市场发育比较成熟、年均收益相对稳定、项目建设和运维日趋完善的 PPP 项目。在实际的操作过程中，可根据被评估对象的特征与评估要求选取适当方法。

运用收益现值法对资产有两个主要的要求，一是预期收益能够量化，二是能够确定合理的折现率。其中合理的折现率容易确定，主要是对于待估资产预期收益的量化，评估实践中一般用于收益可以量化的机器设备资产的评估。所以对于预期收益不能量化，或者不处于盈利状态的资产不适合收益法评估。

2. 债务及所有权评估

（1）债务评估。

政府方存量资产往往存在复杂的历史债务问题，故社会资本方对存量项目进行投资前，需对存量项目的债务进行分析评估，并与政府方明确债务处理等问题，如债务是否随着股权或资产所有权转让给社会资本方等。

（2）所有权评估。

存量项目涉及诸多部门，资产属性较复杂，资产所有权可能涉及多个部门。当资产所有权涉及的部门越多，越难以理清资产边界，当资产转让给社会资本方的时候就会变得越复杂。

3. 存量 PPP 项目人员安置

政府的存量项目采用 PPP 模式后，项目公司就会变为一般民营企业或非国有企业，就会面临职工安置问题；当然，如果是国企或央企作为社会资本，就不会存在这个问题。

（1）对于原先运营人员是事业编制的人员，安置原则大多为“身份保留、待遇不变”。尤其当涉及的事业编制人员较多时，政府方无法全部安置，通常需要 PPP 项目公司接收。如果能够结合国家及当地政策实现事业单位的转制是非常彻底的解决方案，由于支持政策有限，项目推动非常困难。从实操经验看，多数还是采用了保留员工事业编制身份，保证工资及待遇按原标准不变，项目公司统一管理和考核的安置原则。合作期结束后，原有人员全部恢复身份及相关待遇。该方案虽然保证了员工的平稳过渡，但对未来项目公司的管理提出了更高的要求。

（2）对于原先运营人员是国有企业单位的人员，安置原则大多为“大部分接收、待遇不降”。关于此类人员，可要求项目公司按照一定比例或者全部无条件接收（员工有选择离职的权利），并与项目公司重新签订劳动合同，接收后的人员工资及福利待遇水平不低于原有标准且按照一定幅度增长。另外，为了原有人员的稳定过渡，通常要求项目公司承诺原有员工的岗位职级在一定期限内保持不变等条件。

（3）对于原先运营人员是合同工与临时工，安置原则大多为“承继合同、到期考核”。关于此类人员，原属单位可能存在一些历史遗留问题，均是综合因素导致的，在清结历史旧账的基础上可与项目人员安置方案进行整合。在项目过渡阶段，一般要求项目公司承继该部分人员与原有单位签订的劳动合同，然后在考量专业经历、经验和综合素养后进行考核式的续约。

4. 涉税问题的评估

在特许经营权转让过程中，地方税务部门对于此项转让价款是否需要缴纳所得税和增值税也存在争议。根据财金〔2016〕92 号文第 22 条规定：“PPP 项目中的政府收入，包括政府在 PPP 项目全生命周期过程中依据法律和合同约定取得的资产权益转让、特许经营权转让、股息、超额收益分成、社会资本违约赔偿和保险索赔等收入”，PPP 项目中特许经营权的授权主体为政府方，政策中也已明确通过特许经营权转让获得的收益属于政府收入，全额收缴地方财政部门。

根据《中华人民共和国增值税暂行条例》规定，“在中华人民共和国境内销售货物或者加工、修理修配劳务（以下简称劳务），销售服务、无形资产、不动产以及进口货物的单位和个人，为增值税的纳税人，应当依照本条例缴纳增值税”。经营权转让属增值税应税范围。

对于已经运行的项目设施，新的项目公司能否承继原有主体的所得税“三免三减半”优惠政策（指符合条件的企业从取得经营收入的第 1 年至第 3 年可免交企业所得税，第 4 年至第 6 年减半征收），从实际操作看，能否承继所得税优惠政策主要在于是否满足所得税法规定的条件，如在上述优惠期限内完成经营主体的变更，可将剩余的纳税优惠期限由新的项目公司承继。

5. 经济性

经济性也指项目自身现金流能力，经济性越高，越有利于提升项目的市场价值，从而更有利于项目运作。

四、物有所值评价

根据《政府和社会资本合作模式操作指南（试行）》（财金〔2014〕113 号），物有所值是指一个组织运用其可利用资源所获得的长期最大利益。

物有所值评价需要将 PPP 模式与政府传统采购模式进行比较。一般是假设两种采购模式的效果相同，比较不同模式下政府支出成本的净现值大小来判断哪种模式更能实现物有所值。其中，政府传统采购模式是指政府及其所属机构直接负责项目设计、投融资、建设和运营维护等工作（包含委托他人执行其中部分工作），并承担项目主要风险。

VFM 评价最终的目的是，通过对项目采用 PPP 模式与传统模式比较，判断项目在采用 PPP 模式下是否实现物有所值，即是否实现资源的最大化利用，更好地实现公共项目建设运营的经济性、效率及效果；防止基础设施领域民间资本参与的政策背景下盲目推进 PPP 项目。

物有所值评价包括定性和定量评价方法。

1. 定性评价

定性评价一般通过专家咨询方式进行，侧重于考察项目的潜在发展能力、可能实现的期望值以及项目的可完成能力。根据定性评估的结果判断是否需要进行定量评估，如果定性评估的结果显示项目不适合采用 PPP 模式，则可以直接进行传统模式采购，而不需要再进行定量分析。

（1）定性评价内容。

根据《PPP 物有所值评价指引（试行）》（财金〔2015〕167 号），定性评价的主要内容包括全生命周期整合程度、风险识别与分配、绩效导向与鼓励创新、潜在竞争程度、政府机构能力、可融资性 6 项基本评价指标。

其中，全生命周期整合程度指标主要考核在项目全生命周期内，项目设计、投融资、建造、运营和维护等环节能否实现长期、充分整合。

风险识别与分配指标主要考核在项目全生命周期内，各风险因素是否得到充分识别并在政府和社会资本之间进行合理分配。

绩效导向与鼓励创新指标主要考核是否建立以基础设施及公共服务供给数量、质量和效率为导向的绩效标准和监管体制，是否落实节能环保、支持本国产业等政府采购政策，能否鼓励社会资本创新。

潜在竞争程度指标主要考核项目内容对社会资本参与竞争的吸引力。

政府机构能力指标主要考核政府转变职能、优化服务、依法履约、行政监管和项目执行管理等能力。

可融资性指标主要包括项目的市场融资能力。

另外，项目本级财政部门（或 PPP 中心）会同行业主管部门，可依据具体情况设置补充评价指标，包括项目规模大小、预期使用寿命长短、主要固定资产种类、全生命周期成本预算准确性、运营收入增长潜力及行业示范性等。

（2）评价要求。

1）指标权重。在各项评价指标中，6 项基本评价指标权重为 80%，其中任意指标权重一般不超过 20%；补充评价指标权重为 20%，其中任意指标权重一般不超过 10%。

2）指标评分等级与标准。每项指标评分分为 5 个等级，即有利、较有利、一般、较不利、不利，对应分值分别为 81～100 分、61～80 分、41～60 分、21～40 分、0～20 分。

3）专家要求。定性评价专家组包括财政、资产评估、会计、金融等经济方面专家，以及行业、工程技术、项目管理和法律方面专家等。

4）专家组会议。专家组会议基本程序如下：①专家在充分讨论后按评价指标逐项打分；②按照指标权重计算加权平均分，得到评分结果，形成专家组意见。

（3）定性评价结论。

项目本级财政部门（或 PPP 中心）会同行业主管部门根据专家组意见，做出定性评价结论。原则上，评分结果在 60 分（含）以上的，通过定性评价；否则，未通过定性评价。

2. 定量评价

根据国际经验，目前 PPP 项目的定量评价有两种不同的概念与计算方法。第一种是对项目采用传统采购模式下的预算全寿命周期成本，即“公共部门参考标准”（PSC），与采用 PPP 模式下的预算全寿命周期成本（LCC）进行对比衡量，两者的差额部分体现的就是“物有所值”（VFM），即 VFM＝PSC－LCC，这里的 LCC 值包含了政府部门和社会资本两部分的合计成本。第二种是在假定采用 PPP 模式与政府传统投资方式产出绩效相同的前提下，通过对 PPP 项目全生命周期内政府方净成本的现值（PPP 值）与公共部门比较值（PSC 值）进行比较，判断 PPP 模式能否降低项目全生命周期成本，即 VFM＝PSC－PPP，这里的 PPP 值只包含了政府部门的成本。第二种方法也是我国目前推行采用的。

以下定量计算方法根据我国《PPP 物有所值评价指引（试行）》（财金〔2015〕167 号）的相关规定进行。

（1）定量评价计算公式。

$$\text{VFM}=\text{PSC 值}-\text{PPP 值}$$

（2）定量评价的计算要素。

1）公共部门比较值（PSC）。PSC 值是指在项目全生命周期内，政府采用传统采购模式提供与 PPP 项目产出说明相同的公共产品和服务的全部成本的现值。

PSC 值是以下三项成本的全生命周期净现值之和：①参照项目的建设和运营维护成本；②竞争性中立调整值；③项目全部风险成本。

其中，参照项目可根据具体情况确定为：①假设政府采用现实可行的、最有效的传统投资方式实施的、与 PPP 项目产出相同的虚拟项目；②最近 5 年内，相同或相似地区采用政府传统投资方式实施的、与 PPP 项目产出相同或相似的项目。

建设净成本主要包括参照项目设计、建造、升级、改造、大修等方面投入的资金，以及固定资产、土地使用权等实物和无形资产的价值，并扣除参照项目全生命周期内产生的转让、租赁或处置资产所获得的收益。

运营维护净成本主要包括参照项目全生命周期内运营维护所需的原材料、设备、人工等成本，以及管理费用、销售费用和运营期财务费用等，并扣除假设参照项目与 PPP 项目付费机制相同情况下能够获得的使用者付费收入等。

竞争性中立调整值主要是采用政府传统投资方式比采用 PPP 模式实施项目少支出的费用，通常包括少支出的土地费用、行政审批费用和有关税费等。

项目全部风险成本包括可转移给社会资本的风险承担成本和政府自留风险的承担成本。政府自留风险承相成本等同于 PPP 值中的全生命周期风险承担支出责任，两者在 PSC 值与 PPP 值比较时可对等扣除。

PSC 值确定的难点在于，传统政府投资运营方式运作的项目数据统计工作不到位，同时竞争性中立调整值和风险成本的定量化测算也需要大量数据支撑，尤其是竞争性中立调整值，还应包括公共服务的提供主体因所有制差异产生的行为差异导致的成本差异，其客观数据基本不可得。

2）PPP 值。PPP 值是指政府采用 PPP 模式实施项目并达到产出说明要求所应承担的全部生命周期净成本和自留风险承担成本之和的净现值。

PPP 值等于 PPP 项目全生命周期内股权投资、运营补贴、风险承担和配套投入等各项财政支出责任的现值之和，参照《政府和社会资本合作项目财政承受能力论证指引》（财金〔2015〕21 号）及有关规定测算。

3）定量评价的结论。PPP 值小于或等于 PSC 值的，认为通过定量评价；反之不通过。

通过物有所值定量评价是进行财政承受能力论证的前提条件。

五、财政承受能力评估

本书的财政承受能力评估参考《政府和社会资本合作项目财政承受能力论证指引》（财金〔2015〕21 号）。

财政承受能力论证是指识别、测算 PPP 项目的各项财政支出责任，科学评估项目实施对当前及今后当地政府年度财政支出的影响，为 PPP 项目财政管理提供依据。财政承受能力评估包括财政支出能力评估以及行业和领域平衡性评估。财政支出能力评估，是根据 PPP 项目预算支出责任，评估 PPP 项目实施对当前及今后年度财政支出的影响；行业和领域平衡性评估，是根据 PPP 模式适用的行业和领域 PPP 项目，防止某一行业和领域 PPP 项目过于集中。

在实际计算时，首先进行财政支出能力评估，若财政支出能力评估未通过，则不需要再进行领域平衡性评估；若财政支出能力评估通过再进行领域平衡性评估，只有当财政支出能力评估与领域平衡性评估均通过时，PPP 项目财政承受能力论证才通过。通过论证的项目，各级财政部门应当在编制年度预算和中期财政规划时，将项目财政支出责任纳入预算统筹安排。

PPP 项目财政承受能力论证工作由各级财政部门（或 PPP 中心）会同行业主管部门共同开展，必要时可通过政府采购方式聘请专业中介机构协助。省级财政部门负责汇总统计行政区域内的全部 PPP 项目财政支出责任，对财政预算编制、执行情况实施监督管理。每一年度全部 PPP 项目需要从预算中安排的支出责任，占一般公共预算支出比例应当不超过 10%。

（一）财政支出责任测算的内容与方法

在论证 PPP 项目财政承受能力时，首先需要考虑对 PPP 项目全生命周期过程的财政支出责任进行认定与测量。财政支出责任主要包括股权投资、运营补贴、风险承担和配套投入四部分，这四部分的测算内容和测算方法具体参考赵琦《中国 PPP 理论与实操》（企业管理出版社 2017 年版）。

（二）财政承受能力论证操作流程

财政承受能力论证主要包括责任识别、支出测算、能力评估和信息披露四个步骤。

1. 责任识别

在进行政府财政承受能力论证时，首先要对政府在 PPP 项目中承担的财政支出责任进行论证，财政支出责任主要包括股权投资、运营补贴、风险承担和配套投入四部分。不同的项目政府承担的财政支出责任是不同的，应根据项目实际情况进行责任识别。

2. 支出测算

在识别 PPP 项目对项目全生命周期过程的财政支出责任后，分别对各财政支出责任进行测算。在实际测算时应当结合 PPP 项目所处的行业有具体的投融资方案，选取正确的测量方法，尤其在测算风险承担支出时，要明确项目风险的种类与对应的承担主体和比例，然后选择适当的测算方法。

3. 能力评估

财政部门（或 PPP 中心）识别和测算单个项目的财政支出责任后，汇总年度全部已实施和拟实施的 PPP 项目，进行财政承受能力评估。

在进行财政支出能力评估时，未来年度一般公共预算支出数额可参照前 5 年相关数额的平均值及平均增长率计算，并根据实际情况进行适当调整。

4. 信息披露

各级财政部门（或 PPP 中心）要以财政承受能力论证为依据，会同有关部门统筹做好项目规划、设计、采购、建设、运营、维护等全生命周期管理工作，并定期披露当地 PPP 项目目录、项目信息及财政支出责任情况。

各级财政部门（或 PPP 中心）负责组织开展行政区域内 PPP 项目财政承受能力论证工作。省级财政部门负责汇总统计行政区域内的全部 PPP 项目财政支出责任，对财政预算编制、执行情况实施监督管理。及时向财政部报告，财政部统一信息平台（PPP中心网站）发布。

各级财政部门（或PPP中心）应当通过官方网站及报刊媒体，每年定期披露当地PPP项目目录、项目信息及财政支出责任情况。应披露的财政支出责任信息，包括PPP项目的财政支出责任数额及年度预算安排情况、财政承受能力论证考虑的主要因素和指标等。

财政部门按照权责发生制会计原则，对政府在PPP项目中的资产投入，以及与政府相关项目资产进行会计核算，并在政府财务统计、政府财务报告中反映；按照收付实现制会计原则，对PPP项目相关的预算收入与支出进行会计核算，并在政府决算报告中反映。

综上可知，PPP项目策划包括项目的发起和筛选。项目由政府或社会资本方提交项目建议书发起项目，财政部门（或PPP中心）会同行业主管部门对潜在项目进行评估筛选，评估的内容包括可行性研究报告等，确定备选项目。财政部门（或PPP中心）会同行业主管部门对备选方案开展物有所值评价和财政承受能力评价，以此判断项目能否以PPP模式开展下去。财政部门（或PPP中心）可以积极利用第三方专业机构和专家力量来开展物有所值和财政承受能力论证。

第三章　PPP 项目的采购与投标

第一节　PPP 项目政府采购

一、政府采购概念

政府采购（Government Procurement）是指国家各级政府为从事日常的政务活动或为了满足公共服务的目的，利用国家财政性资金和政府借款购买货物、工程和服务的行为。政府采购不仅是指具体的采购过程，而且是采购决策、采购程序、采购过程及采购管理的总称，是一种对公共采购管理的制度。

为了了解政府采购的行为特征，需要明确区分下列几个基本概念：

（1）政府采购管理机关：指财政部门内部设立的，制定政府采购政策、法规和制度，规范和监督政府采购行为的行政管理机构。该机关不参与和干涉采购中的具体商业活动。

（2）政府采购机关：是指政府设立的负责本级财政性资金的集中采购和招标组织工作的专门机构。

（3）采购单位：是指使用财政性资金采购物资或者服务的国家机关、事业单位或其他社会组织。

（4）政府采购社会中介机构：是指依法取得招标代理资格，从事招标代理业务的社会中介组织。

（5）供应商：是指与采购人可能或者已经签订采购合同的供应商或者承包商。

（6）政府采购资金管理部门：政府采购资金管理部门是指编制政府采购资金预算、监督采购资金的部门，包括财政部门和采购单位的财务部门。

政府采购应遵循公开透明原则、公平竞争原则、公正原则、诚实信用原则。

《政府采购货物和服务招标投标管理办法》（财政部令第 87 号）第 17 条规定：采购人、采购代理机构不得将投标人的注册资本、资产总额、营业收入、从业人员、利润、纳税额等规模条件作为资格要求或者评审因素，也不得通过将除进口货物以外的生产厂家授权、承诺、证明、背书等作为资格要求，对投标人实行差别待遇或者歧视待遇。财政部对《政府采购货物和服务招标投标管理办法》（财政部令第 18 号）进行了修订，修订后的《政府采购货物和服务招标投标管理办法》已经部务会议审议通过，自 2017 年 10 月 1 日起施行。

二、政府采购程序

（一）制定采购需求计划

采购机构按政府采购法规和政府经济政策的需要，在既定的采购原则下，制定合适的采购目标。采购计划要明确采购的政策、采购要达到的目标、采购进行的程序、组成人员、选用的采购方式、采购的各项规则，甚至合同的主要内容都要在计划中确定下来。因此，政府采购的计划必须有细致、周全的考虑。在确定了政府的采购计划后，采购机构应向社会公开自己所需要的商品和劳务的相关信息。这些信息主要涉及所要采购的商品或劳务的品种及性能。政府一般采用两种方式提出其需求：一种方式是“功能说明”，意即政府向供应商较详细地说明所需采购的各商品的功能情况，并要求供应商在提议中向政府表明其产品或劳务满足这些功能所要求的方式；另一种方式是“设计说明”，意即政府在采购之前说明其如何进行采购。另外，政府还需要对其采购的产品和劳务总量、商品交货期以及劳务有效期等要求进行明确说明。这一步的主要目的是拟定政府采购的总计划以及对供应商的具体要求。

（二）选择采购方式

上述已介绍过，政府采购的方式多种多样，政府选择哪种方式进行采购，主要取决于政府采购能否通过竞争方式和效率最大化方式予以实现。一般而言，在采购数额达到一定数额以上时，实行竞争性招标采购方式；当涉及紧急情况下的采购或涉及高科技应用产品和服务的采购，可采用竞争性谈判采购方式；在垄断行业或保密行业，可采用单一来源采购方式或征求建议采购方式。总之，各国一般都对本国政府适用的采购方式及条件制定了详细规定，必须根据采购的性质、数量、时间要求等因素，以有助于推动公开和有效竞争等政府采购目标的实现为遵循原则。

（三）采购合同的签订

采购合同的签订阶段是政府采购部门通过考察认定各供应商后的政府采购法律合同的签署。政府部门应在收集了各方报价的基础上进行择优签订政府采购合同。被授予合同的供应商必须是合格的，即具有政府供货资格的供应商，要按照事先公布的评审标准对其进行资格审查。供应商签订合同时必须按照标准交纳一定数额的履约保证金，作为对履行合同规定义务的必要保证。

（四）采购合同的执行

采购合同的执行阶段的目的是保证供应商按合同规定提供所需要的商品或劳务。提供的商品和劳务必须满足政府对质量、性能和数量上的要求，并保证按期交货。因此，采购机构还必须监督供应商履行合同，包括考察供应商生产、交货等情况，保持和所需商品的政府部门的密切联系，一旦发现有违反合同或合同书不明确的地方，应及时做出反映，向供应商指出问题或协商解决。甚至在供应商合同已履行完毕，采购机构仍需不断接受政府部门的反馈信息。此外，还包括验收、结算和效益评估等过程。

三、政府采购的类型、途径和功能

政府采购有四种基本类型，即购买、租赁、委托和雇用。其中，购买特指货物所有权发生转移的政府采购行为；租赁是指在一定期限内货物的使用权和收益权由出租人向承租人即政府采购方转移的行为；委托和雇佣是指政府采购方请受托方或受雇人处理事务的行为，工程的招标就属于委托。

政府采购有两种途径：委托采购和自行采购。其中，委托采购是指采购人通过集中采购机构或其他政府采购代理机构进行采购。属于集中采购目录或达到采购限额的，通过委托采购途径。

政府采购功能主要有以下两个方面：

（1）节约财政支出，提高采购资金的使用效益。实践证明，政府采购制度是一种集中与分散相结合的公开透明的采购制度。从国际经验来看，实行政府采购一般资金节约率为10％以上。

（2）强化宏观调控。发挥政府在国民经济发展中的宏观调控作用，推进保护国内产业、保护环境、扶持不发达地区和中小企业等政策的实施需要制定政府采购法。

四、传统的政府采购方式

传统的政府采购方式主要有以下几种：

（一）公开招标

公开招标是政府采购的主要采购方式，公开招标与其他采购方式不是并行的关系。

公开招标的具体数额标准，属于中央预算的政府采购项目，由国务院规定；属于地方预算的政府采购项目，由省、自治区、直辖市人民政府规定；因特殊情况需要采用公开招标以外的采购方式的，应当在采购活动开始前获得设区的市、自治州以上人民政府采购监督管理部门的批准。

采购人不得将应当以公开招标方式采购的货物或者服务化整为零或者以其他任何方式规避公开招标采购。

（二）邀请招标

邀请招标也称选择性招标，由采购人根据供应商或承包商的资信和业绩，选择一定数目的法人或其他组织（不能少于三家），向其发出招标邀请书，邀请他们参加投标竞争，从中选定中标的供应商。

前提条件：

1. 具有特殊性，只能从有限范围的供应商处采购的；

2. 采用公开招标方式的费用占政府采购项目总价值的比例过大的。

（三）竞争性谈判

竞争性谈判指采购人或代理机构通过与多家供应商（不少于三家）进行谈判，最后从中确定中标供应商。

前提条件：

1. 招标后没有供应商投标、没有合格标的或者重新招标未能成立的；
2. 技术复杂或者性质特殊，不能确定详细规格或者具体要求的；
3. 采用招标所需时间不能满足用户紧急需要的；
4. 不能事先计算出价格总额的。

根据《政府采购货物和服务招标投标管理办法》（财政部第18号令）第43条的规定，投标截止时间结束后参加投标的供应商不足三家的，或在评标期间出现符合专业条件的供应商，或者对招标文件做出实质响应的供应商不足三家的情形的，经报政府采购监督管理部门批准，可以采用竞争性谈判采购方式。

（四）单一来源采购

单一来源采购也称直接采购，是指达到了限额标准和公开招标数额标准，但所购商品的来源渠道单一，或属专利、首次制造、合同追加、原有采购项目的后续扩充和发生了不可预见紧急情况不能从其他供应商处采购等情况。该采购方式的最主要特点是没有竞争性。

前提条件：
1. 只能从唯一供应商处采购的；
2. 发生了不可预见的紧急情况不能从其他供应商处采购的；
3. 必须保证原有采购项目一致性或者服务配套的要求，需要继续从原供应商处添购，且添购资金总额不超过原合同采购金额10%的。

（五）询价

询价是指采购人向有关供应商发出询价单让其报价，在报价基础上进行比较并确定最优供应商的一种采购方式。

前提条件：当采购的货物规格、标准统一、现货货源充足且价格变化幅度小的政府采购项目，可以采用询价方式采购。

五、政府采购典型问题

（1）具体到某一项目，该如何选择政府采购方式。

政府采购方式指政府为实现采购目标而采用的方法和手段。我国《政府采购法》规定，我国的政府采购方式有公开招标、邀请招标、竞争性谈判、单一来源采购、询价和国务院政府采购监督管理部门认定的其他采购方式。公开招标应作为政府采购的主要采购方式。那么，具体到某项目，该如何选择政府采购的方式。

采购管理机构应依法制定集中采购目录和采购限额标准，但不能直接确定或指定采购方式。政府采购目录决定政府采购的范围和内容，采购限额标准决定采购的方式。管理机构对采购方式的管理应采取宏观管理方法，即只规定公开招标的限额标准，对达到公开招标限额标准以上的项目，采购人或采购代理机构就必须按照公开招标方式实施采购；如果采购人或采购代理机构认为某一项目具有特殊性，不具备公开招标条件，或经公开招标未能成立，在重新组织公开招标仍未成立，要改变采购方式，就必须报管理机构批准。而在公开招标限额标准下的项目，具体采取哪种方式，可由采购人或采购代理机构根据《政府采购法》规定的各种采购方式的适用情形自主决定。管理机构可以依法对采购人或采购代理机构选择采购方式及实施采购活动的行为实施监督，而没有必要对每个项目实行审批并规定具体的采购方式。

在依法确定采购方式时，还要考虑采购项目的具体情况以及采购机构的自身情况。

首先，确定采购方式，必须依照法律、法规的规定办理，因为任何人都没有超越法律法规的特殊权限。具体是参照当地财政部门的规定。比如，规定进口仪器设备的采购一定有专家论证；多少限额以上的货物采购必须公开招标；大宗常见货物、设备的零星采购采用协议供货等。

其次，要结合采购项目的具体情况，具体问题具体对待，不能把采购项目的预算金额作为确定采购方式的唯一标准。在采购实践中，有的项目尽管预算金额较大，但数量较少，且属于标准产品，规格标准、统一，价格变化幅度不大，则不适宜于公开招标；或者有的项目方案不细，技术复杂，没有办法计算出准确的价格，也不适宜于进行公开招标。而对于有些项目，尽管预算金额不大，但技术含量高，项目涉及内容多，价格变化幅度大，具备公开招标的条件，就应该采取公开招标方式。对于不具备公开招标条件而要采取非公开招标方式的项目，在选择其他采购方式时，更应该对项目进行具体分析，并按照有关规定，结合项目的具体情况，选择合适的采购方式。

最后，应该考虑自身的条件和能力。进行公开招标需要具备一定的条件和能力，例如编制招标文件的能力、组织招标活动的能力、组织评标的能力等，编制招标文件的能力和组织评标的能力是招标必须具备的条件。而在有些采购单位、采购代理机构，人员较少，专业知识缺乏，要想进行公开招标采购是不太现实的。

（2）为什么将公开招标作为政府采购的主要采购方式。

公开招标与其他采购方式相比，无论是透明度上，还是程序上，都是最富有竞争力和规范的采购方式，也能最大限度地实现公开、公正、公平的原则。为此，《政府采购法》规定，货物服务采购项目达到公开招标数额标准的，必须采用公开招标方式。因特殊情况需要采用公开招标以外方式的，应当在采购活动开始前获得设区的市、自治州以上人民政府财政部门的批准。

招标采购单位不得将应当以公开招标方式采购的货物服务化整为零或者以其他方式规避公开招标采购。采用公开招标方式采购的，招标采购单位必须在财政部门指定的政府采购信息发布媒体上发布招标公告。

（3）政府采购中，招标公告发布的问题主要有哪些。

采购人或采购代理机构在信息发布中，经常出现的问题主要表现在以下方面：

1）依法必须招标的项目，应当发布招标公告而不发布；

2）不在指定媒体依法发布必须招标项目的招标公告；

3）招标公告中有关获取招标文件时间和办法的规定明显不合理；

4）招标公告中以不合理条件限制或排斥潜在投标人；

5）提供虚拟的招标公告和证明材料，或者招标公告中含有欺诈内容；

6）在两个以上媒体发布同一招标项目的招标公告内容明显不一致。

其中，政府采购指定媒体在信息发布方面经常存在的问题有：

1）违法收取或变相收取招标公告发布费用；

2）无正当理由拒绝发布招标公告；

3）无正当理由延误招标公告发布时间；

4）名称、地址发生变更后，没有及时公告并备案；

5）其他违法行为。

（4）政府采购中，招标文件中对“评分细则”的规定有什么要求。

根据《财政部关于加强政府采购货物和服务项目价格评审管理的通知》，招标文件“采用综合评分法的，应当根据采购项目情况，在招标文件中明确合理设置各项评审因素及其分值，并明确具体评分标准。投标人的资格条件，不得作为评分因素”。招标文件的评分细则中，“货物项目的价格分值占总分值的比重不得低于 30%，不得高 60%；服务项目的价格分值占总分值的比重不得低于 10%，不得高于 30%。”

第二节　PPP 项目社会资本方投标

一、PPP 项目的采购方式的适用条件

根据《政府采购法》《财政部关于印发政府和社会资本合作模式操作指南（试行）的通知》（财金〔2014〕113 号）、《政府和社会资本合作项目政府采购管理办法》（财库〔2014〕215 号）、《政府采购非招标采购方式管理办法》（财政部 74 号令）、《政府采购竞争性磋商采购方式管理暂行办法》（财库〔2014〕214 号）等规定，PPP 项目五种采购方式的适用条件见表 3-1。

表 3-1　PPP 项目五种采购方式的适用条件

采购方式	适用条件
公开招标	公开招标主要适用于核心边界条件和技术经济参数明确、完整，符合国家法律法规及政府采购政策，且采购中不做更改的项目
邀请招标	（1）具有特殊性，只能从有限范围的供应商处采购的； （2）公开招标方式的费用占政府采购项目总价值比例过大的
竞争性谈判	（1）招标后没有供应商投标、没有合格标的或者重新招标未能成立的； （2）技术复杂或者性质特殊，不能确定详细规格或者具体要求的； （3）采用招标所需时间不能满足用户紧急需要的； （4）不能事先计算出价格总额的
竞争性磋商	（1）政府购买服务项目； （2）技术复杂或者性质特殊，不能确定详细规格或者具体要求的； （3）因艺术品采购、专利、专有技术或者服务的时间、数量、事先不能确定等原因不能事先计算出价格总额的； （4）市场竞争不充分的科研项目，以及需要扶持的科技成果转化项目； （5）按照招标投标法及其实施条例必须进行招标的工程建设项目以外的工程建设项目
单一来源采购	（1）只能从唯一供应商处采购的； （2）发生了不可预见的紧急情况不能从其他供应商处采购的； （3）必须保证原有采购项目一致性或者服务配套的要求，需要继续从原供应商处添购，且添购资金总额不超过原合同采购金额 10%的

根据《政府采购法》第 27 条、《政府采购货物和服务招标投标管理办法》第 4 条、《政府采购非招标采购方式管理办法》第 4 条和《政府采购竞争性磋商采购方式管理暂行办法》第 4 条等规定，就政府采购的服务项目，各级政府应当制定公开招标的数额标

准。达到公开招标数额标准的服务项目，必须采用公开招标的方式进行采购，并且采购人（即 PPP 项目的实施机构，下同）应当在采购活动开始前，报经主管预算单位同意后，依法向设区的市、自治州以上人民政府财政部门申请批准。

二、PPP 模式采购与传统政府采购的区别

在采购流程上，传统政府采购般是在所有的商务、技术条件确定后，才开始进行采购工作。而 PPP 模式采购与之不同的是，其在项目识别阶段即开始采购，如进行资格预审、项目征集等。

在采购方式上，PPP 模式采购与传统政府采购基本一致，传统政府采购方式在不同条件下均可适用于 PPP 项目政府采购，唯一区别主要在于 PPP 模式新提出的竞争性磋商采购方式。

2014 年 11 月 29 日，“竞争性磋商”一词首次出现在财政部发布的《政府和社会资本合作模式操作指南（试行）》（财金〔2014〕113 号）第 11 条规定中，“（七）采购方式选择。项目采购应根据《中华人民共和国政府采购法》及相关规章制度执行，采购方式包括公开招标、竞争性谈判、邀请招标、竞争性磋商和单一来源采购。项目实施机构应根据项目采购需求特点，依法选择适当采购方式”。

2014 年 12 月 31 日，财政部为了深化政府采购制度改革，适应推进政府购买服务、推广政府和社会资本合作（PPP）模式等工作需要，根据《中华人民共和国政府采购法》和有关法律法规，专门制定并发布了《政府采购竞争性磋商采购方式管理暂行办法》（财库〔2014〕214 号）。为了便于 PPP 项目中各采购人、采购代理机构、供应商及相应机构的理解适用，本章特对竞争性谈判与竞争性磋商的异同点做如下详细解读。

（1）法律层级规定的对比见表 3-2。

表 3-2 竞争性谈判与竞争性磋商法律层级规定对比

	相同点	不同点
竞争性谈判	均属于法定的采购方式	《中华人民共和国政府采购法》（法律）第 26 条明确规定，出现时间 2003 年 1 月 1 日
竞争性磋商		《政府采购竞争性磋商采购方式管理暂行方法》（规范性文件）明确规定，出现时间 2014 年 11 月 29 日

（2）定义解读的对比见表 3-3。

表 3-3 竞争性谈判与竞争性磋商定义对比

	相同点	不同点
竞争性谈判	均有明确规定	是指谈判小组与符合资格条件的供应商就采购货物、工程和服务事宜进行谈判，供应商按照谈判文件的要求提交响应文件和最后报价，采购人从谈判小组提出的成交候选人中确定成交供应商的采购方式
竞争性磋商		是指采购人、政府采购代理机构通过组建竞争性磋商小组（以下简称磋商小组）与符合条件的供应商就采购货物、工程和服务事宜进行磋商，供应商按照磋商文件的要求提交响应文件和报价，采购人从磋商小组评审后提出的候选供应商名单中确定成交供应商的采购方式

（3）适用范围的对比见表3-4。

表3-4 竞争性谈判与竞争性磋商适用范围对比

	相同点	不同点
竞争性谈判	（1）按照招投标法及其实施条例必须进行招标的工程建设项目以外的； （2）因艺术品采购、专利、专有技术或者服务的时间、数量事先不能确定等原因不能计算出价格总额的	（1）依法制定的集中采购目录以内，且未达到公开招标数额标准的货物、服务； （2）依法制定的集中采购目录以外、采购限额标准以上，且未达到公开招标数额标准的货物、服务； （3）达到公开招标数额标准、经批准采用非公开招标方式的货物、服务； （4）招标后没有供应商投标或者没有合格标的，或者重新招标未能成立的； （5）技术复杂或者性质特殊，不能确定详细规格或者具体要求的； （6）非采购人所能预见的原因或者非采购人拖延造成采用招标所需时间不能满足用户紧急需要的； （7）公开招标的货物、服务采购项目，招标过程中提交投标文件或者经评审实质性响应招标文件要求的供应商只有两家时，采购人、采购代理机构报经本级财政部门批准后可以与该两家供应商进行竞争性谈判
竞争性磋商		（1）政府购买服务项目； （2）技术复杂或者性质特殊，不能确定详细规格或者具体要求的； （3）市场竞争不充分的科研项目，以及需要扶持的科技成果转化项目

（4）批报程序的对比见表3-5。

表3-5 竞争性谈判与竞争性磋商批报程序对比

	相同点	不同点
竞争性谈判	（1）达到公开招标数额标准的货物、服务采购项目，拟采用“竞争性谈判”或者“竞争性磋商”方式的； （2）采购人应当在采购活动开始前，报经主管预算单位同意后，再向设区的市、自治州以上的人民政府财政部门申请批准	无
竞争性磋商		无

（5）供应商来源方式和数量的对比见表3-6。

表3-6 竞争性谈判与竞争性磋商供应商来源方式和数量对比

	相同点	不同点
竞争性谈判	（1）采购人、采购代理机构通过发布公告； （2）从省级以上财政部门建立的供应商库中随机抽取； （3）采购人和评审专家分别书面推荐； （4）邀请不少于3家符合相应资格条件的供应商参与； （5）采取采购人和评审专家书面推荐方式选择供应商的，采购人和评审专家应当各自出具书面推荐意见； （6）采购人推荐供应商的比例不得高于推荐供应商总数的50%	无
竞争性磋商		无

（6）竞争性谈判与竞争性磋商文件内容的对比见表3-7。

表 3-7　竞争性谈判与竞争性磋商文件内容对比

	相同点	不同点
竞争性谈判	（1）应当根据采购项目的特点和采购人的实际需求制定，并经采购人书面同意； （2）采购人应当以满足实际需求为原则，不得擅自提高经费预算和资产配置等采购标准； （3）不得要求或者表明供应商名称或者特定货物的品牌，不得含有指向特定供应商的技术、服务等条件； （4）包括供应商资格条件、采购邀请、采购方式、采购预算、采购需求、价格构成或者报价要求、响应文件编制要求、保证金交纳数额和形式、谈判过程中可能实质性变动的内容等	谈判文件还包括采购程序、提交响应文件截止时间及地点、评定成交的标准、采购需求中的技术、服务要求等
竞争性磋商		磋商文件还包括政府采购政策要求、评审程序、评审方法、评审标准、不予退还保证金的情形、磋商、相应文件提交的截止时间、开启时间及地点等

（7）竞争性谈判与竞争性磋商程序时限的对比见表 3-8。

表 3-8　竞争性谈判与竞争性磋商程序时限对比

	相同点	不同点
竞争性谈判	（1）采购代理机构应当在评审结束后 2 个工作日内将评审报告送采购人确认； （2）采购人应当在收到评审报告后 5 个工作日内，从评审报告提出的成交候选人中确定成交供应商； （3）未成交供应商的保证金应当在成交通知书发出后 5 个工作日内退还，成交供应商的保证金应当在采购合同签订后 5 个工作日内退还； （4）采购人与成交供应商应当在成交通知书发出之日起 30 日内，按照谈判（磋商）文件确定的合同文本以及采购标的、规格型号、采购金额、采购数量、技术和服务要求等事项签订政府采购合同； （5）采购人或者采购代理机构应当在成交供应商确定后 2 个工作日内，在省级以上财政部门指定的政府采购信息发布媒体上公告成交结果，同时向成交供应商发出成交通知书，并将竞争性谈判（磋商）文件随成交结果同时公告	（1）从谈判文件发出之日起到供应商提交首次响应文件截止之日止不得少于 3 个工作日； （2）澄清或者修改的内容可能影响响应文件编制的，采购人、采购代理机构或者谈判小组应当在提交首次响应文件截止之日 3 个工作日前，以书面形式通知所有接收谈判文件的供应商。不足 3 个工作日的，应当顺延提交首次响应文件截止之日
竞争性磋商		（1）从磋商文件发出之日起到供应商提交首次响应文件截止之日止不得少于 10 日； （2）澄清或者修改的内容可能影响响应文件编制的，采购人、采购代理机构应当在提交首次响应文件截止时间至少 5 日前，以书面形式通知所有获取磋商文件的供应商。不足 5 日的，采购人、采购代理机构应当顺延提交首次响应文件截止时间； （3）磋商文件的发售期限自开始之日起不得少于 5 个工作日

三、PPP 项目信息获取

（一）政府网站公布的信息

政府采购一般有三种模式：集中采购模式，即由一个专门的政府采购机构负责本级政府的全部采购任务；分散采购模式，即由各支出采购单位自行采购；半集中半分散采购模式，即由专门的政府采购机构负责部分项目的采购，而其他的则由各单位自行采购。

国家规定各地市的招投标信息由政府统一招标采购，并在政府网站上公布，这一信息平台不仅将发布工程招投标相关的信息，也发布产品采购信息，以确保招投标信息的透明性。

（二）招标代理机构公布的信息

招标代理机构是指受招标人委托，代为从事招标组织活动的中介机构。招标代理机构业务从小到大，累计完成了几万个招标项目。招标代理机构的业务范围：①从事工程建设项目招标代理业务的招标代理机构；②从事其他招标代理业务包括货物采购及服务等的招标代理业务。通过这个机构也能及时获得招标信息。

四、PPP 项目投标分析

（1）项目前期没有明确界定项目的需求和目标。

在 PPP 项目筹划前期到招投标这个时期，没有准确而清晰地界定项目需求和目标，这种对招投标界定的缺失会在后期项目建设和实施过程中遇到重重阻力。同时，即使 PPP 项目最终能够顺利实施，而递交的服务和价值也可能会不能满足社会公众的服务需求，成为项目后期风险的重大隐患。

（2）缺少对市场需求的关注。

PPP 模式与传统基建模式的最大区别在于项目投资主体的转换。在新模式下，项目能够吸引意向承包商以合理的财务成本顺利融资到位才是成功的关键，所以项目的架构设计要保障投资者在技术服务能力水平内获得合理的盈利和财务目标。PPP 项目的架构和设计除了要满足社会公众的服务水准和相应要求外，还应该同时满足资本市场的投资需求。政府要深刻地了解和洞察资本市场，识别社会资本关注的焦点和需求，以保证 PPP 项目的成功落地。

（3）缺乏明确而有力的责任人。

PPP 项目作为一种比较新颖的基建模式，对于招标人或招标代理机构而言都属于新生事物。因此，作为项目管理和推动工作的具体执行部门，招标人或招标代理机构的权限、能力和可支配资源均相对有限。对于大型项目管理和运营，PPP 项目执行中招标人或招标代理机构通常需要与政府众多部门进行沟通、协调、谈判乃至争论，在一定程度上必然会超越其管理权限和职责授权范围，从而导致 PPP 项目实际运行与目标状态有所差异。

（4）招投标过程中缺乏与相关项目利益方的有效沟通和互动。

PPP 项目的成功实施，需要招投标的各方主体进行充分沟通。目前，总是存在一些主体只顾自己的利益，而忽略整个项目其他主体的利益诉求，从而导致在某些方面出现衔接的脱节，甚至可能会出现某些短期行为造成社会资源的浪费。

（5）没有对外披露或提供充分而完整的项目信息。

PPP 项目模式是项目得到社会资本认可并投资的市场化交易过程。交易成本的高低不仅取决于交易结构的复杂程度，也取决于交易双方所掌握信息的对称度。由于招标人或招标代理机构没有或者无法提供充分而完整的信息，导致投标人在投标过程中有一定的盲目性，从而影响了项目的进一步实施。

五、PPP 项目投标决策

（一）投标决策的含义

承包商通过投标获得工程项目，是市场经济条件下的必然；但对于承包商而言，并不是每标必投，应结合实际情况进行投标决策。投标决策包括三个方面：一是针对项目投标，根据项目的专业性等确定是否投标；二是假如投标，确定投什么性质的标；三是在投标中，掌握如何采用以长制短、以优胜劣的策略和技巧。投标决策的正确与否，关系到能否中标和中标后的收益，关系到施工企业的发展前景。

（二）影响投标决策的因素

1. 影响投标决策的主观因素

投标或者弃标，首先取决于投标单位的实力，其实力体现在以下几个方面：

（1）技术方面。主要包括专业技术人员的水平和能力；施工队伍的专业特长、施工经验；一定的专业技术设备；合作伙伴的水平、经验和能力。

（2）经济方面。主要包括周转资金；补充固定资产和机器设备的资金；各种担保能力；各种税款和保险的能力；抵御各种因素造成的风险能力以及国际工程承包中的资金垫付能力等。

（3）管理方面。包括管理人员的经验和能力；管理模式和管理水平；在工期、定额、人员、材料、质量、合同、奖罚等方面的管理措施和规章制度。

（4）信誉方面。承包商一定要有良好的信誉，这是投标中标的一条重要标准。要建立良好的信誉，就必须遵守法律法规，或按照国际惯例办事，同时认真履行合约，保证工程的施工安全、工期和质量。

2. 影响投标决策的客观因素

（1）业主和监理工程师的情况。业主的合法地位、支付能力、履约信誉；监理工程师的业务能力和职业道德素养等。

（2）竞争对手和竞争形势的分析。是否投标，应注意竞争对手的实力、优势及投标环境的优劣情况。另外，竞争对手的在建工程情况也十分重要。如果对手的在建工程即将完工，可能急于获得新承包项目，投标报价不会很高；如果对手的在建工程规模大、时间长，如仍参加投标，则标价可能很高。从总的竞争形势来看，大型工程的承包公司技术水平高，善于管理大型复杂工程，其适应性强，可以承包大型工程；中小型工程由中小型工程公司或当地的工程公司承包可能性大，因为当地的中小型公司在当地有自己熟悉的材料、劳动力供应渠道，管理人员相对也比较少，有自己惯用的特殊施工方法等优势。

（3）政策法规的情况。对于国内工程承包，自然适用本国的法律法规，而且其法制环境基本相同，因为我国的法律法规具有统一或基本的特点。如果是国际工程承包，则有一个法律适用问题，法律适用的原则有以下五条：

1）强制适用工程所在地法的原则；

2）意思自治原则；

3）最密切联系原则；

4）适用国际惯例原则；

5）国际法效力优于国内法效力的原则。

其中，所谓最密切联系原则是指以与投标合同有最密切联系的因素作为客观标志，并以此作为确定准据法的依据。至于最密切联系因素，在国际上主要有投标或合同签订地法律、合同履行法、法人国籍所属国的法律、债务人住所地法律、标的物所在地法律、管理合同争议的法院或仲裁机构所在地的法律等。事实上，多数国家是以以上因素中的一种为主，结合其他因素进行综合判断的。

(4) 风险因素。包括由于经济、政治、自然、合同本身以及在工程实施中存在的不可预见事件而产生的经济损失。

(三) 工程标的分类

1. 按性质分

按性质分，工程标的分为风险标和保险标。

风险标，是指工程复杂、施工难度大、履行时间长、影响因素多，且在技术、设备、资金、时间或其他方面有较高要求的招标项目。

保险标，是指工程范围明确、难度不太复杂、工程量不大，且能精确计算、工期较短、设计较细、图纸完整、各项要求一般的招标项目。企业经济实力较弱，经不起打击的，往往投保险标。

2. 按效益分

按效益分，工程标的包括盈利标、保本标和亏损标。

盈利标，是指在招标工程既是本企业的强项，又是竞争对手的弱项；或在建设单位意见明确的情况下进行的投标。

保本标，是指既不能给承包商带来丰厚利润，也不会出现多大亏损的招标项目。

亏损标，是指当本企业已大量窝工，严重亏损，若中标后至少可使部分工人、机械运转，减少亏损；或者为在对手林立的竞争中夺得头标，不惜血本压低标价；或为打入新市场，取得拓宽市场的立足点而压低标价的情况下进行的投标。

(四) 投标决策阶段的划分

投标决策可以分为两阶段进行，即投标决策的前期阶段和投标决策的后期阶段。

投标决策的前期阶段必须在购买投标人资格预审资料前后完成。决策的主要依据是招标公告，以及企业对招标工程和业主情况的调研和了解程度。如果是国际工程，还包括对工程所在国和工程所在地的调研和了解程度，前期阶段必须对投标与否做出论证。通常情况下，下列招标项目应放弃投标：

1) 本施工企业主营和兼营能力之外的项目。

2) 工程规模、技术要求超过本施工企业技术等级的项目。

3) 本施工企业生产任务饱满，而招标工程的盈利水平较低或风险较大的项目。

4) 本施工企业技术等级、信誉、施工水平明显不如竞争对手的项目。

如果决定投标，即进入投标决策的后期阶段。它是指从申报资格预审至投标报价（递送投标书）前完成的决策研究阶段。投标决策的后期阶段主要研究决定去投标，是投什么性质的标，以及在投标中采取何种投标策略。

六、PPP 项目投标实务

(一) 资格预审

《PPP 项目采购办法》第 5 条规定，PPP 项目采购应当实行资格预审。项目实施机构应当根据项目需要准备资格预审文件，发布资格预审公告，邀请社会资本和与其合作的金融机构参与资格预审，验证项目能否获得社会资本响应和现实充分竞争。

一般的政府采购中，资格预审并非采购的必经前置程序，然而，PPP 项目中，无论采取何种采购方式，均应进行资格预审程序。可以这样理解，这是由于 PPP 项目作为一种新型的政府采购服务，建立了政府与企业间长期合作关系，政府希望通过前置的资格预审程序，实现项目实施机构对参与 PPP 项目的社会资本进行更为严格的筛选和把控，保障项目安全。

根据《招标投标法实施条例》、《财政部关于印发政府和社会资本合作模式操作指南（试行）的通知》（财金〔2014〕113 号）和《PPP 项目采购方法》等规定，PPP 项目资格审核流程如图 3-1 所示。

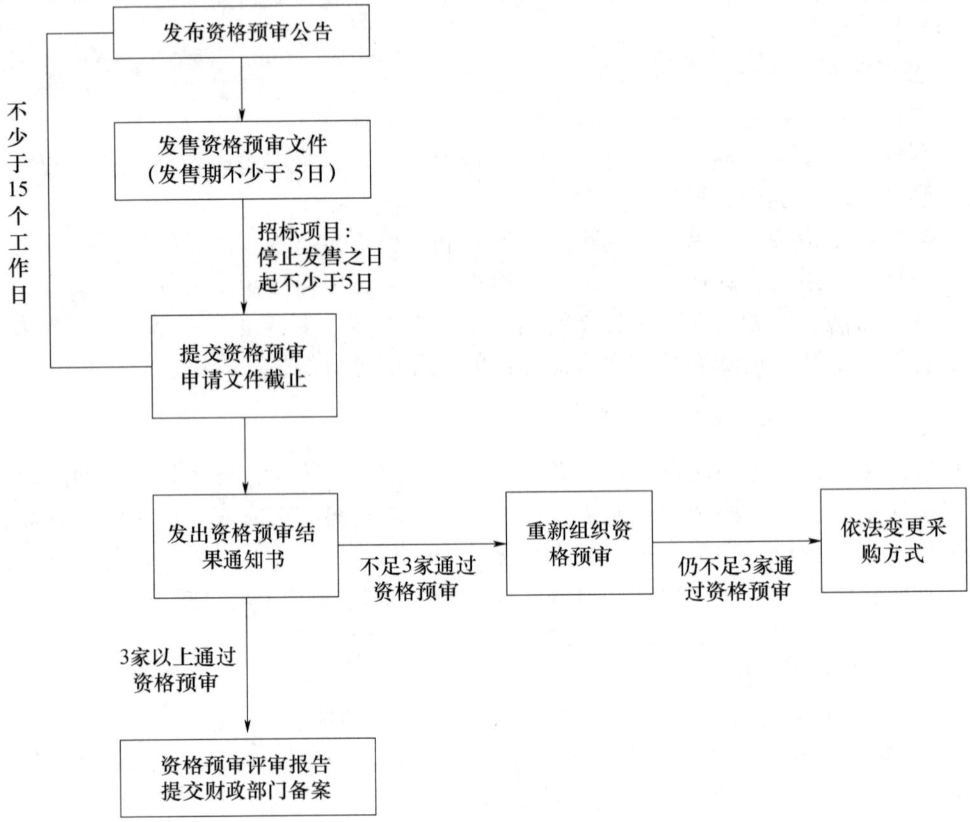

图 3-1　PPP 项目资格预审流程

（二）公开招标和邀请招标

根据《招标投标法》《招标投标实施条例》《政府采购法》《政府采购法实施条例》《政府采购货物和服务招标投标管理办法》《财政部关于印发政府和社会资本合作模式操作指南（试行）的通知》（财金〔2014〕113 号）和《PPP 项目采购办法》等规定，通过公开招标及邀请招标方式采购 PPP 项目的流程如图 3-2 所示。

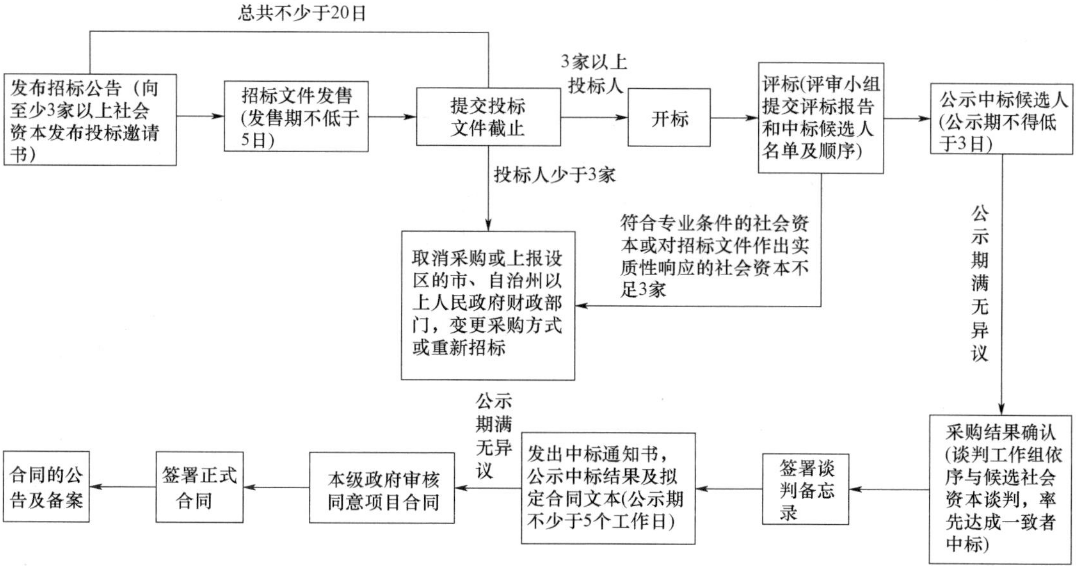

图 3-2　公开招标和邀请招标流程

（三）竞争性谈判和竞争性磋商

根据《政府采购法》《政府采购法实施条例》《财政部关于印发政府和社会资本合作模式操作指南（试行）的通知》（财金〔2014〕113 号）《政府采购非招标采购方式管理方法》和《政府和社会资本合作项目政府采购管理办法》（财库〔2014〕215 号）等规定，通过竞争性谈判方式采购 PPP 项目的流程如图 3-3 所示。

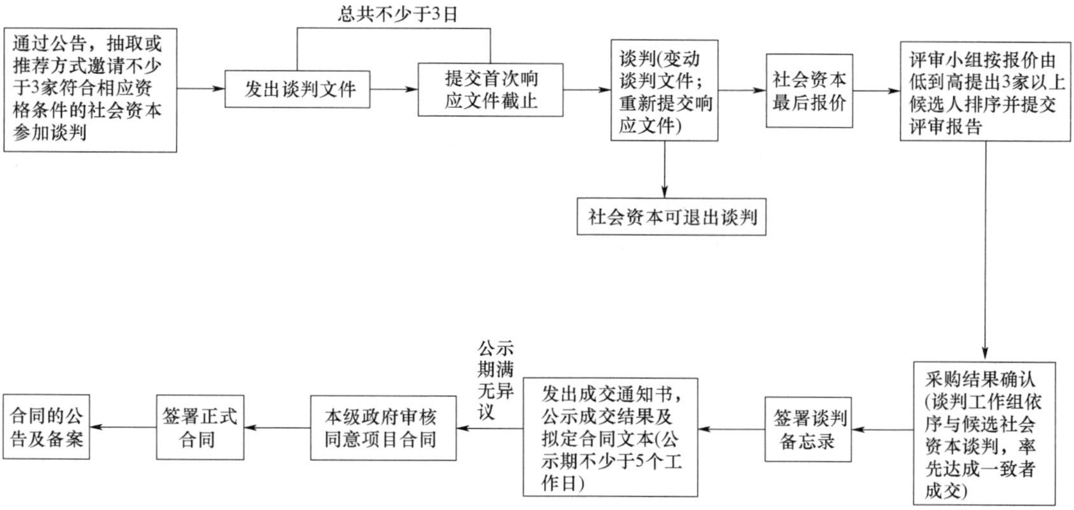

图 3-3　竞争性谈判流程

根据《政府采购法》《政府采购法实施条例》《财政部关于印发政府和社会资本合作模式操作指南（试行）的通知》（财金〔2014〕113 号）《政府采购竞争性磋商采购方式管理暂行方法》（财库〔2014〕214 号）和《政府和社会资本合作项目政府采购管理办

法》（财库〔2014〕215 号）等规定，通过竞争性磋商方式采购 PPP 项目的流程如图 3-4 所示。

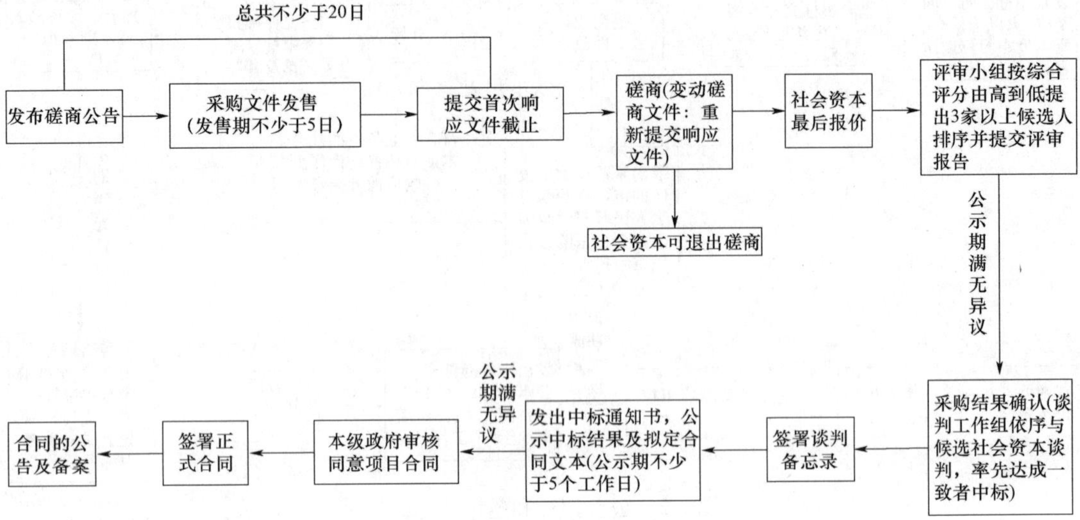

图 3-4　竞争性磋商流程

需要特别说明的是，我国《政府采购法》规定的政府采购方式并不包括竞争性磋商，竞争性磋商是财政部于 2014 年依法新增的政府采购方式。竞争性磋商和竞争性谈判相比，两者对于采购程序、供应商来源方式、采购公告要求、响应文件要求、磋商或谈判小组构成等方面的要求基本一致。但是在采购评审阶段，竞争性磋商采用了类似招标采购方式中的"综合评分法"，而竞争性谈判采用的是"最低价成交"。这样设计的目的就是为了在需求完整、明确的基础上实现合理报价和公平交易，并避免竞争性谈判最低价成交可能导致的恶性竞争，将政府采购制度功能聚焦到物有所值的价值目标上来，达到质量、价格、效率相统一。

（四）单一来源采购

根据《政府采购法》《财政部关于印发政府和社会资本合作模式操作指南（试行）的通知》（财金〔2014〕113 号）、《政府和社会资本合作项目政府采购管理办法》（财库〔2014〕215 号）、《政府采购非招标采购方式管理办法》（财政部 74 号令）和《政府采购竞争性磋商采购方式管理暂行办法》（财库〔2014〕214 号）等规定，通过单一来源采购方式采购 PPP 项目的流程如图 3-5 所示。

或者报价未超过采购预算的供应商均应在 3 家以上。但是，根据《政府采购非招标采购方式管理办法》第 27 条、《政府采购竞争性磋商采购方式管理暂行办法》第 21 条和《财政部关于政府采购竞争性磋商采购方式管理暂行办法有关问题的补充通知》（财库〔2015〕124 号），在下述情况下，参与采购的供应商最低数量可以为两家：

对于竞争性谈判采购方式：公开招标的货物、服务采购项目，招标过程中提交投标文件或者经评审实质性响应招标文件要求的供应商只有两家时，采购人、采购代理机构在经财政部门批准后可以与该两家供应商进行竞争性谈判采购。

对于竞争性磋商采购方式：①市场竞争不充分的科研项目，以及需要扶持的科技成果转化项目，提交最后报价的供应商可以为两家。②在采购过程中符合要求的供应商只有两家的，竞争性磋商采购活动可以继续进行。但是，如果采购过程中符合要求的供应商只有一家的，采购人和采购代理机构应当终止竞争性磋商采购活动，发布项目终止公告并说明原因，重新开展采购活动。

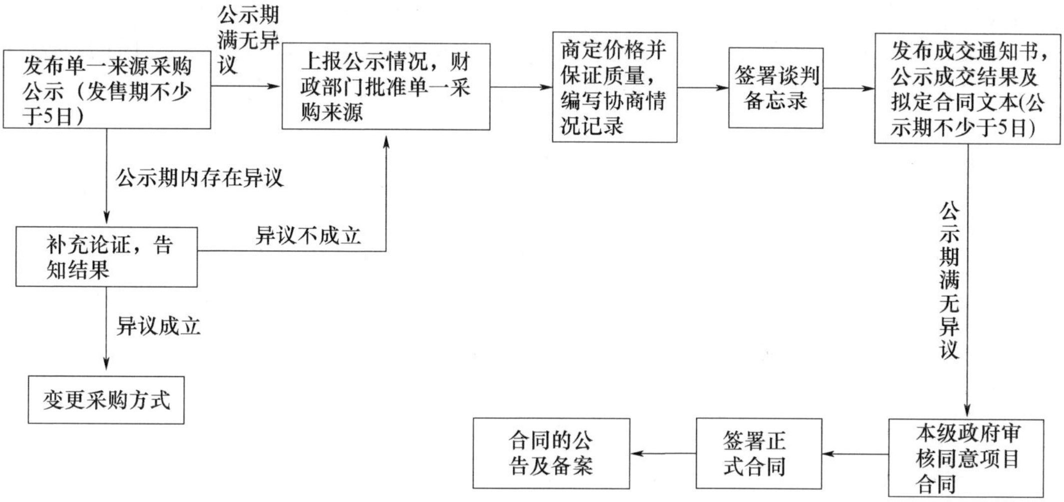

图 3-5　单一来源采购流程

（五）社会资本方 PPP 项目常用投标方法

根据国家 PPP 相关法律法规文件规定，一般的 PPP 项目选择社会资本方的基本实施方案包括三种，即项目推介选择法、资格预审选择法和公开招标选择法。

1. 项目推介选择法

适用范围：项目推介法一般适用于项目投资额较大、可选择社会资本种类较少的 PPP 项目，如轨道交通项目、产业园区开发等项目。

方案优势：可以扩大社会资本的寻找范围，可以在推介会上直接接洽社会资本，可以结合社会资本的意见选择市场接受度较高的 PPP 合作方式，完善实施方案。

方案劣势：部分地区项目推介会召开的频率较低，需要等待较长时间，而且各省对推介项目有较高要求，前期准备工作量较大。

实施步骤：

（1）根据项目实际情况及政府相关要求，设计 2～3 种 PPP 合作模式。

（2）请专业咨询公司包装 PPP 项目，并上报省、市 PPP 项目推介库。

（3）在推介会上与意向社会投资人接洽，并邀请社会投资人来项目所在地考察交流。

（4）根据多家有意向投资的社会资本反馈的意见，选定市场接受度较高的 PPP 合作模式，完善 PPP 实施方案。

（5）根据 PPP 实施方案编制公开招标文件，发布公开招标公告。

（6）邀请前期交流过的社会投资人前来报名竞标。

（7）按照国家程序、评标办法，开标、评标并选定中标人。

（8）与中标单位签订PPP合作协议等文件。

2. 资格预审选择法

适用范围：资格预审法一般适用于项目收益较低、可选择社会资本种类较多、合作模式选择方式较多的PPP项目，如存量资产置换、道路基础设施、棚改、养老、医疗、文化等项目。

方案优势：可以最大化扩大社会资本方的寻找范围，可以接洽到多种多样的社会资本方，可以听取多方面意见完善实施方案，在通过资格预审后，可以有效圈定社会资本选择范围，减少选择风险。

方案劣势：耗时较长，交流、沟通任务重。

实施步骤：

（1）请专业的咨询公司设计PPP实施初步框架，编制项目文案。

（2）请专业招标代理公司发布投资人征集公告。

（3）接洽应征社会投资人。

（4）对应征社会投资人进行资格预审，选定5～10家合格投资人。

（5）与所有合格投资人进行交流、商洽并听取社会资本对PPP项目的需求。

（6）根据市场的反馈意见完善、审定PPP实施方案。

（7）邀请所有合格投资人竞标。

（8）按照国家程序、评标方法开标、评标，选定中标人。

（9）与中标单位签订PPP合作协议。

3. 公开招标选择法

适用范围：公开招标选择法一般适用于有良好收益回报、收益分配简单的PPP项目，如自来水、污水、垃圾处理、地下停车场等项目。

方案优势：简单、快捷，能直接地寻找到合适的社会资本方。

方案劣势：由于国家对公开招标程序有严格的规定，一旦发布公开招标公告之后，招标人不得私下或单独接洽意向投资人，在项目信息了解不足的情况下，前来竞标的社会投资人可能很少或没有，造成流标。而且，公开招标程序一旦按程序实施，社会投资人的选择将完全按照国家程序执行，招标人可能无法选择到合适该项目的社会资本方。

实施方案：

（1）按照财政部相关规定要求，完成物有所值评价、财政承受能力论证、PPP实施方案审批工作，获得地方政府相关批复文件。

（2）根据PPP实施方案编制公开招标文件、发布公开招标公告。

（3）等待社会资本看到招标公告后报名竞标。

（4）按照国家程序、评标办法开标、评标，选定中标人。

（5）与中标单位签订PPP合作协议等文件。

（六）社会资本方PPP项目投标程序

1. 资格预审法采购程序

资格预审是指在招标活动中，招标人在发放招标文件前，对报名参加投标的申请人的承包能力、业绩、资格和资质、历史工程情况、财务状况和信誉等进行审查，并确定合格的投标人名单的过程。

(1) 资格预审程序。

1) 编制资格预审文件。由业主组织有关专家人员编制资格预审文件，也可委托设计单位、咨询公司编制。资格预审文件的主要内容有：①工程项目简介；②对投标人的要求；③各种附表。资格预审文件须报招标管理机构审核。

2) 在建设工程交易中心及政府指定的报刊、网络发布工程招标信息，刊登资格预审公告。资格预审公告的内容应包括：工程项目名称、资金来源，工程规模、工程量、工程分包情况，投标人的合格条件，购买资格预审文件日期、地点和价格，递交资格预审投标文件的日期、时间和地点。

3) 报送资格预审文件。投标人应在规定的截止时间前报送资格预审文件。

4) 评审资格预审文件。由业主负责组织评审小组，包括财务、技术方面的专门人员对资格预审文件进行完整性、有效性及正确性的资格预审。

5) 向投标人通知评审结果。业主应向所有参加资格预审申请人公布评审结果。

以上资格预审程序主要适用于利用外资，如世界银行或亚洲开发银行等贷款项目。

(2) 资格预审方法。

资格预审方法一般分为定性评审法和定量评审法两种。

1) 定性评审法。资格预审现场定性评审法是以符合性条件为基准筛选资格条件合格的潜在投标人，通常，符合定性条件包括以下五方面的内容：

① 具有独立订立合同的权利；

② 具有履行合同的能力；

③ 以往承担过类似工程的业绩情况；

④ 财务及商业信誉情况；

⑤ 法律法规规定的其他资格条件。

资格预审文件通过对以上五方面的条件进行细化制定出评审细则，潜在投标人必须完全符合资格预审条件才能通过资格预审。

2) 定量评审法。定量评审法是定性评审法的延伸和细化，评审标准较为复杂。一般包括以下两个方面内容：

① 资格符合性条件。包括潜在投标人的资质等级、安全生产许可证及三类人员安全生产合格证书等有关法律法规规定的资格是否满足要求。

② 建立百分制评分标准，即根据工程的具体情况将招标文件中上述部分内容，按照一定的分值比例建立评分标准，并设定通过资格预审的最低分数值。潜在投标人通过资格预审的条件检查并且得分不低于最低分数值。具体评审步骤为：首先对资格预审申请文件进行符合条件检查，条件符合者方可按照资格预审文件的评分标准对其打分，达到或超过最低分数线的潜在投标人评判为通过资格预审，具有进行投标的资格。

定量评审法的特点有以下两方面：

① 对可比要素进行客观的打分。

② 将评标中的评审工作内容进行了部分前移，这大大减轻了日后的评标工作量，使评标工作能将精力更多地放在技术实力和技术方案合理性方面的评价，使评选出的中标人更适合承担工程建设的任务。

（3）资格预审内容。

1）工程项目总体描述。工程项目总体描述使潜在投标人能够理解本工程项目的基本情况，做出是否参加资格预审和投标的决策。

① 工程内容介绍详细说明工程的性质、工程数量、质量要求、开工时间、工程监督要求和竣工时间。

② 资金来源：项目是政府投资、私人投资，还是利用国际金融组织贷款以及资金落实程度。

③ 工程项目的当地自然条件：包括当地气候、降雨量（年平均降雨量，最大降雨量、最小降雨量发生的月份）、气温、风力、冰冻期、水文地质方面的情况。

④ 工程合同的类型：是单价合同还是总价合同，或是交钥匙合同，是否允许分包工程。

2）简要合同规定。简要合同规定对潜在投标人提出具体要求和限制条件，如对关税、当地材料和劳务的要求，外汇支付的限制等。

① 潜在投标人的合格条件。潜在投标人的资格必须符合该组织的要求。如果是利用世界银行或亚洲开发银行贷款的工程，投标人必须来自世界银行或者亚洲开发银行的会员国。

② 进口材料和设备的关税。潜在投标人应调查和了解工程项目所在国的海关对进口材料和设备的现有法律和规定以及应交纳关税的细节。

③ 当地材料和劳务。潜在投标人应调查和了解工程项目所在国的海关对当地材料和劳务的要求、价格和比例等情况。

④ 投标保证和履约保证。业主会对潜在投标人提出提交投标保证和履约保证的要求。

⑤ 支付外汇的限制。业主应向潜在投标人明确支付外汇的比例限制、外汇的兑换率，这个兑换率在合同执行期间是否保持不变等。

⑥ 优惠条件。业主应明确是否给予本国潜在投标人价格优惠。

⑦ 联合体的资格预审。

3）资格预审文件说明。

① 准备申请资格预审的潜在投标人必须回答资格预审文件的全部提问，并按资格预审文件提供的格式填写。

② 业主将对潜在投标人提供的资格申请文件依据下列五个方面来判断潜在投标人的资格能力：财务状况、施工经验与过去履约情况、人员情况、施工设备及诉讼史。

③ 资格预审的评审前提和标准。潜在投标人对资格预审申请文件中所提供的资料和说明要负全部责任。如果提供的情况有假，或在审查时对提出的澄清要求不能提供令业主满意的解释，业主将保留取消其资格的权利。

4）书面报表。在资格预审时需要填写的各种报表基本包括：资格预审申请表；公司一般情况表；年营业额数据表；目前在建合同/工程一览表；财务状况表；联合体情况表；类似工程合同经验；类似现场条件合同经验；拟派往本工程的人员表；拟派往本工程的关键人员的经验简历；拟用于本工程的施工方法和机械设备；现场组织计划；拟定分包人；其他资料表（如银行信用证明、公司的质量保证体系、争端诉讼案件和情况等）。

（4）评审委员会。

评审委员会的技术服务素质的高低，是否参加过评审工作，直接影响到评审结果。为了保证评审工作的科学性和公正性，评审委员会必须具有权威性。评审委员会必须由各方面的专家组成。

1）评审内容。评审标准资格预审的目的完全是为了检查、衡量潜在投标人是否有能力执行合同。

评审内容包括以下几个方面：

① 财务方面：是否有足够的资金承担本工程，潜在投标人必须有一定数量的流动资金。

② 施工经验：是否承担过类似于本工程的项目，特别是具有特殊要求的施工项目；过去施工过的工程数量和规模。

③ 人员：潜在投标人所具有的工程技术人员和管理人员的数量、工作经验和能力是否满足本工程的要求，特别是派往本工程的项目经理的资历能否满足要求。

④ 设备：潜在投标人所拥有的施工设备能否满足工程的要求。此外，潜在投标人须具有守合同、重信誉的良好记录，才能通过业主的资格预审。

2）评审方法。

① 首先对收到的资格预审文件进行整理，检查资格预审文件是否完整，潜在投标人提供的财务能力、人员情况、设备情况及履行合同的情况是否满足要求。

② 一般情况下，资格预审都采用评分法，按评分标准逐项进行。评审时，先淘汰资料不完整的潜在投标人，再对满足填报资格预审文件要求的潜在投标人逐项打分评审。最低合格分数线的选定要根据参加资格预审的潜在投标人的数量来决定。如果潜在投标人的数量比较多，则可适当提高最低合格分数线。

3）评审报告。资格预审评审委员会对评审结果写出书面报告，评审报告的主要内容包括：工程项目概要；资格预审简介；资格预审评审标准；资格预审评审程序；资格预审评审结果；资格预审评审委员会名单及附件；资格预审评分汇总表；资格预审分项评分表；资格预审详细评审标准等。

总之，只有完全掌握了资格预审的程序，才能真正重视和做好这项基础工作，才不至于因为资格预审的不合格而造成企业人力、物力和财力的浪费，导致企业失去投标资格，从而失去发展的大好机会。

2. 采购文件编制

（1）政府采购招标的特点。

1）采购程序的公开性。公开性（透明性），是指整个采购程序都在公开情况下进行。公开发布投标邀请，公开开标、公布中标结果。投标商资格审查标准和中标候选供应商评选标准事先公布，采购法律也要公告。

2）采购程序的竞争性。招标就是一种引发竞争的采购程序，是竞争的一种具体方式。招标的竞争性充分体现了现代竞争的平等、信誉、正当合法等基本原则。招标作为一种规范的、有约束的竞争，有一套严格采购程序和实施方法，可以最大限度地吸引和扩大投标人的竞争，从而使采购人以最合理的价格采购到所需的物质和服务，更好地获得市场利益，有利于政府采购经济效益的实现。

3）采购程序的公平性。所有感兴趣的供应商、承包商和服务提供者都要进行招标，并且地位一律平等，不允许对投标商进行歧视；评选投标商应按事先公布的标准进行；投标是一次性的并且不准同投标商进行谈判。所有这些措施既可以保证招标程序完整，又可以吸引优秀的供应商来竞争投标。

4）采购程序的政策性。政府采购招标与其他招标有所不同，其原因是因为采购资金的性质。社会上招标更重于结果，侧重于满足委托人的要求。而政府采购招标，同时依照《中华人民共和国招标投标法》和《政府采购法》以及相关政策法规，所体现的政策性更强，如采购本国货物、保护中小企业等。政府采购所用的是财政性资金，因此，执行机构的行为要对政府负责，对纳税人负责。

（2）编制招标文件。

1）招标文件的主要内容。招标文件是供应商制作投标文件和参加投标的唯一依据，同时也是评标委员会评标的重要依据。因为评标是按照招标文件规定的评标标准和方法进行的。此外，招标文件是签订合同所遵循的依据，招标文件的大部分内容要列入合同之中。因此，编制招标文件是非常关键的环节。它直接影响到采购的质量和结果。因此，招标文件所提供的所有资料，内容力求详尽、真实，以便于投标人更好地参与投标。招标文件的细节及复杂程度将根据拟招标的项目大小及特点而定。一般而言，招标文件包括以下内容：

① 邀请招标；

② 投标人须知；

③ 投标人应当提交的资格、资信证明文件；

④ 投标报价要求、投标文件编制要求和投标保证金缴纳方式；

⑤ 招标项目的技术规格要求、数量，包括附件、图纸等；

⑥ 合同主要条款及合同签订方式；

⑦ 交货和提供服务的时间；

⑧ 评标方法、评标标准和废标条款；

⑨ 投标截止时间、开标时间及地点；

⑩ 省级以上财政部门规定的其他事项。

2）编制过程中应该注意的问题。

招标文件的构成：投标邀请、投标人须知、招标需求、合同格式及合同条款、投标文件格式及附件。

① 投标邀请。

A. 明确文件编号、项目名称及性质。

B. 投标人资格要求，不同项目根据性质不同邀请的投标人资格不同。

C. 发售文件时间应以公告时间开始到投标截止时间之前结束。

D. 提交投标文件方式、地点和截止时间。招标文件应明确投标文件所提交方式，能否邮寄，能否电传。投标文件应交到什么地方，在什么时间之前提交有效等。

② 投标人须知。投标人须知是制定具体的投标规则，是对投标人的具体要求。

A. 制造商或者具有制造商授权的合法代理供应商。

B. 明确招标文件的组成。

C. 招标文件的澄清和修改。

投标人在购买招标文件后，对招标文件中认为模糊不清的问题提出疑问，执行机构和采购人收到后要进行受理。答疑和提出问题以书面形式，回答和答疑也必须以书面形式，并发给每一个购买文件的投标人和潜在的投标人。

③ 投标文件的编制：

A. 投标的语言。

B. 投标文件的构成。

C. 投标文件的式样和签署。

D. 招标报价。

E. 证明投标人合格和资格证明文件。

投标人应提交证明其有资格参加投标和中标后有能力履行合同的文件，并作为其投标文件的一部分。如果投标人为联合体，则联合体各方应分别提交资格文件、联合体协议并注明主办人。

F. 证明货物的合格性和符合招标文件规定的文件。

④ 投标保证金。收取投标保证金是为了确保招标的严肃性以及保护执行机构和采购人免遭投标人的不当行为而受到损害。出现以下两种情况将会被没收投标保证金。

A. 在投标有效期内撤回投标。

B. 未在规定的期限内签订合同和提交履约保证金。

⑤ 投标有效期。招标文件应当根据项目的情况明确投标有效期，有效期可以是开标后60天、90天，但不宜过长或过短。如遇特殊情况，即开标后由于种种原因无法定标，执行机构和采购人必须在原投标有效期截止前要求投标人延长有效期。这种要求与答复必须是以书面的形式提交的。投标人可拒绝执行机构的这种要求，其保证金不会被没收。

A. 投标人应按招标文件的要求进行密封和递交。例如有时执行机构要求投标人将所有的文件包括“价格文件”“技术和服务文件”、“商务和资质证明文件”密封在一起，有时根据需要也会分别单独密封自行递交，需要根据实际情况而定，但必须在招标文件中明确。

B. 投标人应保证密封完好并加盖投标人单位印章及法人代表印章，以便开标前对文件密封情况进行检查。

⑥ 投标截止期。

⑦ 投标文件的修改和撤回。投标截止前投标人可对其提交的投标文件进行修改或撤回，但必须向执行机构递交书面申请或通知。

⑧ 废标。

⑨ 开标、评标、定标。

该程序要在招标文件中有所描述。在“响应文件评审”部分具体阐述，但招标文件里必须明确：

A. 本次评标将采用何种方法。18号令中规定货物服务招标的评标办法有最低评标价法、综合评分法和性价比法三种。采用综合评分法的应明确权重（如报价30%、商务 10%、技术 50%、服务 10%)。

B. 招标文件应公开评标委员会的组建情况，只是公开专家组成人数及类别，不是公开专家名单。根据《政府采购法》规定，评标委员会由 5 人以上单数组成，经济类专家几名，技术类专家几名，采购人几名。对于采购人不参加评标的，可委托执行机构派人等。

(3) 招标需求。

招标需求是编制招标文件中最关键的一个环节。招标需求制定的好坏，直接关系到采购人是否能采购到自己满意的货物和服务，也是体现执行机构工作效率和工作水平的指标。采购人在提交技术需求时，执行机构要引导、把关，要求他们不能指定品牌。既要尊重采购人的需求意见，又要符合政策，不指定或者变相指定、不排斥潜在投标人，使招标文件更具竞争性。技术指标和参数应尽量详尽。如果采购人有专门的技术装备部门，请他们组织专家进行讨论。如果不具备这方面的条件，要根据需要，就招标文件征询有关专家的意见后制定出一份至少要满足三家以上投标人技术需求的招标文件，以保证政府采购工作的公平和公正性。招标文件编制完成后应由采购人签字确认。

(4) 合同格式和合同条款。

招标文件制作时，执行机构向投标人提供一个统一的合同参考格式，以便于供应商在中标后与采购人签订合同时直接采用。

(5) 投标文件格式及附件。

3. 响应文件评审

(1) 开标前期准备工作。

1) 信息发布。

招投标信息包括公开招标公告、邀请招标资格预审公告、中标公告、成交结果及其更正事项等。

根据 18 号令要求，执行机构在编制招标文件后，公开招标公告、邀请招标资格预审公告必须在省级财政部门制定的政府采购信息媒体上发布公告。

公开招标公告应包括下列内容：

① 采购人、采购代理的名称、地址和联系方式；

② 招标项目的名称、用途、数量、简要技术要求和招标项目性质；

③ 供应商资格要求；

④ 获取招标文件的时间、地点、方式及招标文件售价；

⑤ 投标截止时间、开标时间及地点；

⑥ 采购项目联系人姓名和电话。

邀请招标资格预审公告包括：

① 采购人、采购代理的名称、地址和联系方式；

② 招标项目的名称、用途、数量、简要技术要求或者招标项目性质；

③ 供应商资格要求；

④ 提交资格审查材料的截止时间及资格审查日期；

⑤ 采购项目联系人姓名和电话。

以上格式和要求基本上与招标文件中的“招标邀请”一致。

2）评标方法的起草。

根据招标文件要求，执行机构在开标前应起草好评标方法。评标标准和方法必须依据招标文件所规定的权重来制定，要保持与文件的一致性，不得擅自更改。18号令第50条规定货物服务和评标方法分为最低评标价法、综合评分法和性价比法。

关于制定评分方法应注意以下三点：

① 评分方法必须由执行机构起草，适当征求采购人意见，尽量公正、公平。

② 按照综合评分法。货物价格权重在30%～60%，服务在10%～30%，执行统一价格服务，价格不作为评分因素。

③ 评分方法开标前应保密。

（2）开标。

开标过程要有严格的程序。在具体操作过程中注意以下几个问题：

1）开标应按招标文件中规定的日期、地点和程序进行。

2）开标应采取公开形式，即允许投标商代表出席，在规定日期之后收到的投标及没有开封和开标时没有宣读的投标均应不予考虑。

3）开标时，投标文件中开标一览表（报价表）内容与投标文件中明细内容不一致的，以开标一览表（报价表）为准；投标文件的大写金额和小写金额不一致的，以大写金额为准；单价金额有明显错误的，应以总价为准，并修改单价；对不同文字文本投标文件的解释发生异议的，以中文文本为准。

4）截至投标截止时间，参加投标的供应商不足三家，除采购任务取消情形外，执行机构应报告政府采购监管机构，无不合理条款、符合程序的，可以申请改变方式；有不合理条款、不符合程序的，需重新组织开标。

5）开标时中心与供应商处于平等地位，要创造和谐的环境，让供应商感觉中心与其他代理机构是不一样的。

（3）评标。

1）评标委员会的组建。

在评标的前一天，执行机构应按招标文件上载明的评标委员会组成结构组建评标委员会。经济、技术评标专家从监管机构建立的“专家库”中随机抽取。

① 在进入评标前，执行机构召集评标委员会成员，宣读评标委员会的义务以及评标纪律。评标委员会应当履行下列义务：遵纪守法，客观公正，廉洁地履行职责；按照招标文件规定的评标办法和评标标准进行评标，对评审意见承担个人责任；对评标过程和结果，以及供应商的商业秘密保密；参与评标报告的起草；配合财政部门的投诉处理工作；配合执行机构答复投标供应商提出的质疑。

② 推选一名“评标委员会主任”，以起到在评标过程中穿针引线的作用。

③ 对评标办法的细化和通过。对于通过后的评标办法，评标委员会要在上面签字。

④ 与投标人有利害关系的人员不得作为评标委员会成员。

⑤ 评标必须以招标文件为依据，不得采用招标文件规定以外的标准和方法进行评标，凡是评标中需要考虑的因素都应写入招标文件之中，也就是说，招标文件应规定除价格因素外应当需考虑的其他因素。

2）评标的组织。

评标应当遵循以下程序：

① 投标文件初审。初步评审工作比较简单，却是非常重要的一步。

A. 资格性检查。依据法律法规以及招标文件的规定，对投标文件中的资格证明、投标保证金进行审查，以确定投标供应商是否具备投标资格。

B. 符合性检查。依据招标文件的规定，以招标文件的有效性、完整性和对招标文件的响应程序进行审查，以确定是否对招标文件的实质性要求做出响应。如果供应商不符合规定，或对招标文件未做出实质性响应，都应作为无效标处理。

只有在初评中确定为基本合格的投标人才有资格进入详细比较和评价阶段。需要强调的是，“实质性响应”应该是与招标文件要求的全部条款、条件和规格相符，没有重大偏离或者保留的投标。

② 澄清有关问题。评标委员会在阅读完投标文件后对投标文件含义不明确、同类问题表述不一致或者有明显文字和计算错误的内容，评标委员会可以书面形式要求投标人做必要的澄清、说明或者纠正。投标人的澄清或者说明应当采用书面形式并由其授权代表签字，但不得超出投标文件的范围或者改变投标文件的实质性内容。

③ 比较与评标。按招标文件中规定的评标办法和标准，对资格性检查和符合性检查合格的投标文件进行商务和技术评估，综合比较与评价。评标时，评标委员会成员应当独立对每个有效投标人的标书进行评价打分。然后汇总每个投标人每项评分因素的得分。

A. 采用综合评分法，其中报价占 30 分，商务占 10 分，技术和服务占 60 分。

B. 报价由执行机构的工作人员按评标办法中规定的公式直接计算；技术和服务评标由执行机构的工作人员在政府采购监管部门的监督下分类编号交评委评分（对密封不合格投标文件作废标处理）。密封评标结束后，评标委员会将对所有密封合格的投标商的密封文件部分与投标人原始技术资料和样机进行核对，在核对中一旦发现密封的技术响应文件内容与该投标人真实性不符，该投标人将以提供虚假证明文件接受处理，其投标也将按废标处理。

（4）定标。

1）评标委员会按招标文件确定的评标标准和方法，对投标文件进行评审，提出书面评标报告，按顺序推荐合格的中标候选供应商名单。执行机构在开标之日起 5 天内向采购人书面推荐中标候选供应商。

2）采购人应在收到推荐名单后 3 天内按排名顺序确定中标供应商。排名第一的中标候选供应商放弃中标，因不可抗力提出不能履行合同，或者招标文件规定应当提交履约保证金而在规定期限内未能提交的，才可以确定排名第二的中标候选供应商为中标供应商，排名第二的中标候选供应商因同样的原因不能签订合同的，才可以确定第三的中标候选供应商为中标供应商。

3）自开标之日起 8 天内，执行机构应在政府采购媒体公告中标结果，有特殊情况的，事先报监管部门批准后在政府指定媒体上公告原因。公告内容包括招标项目名称、中标供应商名单、评标委员会名单。《政府采购货物和服务招标投标管理办法》（财政部 18 号令）第 62 条：“在发布公告的同时，招标采购单位应向中标供应商发出中标通知书，中标通知书对采购人和中标供应商具有同等法律效力。”

从 PPP 模式下社会资本采购的各方面的深入解读中可以看出，竞争性谈判和竞争性磋商相比于公开招标可以更好地降低交易成本，实现合作上的价值目标。我国正处于不断深化改革的过程中，PPP 项目政府采购相关的很多方面尚不成熟，为了降低 PPP 项目政府采购方式变革的阻碍，需要从以下几个方面改进：第一，要完善 PPP 项目政府采购相关法律法规；第二，要建立有效的 PPP 项目政府采购平台；第三，要建立科学的外部监督机制；第四，要加强专业人才的培养。

第四章　PPP 项目投融资分析

第一节　PPP 项目投融资概述

一、基本概念及相关政策

（一）基本概念

1. 投资和融资

投融资是投资和融资的统称，针对不同的主体，站在不同的角度，投资和融资有不同的形式。投资和融资是相对的概念，对于同一个投融资活动，从不同主体看，有的是融资，有的是投资；对于投融资活动的同一标的（如资金），有的时候是融资，有的时候是投资。

2. 项目融资和公司融资

项目融资是为某个特定项目建设提供融资计划和资金来源；公司融资是以公司为主体进行的融资活动，资金可用于不同项目。项目融资和公司融资在融资主体、信用基础、融资用途、还款来源、担保方式、追索方式、融资风险等方面存在很大的差异。

3. 项目资本金和注册资本

项目资本金对固定资产投资项目的特别规定，也是我国的一个特殊制度。项目资本金目前执行的是《国务院关于调整固定资产投资项目资本金比例的通知》（国发〔2009〕27 号），该通知对各行业固定资产投资项目的最低资本金比例进行了具体规定：钢铁、电解铝项目，最低资本金比例为 40%；水泥项目，最低资本金比例为 35%；煤炭、电石、铁合金、烧碱、焦炭、黄磷、玉米深加工、机场、港口、沿海及内河航运项目，最低资本金比例为 30%；铁路、公路、城市轨道交通、化肥（钾肥除外）项目，最低资本金比例为 25%；保障性住房和普通商品住房项目的最低资本金比例为 20%，其他房地产开发项目的最低资本金比例为 30%；其他项目的最低资本金比例为 20%。2015 年 9 月 1 日，国务院发布《国务院关于调整和完善固定资产投资项目资本金制度的通知》（国发〔2015〕51 号），将“关系国计民生”的港口、沿海及内河航运、机场等领域固定资产投资项目最低资本金比例由 30%降为 25%，铁路、公路、城市轨道交通项目由 25%降为 20%。

注册资本即股本金，是法律上的概念，是公司在登记机关登记的全体股东认缴的出资额。注册资本金在《公司法》第三次修正实施后改为认缴制，项目公司在成立时不需要一次性实缴到位，可按照项目的资本金规模确定注册资本的数额。

（二）投融资政策

2014 年 11 月，国务院下发了《关于创新重点领域投融资机制鼓励社会投资的指导意见》（国发〔2014〕60 号），该文件是 PPP 模式的指导性和纲领性文件。2016 年 1 月，中共中央、国务院下发的《关于深化投融资体制改革的意见》，则是国发〔2014〕60 号的一次升华，是我国投融资领域的最新纲领性文件，不仅再次提出鼓励 PPP 模式，更对政府投资应如何定位，如何引导社会投资、民间投资，提出了方向性、建设性的意见。近期很多的政策制度都是在这一纲领性文件的指导思想下出台的，如保监会于 2016 年 6 月下发的《保险资金间接投资基础设施项目管理办法》，国家发展改革委发布的《关于切实做好传统基础设施领域政府和社会资本合作有关工作的通知》（发改投资〔2016〕1744 号）、《传统基础设施领域实施政府和社会资本合作项目工作导则》（发改投资〔2016〕2231 号）、《政府出资产业投资基金管理暂行办法》（发改财金规〔2016〕2800 号）、《国家发展改革委、住房城乡建设部关于开展重大市政工程领域政府和社会资本合作（PPP）创新工作的通知》（发改投资〔2016〕2068 号、《国家发展改革委、中国证监会关于推进传统基础设施领域政府和社会资本合作（PPP）项目资产证券化相关工作的通知》（发改投资〔2016〕2698 号）以及国务院发布的《国务院关于发布政府核准的投资项目目录（2016 年本）的通知》（国发〔2016〕72 号）等。

二、PPP 投融资相关主体

（一）政府方

政府方通常是 PPP 项目的发起人，但通常并不是 PPP 项目的投融资核心主体，在法律上既不拥有项目，也不经营项目，而是通过给予项目特许经营权和一定数额的贷款担保为项目融资提供支持。

根据财政部《政府和社会资本合作项目财政承受能力论证指引》（财金〔2015〕21 号）第 9 条至第 13 条规定："PPP 项目全生命周期的财政支出责任，主要包括股权投资、运营补贴、风险承担、配套投入等。"股权投资支出责任是指在政府与社会资本共同组建项目公司的情况下，政府承担的股权投资支出责任。如果社会资本单独组建项目公司，政府不承担股权投资支出责任。

（二）社会资本方

社会资本方是 PPP 项目的参与主体，也是融资责任主体。社会资本方应该为依法设立并有效存续的具有法人资格的企业，包括民营企业、国有企业和外资企业。财政部发布的《政府和社会资本合作模式操作指南（试行）》（财金〔2014〕113 号）第 24 条第 1 款规定，"项目融资由社会资本或项目公司负责。社会资本或项目公司应及时开展融资方案设计、机构接洽、合同签订和融资交割等工作"。

（三）金融机构

PPP 项目的融资方包括商业银行、出口信贷机构、多边金融机构（如世界银行、亚洲开发银行等)、政策性金融机构以及非银行金融机构(如信托公司)、各类投资基金等。根据具体 PPP 项目的建设规模和融资需求等的不同,融资方既可以是一两家金融机构,也可以是由多家银行或金融机构组成的银团。

(四) 其他参与方

PPP 项目其他参与方包括承包商和分包商、原材料供应商、运营商、保险公司以及其他专业机构等,通常情况下这些参与方不直接参与 PPP 项目的融资活动,但实际操作中,项目公司(或社会资本方)往往会将一部分项目投融资义务"转嫁"到某些参与方身上,特别是承包商和分包商、原材料供应商,实际操作中通常会出现"垫资"施工或者供货的情况。当这些参与方出现"垫资"行为时,实质上也成为了 PPP 项目的融资主体。

三、PPP 投融资特点

PPP 项目投融资与传统公司融资不同,PPP 项目融资是以项目为主体的融资活动,而传统公司融资是以企业为主体的融资方式。

(一) 以项目为主体的融资活动

PPP 项目融资的主体通常是进行 PPP 项目建设、运营、维护的 SPV 公司,公司形式一般是有限责任公司。SPV 公司是为特定项目而成立的新公司,没有信用记录、经营活动以及过往业绩,无法对公司进行信用评级,可作参考的信用只能是政府和社会资本方的信用情况,并且只能作为参考,不能向其追索,因此只能做债项评级,依托项目本身进行融资。PPP 项目融资的融资资金要封闭运营,只能用于该项目。

(二) 有限追索融资

传统融资模式实行的是根据借款人自身的资信情况确定的完全追索贷款,而 PPP 项目投融资实行的是有限追索贷款,贷款人可以在贷款的某个特定阶段对项目借款人实行追索,或在一个规定范围内对 PPP 项目合作双方进行追索。除此之外,项目出现任何问题,贷款人均不能追索到项目借款人除该项目资产、现金流量以及政府所承诺义务之外的任何形式的资产,但相关当事人依法向贷款人提供相应担保的除外。

(三) 组合融资

PPP 项目融资设计的融资机构范围广、融资工具多。PPP 项目投资金额大,资本金部分也需要大量资金,很多社会资本方资金实力有限,无法完成出资责任。因此,对于 PPP 项目不仅需要在项目公司成立后进行项目建设债券融资,在项目公司成立前还需要进行资本金股权融资。

从金融机构角度讲,PPP 项目需要组合融资。金融机构通常有"行业贷款集中度"和"单一客户贷款集中度"等风险控制要求,即对于同一客户或项目的贷款不能超过一定比例,对于融资金额较大的项目需要组建银团贷款,不能全部由自身融资。因此,对于投资规模较大的 PPP 项目,金融机构通常也需要引入其他金融机构或者金融工具。

第二节　PPP 项目投融资结构

PPP 项目投融资在 PPP 项目运作过程中起到非常重要的作用，直接关系到项目能否顺利实施。投融资结构、项目公司结构、信用增进结构等共同构成了 PPP 项目的投融资结构。

一、投融资结构

在中国推广实施的 PPP 项目中，其融资方式具有多元化的特点，应用较广的方式主要是股权投融资和债权投融资，以及传统的项目融资方式。国务院在《关于创新重点领域投融资机制鼓励社会投资的指导意见》（国发〔2014〕60 号）中提出，支持重点领域建设项目开展股权和债务融资。

（一）股权投融资

股权投融资（Equity financing）是 PPP 项目运行的重要方式之一，其主要的运作是在设立项目公司时或者其他 SPV 公司时，依托投资协议，由投资人以参股的形式参加 PPP 项目的投资、建设与运营，并依据其投资人入股后获得的股东身份和股权取得相应的回报和收益。股权投资也是政府较为推荐的投融资方式，在《关于印发进一步鼓励和引导民间资本进入市政公用事业领域的实施意见的通知》（国发〔2010〕13 号）中提出，鼓励民间资本通过参加企业改制重组、股权认购等进入市政公用事业。但就目前的 PPP 项目实施情况来看，股权融资仍处于起步阶段，政府方和社会资本方出资合作 PPP 项目的时机大多是在设立项目公司时。股权投融资主要分为以下两种形式：

1. 股本投资

股权投资的方式包括股本投资（或称初始股权投资）和股权受让。在 PPP 项目实务中，大多数是以初始投资的方式介入，即由社会投资人独自或与政府方一起以各自缴纳的股本和资本金进行初始股权投资，共同设立项目公司，以获得相应的股东身份和资格，并按照投资协议、公司章程的约定享有权利并承担义务。

在股本投资中，PPP 项目的社会投资人以及其他投资者应当遵守《中华人民共和国公司法》（以下简称为《公司法》）的相关规定，履行相应的出资义务，缴纳出资，办理有关产权的过户手续，以便将投资者的资产与项目公司的资产加以区分，保障各自的权益。

在以股权受让的方式进行投融资时，一方面需要注意《公司法》中公司章程对股权转让的规定，另一方面也要注意 PPP 合同合资协议中关于股权转让的限制和条件，做好相应的论证和准备工作，办理与股权转让相关的各类审核、批准手续。

2. 基金股权投资

《基础设施和公用事业特许经营管理办法》（发改法规〔2015〕1508 号）规定，要鼓励以设立产业基金等形式入股提供项目资本金，这也为基金参与基础设施项目的股权投资提供了依据。

基金股权投资 PPP 项目具有多样性的特点，包括直接投资和间接投资。根据 PPP 项目进展情况和融资介入的时间的不同，基金股权投资的时间既可能是在项目公司的 SPV 设立阶段，也可以是在项目建设阶段、项目运营阶段。

（二）债权投融资

除了股权投融资方式之外，在目前中国的大部分 PPP 项目中，以债权方式（Debt）进行的基础设施投融资是更为普遍的方式。债权投融资既包括直接利用金融机构的贷款等方式，也包括以债券、票据等方式进行的融资。早在 1996 年，国务院就发布了《关于固定资产投资项目试行资本金制度的通知》（国发〔1996〕35 号），规定对某些投资回报率稳定、收益可靠的基础设施、基础产业投资项目，以及经济效益好的竞争性投资项目，经国务院批准后，可以试行通过发行可转换债券或组建股份制公司发行股票方式筹措资本金，即提出了以债权方式进行基础设施投融资的政策。在 2014 年国务院发布的《关于加强地方政府性债务管理的意见》（国发〔2014〕43 号）中也再次肯定和支持投资者或特别目的公司通过银行贷款、企业债、项目收益债券、资产证券化等市场化方式举债并承担偿债责任。根据上述政策指引和实践，与股权投融资一样，PPP 项目的债权投融资的类型和实施方式也呈现多元化的特点。

1. 公司债/企业债

公司债和企业债是较为常见的用于基础设施项目间接债务融资方式。公司债是由公司依法发行，约定在一定期间内还本付息的有价证券，债券持有人有权按期收回本金取得利息。企业债是指在具有法人资格的企业在境内依照法定程序发行，约定在一定期间内还本付息的有价证券。公司债和企业债都属于债权融资，债权人都无权参与公司的经营管理。

企业债与公司债的区别在于：①发债主体不同：前者的发债主体为中央政府部门所属机构、国有独资企业或国有控股企业，后者的发债主体是股份有限公司与有限责任公司；②发债法律依据不同：前者依据《企业债券管理条例》（2011 年 1 月 8 日修正版）等规定，后者依据《公司法》《证券法》的相关规定；③审批程序和主管机关不同：前者的发行需要通过国家发改委的审核程序，发改委每年会规定下一年的发行额度，后者的发行需要证监会核准，对于总发行规模没有限制。早在 1993 年，国务院就制定颁布了《企业债券管理条例》（2011 年 1 月 8 日修正版），但是对发行企业债券的监管较为严格，明确规定企业发行企业债券必须按照规定进行审批；未经批准的，不得擅自发行和变相发行企业债券；中央企业发行企业债券，由中国人民银行会同国家计划委员会审批；地方企业发行企业债券，由中国人民银行省、自治区、直辖市、计划单列市分行会同同级计划主管部门审批。企业发行企业债券的总面额不得大于该企业的自有资产净值。国家对企业债券的使用，尤其是在固定资产投资方面有着较为严格的限制。国家发改委在其发布的《关于充分发挥企业债券融资功能支持重点项目建设促进经济平稳较快发展的通知》（发改办财金〔2015〕1327 号）中提出“鼓励企业发债用于特许经营等 PPP 项目建设。在加强市场监管、强化偿债保障、严格防范风险的基础上，更加有效地发挥企业债券的直接融资功能，科学设置发债条件，简化发债审核审批程序，扩大企业债券融资规模，大力支持市场化运营、资产真实有效的企业以自身信用为基础发行企业债券融资，支持企业加快结构调整和转型升级，支持企业以各种形式参与基础设施投资建设。”但是，根据《公司法》和《证券法》的规定，公司发行债券必须符合法定的条件并且需要获得证监会的核准。因此，尽管有上述政策上的引导和支持，PPP 项目的社会投资人或者项目公司若要公开发行债券，仍存在一定的法律障碍。

2. 项目专项债券

项目专项债券是一种特殊类型的债务融资方式。PPP 项目专项债券是指由 PPP 项目公司或社会资本人发行，募集资金主要用于以特许经营、购买服务等 PPP 形式开展项目建设、运营的企业债券。发行 PPP 项目专项债券应当遵守《公司法》《证券法》《企业债券管理条例》《项目收益债券管理暂行办法》（发改办财金〔2015〕2010 号）等，以及国家发改委发布的其他相关规范性文件的要求，并同时满足下列条件：

（1）发行 PPP 项目专项债券募集的资金，可用于 PPP 项目建设、运营或偿还已直接用于项目建设的银行贷款。

（2）PPP 项目运作应规范、透明，已履行审批、核准、备案手续和实施方案审查程序。鼓励聘请具有相应行业甲级资质的中介机构为项目编制可行性研究报告。

（3）应建立以 PPP 项目合同为核心的合同体系，相关合同文件应合法、规范、有效，包含股东持股比例、项目运营收益来源和标准、项目风险分担模式等内容。

（4）PPP 项目应能够产生持续稳定的收入和现金流，项目收益优先用于偿还债券本息。来源于政府付费和财政补贴的项目收益应按规定纳入中期财政规划和年度财政预算。

（5）传统基础设施领域的 PPP 项目应纳入传统基础设施领域 PPP 项目库。实务中，PPP 项目专项债券的发行人可以根据项目资金回流的具体情况设计债券发行方案，支持合理灵活设置债券期限、选择权及还本付息方式，但债券存续期不得超过 PPP 项目合作期限。现阶段 PPP 项目专项债券重点支持的是能源、交通运输、水利、环境保护、农业、林业、科技、保障性安居工程、医疗、卫生、养老、教育、文化等传统基础设施和公共服务领域的项目。

3. 项目收益债券

项目收益债券（Project Revenue Bonds）是由项目实施主体或其实际控制人发行的，与特定项目相联系的，债券募集的资金用于特定项目的投资与建设，债券的本息偿还资金完全或主要来源于项目建成后运营收益的企业债券。项目收益债券也是目前推广 PPP 项目允许采用的融资方式。为此，国家发改委还强调了要重点支持基础设施和公用事业特许经营项目，以及其他有利于结构调整和改善民生的项目、提供公共产品和服务的项目，通过项目收益债券进行融资。

项目收益债券本质是以项目收益为基础的债务融资方式，发行人与投资人之间属于债权债务关系，在法律上属于特定债。因此，为了保障债权人的利益，通过发行项目收益债券募集的资金，只能用于该项目建设、运营或设备购置，不得置换项目资本金或偿还与项目有关的其他债务，但偿还已使用的超过项目融资安排约定规模的银行贷款除外。

同时，应当注意到，除了依法可以办理抵押质押的资产或收益，在债券存续期内，发行人不得对项目及其收益设定抵押、质押等他项权利。而在募投项目竣工验收并办理权利凭证后 10 个工作日内，发行人应当将项目建设、运营所形成的资产或收益权中可以抵押或质押的部分，足额向债权代理人办理抵押、质押手续。上述规定一方面对发行人随意在项目资产和收益上设立担保的行为进行了限制，为保障投资人的利益提供依据，另外也为后续利用项目收益权融资和再融资提供了可行性，留出可操作的余地。

此外，为了进一步保护投资人的合法权益，发行人应在募集说明书中约定投资者保护机制，明确项目发行人或项目本身在发生下列重大事项时的应对措施：

（1）项目实施主体除募投项目之外的其他资产或业务发生重大不利事项。

（2）债券发行后，募集资金投资项目超过 3 个月未开工。

（3）项目建设或运营过程中出现可能影响项目建设进度或收益的重大事项。

（4）债项评级下降。

（5）项目现金流恶化或其他可能影响投资者利益等情况。

（6）项目收益债券发生违约后的债权保障及清偿安排。

（7）发生项目资产权属争议时的解决机制。

4. 项目收益票据

项目收益票据（Project Revenue Notes）是指非金融企业在银行间债券市场发行的，募集资金用于项目建设并且以项目产生的经营性现金流作为主要偿债来源的债务融资工具。可发行项目收益票据的特定项目主要包括市政交通、公用事业、教育、医疗等与城镇化建设相关的、能产生持续稳定经营性现金流的项目。

非金融企业可以选择公开或非公开定向的方式在银行间市场发行项目收益票据；项目收益票据的发行期限可以涵盖包括项目的建设、运营与收益在内的整个生命周期。但是，企业发行项目收益票据获取财政补贴等行为必须依法、合规，不应存在任何直接、间接形式的地方政府担保。

项目收益票据与项目收益债券类似，都是债务融资方式，同属于广义上的项目收益类债券。但是两者又与公司债、企业债不同，后两者属于公司融资方式，而前两者属于基于项目收益的融资方式。而且，目前在中国，项目收益票据主要由中国银行间市场交易商协会主管，项目收益债券则归国家发改委主管。因此，对于上述特殊规定和实践中不同的主管部门，投资人和项目采购人在拟采用项目收益票据或项目收益债券时都应当予以关注和区别。

（三）夹层融资

除了常见的股权和债权融资外，实务中有时候也会采用股债联动的方式。而作为另一类型投融资方式的夹层融资（Mezzanine Financing）在基础设施项目的投融资中也并不鲜见，它具体是指还款顺序介于银行的债务融资与社会投资人的股权融资之间的一种融资方式。换言之，融资还款的第一顺位是银行的债权融资，第二顺位是夹层融资，第三顺位才是社会资本方的股权融资。由于现在 PPP 的项目规模都相当大，社会资本方无法满足股权融资的金额，因此引进夹层资金，以补足股权融资的资金缺口。夹层资金一般来源于金融机构，主要用于项目资本金缺口的投资，一般情况下金额相对较小、融资期限短、融资成本高。

夹层融资的性质主要有两点：第一，夹层融资法律上属于股权融资，不属于债权融资，如果把夹层融资设定为债权，由于同为债权，因此只能依法按比例偿还，其还款顺位无法次于银行的债权；第二，夹层融资虽然属于股权融资，但是它和社会资本方的股权还不太一样，夹层融资的股权是一种特别的股权，通过股权协议或是公司章程的特别约定，使夹层融资享有优先受偿权。鉴于其较好的流动性和较低的风险，夹层融资通常作为公司整体战略和融资规划的考虑方式，但也应当注意在安排夹层融资时，资金需求方在提供担保时的相应手续、对同一担保物的额度和先后顺序的安排。

（四）信托和资管计划

在大型基础设施 PPP 项目中使用信托和资管计划也并非新鲜事物，过去也被地方政府及其融资平台广泛使用。但因信托和资管计划存在刚性兑付资金投向不规范、重投资轻风控等诸多不完善的地方，因此政府的监管也较为严格。相对其他融资方式，目前在实践中，信托和资管计划更多的是被用作银行和保险资金参与 PPP 项目的通道手段。

（1）信托。在信托资金投资基础设施项目方面，早在 2002 年 7 月就有上海“外环线隧道项目资金信托计划”，该计划中，投资方采用“政信信托”方式，以集合资金信托作为资本金投入项目，并由上海市人民政府给予相应的补贴。近几年来，在推广基础设施 PPP 项目的发展中，也再一次为信托资金投资基础设施项目提供了政策支持，为发展“PPP 信托”创造了条件和契机，包括在铁路领域，国家也提出要积极发挥信托功能，支持铁路发展基金募集，强调要支持通过设立专项信托计划募集铁路发展基金。

政信信托与 PPP 信托是常见的信托类别，都是地方政府用来融资建设基础设施项目的方式，但政信信托则是充当普通债权人，不承担项目经营风险；而在 PPP 信托中，信托资金可以作为项目股东分担项目风险和分享项目收益，体现了 PPP 模式“利益共享、风险共担”的原则。

（2）保险投资计划投资。随着 PPP 项目资金来源和方式的开放及《保险资金间接投资基础设施项目管理办法》（保监会〔2016〕2 号，以下简称《办法》）的颁布，保险资金进入 PPP 项目已无法律上的障碍。根据相关规定，保险投资计划拟进行投资的 PPP 项目，应当符合以下条件：

1）属于国家级或省级重点项目，已履行审批、核准、备案手续和 PPP 实施方案审查审批程序，并纳入国家发展改革委 PPP 项目库或财政部全国 PPP 综合信息平台项目库。

2）承担项目建设或运营管理责任的主要社会资本方为行业龙头企业，主体信用评级不低于 AA+，最近两年在境内市场公开发行过债券。

3）PPP 项目合同的签约政府方为地市级（含）以上政府或其授权的机构，PPP 项目合同中约定的财政支出责任已纳入年度财政预算和中期财政规划，所处区域金融环境和信用环境良好，政府负债水平较低。

4）建立了合理的投资回报机制，预期能够产生持续、稳定的现金流，社会效益良好。同时，保险资金投资 PPP 项目还应当符合《办法》规定的其他条件。

二、项目公司结构

项目公司结构主要是指为 PPP 项目专门设立的项目公司的股权结构，包括项目公司的设立方式、各参与方的股权比例、各自承担的风险以及对风险的控制能力等。

（一）股权结构

股权结构，又称股本结构，主要是指 PPP 公司享有股东权益的投资人构成，以及投资人之间的股权比例分布结构。

PPP 项目的建设运营分为两种不同的形态：一种是成立 SPV 公司（项目公司），以 SPV 公司作为项目融资、建设、运营的主体，这样可以把融资风险和股东权益隔离开，SPV 公司与政府之间通过签订特许经营协议的方式来取得项目的运营权。另一种是不成立 SPV 公司，由社会资本方直接负责项目的融资、建设、运营。PPP 项目通常投资规模较大、投资周期长、门槛较高、对社会资本方的实力要求比较高，若不成立 SPV 公司，则对于参与方来讲存在诸多问题和风险隐患，例如无限追索、风险无法隔离、需要并表、无法引入其他股权投资方等，因此在实际操作中，通常会设立 SPV 公司，本节的分析也是建立在成立 SPV 公司的基础上进行的。

通常在 PPP 项目公司中，能够和有意向成为股东的主要有政府方（一般通过所属平台公司、国有企业作为投资主体）、社会资本方两方。在我国的 PPP 制度设计中，通常 PPP 项目由政府方发起（也可以由社会资本发起，即“企业自提”），中标社会资本成立项目公司并控股，政府可在项目公司中参股。这里的参股应理解为股权比例小于 50%。但在我国的 PPP 实践中突出的现实问题是：多数的社会资本是大型央企、国企类的建筑工程企业，而这些企业出于财务制度要求，不能控股项目公司，持股比例也不能超过 50%。也就出现“控股权真空”的现象。因此，实践中通常的做法是，由代表融资方的金融资本通过不同形式，参股到 PPP 项目公司中来。金融资本参股项目公司，通常不是金融机构本身，而是由金融机构发起的有限合伙、信托计划、资管计划、私募基金等“资金 SPV”形式，它属于一种“资合”机构（Vehicle），可以有法律意义上的主体资格（如公司制私募基金、有限合伙企业等），也可以没有法律主体资格（如资管计划、契约型基金等）。金融资本 PPP 参股项目公司，可以是参股（股权比例低于 50%），也可以控股（股权比例高于 50%），金融资本参股 PPP 项目公司，除了解决“控股权真空”难题外，还有一个现实原因：由于 PPP 项目通常投资规模巨大，单一的社会资本难以全部自筹资金进行投资，需要向金融机构进行股权和债权融资；且我国基础设施建设项目存在项目资本金比例要求（不低于项目总投资的 20%），项目资本金不属于债务融资，需要股东方投入，而通常政府方在 PPP 项目中投资金额很小，多数项目资本金需要社会资本投入，因此对于投资规模较大的项目，即便只是项目资本金，社会资本都可能难以承受。这就需要金融资本成为股东，并投入部分项目资本金，缓解社会资本的资本性投资压力。因此，PPP 的股东结构里，通常是由政府方、社会资本（产业资本）和金融资本三方构成。

金融资本参股 PPP 项目公司，无论是否控股，一般情况下，并非真正意义上的股本投资，因为在具体的 PPP 项目里，金融资本没有能力也没有必要就项目的设计、建造、运营、管理、移交等发表具有决定性的意见，这些都应该由专业专注的社会资本负责。因此，金融资本投资 PPP 项目股权通常会将表决权让渡给社会资本或政府方。而作为对价条件，金融资本投资的股权多数会要求社会资本或政府方在一定期限届满时予以回购，回购价款包含了股权投资本金及可期待的合理投资收益（可以是固定收益，也可以是浮动收益）。因此，这种股权投资仅为财务投资，并非真正的权益投资。从这个意义上来说，尽管 PPP 项目股本投资的投资人通常有三方，但具有控制权的还应当是承担大部分工作和风险的社会资本本身。目前 PPP 实践中还存在这两个现象：一是地方政府推出的很多 PPP 项目本身没有多少运营或管理内容，主要还是工程建设。对于这类项目，很多建筑工程企业参与的目的就是拿工程，赚取施工利润，并不想长期持有项目公司股权和进行。

（二）资本金结构

根据《国务院关于调整和完善固定资产投资项目资本金制度的通知》（国发〔2015〕51 号）规定，投资项目资本金，是指在投资项目总投资中，由投资者认缴的出资额。对投资项目来说是非债务性资金，项目法人不承担这部分资金的利息和债务；投资者可按其出资比例依法享有所有者权益，也可转让其出资，但不得以任何方式抽回。根据上述规定，此资金来源可以为投资人自有资金及其自有资金市场筹措的资金，一般要求一次认缴、分次到位。资本金筹措需要在可研报告、实施方案、招标响应文件中先行明确，一旦明确并经过招标完成后原则上不允许改变。

1. PPP 项目资本金来源构成

政府或政府授权出资人和社会资本方（含联合体中标方），资本金筹措可以通过增加政府出资比例，增加政府出资比例上限 50%；也可以通过其他合法渠道取得部分资本金，减轻社会资本方的出资压力。

2. 资本金融资交易结构

（1）提供融资方约定的退出时点，其持有的股权由社会资本融资方赎回（单劣后），由其他认可的第三方提供赎回担保。

（2）提供融资方约定的退出时点，其持有的股权由社会资本方股东融资赎回，由其他认可的第三方平行赎回（双劣后）。

（3）实行有限合伙基金融资的，由社会资本方承诺远期认缴，提供融资方在设定退出时点有无条件退伙选择权。

（4）资产设置抵押权。

（5）工程收入按一定比例专户归集。

（6）资产租售收入（若有）优先偿付承诺。

3. 资本金比例

资本金推出安排，原则上不早于建设期。

（1）国家规定的最低比例（分项目类别 20%～40%不等，具体按照国发〔2015〕51 号文确定）。

（2）资本金出资约定：政府方出资比例不高于 50%，社会资本方不低于 50%。

（3）出资方式：货币、资产（有形资产或无形资产）。

（4）社会资本方出资来源：自有资金以及金融机构融资。根据国发〔2015〕51 号文的规定，以自有资金或从资金市场筹措部分资金以基金、信托方式出资，社会资本方须在基金、信托退出时承担劣后。

三、信用增进结构

信用增进结构主要是指 PPP 项目融资可以采取的增信措施，是指一切能够为融资提供有力支持的各种手段和方式，不仅包括抵押、保证、质押、信用评级以及具有法律效力的政府信用支持，还包括人大及政府出具的相应决议、承诺函、安慰涵、回购安排、补贴和奖励、可行性缺口补助、流动性补足、应收账款账户质押（特许经营权质押）、缴交保证金、购买保险、资金第三方托管等。

（一）“强增信”

“强增信”一般是指法定五种担保方式之一，且担保能力强，或担保物足值且容易变现。通常用到的是抵押、保证、质押、信用评级、以及具有法律效力的政府信用支持等。在项目现金流未能达到预期，且项目又无法提供其他现金流的情况下，强有力的增信措施能够成为现金流以外的可靠还款来源，因此“强增信”也常被称为“第二还款来源”。

1. 抵押

根据《担保法》解释，抵押是指债务人或者第三方不转移财产占有，将该财产作为债权的担保，债务人不履行债务时，债权人有权依法将该财产折价或者以拍卖、变卖该财产的价款优先受偿。

2. 保证

根据《担保法》解释，保证是指保证人和债权人约定，当债务人不履行债务时，保证人按照约定履行债务或者承担责任的行为。

3. 质押

根据《担保法》解释，质押是指债务人或者第三方将其动产或者权证移交债权人占有，将其作为债权的担保，债务人不履行债务时，债权人有权依照法律规定将该动产折价或者以拍卖、变卖该动产的价款优先受偿。

4. 信用评级

信用评级是融资事件中重要的增信措施之一，尽管不是法定意义的担保方式，却能够起到“强增信”的作用。信用评级分为外部评级和内部评级，外部评级是指金融机构以外的第三方评级机构对被评级对象进行的信用评价。内部评级是金融机构内部通过相关评级工具和方法对被评级对象进行的评级，内部评级主要是主体评级。外部评级是基于专业而独立的第三方评级机构，对评级所需要的公司应公开的信息（如财务信息），进行客观公正的、专业的评价，且评价结果要对社会公开。评级公司也要对评价结果负责，评价结果具有社会公证性质。这就要求信用评级公司必须具有社会公证性质。这就要求信用评级公司必须具有超脱地位，不带行政色彩、不受任何单位干预，评估依据要符合国家相关规定，具有客观公正性，在社会上具有相当的权威性。

信用评级属于增信措施，但不属于担保方式。基于信用评级的信用融资，之所以可以不需要其他担保措施，原因是其将金融机构融资的三大风险（信用风险、市场风险和操作风险）之一的信用风险降到了金融机构可以衡量和控制的范围，而通常信用风险是三大风险之首，是最难判断和控制的。

5. 具有法律效力的政府信用支持

具有法律效力的政府信用支持同信用评级一样，都是融资事件中重要的增信措施之一，尽管不是法定意义的担保方式，却能够起到“强增信”的作用。具有法律效力的政府信用支持指的是地方人大（常委会）及政府为增进融资而出具的相应决议、说明、函件。这些本来不是传统融资业务考虑的增信措施范畴，但国办发〔2014〕43 号之后，地方政府不能通过融资平台公司为政府融资，只能通过 PPP 项目、地方产业基金、引导基金、城市发展基金、基础设施建设基金等方式融资。这些融资方式所需的还款来源，多数是未来多年的政府中长期财政支出，需要通过地方人大常委会出具人大（常委会）决议、地方政府或财政部门出具财政说明函、承诺函等形式，将这种支出责任合法化、确定化，使金融机构的融资还款来源有据可依。

（二）“弱增信”

“弱增信”是相对于“强增信”来讲的，主要包括人大及政府出具的相应决议、承诺函、安慰涵、回购安排、补贴和奖励、可行性缺口补助、流动性补足、应收账款账户质押（特许经营权质押）、缴交保证金、购买保险和资金第三方托管等。

四、融资结构核心要素

（一）现金流

对于金融机构来说，项目现金流是其提供融资的第一还款来源。金融机构对于项目现金流的要求，是 PPP 项目融资的核心要求。通常的要求是现金流充足稳定、可测。现金流充足，是指 PPP 项目的未来现金流可以覆盖融资资金的本金和利息；现金流稳定，是指项目公司基于提供的服务而获得的回报是相对稳定的，且现金流不会随时间的推移发生重大不利变化；现金流可测，是指项目公司的现金流是可以根据历史经验和现有其他项目现金流进行合理预测的，而不是完全没有预测依据或凭空想象的。由于 PPP 项目融资的有限追索特征，与公司融资不同，融资的本金和利息主要依靠项目公司的现金流进行偿还，因此现金流测算对于融资方至关重要。

在 PPP 模式开始之前，公共部门与社会资本的合作，主要是特许经营融资、PFI、BOT 等模式，现金流来源主要是使用者付费；到了后来 PFI 发展到 DBFO 阶段，尤其是在英国的高速公路普遍不收费的情况下，现金流来源可以是政府支付的“影子收费”。但英国的“影子收费”与我国的政府购买服务（包括可行性缺口补助）不同，这种“影子收费”在“理论上允许公共部门将使用风险转移给私人经营者，而无须引入用户直接付费和避免产生相关的交通分流效应”。也就是说，“影子收费”政府付费的基础，是公路实际的使用量，而不是政府的保底使用量，这对于社会资本来说就存在了使用量不足的风险。而我国 PPP 制度规定，PPP 项目的“最低需求风险由政府承担”（财金〔2014〕113 号），政府要对 PPP 项目的最低需求进行保底，如果最低需求达不到预期，政府有义务补足缺口部分。因此，我国的 PPP 项目在现金流来源方面，或多或少存在一定程度上的政府保障。

（二）风控措施

风控措施的范围比较广，任何一个 PPP 项目的参与主体，都需要对自身的投资进行风险控制，也都有自身的风控措施。在进行前期的风险识别、风险评估后，项目风险需要按照既定的规则和约定在各主体之间进行分配。而在分配风险后，各方主体还应当根据风险分配的结果进一步考虑风险的转移和防范。换言之，从项目各参与主体具体承担风险的角度来看，还需要进一步评估和衡量风险，结合各自的风险偏好和风险容忍度对风险进行处理。

风险转移是风险管理和 PPP 项目融资交易结构的核心要素。风险的转移需要结合参与主体的风险偏好和风险容忍度进行判断。风险偏好是主体在承担风险时对风险的厌恶程度；风险容忍度是指风险承担者，尤其是作为风险厌恶者的投资者对风险承担的意愿和能力，决定投资者风险容忍度的因素除了主观的风险偏好以外，还有资本金规模和管理风险的能力等决定投资者风险承担能力的一些客观因素。

通常情况下，项目风险的处理可以分为以下两种常见的方式：

（1）风险自留和自我消化。贯彻投资、决策、收益和风险承担相适应的原则是解决风险分配和转移的基本原则。按照这一原则，从政府机构、社会资本、项目公司，到融资机构、工程承包商和运营商，都需要自留和自我消化一部分项目风险，这也是风险共担原则在 PPP 项目中的具体体现。

（2）风险转移和分担。除了自留的项目风险，转移风险则是避免损失、最大限度保护自身权益的主要方式。风险转移对于社会资本等尤为重要，也是物有所值的核心价值之一。

转移和分散风险是保险的基本功能。因此，除了在合同各方参与者之间进行传递和转移项目风险外，运用保险机制能够很好地为 PPP 项目融资服务，以减少和避免项目的风险。保险转移风险主要是通过订立保险合同，将项目的财产、责任、人险转移给保险公司，而保险公司则采用更为科学的保险集合和分散方式，将单个项目的风险转移出去。实际上，保险费既是保险人对项目风险进行分析后确定的估值体现，也是保险人和投保人签订保险合同、愿意承担相应风险的对价。

（三）成本

成本，金融机构通常称之为“资金价格”。资金价格是由风险决定的，在符合投资者风险偏好的基础上，价格与风险成正比。风险越高，价格越高；反过来，在价格既定不变的情况下，需要将风险调整到与价格相匹配的水平，才能实现投融资目标。价格，从融资角度讲，也叫融资成本；从投资角度讲，叫作投资回报率；在银行层面可以用利率代替。

按照风险定价原理，银行开发出了一种贷款风险定价模型。其原理如下：

贷款目标利率的确定综合考虑贷款资金成本、营运成本、风险成本和资本目标回报要求等因素确定。计算公式为：

贷款目标利率＝（资金成本率＋营运成本率＋信用风险利差＋资本目标回报率）/（1－营业税金及附加比率）

其中：信用风险利差＝违约概率（PD）×违约损失率（LGD）

资本目标回报率＝经济资本分配比例×（资本成本率＋资本经济利润率）

经济资本分配比例＝经济资本占用额/贷款金额

上述公式反映了银行对于贷款利率的风险定价方法，对于其他金融机构来讲，原理类似，大同小异。

由于金融机构进行资金融通活动，本身有成本，而且需要有收益，因此作为价格的两种表现方式，融资成本和投资回报率略有差异。如果投资人和融资人在金融机构的中介作用下参与同一笔投融资业务（如直接融资里的债券融资），那么：

融资成本＝投资回报率＋金融中介机构的成本和收益

通常，金融中介机构会为该笔融资服务提出一个打包价格，该价格里包括了金融机构的成本和收益。

（四）融资额

融资额是指融资企业能够从金融机构处获得的融资总规模。对于融资企业来讲，在成本相近的前提下融资金额越多越好。但金融机构不会无限度地给企业融资，金融机构会参考融资企业的融资需求，但更多的是从风险控制角度，分析能够给予融资企业多少融资额度。融资额度会受到项目资本金比例、债本比率、杠杆比率要求的限制。在金融机构能够接受的债本比率范围内，融资额度与两个要素直接相关：一是现金流，二是增信措施。

融资额度与现金流的关系简单来说，可以用以下公式表示：

$$F=Q/n+Q\cdot x\%$$

即：

$$Q=F/(1/n+x\%)$$

式中：Q 为融资额度（融资总金额）；$x\%$为年化融资利息；n 为融资年限；F 为年平均现金流。

这个公式说明了项目的现金流要能够覆盖按年计算的融资本金和融资利息。融资额度可以通过现金流、融资年限、融资成本测算得出。

融资额度与增信措施的关系，主要体现在增信措施能够覆盖多少融资本息，覆盖得越多，金融机构融资的意愿越强烈。这里的增信措施通常是指前面提到的“强增信”。当然，由于 PPP 项目融资是有限追索融资，很多没有担保、抵押等“强增信”，但如果有上文提到的政府信用支持的“强增信”，金融机构也可以认为能够覆盖融资本息；如果实在没有能够覆盖融资本息的增信措施，融资期限内不能覆盖的本息部分，对于金融机构来说就是“风险敞口”。对这部分“风险敞口”，金融机构要么缩减融资额度，使缩减后的融资本金和利息能够得到有效覆盖；要么根据自身的风险偏好判断这部分“风险敞口”是否能够接受，如果能够接受则以信用融资方式或其他风险融资方式给予企业融资。当然，如果能够接受有敞口的风险融资，融资成本一般会高于没有“风险敞口”的融资。

（五）融资期限

融资期限，既是融资企业对于资金的需求期限，又是金融机构基于风险考量以及由风险确定的融资价格的考量，确定的能够承担这一风险并获取风险收益（融资收益）的时间长短。因此，融资期限与企业的资金需求时间长短、金融机构愿意承担风险并获取收益的时间长短有关。融资期限越长，对于融资企业而言，使用资金时间越久，但付出的资金成本也越高；对于金融机构而言，融资风险越大，但获得的融资收益也越多。此外，金融机构一般会根据融资资金所支持的项目的合理资金使用周期，以及现金流形成和具备还款能力的周期，确定融资的期限。

在融资活动中，融资期限一般分为短期、中期、中长期和长期。短期一般是指 1 年以内（含 1 年）的融资；中期是指 1 年以上 3 年以下（含 3 年）的融资；中长期是指 3 年以上 5 年以下（不含 5 年）的融资；长期是指 5 年以上（含 5 年）的融资。

PPP 项目的生命周期往往都很长，最少的 10 年，最长的可达 30 年或者更长。而除了不参与金融市场竞争的政策性金融机构之外，商业性金融机构比较喜欢短期或中期的融资业务，1～3 年比较合适，一般不超过 5 年。其原因是中短期融资的市场情况和风险因素相对可预测，风险相对可控。商业性金融机构中，银行的中长期固定资产贷款可达 15 年，部分保险资金也可以长达 15～20 年。但一方面，金融机构不愿意做这么长期限的融资，能够匹配的资金规模也远远无法满足 PPP 项目巨大的资金需求；另一方面，即使做到了 15 年，与 PPP 项目二三十年的生命周期相比还是不够。因此，PPP 项目的期限与金融工具的期限错配，也是 PPP 项目融资难的一大主要原因。

第三节　融资工具

一、贷款融资

（一）银行贷款

银行是金融之母，在国内近 4000 家银行中，主要分为两类：一类是开发性金融机构和政策性银行，即国家开发银行、农业发展银行和进出口银行；另一类是商业性银行，即政策性银行以外的其他银行。无论从资产规模、从业人数，还是在社会融资中所占的比重，银行都是其他金融机构无法企及和超越的。银行资金无论是表外理财资金，还是表内贷款资金，都是目前 PPP 项目融资的主力，产业基金、资管计划等资金的主要来源还是银行。

1. 商业银行贷款

商业性银行分为四个梯队：第一梯队是国有大型商业银行（财政部、中央汇金公司直接管控的商业银行），主要为工行、农行、中行、建行和交行 5 家，虽然数量不多，但是体量庞大，占到中国银行业总资产的 40%左右，可谓银行业的“定海神针”。除这 5 大行外，中国邮政储蓄银行也不容忽视。

第二梯队是 12 家全国股份制商业银行，包括招商银行、中信银行、光大银行、华夏银行、民生银行、平安银行、兴业银行、浦发银行、广发银行、恒丰银行、渤海银行和浙商银行。这 12 家全国股份制商业银行是 5 大国有银行的有益补充，在我国金融体系中发挥着重要作用。

第三梯队是 133 家城市商业银行，包括北京银行、宁波银行、南京银行、江苏银行、贵阳银行（这 5 家已经在 A 股上市）等。城市商业银行是在 20 世纪 90 年代中期，以城市信用社为基础组建的城市商业银行，是中央金融主管部门整肃城市信用社、化解地方金融风险的产物。目前，不少城市商业银行的总资产规模都超过了 1 万亿，超越了全国性股份制商业银行中的华夏银行。

第四梯队是包括民营银行、农商行、农信社、村镇银行在内的其他商业银行。民营银行目前有前海微众银行、天津金城银行、温州民商银行、浙江网商银行、上海华瑞银行。2016 年 5～7 月又陆续批复了重庆富民银行、四川希望银行和湖南三湘银行 3 家民营银行。2016 年以来，民营银行的批复明显加快，民营银行的兴起被寄予厚望，特别是希望其能支持中国广大的民营中小企业，但是目前受制于各方面的条件，民营银行发展并不算顺利，暂时在市场上影响较小。

商业银行参与 PPP 项目投融资的方式，主要包括两大类：一类是银行通过固定资产贷款、银团贷款等信贷融资方式，给项目公司提供信贷资金。从融资性质上说，这种融资是债权融资，属于表内融资和间接融资。信贷融资方式是银行支持基础设施建设的传统方式。信贷融资按照不同的分类方式，有不同的业务种类。按照会计核算划分，可以分为表内信贷融资和表外信贷融资。表内信贷融资主要包括贷款、银行承兑汇票贴现等，表外信贷融资主要包括银行理财、银行承兑汇票承兑、保证（保函）、信用证等。按照期限划分，可分为短期信贷融资、中期信贷融资和长期信贷融资。短期期限在 1 年以内（含 1 年），中期期限在 1 年到 5 年之间（含 5 年），长期期限在 5 年以上。按担保方式划分，可分为信用信贷融资、担保信贷融资（包括保证、抵押和质押等担保方式）。按性质和用途划分，可分为固定资产贷款（包括基本建设贷款、技术改造贷款、房地产开发贷款等）、流动资金贷款、保证、承兑等信贷品种。按贷款的组织形式划分，可分为普通贷款、联合贷款（两家银行）和银团贷款（3 家及以上银行）。

对于具有基础设施和公共服务性质的 PPP 项目，银行的上述信贷融资，经常用到的是表内的固定资产贷款、流动资金贷款、银团贷款等方式，期限通常是中期或长期信贷融资（固定资产项目的配套流动资金贷款除外、一般期限在 1～3 年以内）。中长期固定资产贷款，是银行支持基础设施建设项目的最主要融资工具。2009 年银监会颁布了《固定资产贷款管理暂行办法》《流动资金贷款管理暂行办法》《个人贷款管理暂行办法》《项目融资业务指引》（简称“三办法一指引”）。

另一类是银行通过发行理财产品，募集个人投资者或机构投资者的理财资金，通过认购信托和资管计划、私募基金等方式，投资 PPP 项目公司股权、资本金或债权部分。这种融资属于表外融资，也是直接融资（但不一定都是股权融资，理财资金可以通过购买资产收益权、应收账款等方式为项目公司进行债权融资）。理财融资是银行表外融资的一种，银行作为资本中介机构，对于借款人的借款需求，根据内部或外部进行的主体评级、债项评级，并通过对借款人、所投项目的尽职调查，确定理财融资发行额度、增信措施、风控条件，制作相应的融资信息披露文件，并以公开或非公开定向（针对特定的投资人群体）的方式，向合格投资人发售，银行将投资人购买理财产品而募集的资金，通过委托贷款或信托计划、资管计划的形式，为借款人提供资金。从这个意义上说，银行理财融资不仅是表外融资，而且是直接融资（银行只做资本中介，不是借款人的直接交易对手），既可以为借款人提供债权融资，还可以提供股权融资。近年来银行理财融资的发展非常迅猛，大有赶超传统贷款融资的趋势。理财融资较为灵活，可股可债，且不占用银行的信贷额度，在风险可控的前提下，成为各类金融工具的主要资金来源，包括PPP产业基金，以及非PPP模式的各类城市发展基金、基础设施建设基金和平滑基金等。

此外，银行还可以作为银行间债券市场的承销商，为PPP项目公司发行融资券、中期票据、非公开定向债务融资工具（Private Placement Note，PPN）等，为项目公司直接融资。但由于短融、中票等对融资主体、债项的要求很高，PPP项目公司作为SPV，很难发行，因此在PPP项目融资中占比较低。

2. 政策性银行贷款

政策性银行贷款多是基于政策性的考量，理论上贷款利率比商业银行低，但是对项目的要求以及所需要的手续比商业银行烦琐。

政策性银行对项目的要求主要包括以下几个方面：

（1）借款人类型与准入要求：国有独资及控股企业及其与地方政府成立的项目公司。非国有控股企业与地方政府或（和）国有企业合资成立的项目公司。财务状况良好，具备财务可持续能力，上一年末和最近月份资产负债率原则上在70%（含）以内，除新设法人外，上一年度要实现盈利。信用状况良好、信用等级在A级（含）以上，借款人为新设项目法人的，其控股股东应有良好的信用状况。

（2）项目准入要求：项目实施方案已经政府或有权部门审批通过，当地已建立PPP项目库的，应纳入项目库管理。项目涉及政府投资、付费、补贴等政府支付义务的，已纳入同级政府财政预算管理。项目资本金比例不低于国家规定的行业最低比例标准。项目具有稳定的经营性现金流或可靠的偿债资金来源，第一和第二还款来源能实现对贷款本息的全覆盖。

（3）期限与利率：贷款期限原则上最长不超过15年，在利率定价上，按照“对标当地同行业，适当体现优惠”，即略低于当地商业银行同类项目利率水平，充分体现对资金成本的覆盖和风险溢价的补偿的原则合理确定。

（4）偿债备付率：不同行业的项目财务指标标准，参照国家发改委、住建部部联合发布的《建设项目经济评价方法与参数》（第三版）的相关规定执行，经营性项目综合偿债备付率原则上不低于1.2，准经营性项目综合偿债备付率原则上不低于1.1，非经营性项目综合偿债备付率原则上不低于1。

（5）担保：应收账款质押、在建工程抵押与保险，房地产抵押以及股东保证与股权质押。

3. 国家开发银行重点支持的行业贷款

（1）棚户区改造；

（2）水利工程；

（3）地下综合管廊；

（4）海绵城市；

（5）医疗卫生；

（6）教育机构设施；

（7）扶贫开发；

（8）城市轨道交通；

（9）节能环保；

（10）健康养老；

（11）文化旅游基础设施。

（二）股东贷款

股东贷款一般是指股东提供合法资金转入委托银行，委托银行根据股东确定的贷款对象（项目公司）、用途、金额、期限、利率等代为发放、监督使用并协助收回的贷款业务。

二、基金产品融资

目前，PPP基金的名称多种多样，有的称为政府投资基金、政府出资产业基金、政府引导基金，有的称为基础设施投资基金（Infrastructure Fund）、城市发展（建设）基金、城市基础设施建设基金等。名称并不重要，只要是以私募股权投资的方式，所募资金全部或部分投资于PPP项目的基金，都可以归类为PPP基金。

截至2017年4月底，有关政府出资、政府投资的基金管理制度共有四个，分别是：财政部颁布的《政府投资基金暂行管理办法》（财预〔2015〕210号）、《关于财政资金注资政府投资基金支持产业发展的指导意见》（财建〔2015〕062号）；国家发展改革委颁布的《政府出资产业投资基金管理暂行办法》（发改财金规〔2016〕2800号）、《政府出资产业投资基金信用信息登记指引（试行）》（发改办财金规〔2017〕571号）。政府投资基金、政府出资产业基金、政府引导基金三类基金，顾名思义，必须有政府出资参与。其中前两种按照财政部和国家发展改革委的上述制度规定，可由政府单独出资，也可以由政府和其他社会力量共同出资；而政府引导基金，一般是由政府出资作引导，发挥杠杆效应，吸引其他社会资金出资。

三、资管产品融资

资管产品包括银行理财产品、资金信托（包括集合资金信托、单一资金信托）、财产权信托、公开募集证券投资基金、特定客户资产管理计划、集合资产管理计划、定向资产管理计划、私募投资基金、债券投资计划、股权投资计划、股债结合型投资计划、资产支持计划、组合类保险资产管理产品、养老保障管理产品。

资产管理，是指获得监管机构批准的资产管理机构，以公募的形式向不特定多数客户群体，或者以私募的形式向特定客户募集资金，或者担任资产管理人接受单一或多个特定客户资产委托，为资产委托人的利益，对委托资产进行投资管理的一种行为。资产管理计划（以下简称资管计划）就是这种资产管理行为形成的金融产品和表现形式。

与债券融资、资产证券化等标准融资工具不同，资管计划属于非标准融资工具。资管计划的分类有很多种，可以按以下方式分类。

（1）按照资产管理机构的不同，可分为信托计划、银行资管（银行理财）、保险资管、券商资管、基金（可分为公募基金子公司和私募基金）资管、期货资管等。这些资管计划是具有法定合法性的资管产品，是受银监会、保监会、证监会规范和监管的资产管理业务。

(2) 按照募集方式的不同，可以分为公募资管计划和私募资管计划。

(3) 按照资管计划的组织形式，可以分为信托型（契约型）资管、合伙型资管和公司型资管。

(4) 按照受管理资产的种类，可以分为现金（货币）资管、不动产资管、权利（股权收益权、有价证券、商标专利权等）资管等。目前的资产管理主要是现金资管。

(5) 按照资产管理人管理资产计划的主动被动性，可以分为主动管理型资管计划和被动管理型资管计划。

四、保险融资

保险资金参与 PPP 项目投融资的方式主要有三种：

1. 投资 PPP 项目公司的股权

通过信托计划、券商资管计划、私募基金等，投资 PPP 项目公司股权。这种投资一般投资相对规模较大的基础设施建设项目，如轨道交通、高速公路、大型水利工程等。险资如果以同股同权方式投资，一般会要求项目的重要性非常高，属于国家重大基础设施建设项目，且符合险资股权投资制度要求。

2. 投资 PPP 项目的债权

通过基础设施债权投资计划，或者认购公开发行的公司债、企业债、ABS 份额等。险资进行债权投资，一般需要项目业主、项目公司股东提供强增信（一般是 AAA 级企业担保，至少达到 AA+以上），或者商业银行担保。

3. 作为风险管理者参与 PPP 项目

如通过推广建工险、财产险、责任险意外险等险种的方式，降低 PPP 各方风险，又如发挥信用保证保险的增信作用，提高项目信用等级，降低 PPP 项目的融资成本。这是保险公司特有的优势和业务，体现了保险公司不仅能够为 PPP 项目提供资金，还可以通过保险产品的形式提供增信的独特优势。

五、融资租赁

融资租赁主要有融资租赁和售后回租两种模式。对于稳定现金流的基础资产，可以通过融资租赁和售后回租盘活固定资产、增强流动性、缓解资金压力、优化财务报表。融资租赁对供水、电、气、收费公路、旅游景区、地下综合管廊等有现金流又有资产的项目尤为适用。

六、资产证券化

2016 年 12 月 26 日，国家发展改革委和证监会联合下发了《关于推进传统基础设施领域政府和社会资本合作（PPP）项目资产证券化相关工作的通知》（发改投资〔2016〕2698 号），标志着 PPP 项目资产证券化工作正式启动。2017 年 6 月 7 日，财政部联合人民银行、证监会印发了《关于规范开展政府和社会资本合作项目资产证券化有关事宜的通知》（财金〔2017〕55 号），开启了财政版的 PPP 项目资产证券化工作。可见，国务院及相关监管部门对 PPP 项目资产证券化采取支持态度。

资产证券化（Aset-backed Securitization，ABS），是指以缺乏流动性，但具有未来稳定现金流的财产或财产权作为基础资产，通过结构化金融技术，将其转变为可以在资本市场上流通和转让的证券。资产证券化是由特定目的的信托受托机构发行的、代表特定目的的信托受益权份额。受托机构以信托财产为限向投资机构承担支付资产证券化收益的义务。

与资产证券化概念相关的，还有资产支持证券、资产支持票据等概念。资产支持证券（Aset-backed Securities），是指将可以证券化的资产组成资产池，以资产池的流动性和现金流作为支持发行证券的债务融资工具。资产支持证券目前有银行间市场的信贷资产证券化（也称信贷 ABS）、证券交易所市场的资产支持专项计划（也称企业 ABS）和保险交易市场的保险资管公司资产支持计划三种类型。

信贷资产证券化，是指银行业金融机构作为发起机构，将信贷资产信托给受托机构，由受托机构以资产支持证券的形式，向投资机构发行受益凭证，以该资产所产生的现金流支付资产支持证券收益的结构性融资活动。信贷资产证券目前由银监会和央行负责监管，这里的"银行业金融机构"，是指在中国境内依法设立的商业银行、政策性银行、城市信用社、农村信用社、信托公司、集团财务公司以及银监会依法监督的其他金融机构。

资产支持专项计划，是指以特定基础资产或资产组合所产生的现金流为偿付支持，通过结构化方式进行信用增级，在此基础上发行资产支持证券的活动。资产支持专项计划目前由证监会负责监管，但不对具体产品进行审核，具体产品由挂牌管理机构（主要包括上海证券交易所、深圳证券交易所和机构间私募产品报价与服务系统）负责挂牌审核，由证券投资基金业协会负责事后备案管理。资产支持专项计划的发起人尽管没有明文规定，但通常情况下为"非银行业金融机构"，因此资产支持专项计划也被称为"企业 ABS"，与银行业金融机构作为发起人的"信贷 ABS"相对应。

资产支持计划，是指保险资产管理公司等专业管理机构作为受托人设立支持计划，以基础资产产生的现金流为偿付支持，面向保险机构等合格投资者发行受益凭证的业务活动。资产支持计划目前由保监会负责监管。

资产支持票据（Aset-backed Notes，ABN），在我国是指非金融企业在银行间债券市场发行的，由基础资产所产生的以现金流作为还款支持的，约定在一定期限内还本付息的债务融资工具。

资产证券化是一种将基础资产进行证券化的模式、活动或行为。资产支持证券的三种类型和资产支持票据都是资产证券化的产物，都是资产证券化这一金融活动的产品和表现形态。但资产支持票据与资产支持证券有所区别，最大的区别有两方面：一是发行和交易场所不同。资产支持票据主要是在银行间债券市场发行和交易；资产支持证券中，信贷资产证券化可在银行间债券市场发行交易，保险资产支持计划在保险资产登记交易平台交易，证券资产支持专项计划则可以在证券交易所机构间私募产品报价与服务系统、新三板市场证券公司柜台等多个场所交易。二是是否设置 SPN 隔离风险不同。资产支持证券通常要设立信托、专项资管计划等 SPV，用以隔离发起人的自身风险。例如，《证券公司及基金管理公司子公司资产证券化业务管理规定》（证监会公告〔2014〕49 号）第 4 条规定："证券公司、基金管理公司子公司通过设立特殊目的载体开展资产证券化业务适用本规定。前款所称特殊目的载体，是指证券公司、基金管理公司子公司为开展资产证券化业务专门设立的资产支持专项计划（以下简称专项计划）或者中国证监会认可的其他特殊目的载体。”而按照《银行间债券市场非金融企业资产支持票据指引》，资产支持票据并无设立 SPV 的强制性要求。

七、项目融资

传统的项目融资也是大型基础设施 PPP 项目资金结构的选择方式。但是从整体上来看，除了传统的市政公用事业，比如污水处理、发电、垃圾处理等特许经营权项目，因发展历史悠久，吸引外资较早，具有相对完善的市场经验，较多采用典型的项目融资，其余的大多数 PPP 项目，仍然偏重于建设，而忽视项目运营，其资金也以股权投资或债务融资的方式进行筹措，并且大部分仍然依赖于政府的财政支持，而非项目融资方式。

相比较 PPP 这一特定术语而言，项目融资在中国的使用则更早。在中国早期的污水处理、电力项目以及收费公路项目中，以项目融资为主的特许经营方式更为普遍。虽然，目前尚无准确的数据显示，在所有的 PPP 项目中，项目融资所占的具体比重，但从目前这一轮 PPP 热潮的相关信息来看，绝大多数的 PPP 都倾向于采用股权或者债权的融资方式，而较少采用纯粹的项目融资方式。

从长远的效益和改善基础设施建设来看，项目融资有着不可比拟的优势，而采用股权和债权方式进行基础设施的投融资，尤其是一些公用事业项目和非经营性项目，虽然也有 20～30 年的经营期限，但是这期限中，建设期一般都在 3～4 年，而一旦建设期满，即开始进入债权偿还期和股权的收益期，多数投资者或者债权人会要求政府或项目公司在建设期满后 4～5 年之内付清。如果基础设施项目没有更好的退出机制，仅以政府财政预算作为主要的项目资金的偿还来源，那么，政府预算的来源和支付能力都将对项目的后续运营产生重大的影响。反过来，项目资金的偿还也给项目所在地的政府财政和国家财政带来更大的压力，从而形成恶性循环，不能从根本上解决财政债务和基础设施建设之间的有效联动效应。因此，财政部一方面强调要建立投资、补贴与价格的协同机制，为社会资本获得合理回报创造条件，另一方面也三令五申强调要严禁融资平台公司通过保底承诺等方式参与政府和社会资本合作项目，进行变相融资。

第五章　PPP项目风险分析

第一节　PPP项目风险的定义及解释

PPP项目模式的风险是指在PPP模式下，PPP项目整个生命周期内可能发生的对项目的融资、建设、运营产生干扰的不确定影响，或可能导致基础设施项目受到损失或损害，导致项目失败的事件。

PPP项目由于具有投资额大，建设周期长，项目参与方多，合同关系复杂，技术风险和经济风险大等特点，所以在项目实施过程中会遇到更多更复杂的风险。通常而言，PPP项目全生命周期范围内可能发生的重要风险类别有：信用风险、不可抗力（自然、政治及社会不可抗力）、建设风险（融资风险、土地拆迁及补充、设计不当及设计变更、施工技术不当、分包违约、工程质量不过关、工期延误、工地安全、地质条件等）、政治风险（政策变更、审批延误、官僚作风等）、金融风险（外汇利率变化、通货膨胀、宏观经济环境变化）、运营风险（运营成本超支、管理水平与能力不足、受损风险、维护不利风险、移交缺陷风险等）、法律风险、市场风险、融资风险、环境保护风险等。

由于运作模式、组织结构、基础设施项目等特性的综合，基础设施PPP项目不仅具备一般基础设施项目所具有的风险特性，还具备PPP项目自身所具有的风险特殊性。

1. 风险周期长

基础设施项目建设规模大、周期长、投资额大，项目建设活动会受到社会、经济、政策环境等方面存在的多种风险因素干扰。由于基础设施运营期较长导致的资金投资回收期延长，对PPP项目公司偿还银行贷款提出了巨大挑战，这是导致PPP项目风险周期较长的主要原因。

2. 风险具有较强的阶段性

基础设施项目的建设周期较长，且通常被划分为不同建设阶段，因此PPP融资的风险也呈现明显的时期性、阶段性特点，这也对不同阶段的PPP融资提出了更高要求，主要体现在以下两个方面：

（1）在PPP融资模式的不同阶段，建设项目的风险大小存在明显的差异性。

在项目设计规划阶段，不需要过多的资金投入，PPP项目公司可自行承担这部分资金投入，不产生贷款利息；当项目进入建设施工阶段，需要投入大量的人力、物力，包括购买工程设备、钢筋混凝土等建设必需材料，PPP项目自身可能无法承担巨额的资金投入，因此选择贷款，随着项目建设活动的不断进行，贷款额度不断增加，贷款偿还的风险也越来越大；项目的收益阶段主要是在项目完成，建设活动进入运营期收益阶段，在这个阶段，若项目能实现预期收益，则PPP公司就有能力偿还银行贷款；若项目运营收益情况与预期不符，则会加重项目风险，严重的可能导致资金链断裂，公司破产。由此可见，PPP 融资模式各阶段的风险大小会随项目建设的不同阶段发生变化，因此 PPP 项目建设风险具有较强的阶段性。

（2）在 PPP 融资模式的相同阶段，建设项目的风险种类存在明显的差异性。

PPP 项目建设阶段会面临来自社会、经济、政策环境、施工进度、施工质量等方面的多种风险，有的风险潜伏时间较长，可能贯穿整个项目的始终，有的风险潜伏时间较短，只存在于项目的特定阶段。例如，项目在设计规划阶段主要面临政府政策、市场环境风险；项目建设阶段主要面临完工风险；项目在运营阶段主要面临行业竞争风险、市场风险等。政策风险、法律风险、经济风险会贯穿项目的全寿命周期，而完工风险仅存在于项目建设过程中。

3. 不同参与主体面临的风险存在差异性

PPP 项目的实施从可行性研究、招投标、规划设计、建设施工、分包承包，到项目验收、后期运营，会涉及政府、私营企业、施工单位、材料供应商、验收单位等多个参与主体，由于各参与主体自身发展情况、关注重点存在差异，因此对其自身收益预期与收益衡量方式会存在较大差异，这也导致不同参与主体面临的风险不尽相同。

从政府角度来看，由于项目建设活动的最初发起方是政府，政府本该承担项目的大部分风险，但由于 PPP 项目的特征即民营企业承担项目的建设活动，并在政府固定的特许经营期内进行项目运营，使政府风险发生转移。由此，项目建设及运营阶段的收益主要依靠民营企业控制，在政府资金投入很少的前提下，无论项目最终建设质量及收益是否符合预期目标，政府的直接经济收益波动不大，据此政府面临的主要风险主要来自项目前期招投标阶段民营企业的项目参与决策。

从私人投资者角度看，其参与 PPP 项目的目的是能够在政府政策、资金保障下获得更多收益。由于其是项目建设与运营阶段的主要控制方及收益方，因此私人企业需要承担来自项目建设、运营的施工质量、验收、运营效益等方面的多种风险，且风险潜伏时间较长。因此，其风险主要来自项目生命周期内国家政策和法规的变化导致成本的提高，以及项目运营阶段由于投资回收期较长与投资回报率较低导致的预期收益损失。

从银行等金融机构角度看，实际是收回全部贷款，并以此获利。因此，不论是导致项目拖延或不成功的因素，还是在基础设施项目建设与运营过程中面临的不确定因素，都会对贷款人产生影响。

PPP 项目的主要特点是投资规模大、周期长、参与主体多，且涉及的合同体系较为复杂。基础设施和公共服务的 PPP 项目主要提供公共产品和公共服务，项目本身具有很强的公共属性和特征。如果项目的总投资越大，周期越长，其不可预见的因素越多，那么风险也就越大。在实践中，许多项目的失败原因主要有：项目可研阶段的基础文件没有进行科学论证，技术资料不准，财务测算缺少依据；项目招标阶段的程序不规范；建设阶段建造成本超支，工期延误；运营阶段市场需求发生巨大变化，政策和法律发生重大变更，政府或社会资本出现重大违约，商业环境变化等。因此，应对项目准备、投资、建设和运营阶段的风险有足够和充分的预见，并采取合理的分担、转移等措施，有效地化解相应的风险，使项目顺利、平稳地运行。

对任何一个 PPP 融资的项目来讲，风险存在于项目设计、建设、运营管理的全过程，由于是公共项目，政府是风险的最后承担者。因为政府担任最后放款人角色，因此政府会对每个 PPP 融资项目进行社会效益、经济效益及生态效益分析。社会资本作为风险的共担人，同样会对全过程的风险因素密切关注。

第二节 PPP 项目风险识别

一、风险识别方法的比较

在项目进行的不同阶段和不同情况下，需要选择适当的风险识别方法或方法组合，尽可能全面而系统地识别出项目风险，以便准确而及时地制定应对措施。表 5-1 将目前主要采用的一些风险识别方法进行对比，并根据方法自身的优缺点指出了该方法的适用范围。

表 5-1 风险识别方法对比

方法	优点	缺点	适用范围
德尔菲法	专家人数多，领域广，能充分发挥各位专家的作用，准确性较高；能把各位专家的意见的分歧表达出来，经过几轮反馈，形成较为统一的意见或建议	分析结果易受组织者、专家的主观因素影响，结果偏于保守，花费时间较长，费用较高	适用于大型建设工程，尤其是采用新技术无先例可循的项目
头脑风暴法	参会人员在无批判性下各抒己见，发挥集体的智慧，可以避免忽略不常见的风险，风险识别性和效率较高	实施成本较高，对各成员的要求比较高	适用于问题比较单纯，目标比较明确的情况
核对表法	对过去的经验总结，可获取一些其他方法难以发现的风险，风险识别工作较为简单，容易掌握	对单个风险的来源描述不足，没有揭示出风险来源之间的相互依赖关系，对指明重要风险的指导力度不足，受项目可比性的限制，难以识别特殊风险	适用于有过类似或相关经验的项目
情景分析法	可以系统地分析出多种可能发生的风险，能够把握风险因素未来的发展情况，并可针对重要风险采取防范措施，较为全面有效	依赖于大量的数据，而这些数据往往不能全部得到。对分析人员要求高，操作过程复杂	适用于可变因素较多、大型的工程项目风险识别
工作/项目分解结构	由于项目范围、进度和成本管理等方面也要使用工作分解结构，在风险识别中利用这个已有的现成工具并不会增加额外的工作量。已明确各环节间的风险，识别结果方便之后的风险控制	对于大的项目，工作分解会过于复杂和烦琐，工作量大	适用于中小型简单工程
故障树法	用演绎推理的方式查找风险原因，有助于解决方案的提出，可以比较全面地分析所有故障原因，比较形象化，有利于风险管理措施的制定	应用于大的系统时，容易产生遗漏和错误，同时由于方法本身的复杂性，对使用者的要求也较高	一般适用于技术性强、较为复杂并且直接经验较少时的风险识别
流程图法	既可以识别非技术风险，也可以识别技术风险，结构化程度高	耗费大量的时间，不能描述细节，可能遗漏一些风险，缺乏定量分析	适用于识别非技术风险及技术风险，流程清晰的项目

续表

方法	优点	缺点	适用范围
因果分析法	便于找出风险及风险因素之间的关系，不容易遗漏风险	原因分析可能不全面，无法完全识别风险，需要管理者有丰富的工程经验，耗费时间	适用于能提前准确发现问题的项目
SWOT 分析法	能将自身优劣势与环境结合起来，清楚、明了地识别风险	难以清楚认识自身优劣势和所处环境，缺乏确定的划分标准	风险识别人员对项目环境比较熟悉

表 5-1 所列方法均可以用于融资风险的识别，在实际操作中，一个项目的风险识别一般需要综合运用几种识别方法，取长补短，从而使得项目风险的识别较为客观和全面。根据上文对几种风险识别方法的对比以及参考其他学者的相关研究，综合上述风险识别方法的优缺点将它们运用到风险识别的过程中。项目初始阶段风险识别过程如图 5-1所示。

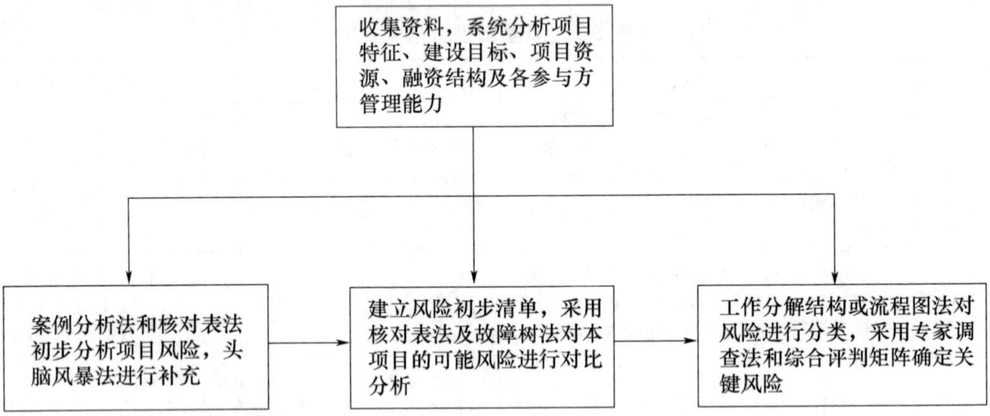

图 5-1　项目初始阶段风险识别流程

二、初始阶段风险的识别

风险识别之前首先要进行资料的收集和整理，在这个过程中可采用案例分析法和核对表法对已实施的类似项目的风险事件进行初步分析，结合头脑风暴法对可能会影响项目的风险因素进行补充，采用故障树法分析产生这些风险的原因之所在，再采用工作分解结构和流程图的方法列出本项目的风险并对风险进行归类，然后采用专家座谈或调查问卷的方法对风险的关键程度进行研究，找出影响项目实施的关键风险，为后续风险评估做准备。

由于 PPP 建设项目的特殊性，项目从开始到结束都存在着不确定性因素，PPP 项目在开始阶段对可能出现的风险因素进行识别研究，这只是在起步阶段对 PPP 项目风险进行超前的分析与管控，随着项目的开展进行，有些风险因素可能随着环境的变化而发生一定变化，或者随着项目的进展产生新的风险因素，这就需要对 PPP 项目中的风险因素进行再识别。因此，PPP 风险识别工作应贯穿项目生命周期，它是一个连续且动态的过程。识别具体的基础设施和公用事业项目本身的所有风险，要结合实现 PPP 模式的特点，认清 PPP 项目融资结构和利益相关者的关系，还要动态而持续地进行风险识别工作，在项目进行中不断地完善风险识别工作，才能及时地发现问题，解决问题，顺利地完成项目的建设目标。

主要风险因素描述如下：

（一）信用风险

信用风险是指各参与方因故不能履行或者拒绝履行合同规定的责任和义务导致的风险。PPP 是一个由多方参与、实施时间很长的项目，因而项目信用风险贯穿于项目各个阶段。提供信用保证的项目参与者（包括政府部门、项目投资者、工程公司、产品购买者、原材料的供应者等）的资信状况、技术和资金能力、以往的表现和管理水平等都是评价项目信用风险程度的重要指标。

目前相对来说，我国 PPP 项目融资的信用风险较低，因为我国政府一般会明确规定某 PPP 项目参与者的资质要求，并且政府对这些资质满足要求的投资者们给予了很大的支持。另外，由于 PPP 项目贷款的偿还主要依靠项目未来的收益，这就决定了贷款方要比其他方面对更多的风险，所以它们对项目的获益能力及项目参与方的信用自然会给予更多的关注。

案例：污水处理项目属于准经营性项目，社会资本的投资收益大部分来源于政府通过自来水销售收取的污水处理费专用账户，不足部分由地方财政予以补足。供水项目，虽属于经营性项目，但由于项目多为政府控股，收益分配权仍在政府手里，再加上现行推广的 PPP 供水项目，多包含管网建设，社会资本的投资较大，投资收益依赖于政府管网服务费支付。不难看出，投资收益来源的唯一性，决定了政府信用的重要性与关键性。

（二）政治风险

政治风险是由于政府决策程序不规范、政策变更、官僚作风、缺乏经验、决策与审批延误以及官员腐败等造成项目决策失误或过程冗长的风险因素。PPP 项目政治风险表现在下列几方面：

（1）PPP 项目必须要得到政府部门的特许和批准，特别是交通基础设施项目、电力能源项目以及开发所在国的自然资源的项目时，一般都必须得到政府的特许，否则任何有关政策的影响都会产生政治风险。

（2）所建 PPP 项目可能是本国的重要经济基础项目，因此更容易遭受强制购买和兼并的威胁，如桥梁、公路、机场、港口、铁路和隧道等项目。从国际经济法的观点来看，一个主权国家有权根据本国政治、经济的需要对私人的投资项目实施国有化、没收或者征收，不管是本国还是外国人投资的。

（3）由于所在国的原因，如所在国经济政策变化，或者其他原因，如石油输出国规定改变市场份额，所在国可能限制生产速度和蕴藏量的消耗速度。

（4）在项目全寿命周期内出台了针对该项目类别的更严厉的环保法，影响了项目生产计划或导致成本增加。

案例：在希腊雅典新机场项目中，政治风险是由政府更换后政府态度不一致引起的；越南 Yen Lenh 大桥存在着土地审批延误以及官员腐败的问题；英国伯明翰北部公路在邀请投标前也遇到了土地审批延误风险；青岛威立雅污水处理项目由于当地政府对PPP的理解和认识有限，对项目的态度频繁转变导致项目合同谈判时间很长，而且污水处理价格是在政府对市场价格和相关结构不了解的情况下签订，价格较高，后来政府了解以后又重新要求谈判降低价格。

（三）法律风险

法律风险主要指与PPP项目有关的立法的改变（如环境立法、财产立法等）、法律体系及监管不完善、合同文件风险等，这些风险一旦发生，可能导致项目公司收益减少，影响项目的正常实施和运营。目前，一些国家缺少专门的项目融资法律，给项目融资的实施带来一定的困难。比如我国还没有特定关于融资的法律，仅有一些部门规章对融资做出了相应模糊规定，而缺乏对项目融资的具体规定，在实践中难以操作。此外，有关仲裁、知识产权、公平贸易、担保和外汇管制的法律规定，政府对某些政策的调整也是投资者关心的。因为这些变化会对项目的运行产生影响，可能会增加成本、降低收入，从而加大了项目的资金风险。

案例：德国的“罗斯拓克的瓦诺隧道”项目，是当时国内开展的第一个PPP项目，然而在该项目开展时，法律框架并不充分合理，这成为项目最终没有取得成功实施的原因之一。江苏某污水处理厂采用BOT融资模式，原先计划于2002年开工，但由于2002年9月《国务院办公厅关于妥善处理现有保证外方投资固定回报项目有关问题的通知》的颁布，项目公司被迫与政府重新就投资回报率进行谈判。

（四）金融风险

金融风险包括货币的兑换和自由汇出风险、汇率风险、利率风险以及通货膨胀风险等。这些风险会直接影响项目的财务成本、公司的偿债能力以及投资人利益等。

案例：越南Yen Lenh大桥预期通货膨胀率是5%，但建设期间通货膨胀率增长很快，而且建筑价格也上涨，建设成本上升，因而大幅减少了投资者的利润。

（五）不可抗力风险

不可抗力事件指的是合同一方无法控制的，在签订合同前该方无法合理防范的，情况发生时，各方又无法合理回避或克服的以及主要不是由另一方造成的事件或情况。不可抗力风险一旦发生，项目可能失败、延期或项目建成后不能正常运行。不可抗力事件一般包括战争、军事政变、暴乱、放射性污染以及特殊的自然灾害（如地震、台风、火山爆发）等。

案例：湖南某电厂于20世纪90年代中期融资期间因发生群体事件没能完成融资，政府最终没收了中标人的投标保函。在江苏某污水处理厂项目关于投资回报率的重新谈判中，因遇到“非典”而中断了项目公司和政府的谈判。

（六）建设成本及完工风险

建设成本风险是指项目在建设期间成本及完工时间超过预测值，其原因是多方面的，比如建筑材料价格上涨、建筑设计变更、新技术的应用、施工方案不合理等。完工风险也叫施工竣工风险，主要表现为工期拖延，成本超支，项目投产后达不到设计时预定的目标，不能按期投产或达不到生产指标，从而导致生产必需的现金流不足以及不能按时偿还债务等。

案例：印尼CIPULARANG收费公路二期项目因不合理的设计、土地获得、项目延误、项目现场环境等因素导致成本超支。北京奥运会“鸟巢”项目由于某些结构有较强的创新性，其制作、安装和维护具有很多问题，这些导致成本巨大超支。

（七）市场风险

市场风险指由于宏观经济、社会环境、人口变化、法律法规调整等其他因素使市场需求发生变化，导致市场预测与实际需求之间出现差异而产生的风险。PPP项目投产后的收益在于项目产品销售总量及其他因素，项目产品的销售量变化和市场上其他变化就是指市场风险。市场风险主要分成三个方面：产品的需求风险、售价风险和竞争风险。

在投资前投资方必须分析以下几类市场风险因素：①竞争程度；②是否存在高额关税和贸易壁垒情况；③市场准入情况；④项目运营阶段，项目的产品是否仍然有市场。

市场风险是投资各方共同承担的不可见风险，公司必须面对的风险，除非在项目建成前就能有固定的价格和销量。同时对于一般的项目而言，需求风险、价格风险以及竞争风险可能是并存的。

案例：德国的“罗斯拓克的瓦诺隧道”项目与日本Taraso Fukuoka项目的财政赤字均来自在项目准备阶段对需求状况的错误估计；在山东中华发电项目中，山东电力市场的变化和国内电力体制改革对运营购电协议产生了重大影响，合同中规定的电价和“最低购电量”都受到了威胁，导致项目后期运营不利。

（八）融资风险

融资风险有时来源于前期准备工作不到位、项目的盈利能力或者受到融资环境的影响，包括金融市场的不健全、融资结构不合理、融资可获得性等因素引起的资金筹措困难等风险。PPP项目的一个特点就是在招标阶段选定中标者之后，政府与中标者先草签特许权协议，中标者要凭草签的特许权协议在规定的融资期限内完成融资，特许权协议才可正式生效。如果在给定的融资期内中标者未能完成融资，将会被取消资格并没收投标保证金。

案例：在湖南的某个电厂项目中，私人企业因没有能够完成融资而被没收了投标保函，对于私人企业而言项目宣告失败。

（九）运营风险

运营风险指在投产运营阶段，由于生产故障、管理水平及经验等方面的原因使运营公司不能有效地管理运营PPP项目，从而导致产品或服务质量的降低或停止，进而影响项目的收益。运营风险主要指在投产运营阶段存在的技术风险、运营管理风险、开发风险以及市场风险等。此外，如果项目的相关配套工程不能按时完工，也会导致项目因不能按时投入运营而无法获得预期的收益。

案例：在北京奥运会“鸟巢”项目中，项目公司缺乏运营体育场的经验，运营收入很不理想。而英法海峡隧道项目中作为项目运营者的项目公司，股东由施工承办商和金融机构组成，根本就没有运营实体项目的经验，致使前期运营绩效很不理想。还有天津双港垃圾焚烧发电厂项目，天津市政府提供了许多激励措施，如果由于部分规定原因导致项目收益不足，天津市政府承诺提供补贴。但是政府所承诺补贴数量没有明确定义，项目公司就承担了市场收益不足的风险。

（十）环境保护风险

由于严格的环保立法迫使 PPP 项目放慢生产、加大环保投入和降低生产效率等收益损失统称为环保风险。环保风险被称为核心风险的原因是：现在国家的可持续发展已经成为民众关心的主要问题，环境污染严重导致各国经济发展战略的前提都是要节能环保，“污染者承担环境债务”的原则已被广泛接受。随着公众越来越关注工业化进程对自然环境和人类健康和福利的影响，许多国家颁布了日益严厉的法令来保护环境。环保问题对项目的成功与否影响日益增大。在 PPP 项目进展过程中由于公共部门及公众对项目保护环境的要求提高而产生环境保护风险，这就需要增加成本投入以改善项目的生产运营环境，有的严峻的环保风险可能使项目根本无法进行下去。

案例：近年来，环保行业逐渐升温，在下行压力较大的经济环境下，许多大型企业，如地产巨头绿地集团、交通运输业中国独大的中国中车等也陆续跨界加入到环保行业，使得市场竞争异常激烈。为了中标，一些企业不惜一切代价竞标，再加上有些地方政府对污水处理行业了解不够，默认低价中标，忽略社会投资人的专业服务能力和融资能力，导致市场不乏恶性竞争的现象。激烈的市场竞争将原本就只有 8%左右的投资收益率，压缩得异常尴尬。

（十一）项目唯一性风险

项目唯一性风险指政府或其他投资人新建或改建其他项目，导致对该项目形成实质性的商业竞争而产生的风险。项目唯一性风险出现后往往会带来市场需求变化风险、市场收益风险、信用风险等一系列的后续风险，对项目的影响是非常大的。

案例：福州市鑫远闽江四桥项目建设前，福州市政府曾承诺，保证在 9 年之内从南面进出福州市的车辆全部通过收费站，如果因特殊情况不能保证收费，政府出资偿还外商的投资，并给予相应的补偿。但是 2004 年 5 月 16 日，福州市二环路三期正式通车，大批车辆绕过闽江四桥收费站，公司收入急剧下降，投资收回无望，而政府又不予兑现回购经营权的承诺，双方只得走上仲裁法庭。该项目中，投资者遭遇了项目唯一性风险及其后续的市场收益不足风险和政府信用风险。

2013 年杭州湾大桥 PPP 项目，项目运营初期，投资回报率较高。但该项目由于在合同订立环节，社会资本方未就项目唯一性及违约补偿与政府方达成一致，并引致部分社会资本退出，由政府方授权机构宁波交投回购其股权，最终导致 PPP 模式难以为继。该项目主要风险为项目唯一性风险，即政府或其他投资人新建或改建其他类似项目，导致对该项目形成实质性商业竞争而产生的风险。

下面将从污水处理和高速公路两个领域介绍对应领域的主要风险，结合案例分析初步总结出风险因素清单。

（1）污水处理领域初始风险的识别。

基于项目初始阶段风险识别流程图中的步骤，结合表 5-2 中 28 个案例的情况做了一个简要的分类，得出污水处理领域初始风险清单，如图 5-2 所示。

表 5-2

序号	名称	项目概况和结果	失败或问题描述	风险因素提取
1	长春汇律污水处理厂	2000 年签合同，投资规模 3200 万美元，2002 年拖欠水费；2005 年政府回购	政府废止专营办法，停止支付水费；项目难以维持正常运营，污水厂上诉失败水厂停产，污水直排松花江；项目经历两年法律纠纷	政策法规变更；政府信用风险；收益风险；监管风险；项目公司违法违规风险；环境污染风险
2	青岛威立雅污水处理厂	2003 年签约，投资规模 4280 万美元；经历重新谈判，2015 年 2.3 亿元改造	政府对 PPP 认知有限，合同签订后政府认为价格不公单方面要求重新谈判，合同谈判冗长；缺乏有效监管，出现污染事件，导致市民抗议	政府信用风险；缺乏 PPP 合作经验；运营风险；监管风险；项目公司违法违规；环保风险；调价机制不完善
3	武汉汤逊污水处理	2001 年建设，投资 9000 万，2004 年政府回购	周边污水管网未配套，无水源用于运营，污水处理收费问题未解决；项目建成后闲置	政府决策风险；市场需求变化；调价机制不完善；配套管网不足
4	北京第十水厂	1998 年立项，项目投资规模 23 亿元，2012 年开工；2015 年仍未正式运营	中标后长期未签合约；市场供需倒挂，风险主要由投资方承担；银行不放贷；土地划拨困难，建设成本上涨；管网变更；水价提高公众反对	政府决策审批冗长；规划设计变更风险；市场需求变化；建设成本超支风险；公众反对风险；融资风险
5	上海大杨水厂	1996 年签约，投资 7000 万美元；2004 年政府回购	项目审批延误；水价低于成本难以上调；政府约定固定收益率，与政策冲突，重新谈判失败	政府审批延误；调价机制不完善；收益分配不合理；政府信用风险；政策法规变更风险
6	廉江中法供水厂	1997 年签约，投资 1669 万美元；1999 年闲置并诉讼，2009 年政府回购	水量和价格约定无法执行；水价过高，民众无法承担，政府方无力继续支付；中法水务遭受损失	缺乏 PPP 合作经验；政府官员腐败；政府信用风险；价格水平及调价机制不完善；项目收益风险
7	沈阳第九水厂	1996 年股权转让谈判，2000 年变更合同；政府方分两次回购	采用股东回报方式，污水处理费高于市场价，沈阳自来水公司亏损；合同谈判并变更	缺乏 PPP 合作经验；政府官员腐败；价格水平及调价机制不完善；收益分配不合理
8	威立雅成都第六水厂 B 厂	2000 年建设，投资 1.065 亿美元，2002 年 2 月投入运营；项目公司严重亏损	因法律原因变更部分项目为 BT 项目；未合理预测经济形势，供水市场严重过剩；自来水公司严重亏损	规划设计风险；缺乏 PPP 合作经验；政府决策失误；收益分配不合理；市场需求变化风险；法律变更风险
9	泉州东海城市污水处理厂	一期投资 4688 万元，中标价 0.83 元/m^3，2011 年建成；项目未实现 VFM	建设期间政府要求加快施工，建设费用超支；合同约定水价调整周期为 5 年，市场风险大；特许经营期的中止和调整模糊有争议	政府干预风险；建设成本超支风险；价格水平及调价机制风险；争议解决机制不完善
10	兰州威立雅水务	2007 年 1 月签约，社会资本出资 17.1 亿元，2014 年自来水污染；未实现 VFM	政府方将溢价大部分收归国资委，对合资公司经营不利；水价上调公众反对；管网水厂权属分离，设备维修不利，造成水污染事件	运维风险；政府信用风险；监管风险；环境风险；公众反对风险；项目公司违法违规；调价机制不完善

续表

序号	名称	项目概况和结果	失败或问题描述	风险因素提取
11	上海沪青平（沪渝）高速公路	2000年中标，2005年全线建成；2008年7月合同提前中止，政府收回经营权	社会资本选择程序不透明，项目公司管理不善，存在较多违约违规行为；项目资本金和财务监管不到位，拖欠工程款，实际收益较低	监管风险；建设和运维风险，招投标风险；市场收益风险；项目公司违法违规风险
12	晋州市城市污水处理厂项目	2001年建设，投资1800万元，2004年1月投入运营；运营后出现断续停运	污水排放不达标，政府不兑现污水处理费；2005年开始断续停运，导致水污染；设计工艺缺陷；进水水质超标；多次协商后达成共识进行改造	环境污染风险；政府信用风险；规划设计风险；监管风险；费用支付不足
13	杭州湾跨海大桥	2003年开工，2008年启用，总投资约118亿元；2013年亏损，政府回购股权	民营资本转股退出，政府回购80%股权；建设期间政府多次提出变更投资回报率；遭遇利率上调、通货膨胀，亏损严重，无法按期收回本金	规划设计风险；建设成本超支风险；市场需求变更；并行项目竞争风险；合同与规划冲突；金融风险
14	泉州刺桐大桥	1995年5月动工，总投资2.5亿元，1997年投入运营；2016年政府提前回购	泉州政府修建多条免费竞争性大桥，分散车流；法律、契约缺陷，责权利划分不清；合同规定特许期超过国家规定，提高收费未获许可	政策法律变更风险；并行项目竞争风险；政府信用风险；收益不足风险；合同不完备风险
15	长潭西高速公路	2004年开工，投资8.6亿，2007年通车；亏损严重	政府违约，征地拆迁补偿未果，建设期间多次提出变更收费站；多条竞争性收费高速公路	政府干预；并行项目竞争风险；市场收益不足；变更风险；完工风险
16	武汉长江三桥	1997年开工，投资11亿，2000年通车；运营亏损	政府未按约定提供固定回报和非竞争性担保，修建多座大桥；运行期多次维修，超载严重	政府信用风险；项目竞争风险；收益风险；缺乏监督管理；建设质量风险
17	咸阳渭河三号大桥	2003年开工，2004年竣工通车，项目总投资约1.2亿元；2011年政府回购	项目建设初期受“非典”影响，劳动力不足；交通量预测不足，建设规模不足；运营阶段，服务质量不达标，大桥交通堵塞，引起公众反对	政府信用风险；不可抗力风险；完工风险；公众反对风险；规划设计风险；组织管理风险
18	山东中华发电项目	1997年立项，2004年最终建成；项目合作陷入困境	运营期电力体制改革；政府承诺最低购电量不足，无法合作；2002年收费降低，收益减少	缺乏PPP合作经验；政府信用风险；市场需求变化；合约风险；政策变更
19	南京长江三桥	2002年开工，2005年通车，总投资30.9亿元；通车后项目亏损严重	位置偏僻，两侧路网不完善，车流量严重低于预期，财务成本居高不下，项目亏损；2009年经谈判政府同意延长特许期至30年	规划设计风险；市场收益不足；配套路网不足
20	天津市双港垃圾焚烧发电厂	2003年开工，2005年运行，总投资5.4亿元；项目陷入困境	垃圾焚烧污染，政府监管不力，公众反对；政府承诺补贴数量不明确，项目收益不足	规划选址风险；环境污染风险；政府信用风险；市场收益不足；监管风险

续表

序号	名称	项目概况和结果	失败或问题描述	风险因素提取
21	山东菏泽垃圾焚烧发电厂	2013 年签订合作协议，一期投资 3.5 亿元；项目亏损严重	技术不成熟，论证不充分；运营 4 年累计亏损 1500 多万元；政府补贴方案未能落实；掺入煤量超过国家规定，变为小火电厂	规划风险；政策法规风险；政府信用风险；项目变更；收益风险；违法违规风险
22	北京六里屯垃圾焚烧发电厂	2005 年通过审批，计划 2007 年动工；2007 年国家环保总局下令缓建，2011 年项目长期停止	项目规划滞后，选址靠近引水渠和居民区上风口，臭气影响周边环境，遭到居民强烈反对；国家环保总局下令予以缓建，项目长期处于停建状态	政府决策风险；选址规划风险；公众反对风险；环境污染风险
23	深圳南山垃圾焚烧发电厂	2002 年开工，2003 年 12 月正式投产运营，总投资 3.62 亿元；未实现 VFM	电网电压不稳，烟气处理系统无法正常运转，有毒气体直接排放；投产后垃圾处理费和电价未达成协议；垃圾处理费和上网电费支付延误	环境污染风险；政府信用风险；配套设施不完善风险；费用支付不足；合约风险
24	潮揭高速公路	2002 年招标，总投资 12.3 亿元；8 年未动工，2010 年复工，深圳泰邦接管	新法规出台，征地成本提高难度增大；社会资本融资困难，要求调整概算额，与政府产生矛盾	法律法规变更；组织协调风险；融资风险；招投标风险；建设成本超支风险
25	北京“鸟巢”体育场馆	2003 年开工，2008 年竣工，总投资 31.39 亿，2009 年由国资委接管；未实现 VFM	社会资本方严重缺乏体育场馆运营管理经验和体育产业资源，运营模式单一，项目收益不足；项目运营一年重新签署股份制改造协议，项目公司将 30 年特许经营权转变成股权	公众反对风险；制度法规不完善；市场收益风险；招投标风险；组织管理风险；建设成本超支风险；运营维护风险
26	深圳梧桐山隧道	1997 年 50%股权转让香港达佳集团，2004 年，政府回购，但谈判未果，2011 年政府回购后免费通行	交通量超过预期，拥堵遭公众反对；缺乏完善合同条款，回购双方出价差距大，谈判陷入僵局；政府在其周边修建新的道路，并全线免费，社会资本被迫放弃特许经营权	规划设计风险；公众反对风险；政府信用风险；合同不完备风险；并行项目竞争
27	成安渝高速公路	2009 年开工，计划工期 3 年，期间多次停工；2016 年政府取消特许协议	项目违规转包、分包造成经济合同纠纷，引发闹访事件，工程进度滞后，多次出现停工复工状态；国家相关贷款政策调整，项目公司自身资金周转艰难，贷款困难，资金链中断	招投标风险；政府监管不到位；政策变更风险；融资风险；项目公司组织管理风险
28	常安高速公路	2010 年开工，计划工期 3 年，2013 年初停工；2015 年由政府参股接管项目	政府多次提出变更，增加项目建设成本，造成资金周转困难，项目被迫大范围停工；邀请招标，社会资本审查不到位，且成本估算不准	规划设计风险；设计变更风险；招投标风险；政府信用风险；建设进度和成本风险

图 5-2　污水处理领域初始风险清单

（2）高速公路领域初始风险的识别。

基于项目初始阶段风险识别流程图中的步骤，结合表 5-2 中 28 个案例的情况做了一个简要的分类，得出高速公路领域初始风险清单，如图 5-3 所示。

图 5-3　高速公路领域初始风险清单

第三节　社会资本全过程风险概述

一、PPP 项目识别及退出的风险

PPP 项目识别确认一般由政府主导完成，但近来也出现了不少伪 PPP 项目，最终使项目陷入 PPP 项目合规性困境，进而影响政府采购及相关优惠支持政策的落实。因此，社会资本需要核查政府是否将项目列入本级政府 PPP 备选项目及年度开发计划，开展物有所值评价工作和财政承受能力论证，通过“两个论证”后，由本级政府出具 PPP 项目实施方案批复。社会资本方应核查上述识别确认文件及其有效性。

二、采购价款纳入预算的风险

在政府收入支出实施全口径预算管理制度下，未列入批准的预算不得支出。因此，为确保社会资本获得投资回报，对涉及政府付费或可行性缺口补助的，需要由财政部门制作预算方案报本级政府和人大审批，通过审批后再报上级政府备案，并且保证因本项目采购不会导致本级政府负担的 PPP 项目财政预算支出总额超过本级政府一般公共预算支出的 10%。

三、项目采购方式的风险

现行 PPP 项目采购规则规定了 PPP 项目可采取的公开招标、邀请招标、竞争性谈判、竞争性磋商和单一来源采购等 5 种采购方式及其适用条件，项目实施机构应依法选择符合条件的采购方式并按采购程序实施采购。若错误选择采购方式或采购程序不当，可能导致社会资本方中标或成交结果无效。

四、项目补贴及资源补偿的风险

社会资本应充分了解拟投资项目的补贴补偿、政策性贷款及其他支持政策，尽可能在协议中做出安排，以充分享有相关优待。对于公益性项目，政府财力有限的，尽可能争取资源补偿并在协议中明确约定，如特许经营权、冠名权、广告经营权及资源开发权、物业和招商服务的机会。

五、项目公司管理及分配的风险

根据现行政策，对于政府与社会资本方合资成立项目公司的 PPP 项目，社会资本方应在项目公司占有控股地位。为保障项目公司决策统一和效率，社会资本一般要求政府出资人代表放弃对项目公司的决策权、选择管理人的权利和分红权利。若项目总承包方也参股项目公司，也可参照处理。实务中，也有政府出资人代表在合作期限内对项目公司一直未实缴出资的情况，此情形下，更应做如此安排。

六、项目清算移交的风险

对于政府与社会资本合资成立项目公司的 PPP 项目，在项目清算移交时常会面临

项目资产移交或股权转让方式的选择，资产移交即由项目公司将项目资产移交政府，再由社会资本将项目公司清算解散；股权转让即由社会资本方将其所持项目公司股权全部转让给政府方出资人，社会资本全面退出项目公司。社会资本方需要结合项目具体情况和财务税收等因素提前做好设计。具体风险的轻重缓急因项目具体情况而异。目前，PPP 项目受各级和各地政府支持，但作为社会资本仍需要冷静应对，在专业人士辅助下，对有关风险做出全面预估并拟定稳妥的应对和防控方案，才能确保投资回报。

第四节 主要风险因素的确定方法

一、层次分析法

层次分析法是定性与定量相结合的多目标决策方法，能够将难以定量的总目标进一步分解，利用可精确化和定量化的子目标系统解决问题，并且能有效地综合测度子目标定量判断的一致性。

首先，将问题分解为不同的组成因素，即层次化，根据因素间的相互联系及隶属关系的构建阶梯层次结构模型（图 5-4）；其次，将同一层次两两元素按照重要性进行比较，采用 1～9 比率标度法，得出该层次的判断矩阵，然后通过求判断矩阵特征向量的方法，进行一致性检验；最后求得每一层次的各元素对上层次某元素的权重，再用加权和的方法递阶归并，以求得总目标的权数。具体流程如图 5-5 所示。

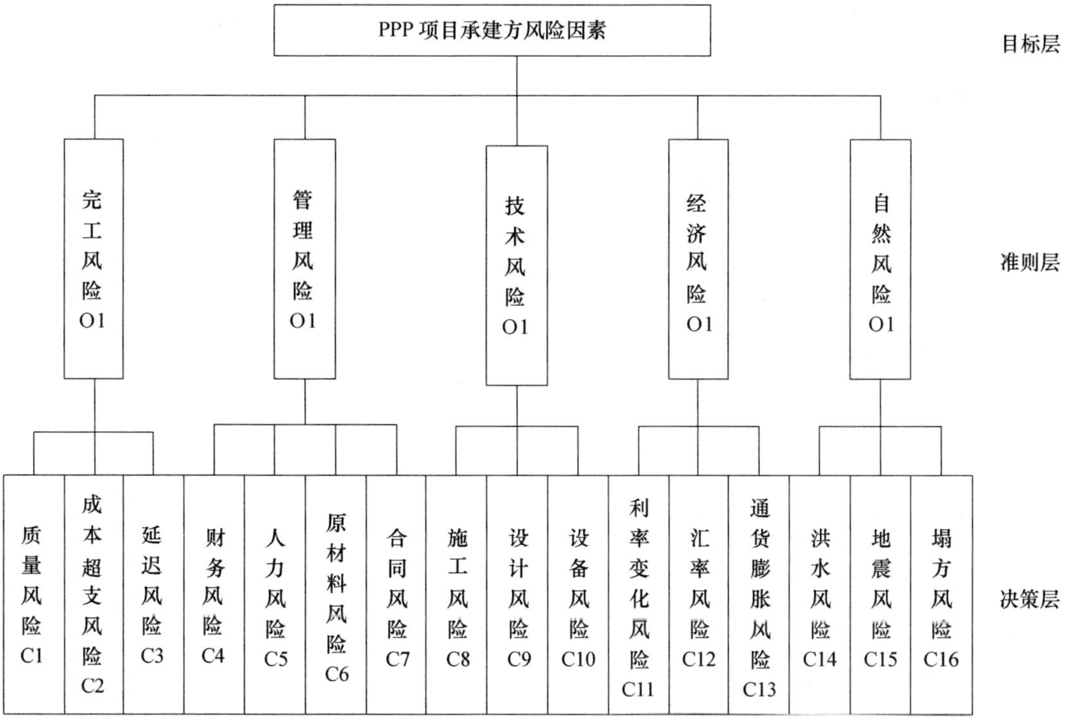

图 5-4 递阶层次结构

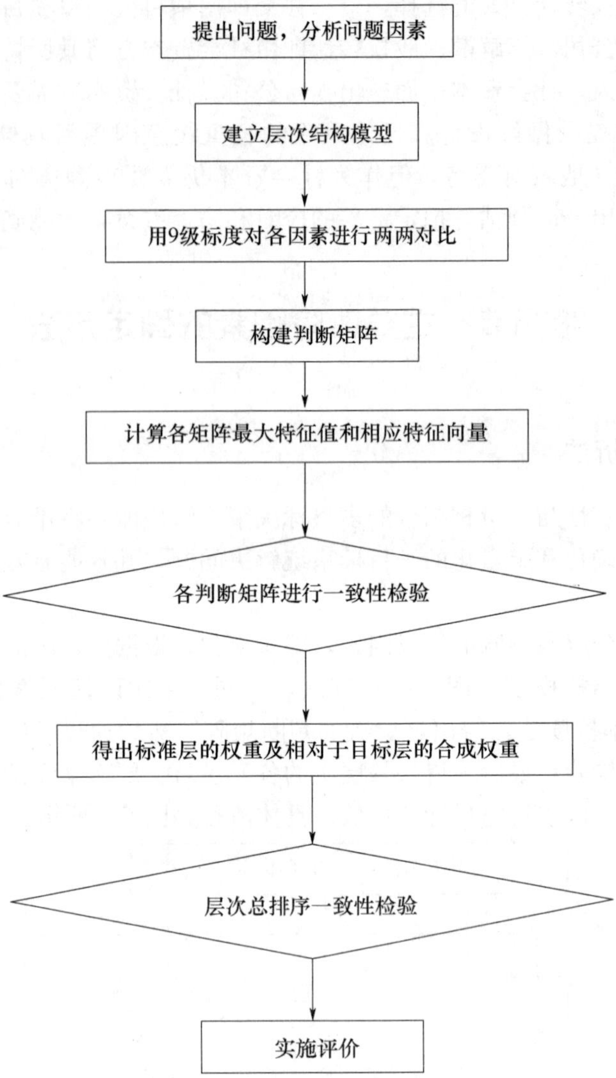

图 5-5　基于 AHP 的风险评价流程

二、基于 ISM-MICMAC 方法识别出风险的相互影响关系

ISM-MICMAC 模型

解释结构模型（Interpretative Structural Modeling，ISM）由美国教授 J. 华费尔在 1973 年提出，用于分析复杂的社会经济系统有关问题，是近年来系统工程理论中较为常见的定性与定量相结合的系统分析技术，常作为分析和揭示复杂关系系统的有效方法。ISM 模型基于有向图和关联矩阵原理，利用人们的经验知识判断以及计算机编程软件的帮助，将复杂系统中直接或间接的要素关系转换为一个多级递阶结构模型。在 ISM 模型的基础上，Duperrin 和 Godet 提出了一种 MICMAC（matrice d'impacts croisés-multiplication appliquéeáun classemet）技术法，即利用交叉影响矩阵相乘法对系统要素间的关联性和重要性做进一步分析，这种方法是运用系统中因素的反应路径和层次循环

来研究因素间相互影响关系的扩散性，目标是根据要素的驱动力和依赖性对其进行分类。

将 ISM 模型和 MICMAC 技术相结合应用于风险系统分析，能够明确风险因素间的个别关系，为整体组织结构关系复杂、难以直观辨别的系统等提供一个有效的风险层次结构，从而帮助风险管理者更好地了解风险间的依赖性，并考虑需优先采取的风险减缓措施。通过构建风险因素 ISM-MICMAC 模型，不仅可以对风险因素进行层级和类别划分，而且可以分析出风险因素相互作用条件下 PPP 项目的失败机理。下面对 ISM-MICMAC 方法的概念和建模步骤进行简单的介绍。

（一）ISM 模型中的基本概念

1. 有向连接图

在 ISM 解释结构模型图中，系统要素之间的相互影响作用关系一般采用有向连接图来表示。所谓的有向连接图是一个集合，系统中的研究要素用节点表示，各要素之间的关联关系则用箭线表示。系统要素有向连接示意图如图 5-6 所示：

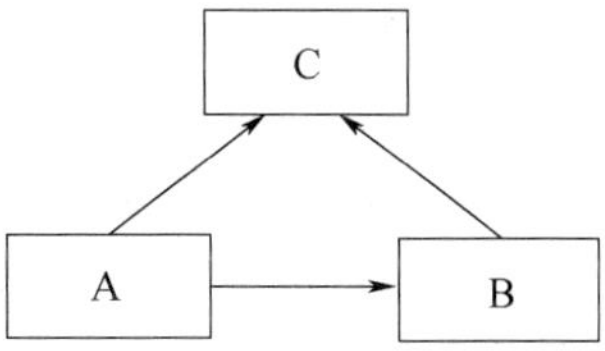

图 5-6　有向连接示意图

2. 直接关系矩阵（也称邻接矩阵）

假设所研究系统要素的个数为 n，则直接关系矩阵 $\boldsymbol{D}$ 为一个 $n\times n$ 的方阵，用以描述有向连接图中各节点要素两两之间的直接作用关系。若直接关系矩阵中的元素用 d_{ij} 表示，那么定义如下：

$$d_{ij}=\begin{cases}1 & \text{当系统内要素 } i \text{ 对要素 } j \text{ 有影响时}\\ 0 & \text{当系统内要素 } i \text{ 对要素 } j \text{ 有影响时}\end{cases} \tag{5-1}$$

3. 可达矩阵

可达矩阵 $\boldsymbol{R}$ 是由直接关系矩阵推导而来，其含义为系统中要素间的相互影响关系经过一定长度的通路后可以到达的程度，即系统中一个要素是否能够沿着一条连续的路径到达另一个要素。可达矩阵具有一个重要的特性就是推移传递性，系统要素间相互影响关系的传递性可以理解为：假设要素 i 通过长度为 1 的路径后能够直接到达要素 j，要素 j 通过另一条长度为 1 的路径后可以到达要素 k，那么要素 i 经长度为 2 的路径后可以到达要素 k。

可达矩阵由直接关系矩阵 $\boldsymbol{D}$ 和单位矩阵 $\boldsymbol{I}$ 根据推移律，结合布尔代数幂运算演算获得，具体推导过程如下：

首先，根据布尔代数幂运算法则可知：

$$(\boldsymbol{D}+\boldsymbol{I})^2=\boldsymbol{I}+\boldsymbol{D}+\boldsymbol{D}^2 \tag{5-2}$$

然后，依次分别计算 $(\boldsymbol{D}+\boldsymbol{I})^3$，$(\boldsymbol{D}+\boldsymbol{I})^4$，…，$(\boldsymbol{D}+\boldsymbol{I})^k$，同理可以证明：

$$(\boldsymbol{D}+\boldsymbol{I})^k=\boldsymbol{I}+\boldsymbol{D}+\boldsymbol{D}^2+\cdots+\boldsymbol{D}^k \tag{5-3}$$

当计算到某一指数 k 时，能够使得直接关系矩阵满足下式所示条件：

$$(\boldsymbol{D}+\boldsymbol{I})^{k-1}\neq(\boldsymbol{D}+\boldsymbol{I})^k=(\boldsymbol{D}+\boldsymbol{I})^{k+1}=R \tag{5-4}$$

则称最终获得的矩阵 $\boldsymbol{R}$ 为直接关系矩阵 $\boldsymbol{D}$ 的可达矩阵。

4. 层级划分

系统要素的层级划分是依据可达矩阵的分解结果而获得的，而对可达矩阵进行分解的前提是要分析出各要素的先行集、可达集和共同集。

可达集 $P(n_i)$ 是指在可达矩阵中某一要素 m_i 所对应的行中，有些行元素值为 0，有些行元素值为 1，那么所有元素值为 1 对应的列要素（包含该要素本身）所产生的集合即 $P(n_i)=\{n_j \mid n_j \in n, m_{ij}=1\}$，称为要素 m_i 的可达集，表示可以到达 m_i 的要素。

先行集 $Q(n_i)$ 是指在可达矩阵中某一要素 m_i 所对应的列中，有些列元素值为 0，有些列元素值为 1，那么所有元素值为 1 对应的行要素（包含该要素本身）所产生的集合即 $Q(n_i)=\{n_i \mid n_i \in n, m_{ji}=1\}$ 称为要素 m_i 的先行集，表示可以到达 m_i 的要素。

共同集 T 则是指先行集中的要素和可达集中的要素所产生的交集，即 $T=P(n_i)\cap Q(n_i)$。

获得各要素的先行集、可达集和共同集后，便可根据 $T=P(n_i)\cap Q(n_i)=P(n_i)$ 的原则进行因素层级划分，即当某要素的可达集与共同集相等时，则认为该要素为最上级因素，由此得到最高层风险因素集；然后去除最高层要素集中各要素所在的行和列，得到新的可达矩阵，根据同样的规则继续判断，直至找到最底层要素集；最后获得系统各要素的相应层级。

（二）MICMAC 基本原理

MICMAC 方法所使用的基本原理为矩阵相乘原理，即如果系统要素 i 对要素 k 有直接作用，要素 k 对要素 j 也有直接作用，则要素 i 的任何改变都会映射到要素 j 上，那么要素 i 和 j 之间就产生了间接的影响作用。MICMAC 方法中也采用 0－1 二进制来表示要素间的相互关系。

在应用直接关系的方法中，结构矩阵中也存在许多要素 i 到要素 j 的间接关系，而这些间接关系经常没有得到考虑。当对结构矩阵进行平方运算时，可以得到要素 i 与要素 j 的二阶关系。同样的，当结构矩阵分别进行三次、四次甚至更多次相乘后，可以找到某些要素之间的 3 阶、4 阶甚至 n 阶关联作用关系。

每迭代一次就可得到一个新的指标层次，根据各要素对其他要素的间接关系，就可以得到对系统要素的分类。当迭代达到一定的程度时，在下一个矩阵相乘迭代时，上一层次在此时重复出现（该重复的状态不仅出现在列要素中，还出现在行要素中），此时的状态被认为是一种稳定的状态，该矩阵也被称作稳定的间接矩阵。

根据最终获得的稳定的矩阵即可达矩阵，定义：可达矩阵中每行元素之和为该行相应要素的驱动力，即对系统中其他要素的影响程度；每列元素之和表示该列相应要素的依赖性，即受其他要素的影响程度。那么，驱动力数值最大的要素就可以被称为关键要素，关键要素在 ISM 结构模型图中处于最低层，是引起系统变化的最根本要素。根据各要素的驱动力和依赖性数值，一般可以将系统中的要素划分为四大类：

第一类：自制型因素（Autonomous factors），该类因素驱动力和依赖性都比较弱，表示它们与系统中的其他因素的关联性不大，既不易受其他因素的影响，又不易导致其他因素的发生或变化。

第二类：依赖型因素（Dependent factors），这类因素驱动力较弱、依赖性较强，很大程度因其他因素的发生或变化累积所致，同时较少对其他因素造成影响，因此对此类风险应注意通过控制其他因素来进行防范。

第三类：链接型因素（Linkage factors），这类因素驱动力和依赖性都很强，这些因素通常是不稳定的，它们的任何一些微小的改变都可能会影响到系统中的其他因素，而且它们自身还存在反馈效应，一旦发生还可能会放大系统中的初始风险因素。

第四类：独立型因素（Independent factors），具有强大的驱动力和较弱的依赖性，它们是系统中其他风险因素产生影响作用的基本条件或者关键所在，较难通过控制其他因素而对其进行间接控制。

（三）建模基本步骤

一般来说，采用 ISM-MICMAC 模型进行建模主要有以下几个步骤：

（1）设定问题，采用多种方法准确合理识别和分析出系统的影响要素。

（2）设计调查问卷，尽量保证问卷简洁，便于专家理解和评判。

（3）组织专家小组对要素之间的关系进行“0—1”（0 表示没有关系，1 表示有直接关系）判断，小组各成员应对所调研的问题具有一定的知识和经验。

（4）对专家给出的要素关系判断结果进行整理，更改明显不合理的数据，或删除理解判断明显有误的问卷。

（5）根据整理后的问卷进行数据处理，建立表征要素间直接关系的直接关系矩阵（邻接矩阵）。

（6）在要素直接关系矩阵的基础上，借助编程软件，推导出可达矩阵，并根据可达矩阵进行层级划分和要素分类，据此建立系统要素相互作用关系的解释结构模型。

根据上述建模步骤，当采用 ISM-MICMAC 模型进行 PPP 项目风险因素关联性分析时，首先需要准确识别出 PPP 项目关键风险因素；其次通过专家问卷调研对风险因素两两间的关系进行成对比较，获得风险因素直接关系矩阵；然后利用风险因素间相互作用关系传递性的概念，推导出风险因素可达矩阵；在可达矩阵的基础上进行风险因素层级划分，可获得能够清晰地表征风险因素相互作用关系的结构图，进一步根据可达矩阵结合 MICMAC 方法，可得出风险因素的分类结果。

ISM-MICMAC 模型用于 PPP 项目风险因素关联性分析的主要建模流程如图 5-7 所示。

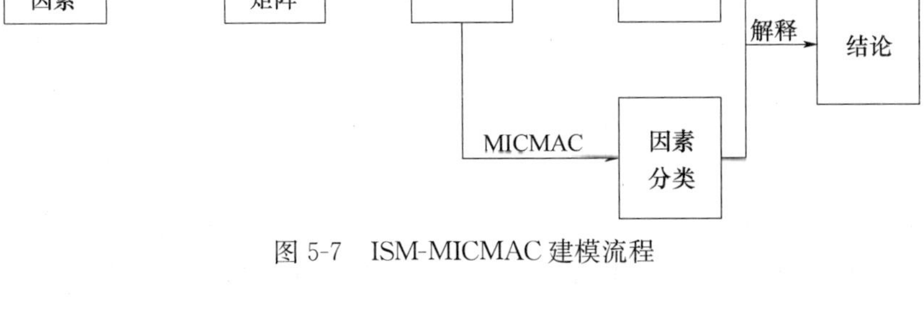

图 5-7　ISM-MICMAC 建模流程

三、表上作业法

工程项目风险因素的识别工作，涉及三个方面的问题：分类和识别的先后顺序；分类的方法；识别的方法。下面我们分别予以讨论，提出按风险类识别的模式。

（一）先分类后识别

在工程项目的风险因素识别过程中，分类与识别的先后顺序关系到识别结果的准确性和全面性。先识别后分类的方法，使得分析人员在识别过程中对于项目风险缺乏整体的认识观念，对于众多风险因素显得无从下手，容易遗漏一些隐蔽的或自己不熟悉的因素，且当因素之间存在相互交叉时，更不易准确表达和描述。

将分类和识别不加区分的方法，很容易使分析人员在分类和识别活动之间跳跃思维，这样遗漏因素或分类偏差很难避免。同时，分析人员有的在识别上有特长，有的在分类上更熟悉，这种方法很难发挥分析人员的个人能力。同时还会造成分析过程的多次重复，分析活动持续时间较长，工作效率较低，风险分析工作也很难获得令人满意的结果。

先分类后识别的方法，使得分析人员对项目的风险轮廓有一个整体的认识，然后按风险因素类别的特征，对每一类风险根据个人的特长和相关工程经验进行识别，这种方法的优点在于：一是可以充分发挥分析人员的专业特长，提高识别的准确性；二是可以减少分析工作的工作量，节约时间，提高效率；还可以基本杜绝风险因素的遗漏，能更全面识别项目风险因素。因此，在工程项目风险分析中，先分类后识别是值得提倡的一种作业方法。

（二）风险因素

工程项目所遭遇到的风险因素具有各自的特征，在风险识别中应该充分利用这些特征，使得风险因素的识别更客观。通常根据其特征将风险因素划分为不同的风险类，各种文献中对风险因素类别的划分可以归纳为如下内容：

（1）根据风险因素与项目的相互关系，分为内部风险、外部风险。内部风险是指风险来自系统内部并在系统内部发生作用；外部风险来自系统外部，通过系统的外界界面对系统的全局或局部发生影响。

（2）根据风险因素发生作用的影响范围，分为全局风险、局部风险。全局风险是指风险的发生将对系统的全局或全过程产生影响；局部风险只在系统的某一个或几个部分产生影响。

（3）根据风险因素的来源，分为政治风险、经济风险、技术风险、社会风险、环境风险。这些风险是指来源于系统内部或外部的政治、经济、技术、社会及环境方面的风险因素，它们可以是全局的或局部的风险。

（4）根据风险因素的不确定性，分为可控制风险、不可控制风险；可预测风险、不可预测风险。可控制性是指对于风险因素有无成熟的或可借鉴的响应措施，以减免风险负面影响；可预测性是指有无成熟的技术对风险因素发生的规律或作用后果进行预测与估计。可以看出，可控制性和可预测性在大多数情形下具有等同的意义或可互换性。

（5）根据风险因素发生作用的持续时间，分为暂时风险、长期风险。暂时风险是指风险的影响短暂；长期风险的影响延续较长的时间，或发生频率较高。

（三）按风险类识别风险新模式——表上作业法

对风险因素进行分类后，如何根据风险类特征识别风险因素取决于如何将各类风险在各个层次上有机地组合，使得对风险因素的识别更方便，一部分采用风险登记或列表的方法对风险因素进行归类与识别，但是并没有给出明确、可操作的步骤。

本书根据上述风险因素的分类，设计出一种按风险类识别风险的表上作业方法。在作业表的设计中，对风险类进行了适当的组合和取舍，具体表格形式见表 5-2。

表 5-2　某工程表上作业风险识别

		内部风险					外部风险				
		政治	经济	技术	社会	管理	政治	经济	技术	社会	管理
全局风险	可控制										
	不可控制										
局部风险	可控制										
	不可控制										
特殊风险因素											

第五节　PPP 项目风险量化分析

一、利用蒙特卡洛模拟方法进行风险量化分析

蒙特卡洛方法作为目前技术相对成熟的风险评价方法，适用于具有许多风险因素的风险事件评估，尤其是较大的复杂风险事件。因此，选取蒙特卡洛模拟技术作为适合于 PPP 项目融资风险评价分析的主要方法。对于无法确定风险变量的概率分布或确定分布的成本不合算而不适合使用蒙特卡洛技术来分析的风险，辅以敏感性分析和情境分析法分析。

根据蒙特卡洛模拟方法的原理，利用蒙特卡洛模拟方法评估风险效果主要包括下列步骤：

(1) 根据实际问题，确定分析计算的目标和影响目标变量的风险变量，构造模拟的数学模型 $g(X_1, X_2, \cdots, X_n)$。

(2) 对第一步建立的数学模型中的风险变量 X_i 进行风险识别和分析，收集风险因素的相关数据，对其进行加工分析。

(3) 在第二步进行的风险分析基础上根据各风险变量进行风险结果及相对应的概率分布，确定风险因素的分布函数及其参数，并做统计检验。

(4) 根据风险分析的精度要求，确定模拟次数 n、产生随机数，并根据随机数在各参数变量的概率分布中随机取一值 X_i。将各参数变量的取值 X_i 代入第一步建立的数学模型，求得项目目标变量的一个具体值 g_i，即得到一个随机事件的样本值。

(5) 重复第四步的试验操作，可得出多个目标变量值，形成对目标评估的分布。一般来说，重复的试验次数越多，目标值的分布越接近实际情况。

(6) 对得到的样本值进行统计分析，得到分布曲线，并检验其概率分布，估计其均值和标准差，分析模拟结果。

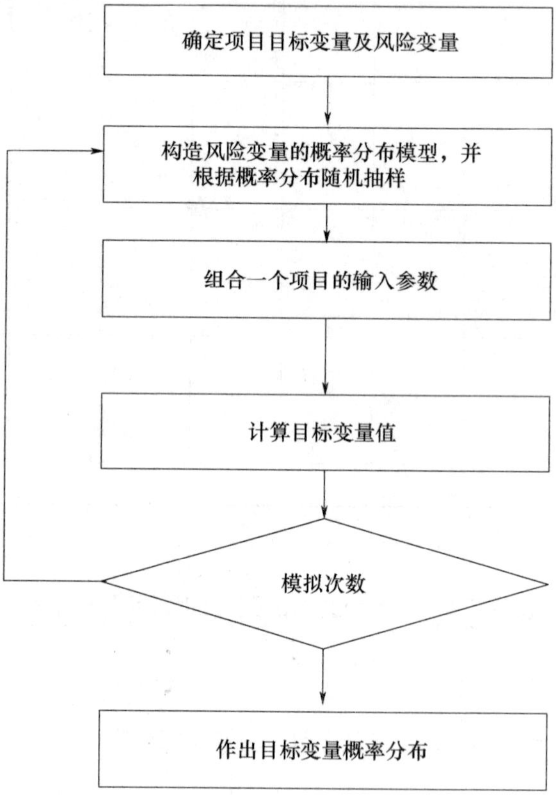

图 5-8　蒙特卡洛分析过程

二、基于 vague 值的 PPP 模式风险评价模型

（一）建立风险层级结构

通过上述风险指标体系的建立，构建 PPP 项目风险层级结构，如图 5-9 所示。

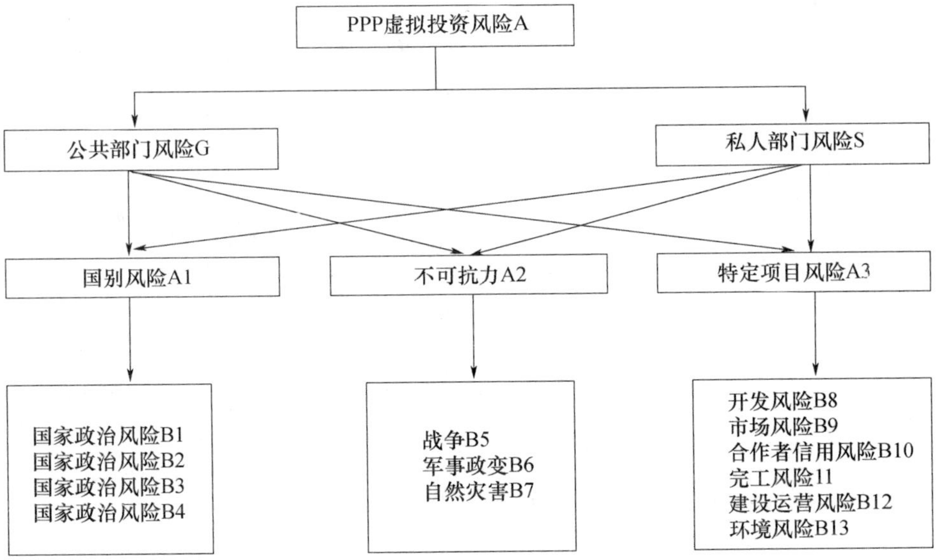

图 5-9　PPP 风险层级结构

（二）对各风险指标评分

为了对 PPP 项目风险进行评估，需要对各指标进行综合评分。假定评价的目标矩阵为 $\boldsymbol{A}$，$\boldsymbol{A}=\{\boldsymbol{A}_1, \boldsymbol{A}_2, \cdots, \boldsymbol{A}_i, \cdots, \boldsymbol{A}_m\}^{\mathrm{T}}$，各列中的最优指标为 $\boldsymbol{A}_j^*$，$i\in[1, m]$，$j\in[1, m]$，对目标矩阵 $\boldsymbol{A}$ 的第 j 个指标进行评价，评分值越大表示风险越大，即：

$$\boldsymbol{A}_j^* = \max\{\boldsymbol{A}_{1j}, \boldsymbol{A}_{2j}, \cdots, \boldsymbol{A}_{ij}, \cdots, \boldsymbol{A}_{mj}\}^{\mathrm{T}}$$

所有指标均用 vague 值作为评分值，即用 $[0, 1]$ 上的小区间表示该风险指标的评价值。

基于 vague 集的多目标决策方法定义，设 $\boldsymbol{A}_i=\{\boldsymbol{B}_1, \boldsymbol{B}_2, \cdots, \boldsymbol{B}_k\}$，$k\in[1, k]$，利用专家评分法对每个 $\boldsymbol{B}_k$ 进行评分，估算其三维指标体系的最大值/最小值。

专家评分法是在建立 PPP 项目专家库的基础上，通过匿名方式征求相关专家意见，然后，对其意见进行整理、分析和归纳，将归纳结果发送给专家，进行再征询，如此进行多轮意见的征询、反馈和调整后，得到 $\boldsymbol{B}_k$ 值，并形成目标矩阵 $\boldsymbol{B}$，即：

$$\boldsymbol{B}_k=\{[t_{bkx}, 1-f_{bkx}], [t_{bky}, 1-f_{bky}], [t_{bkz}, 1-f_{bkz}]\}$$

（三）计算各指标权重

为了减少主观因素的影响，首先将隶属于同一指标的各指标之间的相对重要性进行比较，形成判断矩阵。一般而言，目标层 $\boldsymbol{A}$ 的因素对准则层 $\boldsymbol{B}$ 有支配关系，可以建立以 $\boldsymbol{A}$ 为准则的两两比较判断矩阵 $\boldsymbol{B}_k$，即为：

$$\boldsymbol{A}_{ij}=\begin{pmatrix} a_{11} & a_{12} & \cdots & a_{1n} \\ a_{21} & a_{22} & \cdots & a_{2n} \\ \vdots & \vdots & & \vdots \\ a_{m1} & a_{m2} & \vdots & a_{mn} \end{pmatrix}, \quad \begin{pmatrix} i=1, 2, 3, \cdots, m \\ j=1, 2, 3, \cdots, n \end{pmatrix}$$

式中：$\boldsymbol{A}_{ij}$——项目的目标；

a_i 与 a_j 相比的重要程度。

为了使得决策判断定量化，形成上述数值判断矩阵，采用 1～9 标度方法。

标度	含义
1	表示两个因素相比，具有同样重要性
3	表示两个因素相比，前者比后者略重要
5	表示两个因素相比，前者比后者较重要
7	表示两个因素相比，前者比后者非常重要
9	表示两个因素相比，前者比后者特别重要
2，4，6，8	表示上述相邻判断的中间值

通过以上方法可以成功建立两两比较判断矩阵。然后，利用公式 $\boldsymbol{w}_i = \frac{\sqrt[n]{\prod_{j=1}^{n} a_{ij}}}{\sum_{k=1}^{n}\sqrt[n]{\prod_{j=1}^{n} a_{ij}}}$，$i=1,2,3,\cdots,m$，即可得到各指标权重值，以此构建指标权重矩阵 $\boldsymbol{W}$，$\boldsymbol{W}_k=\{\boldsymbol{w}_1, \boldsymbol{w}_2, \cdots, \boldsymbol{w}_i, \cdots, \boldsymbol{w}_m\}$，$i\in[1, m]$。

（四）计算目标矩阵风险值

$\boldsymbol{A}_i=\boldsymbol{B}_k\times\boldsymbol{W}_k$，$i\in[1, m]$，$k\in[1, k]$，以此得出目标矩阵 $\boldsymbol{A}$，$\boldsymbol{A}=\{\boldsymbol{A}_1, \boldsymbol{A}_2, \cdots, \boldsymbol{A}_i, \cdots, \boldsymbol{A}_m\}$，$i\in[1, m]$。

（五）计算 PPP 项目总风险值

$$\boldsymbol{P}=\boldsymbol{A}\times\boldsymbol{W}=\{\boldsymbol{A}_1, \boldsymbol{A}_2, \cdots, \boldsymbol{A}_m\}^{\mathrm{T}}\times\{\boldsymbol{W}_1, \boldsymbol{W}_2, \cdots, \boldsymbol{W}_k\}$$

以此得出项目目标总风险值。

三、敏感性分析

敏感性分析是首先找出影响最终指标的风险变量，在保持其他风险变量不变的情况下，分析其中一个风险变量变化一定范围对最终评价指标影响的程度，判断各风险变量变化对最终评价指标的影响大小，从而确定对结果影响比较大的因素，给予重点分析。它是一种应用较广、成熟的风险分析方法，包括单因素敏感性分析和多因素敏感性分析。

敏感性分析的一般思路如下：

（一）定义评价集和因素集

首先构造相应的风险因素指标集和评价指标集。因素指标集 X 是 BOT/PPP 融资各主要参与人面临的风险因素组合；评价指标集 Y 是各主要参与人选择的经济评价指标组合。同时定义：

风险评价集 $Y=\{\boldsymbol{Y}_j \mid j=1, 2, \cdots, n\}$，其中 n 为所选择的评价指标个数；

风险指标集 $X=\{\boldsymbol{X}_i \mid i=1, 2, \cdots, m\}$，其中 m 为所选择的因素指标个数。

（二）构造风险评价模型

根据风险评价集 Y 中的每一元素 Y_j 与指标集中的各个元素 X_i 的关系构造风险评价模型：

$$Y_j = f_j\ (X_1,\ X_2,\ X_3,\ \cdots,\ X_m)$$

以净现值 NPV 为例，根据一般的经验和常识，选择投资额、年产（销）量、产品单价、可变经营成本（原材料、燃料、动力、人员工资等）作为不确定因素。项目的 NPV 可以看成是各不确定因素作用的一个多元函数，分析各风险因素对各不确定因素的影响，最终确定风险指标 X_i 与评价指标 Y_j 的关系。

敏感性分析即分析"因素集"X 中的元素变动对"评价集"Y 中的元素产生的影响，测定出受影响程度的大小（即敏感度）以及临界点。可以将评价指标 Y_j 相对于风险因素 X_i 的敏感度 δ_{ij} 定义为：

$$\delta_{ij} = \left| \frac{\frac{\mathrm{d}y_j}{y_j}}{\frac{\mathrm{d}x_i}{x_i}} \right| = \left| \frac{x_i}{y_i} \times \frac{\mathrm{d}y_j}{\mathrm{d}x_i} \right|$$

由上式得：

$$\frac{\mathrm{d}y_j}{\mathrm{d}x_i} = \sum_{k=1}^{m} \frac{\partial y_j}{\partial x_k} \times \frac{\mathrm{d}x_k}{\mathrm{d}x_i}$$

一般取 $\delta_{ij} = \max\ \{\delta_{ij}\}$ 为风险因素 X_i 的敏感度，据此可以判断某项风险对评价指标的影响程度。某个不确定因素的敏感度绝对值越大，说明评价指标对它的敏感程度越大，因此，对所有不确定因素的敏感度绝对值按由大到小排列，就得到了各不确定因素的敏感性次序。

四、情景分析

对各类风险支出数额可以进行测算，但出现概率难以确定的情况下，可针对影响风险的各类事件和变量进行"基本""不利"及"最坏"等情景假设，测算各类风险发生带来的风险承担支出。计算公式为：

风险承担支出数额＝基本情景下财政支出数×基本情景出现的概率＋
不利情景下财政支出数额×不利情景出现的概率＋
最坏情景下财政支出数额×最坏情景出现的概率

五、基于统计理论的评价方法

利用统计理论进行风险评价主要有调查和专家打分法、计划评审技术等。

（1）调查和专家打分法又称为综合评价法或主观评分法，是一种最常见、最简单并广泛应用的风险评估方法，既可以应用于确定型风险，也可以应用于不确定型风险。运用此方法需先列出风险调查表，请专家对可能出现的风险因素或风险事件的重要性进行评价，再综合整体的风险水平进行评价。此方法从两个维度来评价风险，如图 5-10 所示风险发生的概率和风险对项目目标的影响。

（2）计划评审技术（program evaluation review technique，PERT）是用网络图来

表达项目中各项活动的进度和它们之间的相互关系，并在此基础上进行网络分析确定关键活动与路线，利用时差不断地调整与优化网络，以求得最短周期。然后，还可将成本与资源问题考虑进去，以求得综合优化的项目计划方案。PERT 方法考虑到了活动时间持续的不确定性，但该方法中用到的每项活动持续时间必须是服从正态分布或 β 分布，各项活动的路径是确定的，不存在概率分布的可能性，主要应用于项目的进度管理。

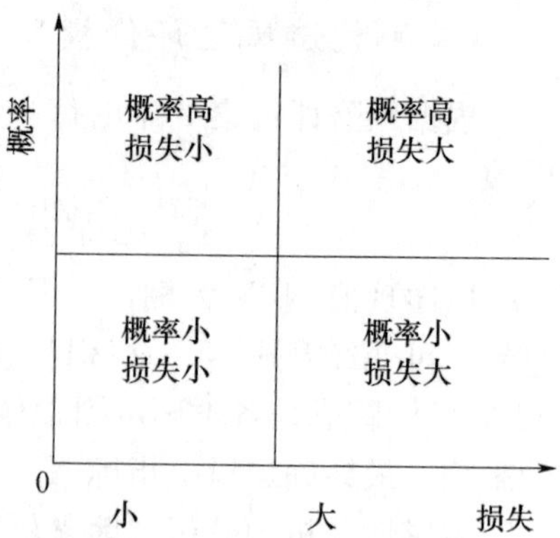

图 5-10　风险二维综合评价图

六、基于模糊数学的评价方法

从不确定性的角度可以将项目风险分为随机性风险和模糊性风险。所谓随机性意味着项目风险发生的偶然性，而模糊性在于通过现有的资料、理论和经验知识，对风险发生的统计规律还不能可靠地把握。模糊数学是处理不确定性的有力工具，采用模糊综合评价的方法测定项目风险，不是对一项风险的大或小做出绝对的评价，而是综合主要影响因素确定项目风险大小的隶属程度，也就是说对项目风险评价不是用一个数值，而是用风险评定集上的一个模糊子集进行表达。这是一种构建在风险因素递阶层次结构基础上，综合专家经验，将定性问题定量化分析的评价方法，可以比较全面和确切地反映对于项目风险的评判信息并对项目“感觉性风险”的模糊属性进行表达。

基于模糊数学的各种方法主要是：利用隶属度及模糊推理的概念对风险事件进行排序，以改进的模糊综合评价法为基础，利用 AHP 法确定各指标的相对权重，运用定性和定量相结合、专家评价和科学计算互为补充的系统分析方法，给出定量的评价结果。构建项目风险递阶层次，邀请专家分析各层次内每项因素在风险形成中的作用和影响，并按 AHP 方法打分确定每一个风险因素的权重。

基于模糊数学的方法存在以下问题：①确定隶属度比较困难；②隶属度在评价过程中可能发生变化，从而使得结果改变；③模糊方法还有一些争议；④对于波动信息利用不够。

此种方法主要适应于影响因素的性质和活动无法用数学来定量描述的活动。

第六节　风险评估

一、可量化风险的评估

模糊现象是指类属标准不明确，不能确切的归类，表现出模糊性。项目投资风险也具有模糊性。通常把项目按风险的大小分为五个等级，但是很难假定每个等级的标准，这种带有人们主观意识的分类本身就具有模糊性。影响风险的因素也是具有模糊性的，不能用一个分数来评价。考虑以上因素，采用模糊评价法来对基础设施项目风险做一个综合评价。模糊综合评价法的分析步骤如下：

（1）确定指标集 X，$X=(X_1, X_2, \cdots, X_n)$。

（2）利用 AHP 方法确定指标权重 A，$A=(a_1, a_2, \cdots, a_n)$。

（3）确定评价集 Y，$Y=(y_1, y_2, y_3, \cdots, y_n)$。

（4）确定评价集的标准隶属度 U，$U=(U_1, U_2, U_3, \cdots, U_n)$。

（5）对评判对象建立模糊判断矩阵 $\boldsymbol{R}$：

$$\boldsymbol{R}=\begin{pmatrix} r_{11} & r_{12} & \cdots & r_{1m} \\ r_{21} & r_{22} & \cdots & r_{2m} \\ \vdots & \vdots & \vdots & \vdots \\ r_{n1} & r_{n2} & \cdots & r_{nm} \end{pmatrix}$$

其中，r_{ij} 表示判断对象在第 i 个指标上，对它做出第 j 等级评价的人数占全部测评人数的百分比。

（6）计算模糊综合隶属度集 B。

（7）根据一级因素的判断结果，进行二级模糊综合评价。

（8）计算综合隶属度 $P=BU^{\mathrm{T}}$。综合隶属度测评对象得到测评总分，据此可以对若干测评对象做出比较客观的评价。

二、不可量化风险的评估

不可量化风险往往难以确定风险的取值，更难以确定风险的分布，如不可抗力风险、政治风险等。定量分析不可量化风险的主要内容有：

（一）确定不可量化风险的风险度和发生的概率

风险度是表示风险严重程度的指标，王守清等曾分析不同风险的风险度，表示方法见表 5-3。需要注意的是，有些风险发生的概率非常小，可是一旦发生，就会带来巨大的损失，有些风险虽然发生的概率很大，但发生所带来的损害较小，因此对待两种风险，应采取不同的措施。

表 5-3　风险程度表

级别	1	2	3	4	5	6	7
风险度	平顺	轻微危急	一般危急	危急	较危急	非常危急	极其危急

（二）估计风险发生的时间

估计风险发生的时间是定量分析不可量化风险的重要内容。这主要出于以下三方面考虑：①工程管理人员可以根据风险出现的先后顺序，调配相应的资源，采取相应的措施；②有些风险可以通过时间的安排来减少和规避；③控制风险必然要耗费相应的资源，而这部分是作为成本来考虑的，由于资金的时间价值，不同时间花费的成本对评价指标的影响是不一样的。

对于不可量化风险，可以选取调查和专家打分法等来对可能出现的风险因素或风险事件的重要性进行评价，进而对整体的风险水平进行评价。

三、VAR 方法

VAR（Value at risk，在险价值法）是指在正常的市场条件下，给定置信水平（即可靠度，取决于评价者风险偏好）下某一持有期间某个投资组合的最大可能损失，可表示为：

$$\text{Prob}\ (\Delta p > \text{VAR}) = 1 - C。$$

其中：Δp 为投资组合在持有期 Δt 内的损失；VAR 值为置信水平 C 下处于风险中的价值。也就是说，如果某项投资在 99%的置信水平下得 VAR 值为 5 万美元，那么可理解为能以 99%的概率保证该投资最大损失不会超过 5 万美元。

VAR 方法作为广泛应用的金融市场风险度量方法之一，实际应用中又分为三种具体方法：一种是基于投资组合服从某个给定分布（如正态分布）假设而求解的方差-协方差法；一种是基于历史数据分析而求解的历史模拟法以及 Monte-Carlo 模拟法，两者不同之处在于后者对历史数据的统计分析采取了 Monte-Carlo 计算机仿真模拟随机取数的方法。采用 VAR 方法的最大优点在于通过 VAR 值的计算，可以直观地了解到某项投资在给定置信度下可能发生的最大损失，给人们评估 PPP 项目金融风险时提供了一种有益的参考。其不足之处在于：一是无论采用哪种方法都是建立在一定的假设条件之上，比如实际中应用方差-协方差法常假设投资组合服从正态分布，不同分布假设必然会带来评价结果上的偏差；二是无论使用历史模拟法还是 Monte-Caro 模拟法时，都蕴含着一个假设“历史会重演”即以历史数据推断未来某时的 VAR 值，当市场风险波动剧烈时，VAR 值失效；三是将其应用于 PPP 项目风险评估中时只能针对项目面临的金融市场风险（如汇率利率等），而其他风险评估则需要其他方法的配合，同时在我国应用还很不成熟。

第七节　PPP 项目风险分担

一、风险分担概念

风险分担是指受托人与受益人共担风险，是在风险管理中正确处理信托当事人各方利益关系的一种策略。风险分担是 PPP 模式的核心环节，是项目能否成功最主要的因素。在 PPP 项目中，政府公共部门作为社会公共利益的代表，它参与项目的出发点最主要是为了维护公共利益，其次是资金的使用效率与资源的配置效率。对社会资本方来说，它之所以参与项目是为了追求一定的资金回报，因此资金回报率和资金的投资安全是其风险分担所关注的。而 PPP 项目风险的阶段性、复杂性等特征决定了无论是政府部门还是社会资本，承担过多的风险都会导致项目的失败，因此需要在政府部门与社会资本之间建立合理的风险分担机制。

二、风险的分担者分析

（一）项目发起人

项目发起人也称为 PPP 项目的实际投资人，即项目公司的投资者及股东。常规项目政府、运营方、承包方、金融机构等都可以作为发起人，既可能是单个主体，也可能是联合形式的发起人。在我国基础设施建设项目当中，一般都是由国家政府、部门或者国有企业牵头作为项目的发起人，这种方式既可以在一定程度上降低政治风险，同时也对项目的批准、实施等有利。各发起人一般通过项目股东协议来商定各自的出资比例以及后期的利益分配。

（二）项目公司

项目公司是项目主办方成立的一个特殊目的特殊经营公司，在私人企业的投入和政府的监管中成立，管理整个项目的筹资和建设。该特殊目的公司由主办人通过股本募集的方式获得资本，主办方之间的义务和权利关系由股东协议进行规定。项目公司一般以营利为目的，所以在许多方面，项目公司的目标会难免与政府目标不一致。私营投资者的主要目的是最大化他们的投资回报，不可避免地，他们的目的在许多方面可能会出现与政府目标相背离的情况。另外，项目公司不一定会直接负责项目的建造及运营等工作，而是把项目建设和运营转包给有专业水平的承包方和运营方。

（三）政府方

政府方通常是 PPP 项目的主要发起人，在 PPP 模式融资当中，政府扮演着重要而又多样化的角色。首先政府是立法的主体，在很大程度上拥有对当地宏观经济的控制能力，其次它也是 PPP 项目特许经营权的给予者。政府是 PPP 项目成功与否最关键的角色之一，政府对 PPP 模式项目的态度以及在项目实施过程中给予的支持直接影响项目的成败，例如向私人投资企业给予减免税费、特许兑换外币等各种优惠。另外，政府还有权在项目进行过程中对必要的环节进行监督和管理，所以政府在 PPP 项目中的作用是多方面的。对于政府方来说，他们更注重项目建设模式所能够促进公共服务的效率和利用私营融资来隐藏政府债务的能力，还注重项目的社会经济效益。采用公私合作的 PPP 模式，可以利用私营者，不断地对自身技术和管理进行创新，提高各项公共项目建设的效率，从而降低成本的支出，使得社会资源配置变得更加合乎情理，不同程度地减轻了政府方负担，政府方也因此可以拿出更多的财力和物力，应用于其他急需的项目建设中去。当然由于政府方在 PPP 项目中扮演着重要的角色，因此在某种程度上也为项目埋下了较高的政治风险，如政府信用、官员腐败、法律变更等风险。另外，当建立 PPP 项目时，政府部门也通常被要求提供各种各样的支持，诸如财务分摊或者承担更多风险，尤其是宏观政治风险。

（四）金融机构

由于基础设施项目投资巨大，在 PPP 项目的资金中，来自民间资本和政府的直接投资所占的比例通常较小，大部分资金来自金融机构，且贷款期限较长。因此金融机构为 PPP 项目的顺利实施提供了资金支持和信用担保。向 PPP 模式提供贷款的金融机构主要有国际金融机构、商业银行、信托投资机构等。选择合适的贷款机构对项目公司而言是非常重要的，项目发起人应选择与他熟悉度高并且关系好的银行等金融机构，当项目建设运营过程中发生某种意外导致资金不足时，得到贷款机构的协助和谅解是非常重要的。由于 PPP 项目的融资一般属于有限追索的项目融资，贷款方只能就项目的现金流量和资产对项目借款人进行追索，即使项目出现了风险问题，贷款方也不可能追索到项目借款人除项目以外的现金流量、资产以及有关方所承诺的义务之外的任何形式的财产，更谈不上潜在的隐性风险问题了，PPP 项目的贷款数额越大，贷款机构承担的风险就越大。贷款方除非已经清楚项目的大部分风险包括潜在的隐性风险，否则它会非常谨慎，这是因为即使较高的边际税率还很可能无法抵消过高的风险。所以 PPP 项目贷款经常采用一个财团（由多个银行共同）提供，也可以由来自不同性质、不同国家的银行组成，这样既减少了放贷方的压力，又可以达到降低项目公司的融资风险。需要注意的是，放贷方为了防止项目公司转移资金或有其他违约行为，一般会要求项目公司将其资产或收益账户放在东道国境外的某个重要金融机构，所依托的机构即为岸外寄托受托方，用来保证项目账号和资金流动过程的可监控性，同时还会减少外汇风险。

（五）社会资本方

私人投资者也是 PPP 项目的发起人之一，和代表政府的股权投资机构合作成立 PPP 项目管理公司，持入的股本形成公司权益资本。通常政府通过公开招标的方式选择合适的私人投资者，由于 PPP 项目一般是基础设施项目且项目本身具有投资大、风险大等特点，所以私人投资者一般是具有很高资信的机构，如跨国公司、骨干企业，或者是政府指定的项目机构，有时也可以是许多与项目有关的公司组成的投资集团。与其他项目融资模式有所不同，在 PPP 融资期间，私人投资者在法律上既不拥有项目，也不经营项目，而是通过给项目投入一定数量的股金成为项目股东。PPP 项目的高风险性使得私人投资者在选择是否参与 PPP 项目时，会考虑得到的相应权利和利益，比如说：PPP 项目的预期净收益是否为正值；作为其利益保障，私营投资者希望获得与之相应的投资收益权和项目控制权；此外，当项目存在问题时，还可以在某种程度上保证一定的资本退出权。

（六）运营商

运营商负责项目建成后的运营管理，因此必须具有丰富的运营、维护管理经验和管理水平。在项目运营过程中，项目公司每年都应对项目的运营成本进行预算，列出成本计划，对于成本超支或效益提高有相应的奖罚措施。为了保证项目建成后项目公司能够从中获利并偿还贷款的本金和利息，项目公司通常将项目的运营和维护交给专业的运营商，由运营商承担项目运营、管理和维护，包括原材料供应和价格、市场需求和销售量等运营风险，这也是一个合理转移项目风险的办法。

（七）承包商

承包商是项目建设过程的主角，负责 PPP 项目的工程设计和施工建造，一般由项目公司通过公开招投标确定，与项目管理公司签订工程承包合同。承包商必须有较强的建设队伍和先进的技术，按照协议规划的期限保质保量地完成建设任务。对项目公司来说，将工程设计与建造交给一个具有良好专业经验的承包商，是一个科学合理地转移工程设计与建造风险的有效办法，一般来说，工程承包商要承担工期延误、成本超支、工程质量不合格和工程环境变化等风险。

（八）保险方

在 PPP 项目融资中，有着许多难以估测的不利因素和巨额资本投入，这些都要求项目的各参与方对其将要面临的风险有一个清晰的认识，并视需要对它们进行投保，所以说，保险方也是风险管理不可或缺的一方，分担着项目一定的风险。

（九）担保方

由于 PPP 模式下的项目具有投资大、时间长、风险大等特点，需要合理的风险分担机制。因此，项目公司通常要求供应商、运营商、承包商等参与者提供有力的担保，从而转移项目公司所承担的风险。另外，政府作为担保方所起到的积极作用在 PPP 模式建设的公众基础项目中体现得尤为突出。特别是在政治和经济体制不完善而经济却快速发展的发展中国家，政府对于 PPP 项目建设很是看重，因为在排除了法律规章制度不健全、经济政策变化大、货币汇率和利率波动较大、市场化程度不高、政府公信力较低等常见因素的影响外，这种模式能够有效地提高政府的项目建设效率，同时又可以利用这种方式快速、高效地吸引优秀的投资资金解决经济快速发展与社会基础设施建设步骤不同步的问题。所以，政府作为担保方不仅仅关系到项目的顺利建设和运营，同时还关系到国有资产的合理利用、公众利益是否受到保护等问题。

（十）其他第三方

PPP 模式在各方面的复杂性使其对项目公司的专业和综合知识有较高的要求，为此需要聘请多方面的咨询顾问，比如法律、财务、税务、技术等方面的专家和顾问，第三方在接受相应咨询报酬的同时，也要相应地承担起一定的责任风险。

三、风险分担原则

（一）风险应由最有控制力的一方承担

一方对风险最有控制力意味着该参与方管理某一风险有超过其他参与方的优势，它能减少风险发生的概率以及降低风险发生时的损失程度，从而保证了控制风险方用于管理风险所付出的成本是最小的，并且由于风险在某一方的控制力之内，从客观上使其有为管理风险而努力的动力。控制力的内涵则包括是否完全理解所要承担的风险、能否预见风险、能否正确评估风险对项目的影响、能否控制风险的发生、风险事件发生时能否管理风险和风险事件发生后能否处理风险带来的危害。

按照上述风险分配的原则，公私双方根据各自的优势承担相应的风险：政府部门作为法律法规、政策规章的制定者，能比社会资本更有能力识别控制政治风险、法律变更风险之类的风险；而像建设完工风险、运营风险之类的风险，适合分配给社会资本，社会资本（这里分别是建设承包商与运营商）处在最有利、最直接的位置控制建设及运营过程，其中，它可以通过工程保险合同将一部分建设风险转移给保险商。但是需要清楚的是，把风险分担给最有能力控制方并不意味着其他的干系人就与该风险毫无关系。事实上，项目的各参与方出于对自身利益的考虑往往会朝自身利益最大化方向努力，从而最终破坏这一原则。

（二）风险收益对等原则

风险收益对等原则是以“责利”对等为其主导思想。风险收益对等原则是指在一个主体有义务承担风险损失的同时，也应该享受风险变化所带来的收益的权利，并且该主体承担的风险程度与所得到回报应相互匹配。即若一方在管理某项风险过程中所获得的经济利益是最大收益者，此时产生的风险理应由该方承担。该思想还表现为在各方干系人的责任与利益之间达到平衡，承担什么样的责任相应地就会有什么样的权利以及什么样的利益。若风险收益小于风险接受的成本，此时在自愿情况下不可能发生风险转移，但如果将风险强加给其中一方，该方对风险进行了恰当的处理，那么就应该存在回报这一方的机会。这不单指风险承担者可承担相应的责任，并且享有相应的权利和利益，也指其他的干系人的责任、权利、利益也必须相等。比方说其中任意一方干系人都必须对其恶意行为或过失造成的损失向风险承担者做赔偿，又比如因该风险承担者的行动而使其他方受益，获利的任何一方都应将其部分获利转交风险承担者。只有各风险参与方参与风险分担才能从中获得益处，此时风险分担才有意义。

这一过程需要各方的风险信息是对称的，否则风险分担将不能优化。然而在实际过程中，风险分担要达到完全对称的状态是很困难的，因此有些学者在这一问题上认为不必要实现风险分担的完全对称。

（三）承担的风险要有上限

在实际项目中还存在常常易被忽略的情况：在合同的实施阶段，项目上会出现意料之外的变化，此时所产生的风险损失可能会比之前的估计大很多（如一些自然灾难的发生），在这种情况下，这一无限大的风险不能由某一方单独来承担，否则将会降低这些风险承担者进行风险管理的积极性。所以，就要采取上述原则。风险分担的最终目的就是要实现最优且最合理的公平模式。在PPP模式的应用初期，很多政府官员认为采用PPP模式就是要将尽量多的风险转移给社会资本，以及一些社会资本，觉得“承担较多的风险就可以获得较多的回报”，这些想法都是不正确的。在具体的PPP项目实例中，如果让社会资本承担无法承担的风险，一旦风险发生，由于缺乏相应的控制能力，会给社会资本造成严重的财务损失，从而降低公私部门提供公共产品或服务的效率，这反而从整体上增加了风险应对的总成本。相关研究表明，当需求低于预测值40%或以上时，投资者没有能力对该需求承担风险，此时政府就应该进行补贴或者延长特许期保证投资者的利益；当出现政策风险时，后果往往比较严重，会产生巨大的损失，而投资者难以承担，政府这时应该出面承担；同时，重大自然灾害这类风险投资者也难以独自承担，需要政府给予补偿等。

（四）有承担风险的意愿或偏好

承担风险的意愿或偏好体现的是在风险和收益之间的选择。各分担主体因自身情况与对接受政府激励的反应不同，导致对某风险承担的意愿或者偏好各不相同，一般来说，项目风险参与方对该风险的偏好系数越大，也就意味着该方越适合承担风险。然而，要使项目各参与方准确确定其风险偏好系数并进行对比是非常困难的。

（五）风险成本最低原则

风险成本最低原则指各参与方在风险分担情况下会使承担风险的总成本降低到最小。此时将风险分担运用到项目上，对总成本的影响主要由三个效应产生：第一，生产成本效应；第二，交易成本效应；第三，风险承担成本效应。生产成本效应是指参与风险分担可以激励承担者对风险进行有效控制，降低发生风险的概率，减少项目进行的生产成本；交易成本效应指有明确的风险分担的规则，会使各分担方避免在分担问题上的复杂谈判，从而减少了谈判时间及成本；风险承担成本效应指承担风险的一方会要求适当的风险补贴，从而会使项目的成本有所增加，此时的风险由低成本者来承担，因此会使风险承担的成本降到最低的水平。

（六）风险分担动态原则

动态原则主要是指随着项目的推进，项目所处的外部环境与内部的发展会产生新的风险；另外，一些原有的风险的属性也会发生变化，公私双方需要重新就这些风险的分配完善原有的风险分担方案。当分担方案随着外部条件及合同中各方新情况的出现而改变时，提倡各方要主动地根据自身的情况制定规避风险的措施，并共同协商如何解决风险，实现最终双赢的局面。刘清平、王守清正是出于这样的考虑，在风险分配的框架中提出了动态分配这一原则。

四、风险分担模型的构建

（一）利用 TOPSIS 法建立风险分担模型

TOPSIS 法是多目标决策分析中常用的一种方法，根据指标确定理想解和负理想解，并按照指标与理想解和负理想解的距离，计算得到一个距离理想解最近、负理想解最远的方案。由于基础设施 PPP 项目融资风险分担问题是一个动态的、复杂的多因素综合决策问题，适用于 TOPSIS 法处理和解决问题。TOPSIS 法的基本原理是在归一化后的原始矩阵中找出有限的方案，并确定其中的最优方案（理想解）和最劣方案（负理想解），分别用最优向量和最劣向量表示，然后计算出各个备选方案与最优方案和最劣方案间的距离，获得该方案与最优方案间的相对接近程度，以此作为评价合理与否的依据。TOPSIS 法相对于传统的多目标评价方法具有简便直观、计算原理科学合理等优点，且对数据的要求不苛刻，可以用来解决此类数据及信息量较少的决策问题。具体步骤如下：

（1）建立评价对象的指标体系。

（2）指标的量化处理。

本节所建立的基础设施 PPP 项目融资风险指标体系中，存在部分难以量化的指标（例如风险的应对能力指标），可以请多名资深专家给评价指标打分，获得测评分值，这样使得在指标量化的同时降低个人的主观因素对评价值的影响。指标体系中所含的各指标类型不尽相同，且具有不同的量纲，因此，需将这些指标无量纲化，再进行综合评价。

（3）构建初始指标数据矩阵。

设有个 n 个风险分配参与方，每个参与方有 m 个融资风险分担指标，形成原始数据矩阵为：

$$\boldsymbol{X}=\begin{bmatrix} x_{11} & x_{12} & \cdots & x_{1m} \\ x_{21} & x_{22} & \cdots & x_{2m} \\ \cdots & \cdots & \cdots & \cdots \\ x_{n1} & x_{n2} & \cdots & x_{nm} \end{bmatrix}$$

其中，$\boldsymbol{X}_{ij}$（$i=1, 2, \cdots, n$；$j=1, 2, \cdots, m$）为表示第 i 个风险分担参与方的第 j 个融资风险评价指标值。

对原始矩阵 $\boldsymbol{X}$ 标准化得到矩阵 $\boldsymbol{R}$，

$$\boldsymbol{R}=(r_{ij})_{n*m}$$

r_{ij} 为第 i 个风险参与方的第 j 个融资风险评价指标的标准值，且 $r_{ij}\in[0, 1]$，其中对正向指标（越大越好）：

$$r_{ij}=\frac{x_{ij-\min}\{x_j\}}{\max\{x_j\}-\min\{x_i\}}$$

对于逆向指标（越小越好）：

$$r_{ij}=\frac{\max\{x_j\}-x_{ij}}{\max\{x_j\}-\min\{x_i\}}$$

（4）确定指标权重。

在运用 TOPSIS 法决策时，确定各个评价指标的权重是一个关键问题，研究界常常使用层次分析法、德尔菲法、模糊评价法等确定指标权重，它们对于权重的确定主观性极强，且必须有专家系统的支持，对专家的主观判断依赖性很大。因此本书为增强模型的可操作性及其评价结果的客观性，采用熵权法确定各指标权重。

"熵权法"就是根据决策者接收到各指标反映的信息量的大小来确定指标权数的方法。例如，本节中若参与风险分配的各方对风险的接受态度差异性越小，其代表的信息量也越少，在方案比较时，此指标的作用也越小。定义 f_{ij} 为矩阵 $\boldsymbol{R}$ 第 i 个风险分担参与方的第 j 个融资风险评价指标下的指标值的比重，则 $f_{ij}=\frac{r_{ij}}{\sum_{i=1}^{n}r_{ij}}$，令 e_j 表示第 j 个指标的熵值，有 $e_j=-k\sum_{i=1}^{n}f_{ij}\ln f_{ij}$，其中（$k=1/\text{In}n$）。各指标的权重为

$$w_j=\frac{1-e_j}{\sum_{j=1}^{m}1-Q_j}$$

式中，$0\leqslant w_j\leqslant 1$，$\sum_{j=1}^{m}w_j=1$。

构建规范化的加权矩阵 $\boldsymbol{Z}$，

$$\boldsymbol{Z}=w_jF$$

（5）确定最优和最劣方案。

设 J 代表正向指标集，J^+ 代表负向指标集，最优向量 $\boldsymbol{Z}^+$，最劣向量 $\boldsymbol{Z}^-$：

$$z^+=(z_1^+, z_2^+, \cdots, z_m^-)=\{(\max_i Z_\delta \mid j\in J), (\max_i Z_\delta \mid j\in J'), i=1, 2, \cdots, n\}$$

$$z^+=(z_1^-, z_2^-, \cdots, z_m^-)=\{(\max_i Z_\delta \mid j\in J), (\max_i Z_\delta \mid j\in J'), i=1, 2, \cdots, n\}$$

计算备选方案与最优方案的距离 D_i^+ 和最劣方案的距离 D_i^-：

$$D_i^+=\sqrt{\sum_{j=1}^{m}(Z_{ij}-z_j^+)^2}\quad(i=1,2,\cdots,n)$$

$$D_i^-=\sqrt{\sum_{j=1}^{m}(Z_{ij}-z_j^-)^2}\quad(i=1,2,\cdots,n)$$

计算各评价对象与最优方案的相对贴近度 C_i^* ：

$$C_i^* = D_i^- / (D_i^+ + D_i^-),\ 0 \leqslant D_i^* \leqslant 1 \quad (i=1,\ 2,\ \cdots,\ n)$$

（6）按照贴近度大小排序确定最佳风险分担者：

$$C_i^* = \max (C_1^*,\ C_2^*,\ \cdots,\ C_i^*)$$

（二）基于 AHP 和熵权法的 PPP 项目风险分担模型

1. 指标体系的构建

系统地识别 PPP 项目风险分担影响因素是制订合理风险分担方案的前提，根据 PPP 项目风险分担的目标和原则，结合现有的研究成果，构建两级 PPP 项目风险分担评价指标体系。

2. 各指标下风险分担比例的确定

针对 PPP 项目的某一风险 R 进行分担，确定每项二级指标下各参与方的分担方案，可邀请专家直接打分，或建立模糊综合评判评语集。为了避免采用上述方法时可能出现的分值无对比性、过于主观的问题，引入层次分析法权重计算的思想确定各指标下的风险分担比例，具体计算步骤如下：

3. 指标权重的计算

（三）基于模糊数学理论的 PPP 项目风险分担模型

模糊层次分析法是对方案的多指标系统进行分析的一种层次化、结构化决策方法，它将目标（准则）分解成多个目标（准则），分析他们间的逻辑关系构成多个层次的目标（准则）模型，决策者通过将定性指标（准则），模糊数量化计算出每一层次的单排序和总排序。模糊层次分析法利用了模糊数学的研究成果，将层次分析法扩展到模糊环境中，运用模糊评价语言和两两比较将定性评价定量化，考虑了人的主观判断的模糊性，弱化了主观因素的影响，运用该方法，大体可分为以下四个步骤：

步骤 1：层次分析的建模。

步骤 2：对各因素进行评价，构造两两比较的模糊判断矩阵。

步骤 3：运用模糊数学运算方法对模糊判断矩阵计算，计算出被比较元素对于该准则的相对权重，并进行判断矩阵的一致性检验。

步骤 4：计算各层次对于系统的总排序权重，并进行排序。

五、风险公平分担的合同组织建议

表 5-4　风险合同表

序号	风险因素	分担	合同组织建议
1	政府官员腐败	政府	建议政府部门在特许权协议中做出保证，例如在广西来宾 B 电厂项目中，广西政府声明，政府部门在项目中既未要求或收到过不合法的报酬或佣金，也未在将特许权协议授予项目公司方面行使或利用时有过任何不合法的影响。但是腐败往往不是公开的，因此很难利用合同语言阻止腐败的发生。此外，即使合同条款有效，条款的执行也将是一个问题。故建议在争议解决/赔偿机制等相关条文中涉及该项风险。 参考条文：来宾 B 电厂 15.5.2，国家体育场第 30 条

续表

序号	风险因素	分担	合同组织建议
2	政府干预	政府	在建设部所提供的特许经营协议示范文本中的政府部门的一般义务中，明确指出政府部门不得干预项目内部管理事务，除非本协议条款的执行受到影响。但是，如上风险，该条款的执行也是一个问题。故建议私营投资者在确定特许权协议时需明确政府部门在其参与事务中的参与时点和方式，且在争议解决/赔偿机制等相关条文中涉及该项风险。 参考条文：建设部城市污水处理示范文本 8.12、12.1，国家体育场第 13 条、15.7、第 30 条
3	征用/公有化	政府	在建设部所提供的特许经营协议示范文本中，关于项目“终止”的条件和程序已经有了较为明确的界定，因此在实际操作中，该风险的重要性已经减弱。特别值得提醒的是，私营投资者切勿利用政府部门的暂时无知或者对项目的迫切要求，而签订不平等条约或者违反中央长期发展目标的项目条件，因为这会加大出现该风险的发生概率。 参考条文：建设部城市污水处理示范文本第 16 条；国家体育场 27.4
4	政府信用	政府	可以在特许权协议中要求政府部门做出相应的声明和保证，例如在鸟巢项目中，北京市政府明示作为一方当事人的各项目文件项下的义务，依照该等文件各自的条款，对于北京市政府而言是有效、有约束力并可强制执行的。此外，本书建议私营投资者可采取的其他措施包括与政府打好交道、争取更高一级政府的支持和建立与政府部门共享获益的机制等。 参考条文：建设部城市供水示范文本第 8 条、第 118 条；国家体育场 27.4、第 30 条、34.2
5	第三方延误	共担	特许权协议中应明确规定双方在工程或其任何部分与所规定的质量或安全要求严重不符时，有权自己进行或令第三方进行必要的纠正，根据实际情况，有权就延误或违约事件向第三方（和/或对方）提出索赔。 参考条文：国家体育场 7.5
6	政治/ 公众反对	共担	项目公司负责调解，政府方予以配合，如果“政治/公众反对”的具体归责对象是项目公司，即因为项目公司操作不当（如偷排污水造成环保事故、除臭工艺不当等）引起的公众反对，则由此事件导致的项目损失将得不到赔偿；如果具体归责对象是政府部门（如选址规划不当等），则私营投资者有权要求恢复到风险事件之前的经济地位；如果没有具体归责对象，则由双方商议共同承担损失。建议在特许权协议的赔偿机制内容中清楚地描述上述要求的权利义务分摊以及赔偿前提条件和操作过程。 参考条文：建设部城市污水处理示范文本 3.5
7	法律及监管 体系不完善	政府	与其他风险不同，该风险主要造成的危害包括合法操作程序无法完全适应 PPP 项目（如现行招投标法的相关规定对基础设施 PPP 项目采购不具备兼容性）、争端纠纷处理无法可依（如项目参与者双方谈判地位不平等）等问题，因此很难通过特许权协议中的条文来界定。本书建议协议方面可以将争端解决程序、双方的权利义务等关键内容描述清楚，尽可能减少该风险所导致的危害。 参考条文：国家体育场第 36 条
8	法律变更	政府	建议在特许权协议中明确说明，当已发生或即将发生的法律变更对项目的正常运营产生影响时，任何一方可致函另一方，表明对其可能造成后果的意见，包括对项目运营的任何必要变动、是否需对本协议的条款进行任何变更以适应法律变更、导致的任何收益损失、导致的项目成本变动等，并应提出实施变动的全面具体的办法。在收到任何一方发出的任何通知后，双方应在可能的情况下尽快进行讨论并达成一致意见。 参考条文：建设部城市供水示范文本第 13 章，国家体育场第 22 条
9	利率风险	共担	利率风险对于私营投资者的影响是通过财务费用来作用的，可以在价格调整公式上对利率变化加以调整。私营投资者可以通过相应的金融工具来规避利率风险，比政府更有控制力，因此与以往的 PPP 项目稍微不同，本书建议应该设置一个界限值，当利率变化大于该界限值时，调价公式才起作用

续表

序号	风险因素	分担	合同组织建议
10	外汇风险	共担	在使用外资的情况下，特许经营权授予方应明确项目公司、建设承包商和运营维护承包商在中国境内开立、使用外汇账户，向境外账户汇出资金等事宜和条件。与利率风险类似，本书建议双方应该设置一个界限值，当汇率变化大于该界限值时，可以通过调价公式来调整价格收费，从而实现双方共同承担重大的汇率变化风险的目标。 参考条文：建设部城市生活垃圾处理示范文本第 19 条，来宾 B 电厂 1.81.12.1.13，来宾 B 电厂购电协议的附件三“电费”第 5 条“汇率系数的计算及对运营电价的适用”
11	通货膨胀	共担	通货膨胀对于项目的直接影响是导致项目成本的增加，通常可以在调价公式中设置相应的调整系数。例如，在北京第十水厂的定价结构中，运营水价的固定部分从第四个运营年 1 月 1 日起调整，此后每两年调整一次，每次调整后的固定部分水价适用于随后的两个运营年度。调价公式的主要参考依据是中国综合物价指数，如果综合物价指数大于 10%，则按 10%计算
12	政府决策失误/过程冗长	政府	建议在特许权协议中设置相应的前提条件，例如在国家体育场项目中，双方规定在本协议项下所享有的权利与承担的义务，受制的前提条件包括北京市政府已获得了其作为一方签署本协议所必需的一切批准，本协议项中提及的北京市政府前期工程已经完成等。前提条件的设置可以有效地防止政府决策过程冗长所带来的危害，而私营投资者与政府部门的充分沟通，以及双方以互赢为目标进行项目条件的谈判，也可以减少政府决策失误，从而减少将来的政府信用风险。 参考条文：建设部城市生活垃圾处理示范文本第 21 条；国家体育场 3
13	土地获取风险	政府	PPP 项目的土地使用一般是通过行政划拨方式，项目公司在特许经营期内无须缴纳土地相关费用。与配套基础设施类似，为了避免土地获取延误对项目现金流产生影响，可以在特许权协议中将土地的获取设置为特许权协议生效的前提条件。 参考条文：建设部城市供水示范文本第 17 条，建设部城市生活垃圾处理示范文本第 21 条，建设部城镇供热示范文本 602，建设部城市污水处理示范文本 4.1，国家体育场 4.1
14	项目审批延误	政府	同 12、13 两个风险的建议相似，可以在特许权协议中明确要求政府部门协助项目公司完成相应的审批程序，尽量提前列出所有需要批准的条款，整理出合理的申报顺序和所需的材料。 参考条文：建设部城市供水示范文本第 17 条；建设部城市生活垃圾处理示范文本第 21 条；建设部城市污水处理示范文本 3.5
15	合同文件冲突/不完备	共担	建议在特许权协议中设置诚信谈判声明和程序说明，当发生严重不利项目正常运营的事件，且该事件在协议中没有明确的处理办法说明时，双方将秉承诚意进行协商，若双方未能达成一致意见，则进行争议解决程序。 参考条文：国家体育场 2.9
16	融资风险	私营	要求项目公司作出融资手续完成的保证，此外，本书建议政府部门可以在特许权协议中明确要求私营投资者完成融资工作的期限，并交付所签署的融资文件复印件及其他相关证明文件，并将融资文件副本的提交设置为政府部门付费义务的先决条件。 参考条文：建设部城市供水示范文本第 19 条，建设部城市生活垃圾处理示范文本第 8 条，国家体育场 27.2，来宾 B 电厂 3.3
17	工程/运营变更	私营	一般而言，项目公司有权对已获批准的项目工程/运营设计提出改动，但是建议双方在特许权协议中应该明确对工程建设和运营变更的通知、答复、确认、批准、实施等过程的流程和期限。 参考条文：建设部城市供水示范文本第 5 章，国家体育场第 8 条、9 条、15.10

续表

序号	风险因素	分担	合同组织建议
18	完工风险	私营	应该明确设计、建设过程中的定期进度、质量检查的期限和流程，以期适时对建设过程进行监督管理，并应该明确延误事件发生后的应对方案。私营投资者可以通过施工总承包等方式将完工风险转移给更为专业的承包商。 参考条文：建设部城市供水示范文本第 5 章，建设部城市生活垃圾处理示范文本第 15 条，建设部城市污水处理示范文本 3.3、6.4，国家体育场第 10 条、第 12 条、27.2
19	供应风险	私营	在特许权协议中明确甲方的主要责任应包括，如期输送符合质量规定的材料等。例如城市污水处理项目中，应确保在整个特许经营期内，收集和输送污水至污水处理项目交付点，如期达到本协议规定的基本水量和进水水质。 参考条文：建设部城市供水示范文本所要求的《原水供应协议或取水协议》，建设部城市污水处理示范文本 8.3，来宾 B 电厂《燃料供应与运输协议》
20	技术风险	私营	建议在项目前期对项目范围、规模、前景等项目条件进行合理测算，选择最为合适的技术方案，并在特许权协议中将所选用的方案、应遵循的技术规范和要求等技术细节都明确规定。 参考条文：建设部城市供水示范文本第 5 章
21	气候/地质条件	共担	建议在特许权协议中明确说明，当发生的合理勘测外的气候/地质问题（例如工程建设用地上发现考古文物、化石、古墓及遗址、艺术历史遗物等具有考古学、地质学和历史意义的任何其他物品）影响到项目的执行时，有关的进度日期应相应延长。同时，甲方应选择支付补偿金，或调整供水价格，或相应延长特许经营期以补偿损失。 参考条文：建设部城市供水示范文本第 11 条
22	运营成本超支	私营	建议在特许权协议中明确说明，政府部门有权对私营投资者的经营成本进行监管，并对其经营状况进行评估。政府部门往往为了提高项目的吸引力允许私营投资者在因非自身原因造成的经营成本发生重大变动时，提出城市供水收费标准调整申请，政府部门核实后向有关部门提出调整意见。 参考条文：建设部城市供水示范文本第 112 条
23	市场竞争（唯一性）	政府	在特许权协议中必须明确规定，在特许经营期内，对于新的竞争性开发项目或对某一现有竞争性项目进行改扩建，政府部门或其下属政府机关原则上将不予批准。 参考条文：建设部城市管道燃气示范文本 9.2，建设部城镇供热示范文本 403、1602，建设部城市污水处理示范文本 2.1，国家体育场 2.8、2.9
24	市场需求变化	共担	建议设置一个界限值，当市场需求减少超过界限值，政府部门可以通过调整收费等方式给予私营投资者全部或部分补偿；当市场需求增加超过界限值，私营投资者按照事先约定返回全部或部分收益，从而实现双方对该风险的共担。此外，对于水业项目，建议双方约定一定年限内固定水量的或取或付义务，或取或付水平对应的水费一般情况下应满足私营投资者支付运营成本和偿本还息的要求。 参考条文：建设部城市污水处理示范文本 9.1
25	收费变更	共担	建议在特许权协议中明确调价原则和公式。但是对于公用事业而言，价格调整往往需要通过公开的价格听证程序，因此本书建议特许权协议中明确说明当价格无法调整时，政府部门可以通过补贴等方式对私营投资者做出合理的补偿。 参考条文：建设部城市供水示范文本所要求的《水价调整协议》，建设部城市污水处理示范文本第 9 条
26	费用支付风险	共担	建议在特许权协议中明确费用的支付时间表和延期付款责任，保证私营投资者能够支付运营成本和还本付息，建立月和半年费用最低支付水平和年底结算的机制，要求付款方建立费用特别账户，提高费用支付保证度。 参考条文：建设部城市供水示范文本所要求的《水价调整协议》，建设部城市污水处理示范文本第 9 条

续表

序号	风险因素	分担	合同组织建议
27	配套基础设施风险	政府	与土地获取风险类似，为了避免配套基础设施延误对项目现金流产生影响，可以在特许权协议中将配套基础设施的齐全设置为特许权协议权利义务生效的前提条件。 参考条文：建设部城市供水示范文本第 17 条，建设部城市生活垃圾处理示范文本第 21 条，建设部城镇供热示范文本 801，建设部城市污水处理示范文本所要求的附件 5《特许经营授予方提供的服务和设施》，国家体育场 2.3、3.1、第 5 条
28	残值风险	私营	建议在特许权协议中明确要求私营投资者在运营阶段的定期维护，明确移交前的交接工作，明确移交的范围、资产标准等。 参考条文：建设部城市供水示范文本第十章，建设部城市生活垃圾处理示范文本第 20 条，建设部城镇供热示范文本第 14 章，国家体育场第 33 条
29	招标竞争不充分	政府	由于目前特许经营的法律建设尚未完善，从现有法律法规层面来看，对于特许经营招投标的操作过程是否必须适用公开招标模式等问题，目前尚无明确答案。公开招募、协议转让、直接委托等其他方式将有可能成为今后特许经营项目实施可选择的其他途径。但是这个风险发生在特许权协议签订之前，故无法通过协议条文来预防
30	特许经营人能力不足	私营	建议在特许权协议中明确规定构成项目公司违约事件的范围（例如项目公司发生债务危机、在实际完工日的当日或之前没有实现实际完工、没有按照协议规定进行运营、维护和修理等），以及发生这些违约事件之后政府部门应该采取的通知、答复、处理等措施。 参考条文：建设部城市供水示范文本第 114 条，建设部城市管道燃气示范文本 3.7，建设部城镇供热示范文本 1202，国家体育场 27.2
31	不可抗力风险	共担	在特许权协议中需要对不可抗力事件做出明确定义，明确发生不可抗力事件之后的应对措施，例如明确相应的赔偿计算方法、支付程序等，此外也需要明确不得声称为不可抗力的事件。 参考条文：建设部城市供水示范文本第 13 章，建设部城镇供热示范文本第 20 章，国家体育场第 25 条，来宾 B 电厂 15.1
32	组织协调风险	私营	在很多行业中（如电力、能源行业），项目中的供应、承购、运输等多个环节的合作伙伴是政府相关部门和下属企业，因此本书建议私营投资者在项目谈判时，可以争取政府部门在本项目建设和运营过程中协助项目公司协调与项目设施场地周边所涉及的有关单位的关系。 参考条文：国家体育场 2.3
33	税收调整	共担	私营投资者可以要求政府部门尽最大努力使项目公司有权根据国内有关法律、法规、规章获得税收优惠，并获得签约级政府在其权限范围内的地方税收优惠。 参考条文：大场自来水厂第 7 条，延安东路隧道第 14 条，来宾 B 电厂 3.14，11
34	环保风险	共担	特许权协议中一般都要求项目公司在项目的建设、运营和维护中应遵守环境保护的法律法规的规定。因环保问题所遭受或产生的损害、费用、损失根据归责原则，由过错归属的那一方做出相应的赔偿。 参考条文：建设部城市污水处理示范文本 8.4、8.10，国家体育场 2.11
35	私营投资者变动	私营	在过往 PPP 项目中，有许多私营投资者将参与 PPP 模式作为取得工程建设合同的台阶。因此，建议在特许权协议中明确规定未经政府部门的事先书面同意，项目公司不得转让其在本协议项下的全部或任何部分权利或义务。 参考条文：建设部城市供水示范文本第 119、122、127 条，建设部城三条，建设部城市生活垃圾处理示范文本第 8、20，市污水处理示范文本 13.1、17.2

续表

序号	风险因素	分担	合同组织建议
36	项目测算方法主观	共担	在签署特许权协议之前，建议投资者为项目公司（及其他人）的利益进行必要的调查及检查，包括对项目设施场地进行细致而全面的检查、评估，以确定与本项目有关的风险，该调查及检查的实施状况令项目公司满意；在签署协议时，建议投资者切勿依赖由政府部门做出的或提供的任何陈述、信息或数据。 参考条文：国家体育场 2.5
37	项目财务监管不足	共担	建议在特许权协议中明确说明，政府部门需要对投资者特许经营过程实施监管，包括产品和服务质量，项目经营状况和安全防范措施，以及协助相关部门核算和监控企业成本等。此外，鼓励公众参与监督，及时将产品和服务质量检查、监测、评估结果和整改情况以适当的方式向社会公布。并受理公众对乙方的投诉，并进行核实处理。 参考条文：建设部城市生活垃圾处理示范文本第 21 条，建设部城市污水处理示范文本 3.5，国家体育场 15.3、27.2

第八节　风险防控措施

一、利率风险管理

利率期货套期保值是项目发起人对持有的贷款品种的受限额在期货市场上进行与现货市场品种同金额但反方向的利率期货合约交易。利率期权交易能够在利率水平往不利方向发展时保护利率，在利率出现有利变化时保证得益。利率期权中有多种形式，一般比较常见的有利率上限、利率下限、利率上下限。货币互换交易，是将两笔相同的金额、相同的期限，但是不同币种的货款进行调换，另外同时进行不同利息额的货币调换。相同举例说明，某项目发起人具有一定数额的人民币贷款，但是需要一个美元贷款，而正好一家美国公司持有一笔美元金额但是需要一笔同该美元金额一致和期限的人民币贷款，双方可以采用货币互换的方式各自得到自己想要的贷款，这种方式能降低汇率风险。

二、技术和建设风险管理

在实际的 PPP 项目当中，存在的风险是比较多的，具体来说包括两大风险，第一大风险是技术风险，该风险主要产生在项目生产当中和项目运营当中，技术风险产生的来源比较多，如设计不合理和不完整，设计考虑不全面和选用材质不合理，施工技术和方法不科学，施工安全保护对策不全面等。第二大风险是建设风险，要想从根本上消除该风险，必须要按期完工，避免建设延期问题出现，还要严格控制建设成本，加大风险管控力度。

三、通货膨胀风险管理

针对通货膨胀的风险管理，主要采用签订物价指数保值条款合同、签订外汇和物价指数保值条款合同。物价指数保值条款合同是项目发起人在签订合约的过程中将实际产品价格或者物价指数变动情况对合约价格进行调整并列入到项目合同中。签订外汇和物价指数保值条款合同是项目发起人发现项目收费和成本支付货币中存在外币时，需要综合考虑汇率变动和产品变动对收益的影响以及影响程度。这种通货膨胀或者汇率变动超出了一定范围时可以直接调整合同中约定的价格或者是延长特许期。一般情况下，汇率出现调整，PPP 项目会对汇率变化设置一个区间，当汇率变化在区间范围之内，汇率风险由项目发起人承担；当变化幅度超过区间范围，就需要政府给予一定程度的补偿，补偿原则为能够保证项目发起人处于汇率变动前的经济地位为标准。

四、加强投资人的自身管理

投资项目成败的另一个关键是投资人的自身管理。在投资项目中，政府付费的前提是投资人提供了合格的服务，如存在超标排放，投资人不仅得不到收入，还会遭到环保部门严格的经济处罚，甚至刑事处罚。社会投资人要想规避运营管理风险，首先，要在前期项目考察环节中，全面考察调研、深入标前策划、精确财务测算，将可能出现的问题和风险通过合同约定或技术改进、设备选型等渠道予以规避；其次，应加强人才队伍建设，提高操作人员的专业技能水平，提高管理人员的管理能力、沟通协调能力，将运营成本控制在合理区间；最后，要增强保险意识和法律意识，通过提前购买商业保险，提高应对突发事件的能力，通过修订完善合同协议，进而有效保护自身权益。

五、建立项目实施预警机制，规避项目监督风险

风险预警和监督是 PPP 项目运营过程中不可或缺的重要环节。政府和社会资本应当建立严格的项目监督制度，并依照国家法律法规及相关技术标准、设计文件和项目合同，对项目公司施工质量、工期、进度、安全和资金使用等方面实施监督，设立严格的监督机制，降低监控不力风险，防止任何一方出现违约行为或做出有损于对方的行为。

一方面，从内部监督视角来看，项目公司内部应设立风险管理部门，由不同机构分别就不同风险进行监控。如淡马锡公司内部设立有行政委员会、资本资源委员会和审计委员会，分别针对企业面临的战略风险、金融风险以及公司运营风险进行监控。也就是说，项目公司自身应具有风险管控的意识，并设立内部审计机构，对风险进行分类监督。但凡内部审计人员无法使项目公司按照正确的战略方向发展，或者不能对项目风险进行有效控制，公司应随时撤换相关人员，而聘请更有能力的人才以确保项目顺利进行以及项目主体的利益和目标。

另一方面，为提高项目运营效率，项目公司还应依靠外部审计监督，进一步保障项目公司按照合同规定完成任务。首先，项目公司通过国家审计，即政府部门设立相关审计委员会，对 PPP 项目进行全方位指导及监督，从而合理控制流程风险，保证项目实施成果，满足公共职能和社会服务需求；其次，由于项目运营过程中政府参与程度有限，国家审计不能全面地了解项目公司经营情况，投资者有必要聘请注册会计师对项目公司的财务状况与经营成果进行详细审计。

总而言之，传统投资管理模式的采取使得我国基础设施的建设受到了制约，而 PPP 项目管理模式的引进，为民间资本进驻基础设施建设领域提供了路径，继而使公共建设

的资金不足问题得到了解决。但不可避免地在基础设施项目中，由于相关方众多、项目复杂多变、环境变化较大等导致PPP项目的风险因素众多，且相对难于预测和管控，因而需要完善项目风险的识别、评估、分担、管控，才能为民营部门与公共部门的成功合作提供保障。本节对PPP项目风险管理的关键问题进行了大量的总结和探讨，可以为认清PPP项目风险相关问题提供有益的参考。

第九节　风险案例介绍

一、项目背景

广州市某PPP污水处理项目风险分担。

广州市某污水处理项目的总规模为日处理污水量40万m^3，其中一期项目规模为20万m^3，初始总投资为98 587万元人民币，在当时约合1.2亿美元。它是由广州政府与美国一家工程公司以PPP模式建立的，该项目是中国污水处理行业的第一个案例，现在已经进入商业化运营阶段。广州市政府与美国工程公司共同组建了广州污水处理公司，该项目公司以双方共同出资的3300万美元和项目为抵押，从中国工商银行广东省分行获取了大量贷款，在获得贷款期间，广州政府的担保作用发挥了很大的作用。根据广州污水处理系统工程项目的协议，中外双方的合作期限为23年，美国工程公司拥有对该厂为期17年的经营管理权。合作期满后，全部资产将无偿转移给中方所有。项目公司将项目建设承包给广州当地的一家建设公司，将处理厂的运营分包给了北京一家运营经验丰富的排水公司。据悉，市民日常所缴纳的污水处理费只够支付污水处理厂日常的运营费用，污水公司的投资回报则来自广州政府的财政补贴。为了保证广州市政府的利益，合同中甚至明确规定，项目公司在17年内将主要设备更新一遍，以保证交付后污水处理设施能更持久地运营。专家指出，广州某污水处理项目的成功，取决于三个条件：广州政府的实力，美国工程公司的技术优势、融资渠道和耐心，北京排水公司的运营能力。

二、指标体系的建立

本案例涉及的五大主要风险分担主体分别是共同组建项目公司的政府部门和私人投资者、对项目提供贷款的放贷方、承担工程设计建造的承包商以及项目完工后的承担运营、管理和维护的运营商，所以本案例中，主要分担主体分别是广州市政府、美国某工程公司、中国工商银行广东省分行、广州某建设公司以及北京排水公司。

本案例所建立的指标体系中，指标描述的是组成各参与者承担风险能力的各种因素，然后在模型中利用这个指标体系来预估某个风险分担的参与者对该风险的综合承受能力。本案例中设定了四个一级评价指标来描述PPP项目的各参与方承担风险的综合能力，它们分别是风险控制能力、风险管理成本和收益、风险承担能力、风险承担意愿。再根据每个一级指标的相关影响因素，划分出二级指标，从而构成了一套较为系统合理的风险分担参与方对风险的评价指标与体系。

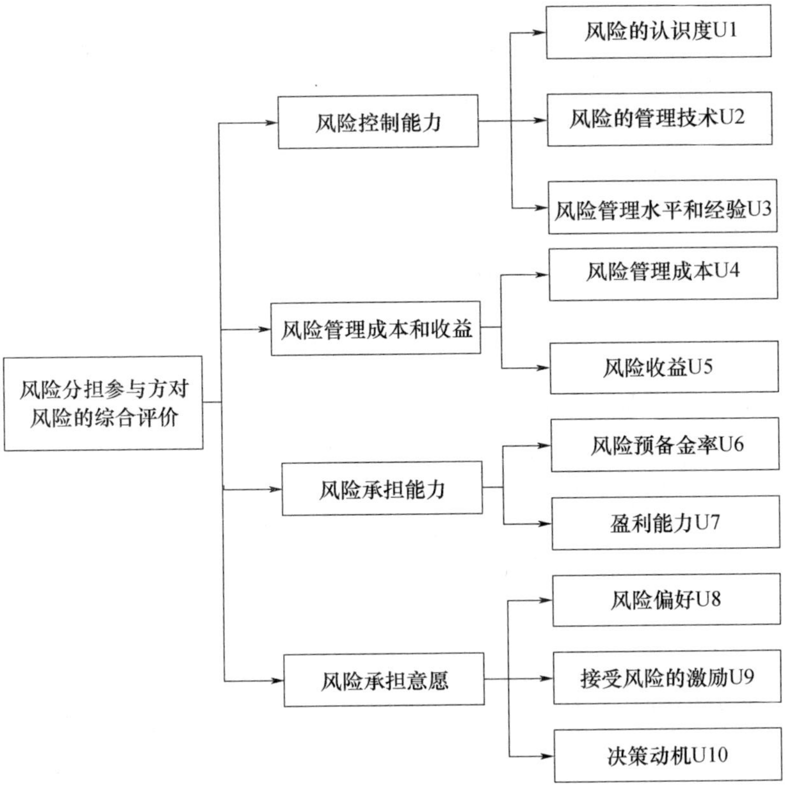

图5-11　风险分担表

应用PPP项目风险分担方对风险的综合评价指标体系对以上5个分担主体确定各自的10个指标值，通过计算各参与方的密切值，得出对风险评价最高的一方，从而确定最佳的承担者。

本案例中，除了风险管理成本是负向指标外，其他指标均为正向指标。风险评价指标体系中，有些指标（比如风险预备金率、风险管理成本、盈利能力等）的数据可以从参与方的财务状况、技术管理水平以及以往运营情况的相关资料中获得，然而其他一些指标值（如风险偏好、接受风险的激励等）难以量化，需要利用专家打分法或由企业管理者（政府由相关部门）给出测评值，根据这些搜集的数据建立初始矩阵。

三、风险分担模型建立

由于各风险因素分担的建模过程基本相似，本案例中仅以“建设风险”的分配为例，选择合理分担者。

（一）初始矩阵的形成

假设X表示评价指标集合，总共有m个指标，则令$X=$（指标1，指标2，…，指标m）$=$（X_1，X_2，…，X_m）。假设Y是风险分担的参与方的集合，PPP项目中有n个风险承担者，令$Y=$（Y_1，Y_2，…，Y_n）。Y_i对X_i的属性值记为a_{ij}（$i=1$，2，…，n；$j=1$，2，…，m）。由于每个参与方对风险指标的确定都有各自不同的方法和量纲，为简化数据值的使用，对原始数据进行换算，指标 U_4、U_5 用实际预测金额表示（单位：万元），U_6 用百分率表示，其余指标采用百分制。对专家问卷得出的数据进行处理后，形成的初始矩阵 $\boldsymbol{A}=(a_{ij})_{n\times m}$ 如下：

$$\boldsymbol{A}=\begin{bmatrix}75 & 67 & 75 & 500 & 390 & 80\% & 55 & 70 & 30 & 68\\ 71 & 63 & 74 & 650 & 410 & 72\% & 75 & 86 & 45 & 50\\ 64 & 61 & 70 & 630 & 380 & 89\% & 78 & 83 & 36 & 52\\ 85 & 87 & 79 & 300 & 400 & 76\% & 76 & 78 & 33 & 48\\ 63 & 62 & 71 & 580 & 380 & 70\% & 73 & 75 & 42 & 47\end{bmatrix}$$

（二）计算无量纲规范化矩阵

本案例中利用目标差值率来对指标数据进行处理，目标差值率考虑了指标值与目标值的比价效应以及距离效应，它能使指标在与目标值差值比较的前提下，从而在指标偏离目标值程度的衡量时，有了统一的标准。根据式：

$$r_{ij}=\begin{cases}\dfrac{a_{ij}-E_j}{E_j} & \text{当 } j \text{ 为正向指标时}\\[2ex] \dfrac{E_j-a_{ij}}{E_j} & \text{当 } j \text{ 为负向指标时}\end{cases}$$

（E_j 为按一定规则设定的第 j 个指标的目标值。在本案例中，目标值 E_j 在由各风险分担参与方的相关专家或企业管理者制定的数值范围内，依照正向指标取上限值、负向指标取下限值的原则选取）计算出各指标的目标差值率，得出无量纲规范化指标矩阵 $\boldsymbol{R}=(r_{ij})_{n\times m}$：

$$\boldsymbol{R}=\begin{bmatrix}-0.167 & -0.256 & -0.118 & -1.5 & -0.133 & -0.111 & -0.375 & -0.205 & -0.455 & -0.056\\ -0.211 & -0.300 & -0.129 & -2.25 & -0.089 & -0.200 & -0.148 & -0.023 & -0.182 & -0.306\\ -0.289 & -0.322 & -0.176 & -2.15 & -0.156 & -0.011 & -0.114 & -0.057 & -0.346 & -0.278\\ -0.056 & -0.033 & -0.071 & -0.50 & -0.111 & -0.156 & -0.136 & -0.114 & -0.400 & -0.333\\ -0.300 & -0.311 & -0.165 & -1.90 & -0.156 & -0.222 & -0.171 & -0.148 & -0.236 & -0.347\end{bmatrix}$$

（三）虚拟的参与方最优与最劣评价

进行规范化处理后的指标下的各点，其最大值为虚拟最优点 r_j^+，其最小值的点即为虚拟最劣点 r_j^-。经过规范化处理后的指标下的各点，最大值和最小值分别为虚拟最优承担方 r_j^+ 与虚拟最劣承担方 r_j^-，令：

$$r_j^+=\max\{r_{1j}, r_{2j}, \cdots, r_{nj}, j\in(1, 2, \cdots, m)\},$$
$$r_j^-=\min\{r_{1j}, r_{2j}, \cdots, r_{nj}, j\in(1, 2, \cdots, m)\}$$

则虚拟的参与方最优评价为：

$$(r_1^+, r_2^+, \cdots, r_{10}^+)=(-0.056, -0.033, 0.071, -0.5, -0.089, -0.011, -0.114, -0.023, -0.182, -0.056)$$

虚拟参与方最劣评价为：

$$(r_1^-, r_2^-, \cdots, r_{10}^-)=(-0.3, -0.322, -0.176, -2.25, -0.156, -0.222, -0.375, -0.205, -0.455, -0.347)$$

（四）基于熵权的评价指标权重的确定

熵描述的是系统的无序程度，它通常用来度量某些数据所反映的有效信息量以及确定权重，因此，熵权法是利用各指标反映的有效信息量的大小来确定权重值。熵值的大小反映的是评价对象指标值之间的差异程度：熵值较大，表示指标值相差较大，该指标能提供较多的有效信息量，其权重也相应较大；若熵值较小，则指标值相差较小，该指标提供较少的有效信息量，权重值也较小。例如本案例中若参与风险分配的各方对风险的控制能力差异性越小，其代表的信息量也越少，在方案比较时，此指标的作用也相对越小。因此本案例为增强模型的合理性及评价结果的客观性，采用熵值法确定评价指标的权重。

在利用熵权法计算指标权重之前，要先对初始矩阵 A 进行初始化处理。将 $\mathbf{A}$ 中各元素代入下式：

$$s_{ij}=\begin{cases}\dfrac{a_{ij}}{\max(a_{ij})} & \text{当 } j \text{ 为正向指标时}\\ \dfrac{\max(a_{ij})}{a_{ij}} & \text{当 } j \text{ 为负向指标时}\end{cases}$$

其中 $j\in(1, m)$，得出标准化矩阵；

根据信息熵值 e_j 计算信息效用价值 h_j，$h_j=1-e_j$，

$h_j=(0.0040, 0.0060, 0.0043, 0.0301, 0.0004, 0.0094, 0.0044, 0.0020, 0.0070, 0.0063)$

则指标权重根据上式，可得：

$$w_1=\frac{h_1}{\sum_{j=1}^{10}h_1}=\frac{0.0040}{0.0739}=0.0541$$

同理可得：$w_2=0.0812$，$w_3=0.0582$，$w_4=0.4073$，$w_5=0.0054$，$w_6=0.1272$，$w_7=0.0595$，$w_8=0.0271$，$w_9=0.0947$，$w_{10}=0.0852$。

（五）计算评价指标的欧式距离

由于各参与方对风险的评价是基于多种因素指标的，须将其转化为距离这一综合指标。距离计算方法采用欧式距离法：$d_i^+=\sqrt{\sum_{j=1}^{m}w_j[r_{ij}-r_j^+]^2}$，得：

$$d_i^+=\sqrt{\sum_{j=1}^{10}w_j[r_{1j}-r_j^+]^2}=$$

$$\sqrt{0.0541(-0.1667+0.0556)^2+0.0812(-0.2556+0.0333)^2+\cdots+0.0947(-0.4545+0.1818)^2}=0.6522$$

同理可得：$d_2^+=1.1245$，$d_3^+=1.0612$，$d_4^+=0.1183$，$d_5^+=0.9026$；

由公式 $d_i^-=\sqrt{\sum_{j=1}^{m}w_j[r_{ij}-r_j^-]^2}$ 得：

$$d_1=\sqrt{\sum_{j=1}^{10}w_j[r_{1j}-r_j^-]^2}=$$

$$\sqrt{0.0541(-0.1667+0.3)^2+0.0812(-0.2556+0.3222)^2+\cdots+0.0852(-0.0556+0.3472)^2}=0.4908$$

同理可得：$d_2^-=0.1104$，$d_3^-=0.1263$，$d_4^-=1.1237$，$d_5^-=0.2387$；

d_i^+ 为第 i 个决策方案与“最优点的欧式距离”；d_i^- 为第 i 个决策方案与“最劣点的欧式距离”。

（六）计算各分担参与方的密切值

密切值 M 即为某指标点接近优点而远离最劣点的程度，根据式 $M_i=\frac{d_1^+}{\min\{d_i^+\}}-\frac{d_1^-}{\max\{d_i^-\}}$，得 $M_1=\frac{d_1^+}{\min\{d_i^+\}}-\frac{d_1^-}{\max\{d_i^-\}}=\frac{0.6522}{0.1183}-\frac{0.4908}{1.1237}=5.0763$，同理可得：$M_2=9.4073$，$M_3=8.8580$，$M_4=0$，$M_5=7.4174$。

通过以上步骤的计算，风险分担参与方对风险的多个评价指标可转化为一个综合评价值 M_i，该值越小，偏离最优点越近，说明第 i 个参与方对该风险的评价越高，也越愿意承担该风险。

（七）建设风险的最终承担者

各欧式距离与密切值的计算结果见表 5-5。

表 5-5　各欧式距离与密切值的计算结果

风险分担参与方	d_i^+	d_i^-	M_i
广州市政府	0.6522	0.4908	5.0763
美国某工程公司	1.1245	0.1104	9.4073
中国工商银行广东省分行	1.0612	0.1263	8.8580
广州某建设公司	0.1183	1.1237	0
北京排水公司	0.9026	0.2387	7.4174

在上述的计算结果中，$M_4<M_1<M_5<M_3<M_2$，由于 $M_4=0$，说明在该 PPP 项目中，建设风险应由广州某建设公司承担。

通过比较 M 值的大小可知，广州某建设公司、广州市政府、北京排水公司、中国工商银行广东省分行、美国某工程公司分别对建设风险的评价排序由高到低，即承担该建设风险的综合能力依次从强到弱，所以，广州某建设公司是最佳的承担者。

要说明的是，针对像建设风险这一类的风险而言，一般由单独的某一方（建设方）来承担，选择 $M=0$ 的参与方即可；而对于不可抗力、市场风险、金融风险等，往往需要多个参与方共同承担，由于密切值越小，承担能力越强，可以依据密切值从小到大的次序选择若干参与方实现风险的合理分担。

实践证明，在基础设施和公用事业建设领域采用 PPP 项目融资模式，通过政府部门与私人投资者合作伙伴关系的建立，实现优势互补，能够有效缓解政府财政的压力，民营企业也可得到更多机会加入基础设施建设的队列之中，是促进我国公用事业民营化改革的有效办法。但由于基础设施和公用事业的独特性，使得 PPP 项目必然具有很大的风险。社会资本要对 PPP 模式中的风险进行详细的分析，建立有效、完善的风险识别机制，加强对风险识别和控制，减少风险因素对 PPP 模式的不利影响，保障基础设施建设的功能性和服务性，获得合理的投资回报。

第六章 PPP 项目定价与利益分配

第一节 PPP 项目产品定价的影响因素

PPP 项目实施时的特许经营有利于吸引社会资本，降低政府财政压力，提高政府的资金使用效率。但公共项目产品的公共性和自然垄断性的属性，使得在对公共项目产品进行定价时，必须要兼顾政府、公众、企业三方的利益。

根据传统的经济学理论，对于竞争性私人产品，市场价格应定在使市场需求与供给均衡相平衡的点。PPP 项目多为公共设施或公共服务，由于公共产品的必需性，采用市场定价会大大提升公众的生活成本，降低公众的生活质量，因此政府必须进行价格管制，不能只是凭市场进行决定。但进行价格管制又不能保证项目公司正常的投资、运行及维护成本的回报。如果以免税或者补贴的方式弥补企业的亏损，由于成本属于企业的微观信息，政府不能全面熟知企业的成本，使企业多报成本支出，会加重政府负担，反而不利于经济的发展。

PPP 产品的价格多为特许价格，是特许权人与特许权受让人在特许经营协议中共同制定的关于 PPP 项目所提供产品/服务的价格，随项目的实施进行动态调整，是特许协议中非常重要的一部分内容。PPP 项目产品的定价是一个极其复杂的问题，除了需要考虑价值与供求状况等一般因素外，政治、社会、市场、特许期等因素也都会对 PPP 项目产品的价格产生影响。由于不同时期特许经营方式的不同，关于 PPP 项目产品定价的影响因素也不尽相同，其影响因素的分析对特许价格的制定有着至关重要的影响，因此，熟悉 PPP 项目产品价格的影响因素，掌握如何定价 PPP 项目产品，就显得尤为重要。

一、项目参与方对 PPP 项目产品价格的影响

（一）政府方影响因素

政府方影响 PPP 项目价格的因素主要有利益分配机制、价格政策、政府补贴政策、最低收入保证、汇率变动的担保、利率变动的担保、通货膨胀的担保和环境风险的担保 8 项因素，具体如图 6-1 所示。

1. 利益分配机制

利益分配机制是指政府与社会资本对 PPP 项目获取的收益进行分配而制定的相应机制，通常需要在 PPP 项目特许协议中约定利益分配的具体办法。利益分配的约定除了考虑政府与社会资本的投资比重，项目的外部性等诸多因素外，还要考虑 PPP 项目

所面临的风险及其分担情况。在政府与社会资本二者之间，风险分担的原则是：

（1）风险最有控制力的一方分担相应的风险。

（2）承担风险的程度与所得回报相匹配。

（3）承担风险要有上限。

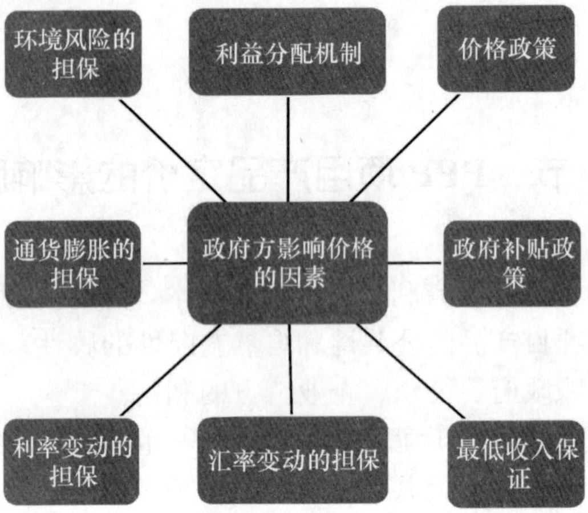

图6-1　政府方对PPP项目产品价格的影响

根据PPP项目面临的风险及风险分担的原则，在PPP项目特许协议中约定具体的风险分担和利益分配机制，这势必影响社会资本在PPP项目上的现金流，为了保证社会资本在经营期内收回投资并获取预期的投资收益率，政府根据风险分担和利益分配在考虑项目生存的前提下制定相应PPP项目产品/服务价格。

在PPP项目实践中，一些PPP项目中政府和社会资本在对利益分配机制的协议中做了相应的约定。例如，澳大利亚悉尼港过海隧道在30年经营期内，交通量是政府担保的，由于该项目政府出资少，私人投资出资多，政府为此设计了一个最小的交通量，如果小于这个数，政府就给予补贴，如果超过这个数，项目所得收益，政府就要与项目公司共享。此外，匈牙利的M1－M15和M5高速公路、德国汉堡国际航空港、波兰华沙国际航空港等诸多交通基础设施PPP项目，都对利益分配机制做了有关约定。

2. 价格政策

基础设施项目是整个社会生产生活的基础，其价格是市场和经济生活中最敏感的因素，对此，许多国家制定了一系列政策，以指导城市交通基础设施项目产品/服务的定价。事实上，政府部门制定城市基础设施项目产品/服务定价政策，对价格进行管制的做法非常普遍，其主要原因是由于此类项目的自然垄断性和价格弹性小的特征所致。首先，基础设施项目由于具有投资额大、建设周期和投资回收期长等特点。其次，由于基础设计项目价格弹性较小的特点，公众一般只能成为价格的接受者，其价格过高对低收入家庭的生活带来极大影响。再者，在社会资本和公众之间存在着严重的价格信息不对称，相对于社会资本来说，公众具有明显的价格信息劣势，以致根本无法自由选择。因此，政府部门如果不制定相应的政策对价格进行管制，必然形成垄断高价。基于上述原因，为了防止社会资本制定垄断高价、解决垄断导致“市场失灵”问题，维护处于弱势地位的公众消费者的利益，政府有必要制定相应的价格政策，以进行价格管制。国内外与城市交通基础设施项目产品定价有关的价格管制政策见表 6-1。

表 6-1　国内外与城市交通基础设施项目产品定价有关的价格管制政策

序号	价格管制政策	政策主要内容及规定	国家
1	投资回报率价格管制	美国对自然垄断性准公共产品采取投资回报率价格管制，其模型是 $\boldsymbol{R}=\sum_{i=1}^{n} p_i q_i$。式中，$R$ 为企业收入函数，它取决于产品价格（p）和数量（q）	美国
2	最高限价管制	英国对准公共产品定价的方法采用最高限价管制，模型采用 RPI-X 的“一揽子价格”模型。RPI 表示零售价格指数，即通货膨胀率，X 是由管制者确定的生产效率增长百分比	英国
3	价格法	制定关系群众切身利益的公用事业、公益性服务、自然垄断经营的商品价格，应当建立听证会制度，由政府价格主管部门主持，征求消费者、经营者和有关方的意见，论证其必要性和可行性	中国
4	政府价格决策听证办法	关系群众切身利益的公用事业价格、公益性服务价格和自然垄断经营的商品价格，政府价格主管部门可以根据定价权限确定并公布听证目录，其价格的制定应当实行听证	中国
5	公用事业法典	公用事业价格制定应遵循控制垄断、保护消费者、替代竞争、调节收入分配原则	美国
6	收费公路管理条例	为了加强对收费公路的管理，规范公路收费行为，维护收费公路的经营管理者和使用者的合法权益，促进公路事业的发展	中国
7	公共产品价格及收费体系	规定要遵循成本补偿原则、合理利润原则、反映市场变化、及时调整价格原则、用户公平负担原则、提高资源配置效率	欧美

3. 政府补贴政策

基础设施项目具有较大的外部效应，即其特有的经济功能和社会功能，如其带来周边人流、物流的增加，使沿线的土地价格、房产价格上涨，使附近或相关的其他行业经济效益大增等，同时，政府以外的基础设施提供者很难向这些非基础设施的使用者索取回报以阻止其效益外溢。而 PPP 项目是要向被提供产品/服务的公众收取费用，在项目经营期收回投资并获得预期利润，尽管公众为其所得到的产品或服务支付了相应的费用，但这部分费用远远小于其建设和经营成本，这就构成了一对矛盾。为了解决这一矛盾，确保项目的成功，通常由政府给予补偿/补贴或提供一些优惠政策帮助项目公司。政府的补偿不是直接交给消费者，而是通过给予项目公司（投资方）补贴或是其他优惠政策，从而降低 PPP 项目产品价格或服务的收费，以间接补偿消费者。政府补贴或优惠政策一般有以下两种方式：

（1）直接转移支付，即政府对项目公司直接提供财政补贴。

（2）间接转移支付。国际上政府对 PPP 项目给予补贴或提供优惠政策的具体做法有：第一，提供已建成的项目运营权，帮助项目公司在运营期得到一定的收入，以减轻融资风险。第二，由政府提供竞争保护政策，即政府向项目公司做出担保，在若干年内不再兴建类似的、在建 PPP 项目的同类竞争项目，以保证项目的垄断性经营。第三，税收减让优惠。虽然税收减让并非直接注入资本，但通过减少运营费用所需要的现金流量，可以对 PPP 项目的收益产生一定的影响。第四，提供贷款优惠政策。上述做法的典型案例见表 6-2。

表 6-2　补贴政策典型案例

序号	具体补贴政策	典型案例
1	提供已建成项目的运营权	马来西亚政府在 BOT 修建南北高速公路的协议中，同意将已建成的 30km 高速公路的经营权在特许期内转让给南北高速公路项目公司经营
		英国政府特许 Dargfold 桥项目公司购买两个已经获利的收费隧道。这项特许使项目公司从项目开始就有通行费收入。在建设期项目公司经营这两个隧道即可收入 1.2 亿美元
		在悉尼港隧道项目中，作为一种奖励，发起人获得了运营现有的悉尼大桥的特许权。为了补贴新的项目，大桥的通行费提高到与隧道通行费一样的水平
2	由政府提供竞争保护政策	英法海底隧道得到的政府竞争保护许诺是在 38 年内不再建第二条连接英法两国的隧道，以保证项目公司的垄断地位和收益。但作为项目公司也要预计到其他竞争方式的风险。如英吉利海峡船舶运业采取各种措施与海底隧道争夺客流和货运，造成了不小的威胁。但在这方面，政府不能干预
3	税费减免	印度政府为了鼓励外商在电力开发方面投资，推出前 5 年免税后 5 年减税的鼓励措施
		曼谷高速公路从项目赢利第一天起，减免 8 年公司所得税以及股息税
4	提供贷款优惠	澳大利亚悉尼港隧道项目中，在隧道建设期间，政府将现有的悉尼大桥每年过桥费的净收益作为政府贷款给项目公司，在项目的 5 年建设期内，累计 2.24 亿澳元。对这笔贷款政府还提供了优惠政策：贷款是无息的，在项目结束时偿还，属于非优先债务，即隧道收益可优先归还其他贷款，再归还政府贷款。这笔贷款对悉尼港隧道建设起到了重要作用

4. 最低收入保证

PPP 项目在运营过程中可能会面临着消费量需求不足的风险，即如果预测的市场需求发生变化，导致项目收益低于预期收益，从而影响项目现金流，最终影响项目产品/服务的定价。为了保证 PPP 项目公司的收益，政府有时给予最低收入或最低消费量保证，即若低于某一标准消费量或最低收入政府给予费用补偿。例如马来西亚 BOT 南北高速公路项目中，马来西亚政府不直接担保交通量，但对最低营业收入做出承诺，为此，双方签订了交通量补充协议。

5. 汇率变动的担保

中国的汇率政策、外汇管制政策、货币的兑换和汇出风险等影响着汇率变化，可能引起进口材料或设备价格上涨，导致项目建设和运营成本增加，最终影响 PPP 项目产品/服务的价格。为了保证社会资本的积极性，东道国政府通常会在汇率变化超过一定范围后给予担保。这类风险一般主要由政府方承担，但也规定当汇率在一个规定的小范围内变动时，由社会资本承担。例如深圳沙角 B 电厂，项目的电力销售收入的 50%用人民币付，50%用外汇支付，人民币用以购买煤炭以及平日经营管理费用，外汇收入用以支付外币形式发生的项目经营费用，包括贷款债务的偿还和股东的利润。政府承担经营费用及外汇贷款债务偿还全部的汇率风险，但是项目公司收入部分的汇率风险则由双方分担，其中 30%由政府承担，70%由项目公司承担。但在有的国家，如 1994 年印度政府为了鼓励私人投资解决电力供应问题，宣布凡从事电厂建设的私人机构或外国投资者由政府保证卢比与美元的兑换，且汇率按当时的汇率计算。

6. 利率变动的担保

PPP 项目在特许期内，可能因宏观经济政策、金融政策、货币政策和投资政策引起利率发生变动，将直接或间接导致项目融资成本、建设成本和运营成本增加，收益价值降低。为了保证外商投资的积极性，拓宽基础设施 PPP 项目的融资渠道，促进基础设施项目的建设与发展，东道国政府往往会为项目提供利率担保，即在项目特许期内利率变化超过规定的百分比时，项目公司可得到利率方面损失补偿，其收益便得到保证，保持价格的稳定。如在马来西亚南北高速公路项目中，项目公司 PLUS 就得到了政府提供的利率保证：如果利率增加超过 20%，项目公司在偿还费用中将得到差额补偿。

7. 通货膨胀的担保

发生通货膨胀，会使得项目所在地的工资和物价水平大幅上涨，导致项目建设和营运成本相对上升。为抵消通胀对项目收益的影响，具体可以通过特许协议中的价格调整条款来实现，或要求政府给予通货膨胀担保，补偿超出由私营机构承担的通货膨胀率范围以外损失。

8. 环境风险的担保

在城市化进程中，项目建设可能会对自然生态环境产生破坏以及对人类健康产生负面影响。基础设施项目的建设对项目用地范围内自然生态环境产生的负面影响有：一是对自然生态环境的破坏，如水土流失、植被破坏、占用耕地等；二是对环境的污染，主要是项目生产运营所产生的噪声、废气、尘埃等影响周边环境，使项目周边环境质量降低。

社会资本可能面临政府出台的环境保护标准不断提高的风险。要满足环保法律法规的各项要求，就需要增加项目生产成本，或者增加新的资产投入，改善项目的生产环境，使得项目预期收益减少，如果因环保标准提高导致的成本增加，政府能给予担保补偿，就可以防止 PPP 项目产品价格的上涨。

（二）社会资本方影响因素

社会资本方影响 PPP 项目价格的因素主要有科学的财务分析、期望投资回报率、定价建议权、项目公司管理能力、项目建设总投资、资本结构合理安排等。

1. 科学的财务分析

科学的财务分析有助于社会资本了解 PPP 项目的获利能力、供给能力，从而进一步预测投资后的收益水平和风险程度，以做出正确的投资决策。

2. 资本结构合理安排

PPP 项目资金来源主要是权益资金和债务资金，其资金结构直接影响股本投资者、债务投资者、政府的风险和回报，各方对资金结构的要求是不同的，确定合理的资金结构有助于降低资金成本、减少风险和促成项目。股本投资者希望 PPP 项目资金结构中负债比率尽可能高一些，如果项目成功将获得较高的股本回报率，如果项目失败将承担的风险也较小。另外，较高的负债比率可使股本投资者保留一部分资金从事其他项目的开发。但高负债比率对债务投资者来说意味着较大的风险，因此它希望资金结构中的负债比率尽量低一些。资本结构还将影响到项目公司的财务风险，高负债比率将会使项目公司的财务结构稳定性变差。

资本结构负债比率的高低既然影响了股本投资者和债务投资者的风险，那么它必然在回报中得到反映，最终影响到项目的资金成本。对政府方来说，资金成本是个重要的财务指标，它反映了政府将要为 PPP 项目的产品或服务付出的代价。随着负债比率的提高，项目公司财务风险加大，风险报酬率将提高，权益资本的资金成本将提高。对于债务投资者来说，在某一负债比率之内，债务的资金成本不变，达到这一点时由于项目公司财务风险的提高，债务资金成本随之提高。由于利润分配在所得税后，利息偿还在所得税前，而且权益风险大于债务风险，因此权益资金成本要高于债务资金成本，一般要高出 10%以上。

由于债务资金成本较低，随负债比率提高，初始阶段项目资金成本将降低，负债超过一定比率后将开始增加。因此，最低资金成本所对应的负债比率，对政府来说是一种理想的资金结构。通过分析可以看出，项目的资金结构选择取决于债务资金成本和权益资金成本，两者分别取决于债务投资者和权益投资者所承担的风险，因此降低和合理分配两者风险是降低项目资金成本、获得理想资金结构的有效途径。要建立合理的资本结构，使 PPP 项目的总成本最小化，降低项目产品/服务的价格。

3. 期望投资回报率

在正常情况下投资回报能归还银行贷款和利息，收回股本投资和达到最低投资收益率，并且争取实现与之承担风险相适应的投资回报最大化。

4. 定价建议权

尽管有些条例规定了项目产品/服务定价标准的听证和审批程序，但投资商依然可通过适当方式在 PPP 合同中约定投资商拥有定价的建议权以及参与听证的权利，以尽量规避由政府确定收费标准的风险。

5. 项目建设总投资

PPP 项目总投资额是特许期内发生的现金流出，直接影响项目现金流量的变化，因此它也是影响 PPP 项目定价的因素之一。总投资主要包括发生在项目建设期的建筑安装工程费、设备与工器具的购置费、建设的其他费用、基本预备费、建设期利息构成的建设期投资额以及运营初期投入的铺底流动资金。城市交通基础设施 PPP 项目（如轻轨、地铁、隧道或大桥）投资会高于传统的城市公路项目，例如，通常采用 PPP 模式的轻轨或地铁项目的建设工程费用以及机动车组等设备的购置费和安装工程费都要明显高于传统融资模式下建设的公路项目。由于 PPP 项目建设周期长、项目投资大，随着项目进展，资金投入不断增加，项目面临的投资增加的风险程度也随之增加。因此，项目总投资额也将对 PPP 项目定价产生部分影响。

6. 项目公司管理能力

PPP 项目公司管理能力主要体现在财务和融资创新能力、有能力的项目团队、丰富的 PPP 项目管理经验、良好合作伙伴以及和地方政府良好的关系五个方面。

（1）财务和融资创新能力是 PPP 项目成功的关键因素之一。社会资本的财务实力越雄厚，为项目融资的能力也越强，进行 PPP 项目成功的可能性就越大。

（2）有能力的项目团队。有能力的项目团队包含有能力的领导与高效率的项目团队两个方面。

（3）丰富的 PPP 项目管理经验。如果 PPP 项目由经验不足或毫无经验的社会资本来经营管理，往往不能深层次地介入项目，导致项目受挫。

（4）良好合作伙伴。与承包商和运营商等合作伙伴的巧妙组合有利于节省投资和运营成本，形成优势互补、相关方多赢的局面。

（5）和地方政府良好的关系，有助于加快 PPP 项目立项的许可和审批速度等。

（三）承包商的影响

承包商对 PPP 项目价格的影响是通过设计、施工、材料或设备供应、环境、技术等多方面因素影响，使得项目成本增加或减少，进而影响项目现金流和价格。大量典型的工程实例表明，承包商影响 PPP 项目价格主要有设计方案的经济、施工质量水平、施工技术方案经济性、施工组织的合理性、施工安全与成本管理、材料和设备的合理选用等多项因素。

（四）公众的影响因素

公众对 PPP 项目价格影响主要有公众支付能力、公众消费心理两个方面因素。

1. 公众支付能力

基础设施项目属于准公共产品，具有公益性，其产品/服务定价要考虑到公众的支付能力，公众的支付能力包括实际支付能力和心理支付能力两个方面。公众的实际支付能力不仅与本地区社会经济发展水平相关，而且与公众的收入水平、消费水平和消费结构水平密切相关，政府在定价时应充分考虑上述因素。地区经济水平发达、公众平均收入和消费水平高的城市，公众实际支付能力强，项目产品/服务的价格也较高；反之亦然。而公众的心理支付能力与项目的服务质量、常规交通项目服务的价格、实际支付能力等因素有关。

2. 公众消费心理

随着经济社会的快速发展，人们对物质文化生活的需求也日益提高。从消费心理来看，城市交通基础设施 PPP 项目与常规公共交通比较，具有安全、高效、舒适等明显优势，公众对这类产品/服务的消费心理需求不断提高。

二、项目与市场对价格影响

项目与市场对价格的影响是指项目自身的特征和市场环境对项目/服务价格的影响，主要包括同类竞争项目、项目的需求量、项目的特许经营期及项目所处的不同阶段四个因素。

（一）同类竞争项目

竞争项目是指与 PPP 项目同类的项目，如与隧道项目平行的不收费或收费的大桥等项目。基础设施 PPP 项目价格要受到市场竞争的影响，当竞争项目出现后，往往会导致客流或交通量的减少，为了吸引客流或交通量，PPP 项目公司通常会降低价格，最终影响了基础设施 PPP 项目的收益。例如，连接英法两国的欧洲海峡隧道，政府要求一切风险由社会资本承担，唯独做出了 33 年内不设横跨海峡的二次连接设施的承诺，确保了项目的交通流量，从而保证在此前提下定价的预期收益。福建省泉州刺桐大桥建成后，经济效益和社会效益均较好，但是市政府在泉州大桥与泉厦高速公路间修建了一条长达 10 多千米的连接线，大大降低了刺桐大桥的交通流量，最终导致了项目价格和收益的变化。

（二）项目的需求量

在市场经济中，产品的供需情况对其价格起着重要的作用，而价格只有为需求者所接受，才能实际完成商品的交换过程，PPP 项目的定价也应建立在对项目需求量的科学预测基础上，因此项目的需求量和价格是相互影响的。PPP 项目产品/服务定价过高，会导致需求量减少，项目的预期收益很难达到；定价过低，即使需求量增加，特许经营期内也可能无法收回投资并获得预期收益。例如，墨西哥某 BOT 高速公路，由于对交通量的增长率估计草率，政府定价较高，并据此同意特许经营时间为 7 年，结果实际营运中的交通量比预测的交通量少了 2/3，7 年时间只收回不到一半的成本。

（三）项目的特许经营期

社会资本在 PPP 项目中的投资和期望收益主要通过票价收回投资，显然 PPP 项目产品/服务的价格越高，回收期就越短，项目的特许经营期也就越短；反之，PPP 项目产品/服务的价格越低，则项目的特许经营期就越长。项目特许经营期 T 和价格 P 两者之间的关系可以用收益函数 $F=\int_0^T PQ(t)\mathrm{d}t$ 表示。

（四）项目所处的不同阶段

PPP 项目建设周期长，如轨道交通项目可能有多条线路，有的项目完全建成要用近 10 年的时间，各条线路根据其工程进度先后开通运营，有的线路开始通车运营的时间相差几年。假设不同线路开通对应项目的不同阶段。从项目换乘的便利性、可达性等因素来看，PPP 项目的不同阶段有较大差异，只有当整个项目完工且各条线路全部运营后，项目的可换乘最为便利，可达性也最好，仅从这点来看价格通常比前期单条线路和少数线路运营时要高。从政府补贴角度来看，随着政府财政收入的增加，财政补贴能力也逐渐增强，项目可能得到的政府补贴也越多，价格可能逐步降低。由此可见，项目的不同阶段，价格会发生一些变化。

三、项目环境对价格的影响

PPP 项目环境因素对价格的影响包括经济环境因素、社会环境因素、政治环境因素及法律环境因素四个方面。

（一）经济环境因素

影响价格的经济环境因素是指 PPP 项目所在的外部经济环境引起项目建设总投资、运营成本及收益等变化的因素。影响 PPP 项目产品/服务价格的经济环境因素主要包括地区经济发展水平及金融市场的健全程度等。

1. 地区经济发展水平

不同地区所处地理位置、自然环境、资源条件等不同，其产业结构情况、产业发展水平和地区经济开放政策与程度也不一样，导致其经济发展程度及人民物质文化生活水平存在差距，最终也影响到 PPP 项目产品/服务的价格。

2. 金融市场的健全程度

PPP 项目建设需要大量的贷款资金且资金回收期较长，而金融体系的健全程度、金融机构的完善程度、金融市场的开放程度及信誉状况直接影响项目融资的难易程度和融资成本，因此金融市场的健全程度也影响着项目现金流和价格。

（二）社会环境因素

影响 PPP 项目产品/服务价格的社会环境因素主要包括社会福利保障水平、社会诚信度和公众态度等。

1. 社会福利保障水平

社会福利保障水平是一定时期内一个国家或地区的社会成员享受社会保障经济待遇的高低程度。PPP 项目产品/服务具有一定的垄断性，又对国计民生有重要影响，价格不能完全由供应关系决定，而应从整个社会的利益出发，考虑社会保障水平因素，通过行政手段影响甚至控制价格，保证社会和谐。

2. 社会诚信度

社会诚信包括政府、项目投资者、贷款方、承包商、材料或设备供货商等项目各参与方和公众的信誉。PPP 项目是依靠有效的社会诚信体系和较高社会诚信度支撑起来的，组成项目各个参与方的诚信状况决定了是否能够按照合同的约定履行其责任，完成项目并获得预期收益。不健全的社会诚信体系，项目参与各方信誉的缺失，都会不同程度地影响项目的顺利进行，使项目的信用成本增加，而公众的诚信缺失，可能导致项目营业收入减少，最终影响项目现金流和定价。

3. 公众态度

公众对 PPP 项目的态度影响着项目的实施和管理，公众的支持是 PPP 项目取得成功的关键因素之一。公众的反对则会造成 PPP 项目实施和管理内在的不稳定，损害 PPP 项目合作的群众基础。例如，政府官僚主义、社会资本缺乏社会责任感、政府与私营机构的利益合谋将损害公众的利益，并会遭到公众的反对，影响 PPP 项目的建设进度和增加项目的成本。

（三）政治环境因素

PPP 项目所处的政治环境对价格的影响主要包括政局稳定程度、监管机制的完善程度和政府的官僚与腐败三个方面。

1. 政局稳定程度

政局稳定程度受政治发展、政治文化、经济全球化及国际因素影响。政治发展是指政治关系的调整和变革，主要是国家行政与法律方面的发展，即现代行政组织、行政秩序与法制的发展，政治发展致使国家的政治过程具有内在不稳定性。政局稳定程度影响着政策的连贯性和执行的难易，也会不同程度影响项目的顺利进行程度、建设成本、汇率和收益。

2. 监管机制的完善程度

政府对 PPP 项目定价监管机制包括影响价格形成机制、价格决策机制、价格监督机制与价格管理机制。机制的不完善将可能导致 PPP 项目产品/服务垄断价格或市场不正当价格的形成，以及建设与运营成本的增加。

3. 政府的官僚与腐败

PPP 项目政府的官僚及腐败主要体现在权力腐败、金融腐败、政治腐败、官僚主义等方面，上述因素将产生 PPP 项目寻租成本和造成社会资源的浪费，甚至会出现践踏人民群众利益的情况，最终影响 PPP 项目产品/服务的价格。

（四）法律环境因素

影响 PPP 项目产品/服务价格的法律环境因素主要包括法律体系完备程度、法律/法规/标准变化等因素。

1. 法律体系完备程度

PPP 项目法律体系完备程度主要包含政府政策、法律法规完备程度以及可操作性等，其影响 PPP 项目参与方的权利、义务和责任的界限划分，从而影响项目产品/服务价格。

2. 法律/法规/标准变化

与 PPP 项目相关的法律/法规/标准变化主要是指国家或地方政府对 PPP 项目的投资政策、税收政策、融资政策等变化，以及 PPP 项目的环保标准、产品/服务质量标准等变化。上述标准的变化将可能导致 PPP 项目运营成本增加和收益减少，影响项目的现金流，最终影响到价格。

第二节　PPP 项目产品定价

一、政府规定定价区间

在 PPP 项目中，利益相关者主要有产品的提供者和监管者（政府）、产品的生产者（社会资本）和产品的使用者（公众）。政府、社会资本和公众对于 PPP 项目的定价都有着各自不同的目标。政府希望通过 PPP 项目定价为社会提供质量可靠、数量充足的公共产品，促进本地区的经济发展，从而使得项目的社会效益最大化；社会资本希望通过 PPP 项目定价收回成本，获得稳定和丰厚的投资回报，为企业带来最大化的利润；而公众则希望 PPP 项目定价能够让自己在得到优质产品的前提下支付最小的使用成本。由于项目定价往往并不能同时满足以上的三个目标，因此为了实现政府、社会资本和公众三方利益的平衡，政府通常会为项目产品定价设置价格上限和价格下限的约束。定价区间可以在保障社会资本最基本投资回报的同时，避免了社会资本获得超额收益而损害政府和公众的利益。

在项目的实施过程中，社会资本作为项目的具体建设方和运营方，往往可以凭借信息优势以产品成本上升为由，要求提高价格，或者增加政府补贴。因为项目各方存在的信息不对称问题，所以“在市场经济中，每个理性经济人都会有自利的一面，其个人行为会按自利的规则行为行动；有一种制度安排，使行为人追求个人利益的行为，正好与企业实现集体价值最大化的目标相吻合”，这就是激励相容原则。根据激励相容原则，政府通常会采取激励性定价的方式，将使用者付费和绩效付费（政府补贴）相结合，在产品定价机制上采取更灵活的市场化运行模式，使政府补贴从产品定价中分离开来。因此项目的收入由公众所支付的费用（使用者付费）和政府补贴两部分组成。

项目总成本由建设期成本和运营期成本两部分组成。假设项目的总成本为 C，建设期成本为 k，运营期产品数量为 q，即

$$C(q)=k+cq$$

因此，整个项目中的单位成本为 $c=C(q)/q$，即

$$c=\frac{k+cq}{q}=\frac{k}{q}+c$$

为了保障社会资本的最基础投资回报，项目的收入应大于或等于项目总成本。设项目收入为 R，政府补贴为 S，即

$$R(q)+S(q)\geqslant C(q)$$

由于项目中各方信息不对称问题的存在，政府无法获得项目产品成本的确切数值，所以政府根据经验概率设定项目产品成本的取值区间为 $[c_0, c_1]$。假设项目产品在运营阶段的收费为 v，即项目产品定价，则

$$v=\frac{R(q)}{q}$$

由此可得，产品定价加政府补贴大于或等于单位成本，即

$$v+s\geqslant\frac{k}{q}+c$$

求解得

$$v\geqslant\frac{k}{q}+c-s$$

设政府规制的定价上限为 M，下限为 m，定价区间为 $[m, M]$。

将项目产品成本区间 $[c_0, c_1]$ 代入公式，即可求得政府规制定价区间的函数表达为

$$[m, M]=\left[\frac{k}{q}+c_0-s, \frac{k}{q}+c_1-s\right]$$

二、PPP 项目产品定价案例

（一）PPP 模式下污水处理项目定价与调价机制

1. PPP 模式下污水处理项目定价机制

（1）污水处理定价及存在问题。

污水处理作为典型的基础设施建设项目，其价格高低直接关系到经营状况和消费者的生产与生活。

收取污水处理费的主要原因并不是以营利为目的，而是为了维持污水处理企业的正常运营，保障企业合理收益，但在实际操作中却是相去甚远，收回成本尚且困难，究其主要原因如下：

① 缺乏科学合理的定价方法或者说定价方法不能够统一规范。目前我国尚没有一套统一的价格体系和标准来规定污水处理费的定价。

② 污水定价相关法律法规政策体系不健全。由于不同地区对环境保护的重视程度不同，对政府出台政策理解参差不齐，同一地区不同部门之间的职责不明朗，各地具体操作措施不同，加大了实施难度，产生的社会效果也不同。这使污水处理费征收工作更

加困难。为了更好地协调各个政府部门、环保部门、物价部门的利益，制定一个更加行之有效的定价方法，对于提高污水处理费的收取效率，促进政策法规体系的完善都起到至关重要的作用。

（2）PPP 模式下污水处理项目价格组成。

污水处理项目作为基础设施 PPP 项目中非常重要的一类，与人们的生产和生活密切相关，做好 PPP 模式下污水处理项目，显得尤为重要。而价格设计是项目利益分配的一个关键内容，是吸引民间社会资本投入到污水处理基础设施项目建设中来的关键，也是实现风险公平合理的保障。PPP 模式下污水处理项目的价格组成受到多方面因素影响，价格结构必须反映这些成本的复杂性。二部定价法从成本是否变动角度出发，进行二部定价，将价格分为固定价格和变动价格，可以反映污水处理项目价格组成，如图 6-3所示。

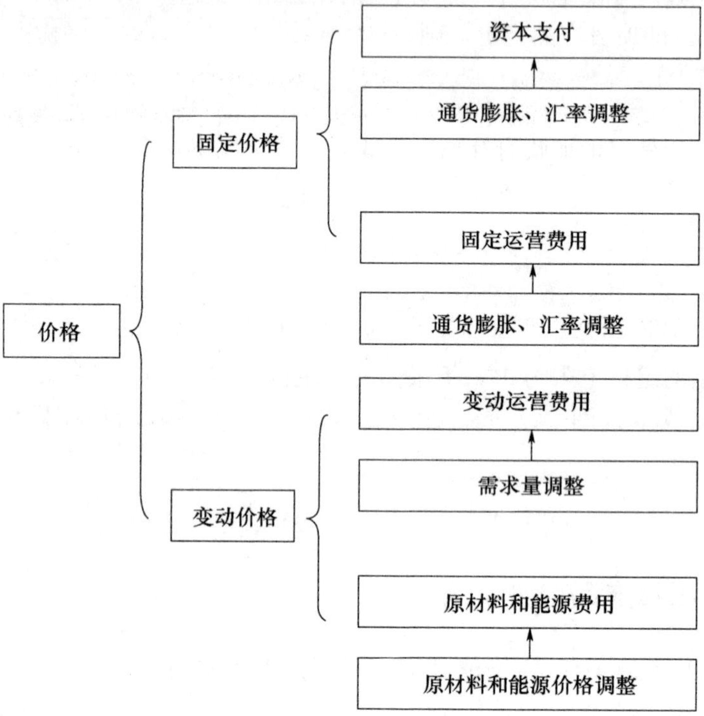

图 6-3　二部定价法价格组成

① 固定价格主要是用于固定的运营投资，用于支付各项运营费用，偿还资本金和银行贷款等，其不受运营状况的影响，只受通货膨胀或者汇率调整影响。

② 变动价格部分主要是用于由于运营成本变动导致的成本增加和污水处理所必需的原材料与能源价格调整导致的成本增加，其基本公式如下：

$$P=P_f+P_v=\frac{K}{N}+P\ (Q)$$

式中：P_f 为固定价格；P_v 为变动价格；K 为污水处理单位固定费用总额；N 为污水处理服务对象数量。

（3）PPP 模式下污水处理价格设计。

结合污水处理项目，在考虑固定成本和变动成本的基础上对 PPP 模式下污水处理项目定价影响因素进行分析，利用净现值（NPV）方法建立 PPP 模式下价格模型，在保证满足社会资本方利润目标收支平衡条件下，实现利益最大化，符合有效定价原则。

1）净现值。

净现值是指按设定的折现率（一般采用基准收益率 i_c）计算的项目计算期内净现金流量的现值之和，其基本公式如下：

$$NPV=\sum_{t=1}^{n}(CI_t-CP_t)(1+i_c)^{-t}$$

式中：NPV 为项目在经济寿命期内的净现值；n 为项目的经济寿命期；t 为项目经济寿命期内的第 t 年；CI_t 为第 t 年的现金流入量；CO_t 为第 t 年的现金流出量；i_c 为项目的折现率。

$$CO_n=（K_a+K_b+K_c+365\times Q\times C)_n$$

式中：K_a 为建设期量化了利率变化风险的投资额；K_b 为经营期量化了利率变化风险的投资额；K_c 为铺底流动资金额；C 为每吨污水处理成本。

现金流公式为：

$$(CI-CO)_n=[365Q\times（P-C）-K_b-K_c]_n$$

2）区分成本。

根据二部定价法原理，将成本区分为固定成本与变动成本。通过判定污水处理的成本是否会随着污水进水量的变动而发生改变来划分，将随之变化的成本部分划定为变动成本，反之确定为固定成本，划分成本构成如图 6-4 所示。其固定成本（C_f）应包括运营期间工资及福利费（C_1）、管理费（C_2）、其他费用（C_3），以及设备的折旧费（C_4）和维修费（C_5）。用公式表达其成本组成为

$$C=C_f+C_v$$

$$C_f=（C_1+C_2+C_3）+（C_4+C_5）$$

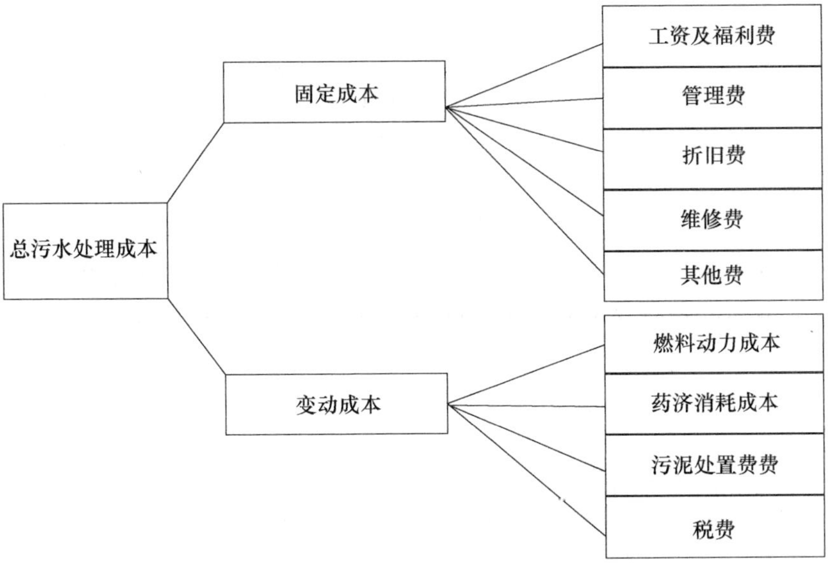

图 6-4 成本构成

变动成本（C_v）包括燃料动力成本（C_6）、烟气和水处理用药剂消耗成本（C_7）、污泥处置费（C_8）、税费（C_9）、设备及辅机的备品配件消耗成本（C_{10}），即：

$$C_v = C_6 + C_7 + C_8 + C_9 + C_{10}$$

将所有对应项元素代入净现值公式，即可得到污水处理价格。

通过以上分析可知，PPP 模式下的污水处理项目中，只要可以保证公式中净现金值能够大于或者等于 0，就能实现项目公司的正常运营，达到收支平衡。另外，从对社会经济发展的角度考虑，以上价格设计既缓解了政府的财政压力，又满足了人们生产生活需要，同时还考虑到了消费者的社会承受能力，实现了对社会资本的高效利用，提高了污水处理行业的水平，加快了污水处理行业的市场化进程，符合社会利益最大化原则。

2. PPP 模式下污水处理项目调价机制

（1）PPP 模式下污水处理厂建立调价机制的必要性。

PPP 项目参与方一般为政府、投资方和第三方使用者，同时三方也是 PPP 项目中的利益主体。在污水处理厂 PPP 项目中，政府一般负责前期设计以及可研性研究，由于缺少完善的基础数据，再加上 PPP 模式目前在我国本就处于起步阶段，缺少相关经验，导致政府方无法准确地预测污水处理厂投入使用后的实际经济效益，进而无法赋予项目一个科学的定价。设置的污水处理服务费过高，将出现政府财政压力增大，运营企业利润过高，第三方支付意愿降低等情况，也无法体现污水处理厂的社会公益性；定价过低，则投资企业可能出现运营亏损等情况，导致合作关系破裂。因此，在项目运营期间，适时地对定价进行调整，有利于政府平衡项目各参与方的利益，使得项目能够健康地运营发展。

污水处理厂 PPP 项目长期的运营过程中充斥着许多不确定的影响因素，这些因素将使投资方承担更多的风险。比如实际入水量不足、污水处理消耗材料价格上升、电费上升等都将增大投资方的运营成本，如果继续按照项目初期的定价运营，运营方很可能出现入不敷出的窘况。因此，在特许运营期内适时地进行价格调整，有利于维护运营方的利益。

使用方的支付意愿与污水处理厂的服务费息息相关。如果外部的市场环境不断变化，而项目自身的服务费却一直不变，毫无疑问将引起第三方支付意愿的波动，影响参与各方的收益情况。

（2）PPP 模式下污水处理厂调价机制的构建。

PPP 项目的价格调整实际上是社会资本与政府以及相关项目发起者风险分担和利益分配的一个互相博弈的动态过程。针对污水处理厂项目，为了平衡相关参与方利益，同时发挥此类项目的社会公益性，应遵循以下价格调整原则。

① 社会效益。污水处理厂项目具有社会公益性，净化水质、保护生态、造福大众是此类项目的主要任务。因此，污水处理服务费用应在广大被服务对象可承受的范围内，调整价格不应影响正常的污水输入量，降低被服务企业的消费意愿。运营企业也要时刻考虑项目自身的服务质量，不能因价格调整追求过高利润，从而降低企业服务水平。

② 利益均衡。PPP 项目中政府定价偏向于投资方，因此，污水处理厂的价格调整也一定要考虑投资方的利润回报，满足污水处理厂的日常运营及维护的同时也要避免投

资方暴利，增大政府的财政支出。

③ 效率。效率是 PPP 模式的最大优点，也是此模式被大力推广的根本原因。因此，污水处理厂调整价格时政府以及管理方也要考虑价格变动是否会影响污水处理率以及污水净化质量，避免企业在确定收益的情况下出现消极怠工、降低水质等情况。科学的调价应激励企业增强自身的管理，降低运营成本的同时提高整体的福利水平。

（3）PPP 模式下污水处理厂价格调整触发条件。

PPP 项目的价格变化是项目当前所处的经济环境、市场环境等共同作用的结果，在这种环境下各种不确定的因素便成了项目参与各方需要共同承担的风险。当风险变化因素到达一个临界点时，参与方就应该主动对价格进行调整以确保各方利益，这个调整边界即为价格调整的触发条件。在以往针对 PPP 项目价格调整的研究中，一般以通货膨胀率、汇率变化、原材料价格和人工成本变化及其他潜在的对成本影响较大的风险因素作为确定临界值的参考指标。由于污水处理厂一般为区域性的服务项目，因此污水处理厂 PPP 项目的价格调整条件应参考地方实际情况，当日常运营所涉及的人工、消耗材料、机械、电费等相关成本变化超过一定限度后，运营企业可申请调整污水处理服务费或补偿。

（4）PPP 模式下污水处理厂价格调整周期。

PPP 项目的特许经营期一般较长，在以往的污水处理厂项目中，价格调整期一般为 3～5 年，在这段调价空白期内，污水处理服务费是固定的，但是价格的影响因素一直在变动，就可能出现处理成本增大、运营亏损等情况，价格调整期越长，项目参与各方所承担的风险就越大。因此，项目在这种不稳定的外部环境下运营，选择固定的调价周期并不能客观地反映上述的调价原则。特许经营期内，为了确保风险最小化，项目参与各方应根据污水处理厂的实际运营状况来商定合适的调价时机，调价的时间间隔也应当进行动态的控制。例如随着污水处理厂 PPP 项目的运营发展，政府与运营方掌握的风险信息也会不断提高，因此可以根据所掌握的风险信息量大小来调整项目的价格调整周期。特许经营初期可以将调整周期设置稍短，随着运营与管理的逐渐成熟，可将调价周期适当增加。

（5）PPP 模式下污水处理厂价格调整方式。

1）模型调价法。

模型调价法是通过设置调价数学模型来建立价格与特定系数之间的联系，以此来反映成本变动、通货膨胀率、市场需求等因素对价格的影响。当污水处理厂在实际运营过程中，运营成本变动幅度过大达到上述的调价条件时，便根据调价公式对污水处理厂的服务费价格进行适当的调整。

2）协商调价法。

项目初期政府与社会资本方根据污水处理厂项目预期进水量、第三方支付意愿、物价指数、劳动力市场指数、预算成本等因素，初步确定有偿服务费以及补偿金额。如果在以后的运营生产过程中，实际情况与预期相差较大，则政府与运营方可以重新谈判，根据实际的运营参数对价格进行协商调价。

3）基准比价法。

可定期将污水处理服务费与同类服务的市场价格进行比较，若差异较大，政府和运营方可基于市场价格对服务费进行调整。

（6）PPP 模式下污水处理厂调价程序。

合理的调价机制离不开科学的调价程序，根据上述污水处理厂 PPP 项目调价机制组成要素，设置调价程序如图 6-5 所示。

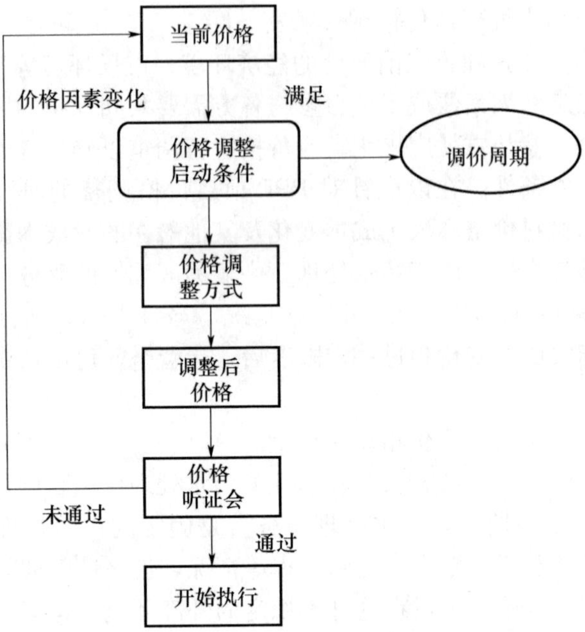

图 6-5　调价程序

（7）调价实例分析。

1）项目概况。

某市 SJ 污水处理厂是由当地政府（甲方）与某环境工程有限公司（乙方）合作，以 PPP 模式建设的污水处理项目。该项目占地面积为 63 亩，建设总规模为 6 万 m^3/日，双方商议的污水处理服务费价格为 1.39 元/m^3，特许经营期为 30 年，特许经营期结束后乙方无偿将与本污水处理厂项目相关的所有设施、设备以及运营资料和档案移交给甲方。

2）调价机制。

① 调价启动。因为价格影响因素变动造成乙方日常运营利润出现状况，乙方可申请启动调价程序。乙方首先要提出污水处理服务费调价申请，应说明申请调整的理由、依据以及理想标准，并提供详细的运营成本资料。甲方在审核申请并确定符合规定后，经双方商议启动污水处理服务费价格调整程序。甲方在收到乙方调价申请后，应在 30 个工作日内完成调价前审核工作，如果逾期甲方没有做出书面回应，视为甲方已认可乙方的调价申请，然后按照以下调价公式及补充说明进行污水处理服务费价格调整。

② 调价公式。调价公式为

$$P_n = P_o K$$

式中：日期 n 为调价年份，即从开始运营至今；日期 o 为基准年（例：第一次进行价格调整，基准年就是第一年；对于之后的调价，基准年就是上一次调价对应的年数）；P_o 为对应日期 o，即上次调价后污水处理服务费价格；P_n 为对应日期 n，即调价年份调整后服务费价格；K 为调价系数，整个调价模型的核心。

调价系数 $K=a(E_n/E_o)+b(L_n/L_o)+c(CH_n/CH_o)+d(TAX_n/TAX_o)+e(M_n/M_o)+f(CPI_{n-1}/CPI_{o-1})$

式中：a 为调价年份电费在所有运营成本中所占比例；b 为调价年份人工费在所有运营成本中所占比例；c 为调价年份化学药剂费在所有运营成本中所占比例；d 为调价年份企业税金在所有运营成本中所占比例；e 为污泥处置费在所有运营成本中所占比例；f 为除了电费、人工费、化学药剂费、企业税金、污泥处置费以外的其他费用在所有运营成本中所占比例，$a+b+c+d+e+f=100\%$；E_n 对应日期 n，为调价年份运营企业所需支付的用电单价；E_o 对应日期 o，为上次调价年份运营企业所需支付的用电单价；L_n 对应日期 n，为调价年份该市统计局编制的《统计年鉴》中所公布的市直电力、煤气和供水等相关行业在职工人的人均劳动工资；L_o：对应日期 o，为上次调价年份该市统计局编制的《统计年鉴》中所公布的市直电力、煤气和供水等相关行业在职工人的人均劳动工资；CH_n 对应日期 n，为调价年份该市统计局编制的《统计年鉴》中所公布的化工原料、化学药剂等平均价格；CH_o 对应日期 o，为上次调价年份该市统计局编制的《统计年鉴》中所公布的化工原料、化学药剂等平均价格；TAX_n 对应日期 n，为调价年份所有适用运营企业的缴税项目的综合税率（包括所得税与增值税）；TAX_o 对应日期 o，为上次调价年份所有适用运营企业的缴税项目的综合税率（包括所得税与增值税）；M_n 对应日期 n，为调价年份污泥处置的成本；M_o 对应日期 o，为上次调价年份污泥处置的成本；CPI_{n-1} 为调价年份的前一年即 $n-1$ 年，该市统计局编制的《统计年鉴》中所公布的居民消费价格指数；CPI_{o-1} 基准年的前一年即 $o-1$ 年，该市统计局编制的《统计年鉴》中所公布的居民消费价格指数。

③ 补充说明。上述调价公式中的任何指数如果在调价年份被该市统计局修改或者不再使用，应以《统计年鉴》中的相应指数替代，如果无法确认，则由双方商定替代指数。协议另外规定，特许经营期中，如果运营企业需要额外增加缴税项目或税率提高，企业可立即按照实际应缴纳的税金向政府申请修改调价公式中的相关指数。

④ 调价执行。经过调价公式调整后的污水处理服务费结算价格自审核批准或视为认可调价申请后起执行。

⑤ 综合分析。此污水处理厂 PPP 项目的调价机制以维护投资方利益出发，经过调价启动—调价模型—调价执行这一调价程序，对污水处理服务费做出调整。表面上看，此调价机制较为完善、考虑周到，经过调价模型得出的调价系数也看似合理，实际上存在一些问题，具体如下：

A. 案例项目调价机制给出了调价申请的过程，但是缺少具体的调价启动条件，因此也无法确定何时才是合适的调价时机。

B. 案例中给出的调价模型以污水处理厂日常运营中的相关成本为基础，将调价年份的成本指数与基准年份的成本指数进行比较，得出了一个调价系数。在特许运营期内，有多种引起价格变动的影响因素，例如外部环境较为稳定，由于企业内部管理缺失造成工作效率下降，也是利润减少的原因之一。单以成本因素来讨论价格的变动情况，无法体现整个调价机制的客观性。

C. 案例中调价模型所涉及的成本指数种类较多，收集数据比较困难。公式中相关指数包括电费、人工费、化工材料费、税金、污泥处理费以及居民消费价格指数，其中人工费、化工材料费和居民消费价格指数都需要通过统计部门的协助来提取数据，这些冗繁的数据不太可能完整地被统计在当地统计部门的统计年鉴中，实际操作的话需要通过多级统计部门，过程复杂。

D. 及时是 PPP 项目调价机制的核心所在。统计部门的数据发布较滞后，公式中所需的这些数据不可能同时收集到，特别是化工材料费属于商品价格，而商品价格在一年中一般波动较大，想要得到调价年份的化工材料费，需要收集每个月的价格并取得均值后再进行数据处理，但调价期间统计部门的数据很可能还没有发布，因此影响到调价机制的时效性。

E. 污水处理厂具有社会效益性，旨在服务社会服务大众，因此，调整后价格应听取项目参与各方反馈意见和经相关专家评议后再由相关政府部门审核。案例调价机制中，调整后的污水处理服务费经政府审核后便开始执行。

（三）PPP 模式地下综合管廊入廊费定价机制

1. 地下综合管廊入廊费定价原则

地下综合管廊既有提供社会公共产品的公益属性，也有为生产性服务的经营属性。所以，管廊的定价既要考虑公益属性，又要适当地收取费用以补偿建设和运营成本，维持固定资产的再生产。如果是社会资本参与建设的综合管廊，应当按照市场机制确定合理的投资回报。

城市地下综合管廊入廊费是由入廊单位在管线进入管廊时向管廊建设运营单位一次性支付，或按双方约定、政府规定分期支付的费用。它主要用于弥补管廊建设成本和回收投资收益。其定价应按照既有利于吸引社会资本参与管廊建设和运营管理，促进城市地下综合管廊建设，提高运行效率，又有利于降低入廊管线单位投资运营成本，调动入廊管线单位积极性的原则。

对于采取特许经营、政府和社会资本合作（PPP）以及企业投资建设和运营管理的城市地下综合管廊，应当充分发挥市场在资源配置过程中的作用，价格由市场决定，由管廊建设运营单位与入廊管线单位根据市场化原则确定费用标准、付费方式、计费周期、定价调整机制等。

对于政府直接投资建设和运营管理的城市地下综合管廊，应当列入地方定价目录，实行政府定价或政府指导价，制定收费标准或政府指导价、基准价及浮动幅度，并明确付费方式、计费周期等，入廊费的确定应主要用于弥补管廊建设成本，合理体现资本价值，保持公共产品有效配置和合理利用。

2. 地下综合管廊入廊费定价影响因素

影响入廊费收费标准的因素很多，需要考虑城市地下综合管廊本体及附属设施的建设投资、投资的合理回报、入廊管线单位的承受能力等，主要影响因素有以下几个方法：

（1）管廊本体及附属设施的合理建设投资。

（2）建设投资合理回报。

（3）各入廊管线占用空间的比例。

（4）各管线在不进入管廊情况下的单独敷设成本（不含管材购置及安装费用）。

（5）管廊设计寿命期内，各管线在不进入管廊情况下因更新改造需要发生的重新单独敷设成本。

（6）管廊设计寿命周期内，各入廊管线与不进入管廊情况相比，因管线破损率以及水、热、气等漏损率降低，节省的管线维护和日常生产经营成本。

（7）城市土地占用费及过路、沟桥的增加成本。

（8）入廊管线单位承受能力。

（9）其他影响入廊费收费的因素。

上述影响因素是指能够对入廊费产生一定影响的因素，客观上来说是企业衡量是否将管线入廊敷设的正负影响因素。对于入廊费的测算，并不一定意味着都要准确地测算其带来的影响，因为有些因素是难以计算确定的机会成本。

3. 定价测算方法

城市综合管廊的入廊费主要根据地下综合管廊本体及附属设施建设成本，以及各入廊管线单独敷设和更新改造成本确定。收费定价方法一般包括成本费用分摊法、直埋成本法、多因素分析法。

成本费用分摊法是指将综合管廊全寿命周期的总成本费用平均分摊到每条管线，以测算出该管线所承担的入廊费用的方法。此方法能够清晰地了解每条管线所占用的成本情况，能够较为准确地测算综合管廊的投资回收期限。但是全寿命期总成本费用的测算难以确定，没有考虑管线敷设时间长短对定价的影响。

直埋成本法是指按直埋方式敷设管线的直接成本加上道路占用赔补费和挖掘修复费用等间接成本从而形成的管线一次性摊销成本，作为管线入廊费用标准。此方法参考了中国台湾地区共同管沟建设及管理经费分摊方法，其优点是能够动态地界定管线入廊时段的入廊费用标准，计算方法简单易行，入廊单位容易将入廊和不入廊产生的成本费用进行比对，易于理解和接受。缺点是没有考虑管廊投资大小对入廊费的影响，难以准确地核算管廊的投资回收期限和投资收益。

多因素分析法是综合考虑影响入廊费定价标准的多种因素，按不同的因素对定价所产生的正负效应权重，累计加权平均所得来确定入廊费的计算方法。此方法的优点是考虑了影响入廊费标准的诸多因素，能够客观真实地反映管线入廊所应承担的入廊费用标准。缺点是计算过程过于复杂，计算结果受权重系数的影响较大，需要区分不同时段来计算入廊费标准。

4. 直埋成本法的实施案例——珠海横琴综合管廊入廊费定价

（1）概述。

珠海横琴新区综合管廊工程于 2010 年 5 月采取 BT 模式建设，中标的 BT 方为中国冶金科工股份有限公司，中标后成立项目公司负责项目的具体实施，建设运营单位是珠海市横琴岛实业发展有限公司，它是珠海大横琴投资有限公司的国有全资子公司，负责运营管理。综合管廊施工单位是中国二十冶集团珠海中冶投资公司。管廊总长度为

33.4 千米，从 2010 年 5 月开工建设，到 2013 年 11 月 19 日主体结构全部完成，历时三年半时间，概算投资 22.47 亿元。纳入综合管廊的管线种类包括电力（220kV 电力电缆、20kV 电力电缆）、通信、给水、中水、供冷、供热及垃圾真空系统等七种。设一座监控中心总站，两座监控中心分站。

为测算横琴新区综合管廊各条管线运营所需收取的合理费用，对横琴新区综合管廊各条管线一次性入沟费和日常维护费用的收费标准进行核算工作，核算结果作为上级物价部门审批珠海大横琴投资有限公司申报的综合管廊各管线收费标准的依据。

（2）各管线直理成本计算依据。

管线直埋成本的计价依据包括规范、定额、取费标准、人材机价格等，具体如下：

1）计价模式执行《建设工程工程量清单计价规范》（GB 50500—2013）。

2）通信定额执行《通信建设工程概、预算定额》（工信〔2008〕75 号）。

3）市政定额执行《广东省市政工程综合定额》（2010）。

4）人工、材料、机械价格执行 2012 年 10 月珠海市建设工程人材机指导价及厂商价格信息，不足部分采取市场询价。

5）道路占用赔补费用按照《广东省物价局关于收取占用利用公路路产补（赔）偿费等问题的通知》（粤价函〔2004〕506 号）执行。

6）道路挖掘修复费用按照珠海市物价局《关于珠海市城市道路挖掘修复费问题的复函》（珠价函〔2006〕049 号）的 50%计算。

7）各管线标准施工图集及标准断面做法。

8）各类管线典型施工图纸。

（3）各管线直埋成本计算方法。

本次直埋成本的确定，是以管线分项工程为单位，根据规划设计管线类型的标准施工图纸，计算出常用工序的工程量，套用相应定额及取费标准，加上路面挖掘修复和道路占用补偿费用，计算出该分项工程的直埋成本。直埋成本包括直接费、间接费、利润和税金。包括的工序有土方开挖、土方运输及消纳、支挡土板、垫层、回填，部分分项工程还考虑部分软基处理、打钢板桩等。措施费包括安全文明施工、现场围挡、临时设施等，未考虑过桥、涵、洞、沟等特殊地段的处理措施，不计算管材材料及安装费用。路面挖掘修复及道路占用补偿费有文件规定的（如通信和电力管线）按相关规定计算，无文件规定的按规范开挖宽度范围内的直接成本计算，按 100%分摊。计算过程以给水管 DN600 为例。

（四）PPP 模式下垃圾焚烧发电项目垃圾处理费定价机制

1. 垃圾处理费定价原则

垃圾焚烧处理费定价的目标是确保项目更好地运营，促进 PPP 模式下垃圾焚烧发电领域的发展，最终造福社会大众。在这个过程中，必须兼顾各方的利益，遵循以下定价原则：

（1）各方平衡。各参与方利益需求的满足是垃圾焚烧发电 PPP 项目成功的基础。垃圾焚烧发电项目一般具有较强的地区垄断性，在市场定价规则下，采用边际成本等于边际收益的定价方式会损害社会公众利益，因此在垃圾焚烧处理费价格制定方面应秉承平衡的原则，对社会资本的超额利润进行限制，在保证其正常利润的同时满足社会效益的要求。

（2）风险与收益对等。在风险分担的研究中，当选择承担某一风险时，应相应地获得收益，否则会打击参与者的积极性，风险的承担也将没有意义。垃圾焚烧项目具有投资额巨大、设备的专用性高、投资不可逆性强等特点，因此在制定垃圾焚烧处理费价格时，应完整地评估风险并进行量化，将风险应对成本内化于处理费价格中。

（3）促进运营。PPP 模式下的垃圾焚烧发电项目可以有效地解决垃圾围城问题，但同时也要满足环境标准，这对项目运营提出了很高的要求，因此在制定垃圾焚烧处理费价格时应考虑激发经营者的积极性，促使企业不断提升管理水平，提高运营效率。

（4）动态调整。垃圾焚烧发电项目定价完成后，随着项目的发展，内外部条件也会随之发生改变，使得风险因素呈现不同的状态，对项目产生的影响也就不同，因此应从项目进入运营阶段起就对垃圾焚烧处理费保持动态的调整。

2. PPP 垃圾焚烧发电项目特许定价形成机理

垃圾焚烧发电项目由于其项目类型的特殊性，不可能像其他类型 PPP 项目那样依靠项目自身的收益（通过向设施使用者收取费用的方式）获得投资回报，政府部门必须通过支付垃圾处理费的方式来保证垃圾焚烧发电项目的正常运行，保证社会资本获得必要的投资回报以提高其进行投资的积极性。政府向项目支付垃圾处理费的目的，是保证项目财务上的可行。因此，应该从项目财务评价的角度出发来研究 PPP 垃圾焚烧发电项目的特许定价问题。项目财务评价就是依据项目的基础数据和相关参数，计算财务评价的各项指标，并判断其是否满足社会资本的投资收益要求。对 PPP 垃圾焚烧发电项目的财务基础数据分析如下：

（1）PPP 垃圾焚烧发电项目费用支出组成分析。根据国家现行财税制度和项目评价的有关规定，项目的现金流出主要由建设投资和运营成本两部分组成。建设投资由建筑工程费、设备购置费、安装工程费、工程建设其他费用、基本预备费、涨价预备费、建设期贷款利息组成。运营成本由外购原材料费、外购燃料及动力费、工资及福利费、修理费、财务费用、其他费用组成。

（2）PPP 垃圾焚烧发电项目收入组成分析。PPP 垃圾焚烧发电项目的现金流入主要由两部分组成，即售电收入和垃圾处理费收入。影响项目现金流入的参数主要有项目发电量、上网电价、垃圾处理费和垃圾处理量。由于《国家发展改革委关于完善垃圾焚烧发电价格政策的通知》（发改价格〔2012〕801 号）规定以生活垃圾为原料的垃圾焚烧发电项目，执行全国统一垃圾发电上网标杆电价每千瓦时 0.65 元。售电收入主要取决于项目发电量的多少，而发电量由垃圾处理量决定。又由于供给项目的生活垃圾数量由项目所在地生产和生活活动产生，不具有调节性。因此，垃圾处理费的定价成为 PPP 垃圾焚烧发电项目成功运作的关键。

（3）其他相关参数。项目财务评价的其他相关参数主要有特许期和期望投资回报率。特许期包括建设期和运营期，通常在签订的特许协议中将特许期确定下来。社会资本在进行 PPP 项目投资时会依据资金成本、社会平均投资收益率等因素确定期望投资回报率。

3. PPP 垃圾焚烧发电项目特许定价模型构建

PPP 垃圾焚烧发电项目特许定价的因素之间相互联系相互作用。通过因果关系图可以理清它们之间的作用机理。通过 VensimDSS 软件绘制的 PPP 垃圾焚烧发电项目特许定价因素的因果关系图如图 6-6 所示。本研究采用净现值（NPV）作为投资决策指标。由于 PPP 项目一般采取预先确定特许经营期进行项目招标确定特许经营人，所以本研究将特许经营期作为一个定值考虑。

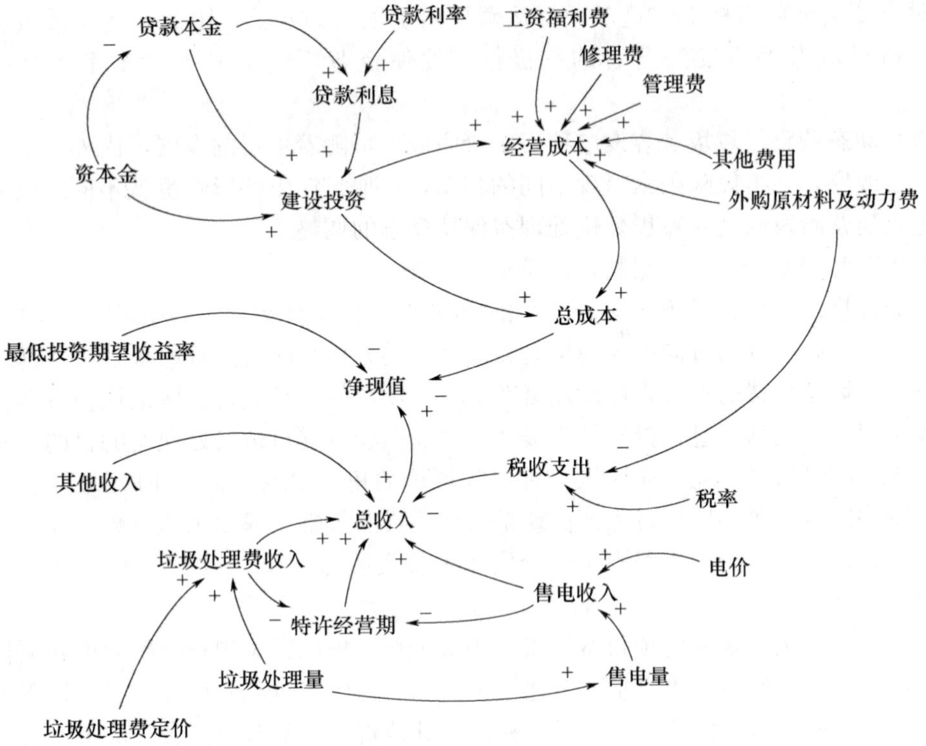

图 6-6 PPP 垃圾焚烧发电项目垃圾处理费定价因果关系图

在因果关系图的基础上采用 Vensim DSS 软件绘制存量流量图，如图 6-7 所示，该图不仅反映了系统各要素之间的逻辑关系，而且具体体现了系统内部作用和反馈过程。通过给参数赋值、建立参数之间的函数关系完成建模的工程。

4. 案例分析——以达州市垃圾焚烧发电项目为例

为了验证上述基于系统动力学的垃圾焚烧发电项目特许定价模型的合理性，本节采用达州市垃圾焚烧发电项目的数据进行模拟、演示。

（1）项目概况及主要参数。达州市生活垃圾焚烧发电项目位于四川省达州市通川区复兴镇九龙村，占地 60 亩，由香港南扬国际能源投资有限公司投资建设。根据特许经营协议规定，项目特许经营期为 30 年（不包含 2 年建设期）。项目的各项财务参数见表 6-4。

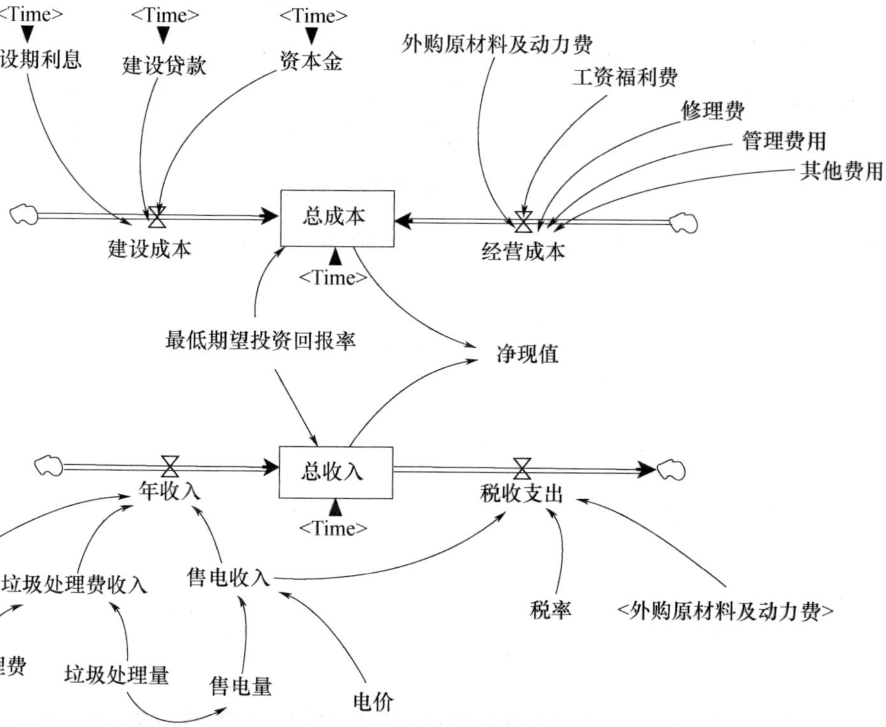

图 6-7　系统动力学的垃圾焚烧发电项目垃圾处理费定价模型

表 6-4　达州市生活垃圾焚烧发电项目垃圾处理费定价参数

1）总投资	35 445.02（不含建设期利息）			
建设投资	资本金	贷款	贷款利率：7.2%	
第一年	8583.765	18 000	1296	
第二年	2861.255	6000	1728	
2）运营成本	1229.45 万/年			
外购原材料及动力费	481.24 万/年			
工资及福利费	240 万/年			
维修费	350.99 万/年			
管理费用	157.22 万/年			
3）特许经营期：32 年	建设期	2 年	运营期	30 年
4）垃圾处理量	29.2 万 t/年，投产第一年 25.55 万 t/年			
5）售电量	按每吨垃圾发电 270 度计算			
6）电价	0.583 元/度			
7）增值税 17%（即征即返）；免征营业税				
8）城市建设维护税：7%；教育税及附加：3%				
9）最低投资收益率：12%（根据社会平均投资收益率取定				
8）其他收入：炉渣副产品处理收入：270 万元/年				

（2）定价模拟。在存量流量图 6-7 基础上，结合项目的基本情况和具体参数数据，

对模型进行了参数变量的赋值和参数之间数学公式的编译。

通过 NPV 值模拟，当垃圾处理费的定价为 61.9 元/t 时，净现值为 0.0351 万元。当垃圾处理费定价为 61.8 元/t 时，净现值为－18.54 万元。由此可以确定垃圾处理费的初始定价为 61.9 元/t，此时 NPV 略大于零，模拟结果如表 6-5 和图 6-8 所示。

表 6-5　净现值模拟结果统计

特许期（年）	净现值（万元）	特许期（年）	净现值（万元）	特许期（年）	净现值（万元）	特许期（年）	净现值（万元）
1	－24776.600	9	－14597.500	17	－5202.430	25	－1407.910
2	－33114.600	10	－12908.900	18	－4520.420	26	－1132.460
3	－29945.400	11	－11401.200	19	－3911.480	27	－886.516
4	－26612.400	12	－10055.000	20	－3367.790	28	－666.930
a	－23636.500	13	－8853.100	21	－2882.350	29	－470.867
6	－20979.400	14	－7779.950	22	－2448.930	30	－295.813
7	－18607.000	14	－6821.780	23	－206－.940	31	－139.516
8	－16488.800	16	－5966.270	24	－1716.410	32	0.035

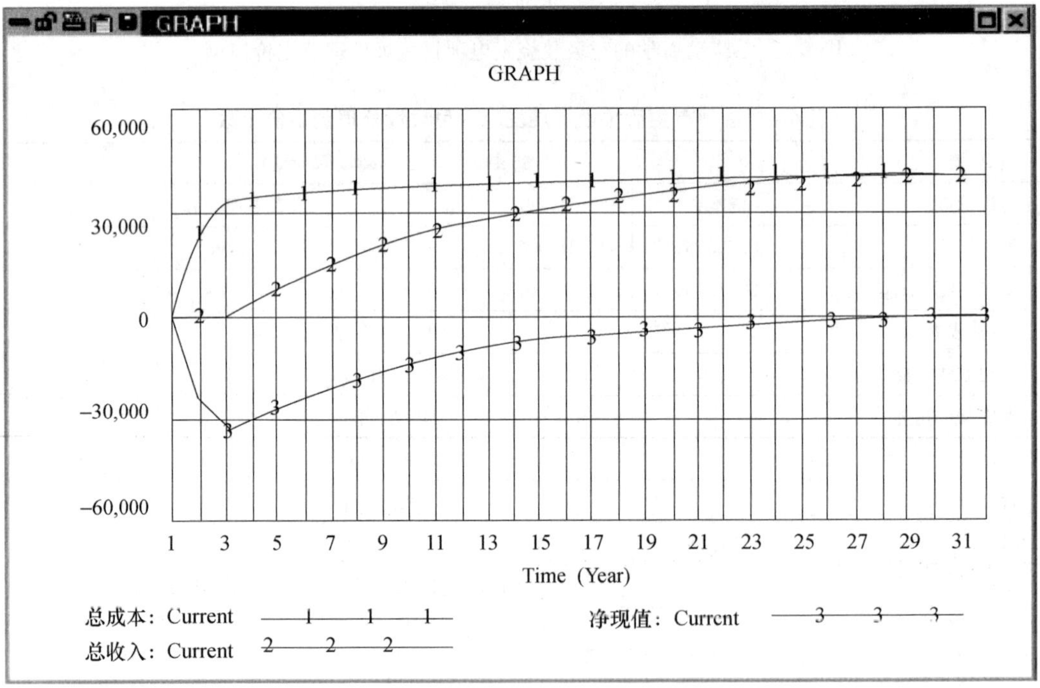

图 6-8　达州市垃圾焚烧发电项目净现值曲线

在采用模型进行模拟验算时，当某一垃圾处理费的取值使得项目的净现值大于零，则这个取值是符合项目要求的，即可以满足项目最低投资收益率的要求；若使得项目净现值小于零，则说明垃圾处理费的这个取值不符合项目要求，无法取得项目的投资目标。

图 6-8 为净现值、总成本及总收入三者随时间变化的曲线，通过该图可以分析净现值的变化规律及其与其他二者的变化对应关系，从而明确垃圾处理费的定价对净现值的影响作用机理。图中任一时间点，总收入与总成本两条曲线之前的差值即为净现值曲线的对应数值。当垃圾处理费的初始定价为 61.9 元/t 时，NPV 为 0.0351 万元，略大于零，项目具有财务可行性。原项目特许经营权协议规定，投产后第 1、第 2 年的垃圾处理费按 69 元/t 的标准支付，从第 3 年开始按 70 元/t 的标准支付，自投产第四年开始每 3 年按照物价指数的变动进行相应的价格调整。可以看到通过定价模型得到的结果与实际定价非常接近，说明定价模型是合理、适用的。

（3）敏感性分析。本研究所使用的参数来自于项目的可行性研究报告，有必要进行关键参数的敏感性分析，以使价格影响因数在一定范围内产生变化时定价仍能给特许经营投资者带来最低投资期望收益。

本案例选取对定价影响最直接的建设投资、经营成本、垃圾处理量、最低投资收益率四个参数进行敏感性分析并设定其分别发生±10%、±5%变化的情况下计算对应的特许定价，结果如表 6-6 和图 6-9 所示。

从分析结果来看，PPP 项目垃圾处理费定价对建设投资和最低投资收益率较敏感。对经营成本最不敏感，经营成本变化 5%，定价大约变化 2 元/t。定价对垃圾处理量的变化非常敏感，但是，在 PPP 垃圾焚烧发电项目特许协议中通常约定垃圾供应量是由政府提供保证，敏感性分析的结果也说明了政府承担垃圾供应量变化风险的必要性和合理性。

表 6-6　PPP 垃圾焚烧发电项目垃圾处理费定价敏感性分析

参数	参数变化				
	−10%	−5%	0	5%	10%
建设投资	44	53	61.9	70.9	79.8
经营成本	57.7	59.9	61.9	64.1	66.2
垃圾处理量	86	71.2	61.9	52.9	42.2
最低投资收益率	44.7	53.5	61.9	70.5	79.8

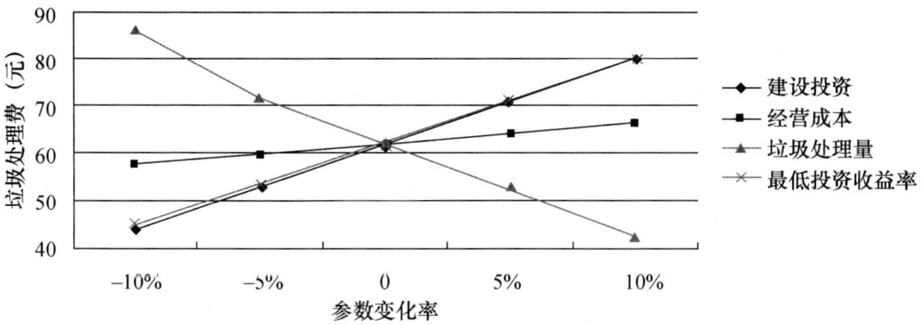

图 6-9　PPP 垃圾焚烧发电项目垃圾处理费定价敏感性分析

（五）PPP 模式下收费高速公路项目通行费定价机制

1. 高速公路 PPP 项目定价影响因素

（1）成本费用。影响高速公路价格制定的主要成本，包括建设成本和运维、养护成本。建设成本属于固定成本，运维、养护成本属于变动成本。根据《高速公路经营公司财务管理办法》，在高速公路的总成本中，项目的建设成本是所占比例最大的部分，主要包含建筑安装工程费、设备及工器具购置费、工程建设其他费、预备费、风险管理费等。运维、养护成本是指在高速公路已建成并且投入运营之后，由于需要维持道路可用性而花费的维修费、专项养护费及日常养护费。

（2）交通流量。高速公路 PPP 项目的 SPV 运营公司，其收入主要来自对过往车辆收取的通行费，因此，车流量因素是所有定价模型都必须考虑的基本价格制定要素。车流量因素受到地区的经济发展状况、汽车保有量、竞争性公路、出行习惯、车辆税费负担、燃油价格、气候条件、通行条件等多种因素的影响，其中影响最大的是汽车保有量及特定地区的经济发展状况。一般高速公路的车流量可以划分为三部分：转移车流量、诱发车流量和趋势车流量。为了降低实际车流量达不到预期数值对项目公司可能造成的损失，尽可能避免此类风险，通常约定项目“唯一性”以保证交通需求。此外，当交通需求受不可抗力影响或需求低于预期值较多时（如实际车流量在预期值的 60%及以下），可以调整特许经营期。

（3）道路使用者支付意愿。影响消费者支付意愿的主要因素包括家庭或个人的收入水平、职业稳定与否、受教育程度、年龄层次等。按照经济学原理，同样的资本投入到不同土地，所能获得的效益应有差别。这样，效益高的投资就得到超额的利润，此利润便形成了级差效应。级差效应原本只是针对土地问题的，但市场经济体制下的高速公路项目也同样具有相似的性质。道路用户为了完成既定的运输目标，选择不同的道路级别出行所投入的成本是不同的，因而产生了不同的效益，也就是道路级差效益。可以通过节约成本以及里程缩短的长度来量化高速公路的级差效益，即对道路使用者支付意愿进行量化。从理论上讲，制定的收费标准不应超过其对应的道路级差效益。

（4）项目基准收益率。PPP 模式追求的是“共赢”，一个成功的 PPP 项目应当要有合理的投资回报。投资回报率是 PPP 特许经营协议中的核心问题，它反映了项目的盈利能力，也决定着对投资者的吸引力。基准收益率是由机会成本、项目风险、通货膨胀率和投资资金成本等几个因素所共同影响的。PPP 项目的资金主要来源于自有资金和银行贷款。当资金来源于贷款时，基准收益率需高于贷款利率。如果投资者的收益能达到基准收益率，则可以说明在归还贷款利息后投资者仍有盈余，此时项目是成功的，反之则是负债经营；当资金来源是自有资金时，企业可自行决定基准收益率，也可参照同行业的基准收益率；资金来源既有自有资金也有贷款资金时，则需要根据两部分所占的比例及其利率来求得加权平均值，即将综合利率代替基准收益率。PPP 项目的基准收益应大于其机会成本，而机会成本也应高于资金成本，否则就不能进行投资活动。由于经营期间，经济环境的变化难以预料，在 PPP 合作当中，投资者需考虑一个适当的风险补贴率，来补偿投资因不利的变化而带来的风险损失。投资风险的大小与利润的大小成正比，风险越大利润也越大。如果项目的收支是按各年预期的时价来计算，那么通货膨胀率就涵盖在了项目资金的收益率中。要使投资的项目收益率大于实际的期望水平，则应该在期望收益率基础上考虑通货膨胀率的影响。通过对以上各因素的综合分析，若项目收入和支出是按时价来计算的，可归纳基准收益率的简化计算公式如下：

$$i_c = \max\{i_1, i_2\} + i_3 + i_4$$

式中：i_1 为综合资金成本；i_2 为投资的机会成本；i_3 为投资的风险补贴率；i_4 为通货膨胀率。

（5）项目风险分担与利益补偿机制。PPP项目建设周期长、投资大，涉及企业、政府、咨询机构、金融机构、保险公司等众多的相关者，各方之间存在复杂的合同关系，较一般的工程项目风险因素也更多。合理分担PPP项目风险，是PPP项目能够顺利运作的关键之一。风险分担主要遵从三个原则：一是由应对条件较好的一方来承担相应风险；二是承担的风险应与所得回报对应；三是承担风险应有上限。对应不同的风险分担方式，应有不同的利益补偿机制与之对应。当交通需求不足时，政府可以做出最低消费承诺作为补偿。

通过以上分析得知，成本费用、交通流量、道路使用者支付意愿、项目基准收益率和风险分担与利益补偿机制五个因素对高速公路PPP项目价格产生影响，因此，基于这五个因素，提出高速公路PPP项目的特许定价模型。最后，结合案例分析提出完善高速公路PPP项目定价机制的政策建议。

2. 高速公路PPP项目的特许定价模型

（1）模型引入。本节采用投资收益、现金流量分析等工程经济学理论，从高速公路PPP项目的成本费用构成和基准收益率因素入手，构建高速公路PPP项目特许定价的基础模型，接着，通过考虑风险因素、交通流量和道路用户级差效益三个因素，提出经修正后的更为科学合理的高速公路PPP项目特许定价模型，建模思路如图6-10所示。

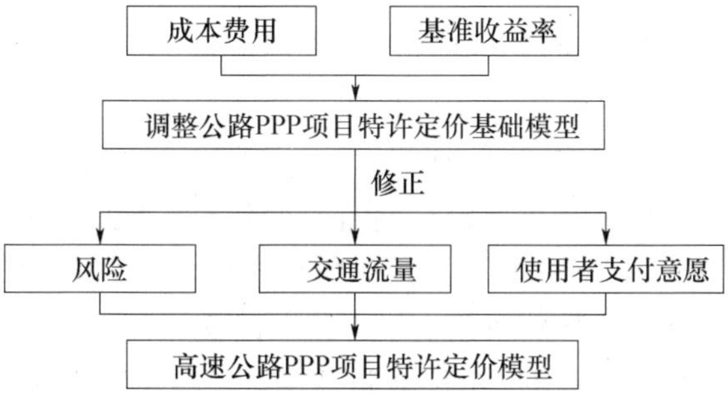

图6-10　高速公路PPP项目特许定价模型建模思路

首先，根据投资收益理论，采用净现金流量模型来分析高速公路PPP项目的投资收益。特许期内，高速公路项目第 t 年的净收益 R_{Nt} 可表示为：

$$R_{Nt} = \{[(P_t - K)Q_t - F]\prod_{i=1}^{t}(1 + IR_i) - E_t D_t\}(1 - TA) + C_d TA - AE_t$$

式中：P_t 表示以7座及以下小客车作为标准车型，每标准车在第 t 年的收费价格；K 表示每标准车所需的高速公路养护成本；t 表示第 t 年的交通流量；F 表示自有投资；$\Pi_{i=1}^{t}(1+IR_i)$ 表示第 t 年的通货膨胀率；E_t 表示第 t 年的贷款利率；D_t 表示第 t 年初项目公司的贷款余额；TA 表示所得税税率，一般取25%；C_d 表示由直线折旧法计算得出的年折旧额；A 表示每年需偿还的本金。

能够为项目公司带来预期盈利是高速公路 PPP 项目成功的标准之一，即项目的净收益现值大于零。假设项目风险水平一定，特许经营期为 N，投资现值为 I，预期投资收益率为 R_i，则项目在特许期内的净收益现值 NPV 的基本计算公式为：

$$\mathrm{NPV}=\sum_{t=1}^{N}R_{Nt}(1+R_i)^{-t}=\sum_{t=1}^{N}\{\{[(P_t-K)Q_t-F]\prod_{i=1}^{t}(1+IR_t)-E_tD_t\}(1-TA)+C_dTA-AE_t(1+R_i)\}(1+R_i)^{-t}$$

并且，预期投资收益率 R_i 为年净收益与投资额 I 之比。

$$R_i=\frac{\mathrm{NPV}\left(\frac{A}{P},\ E_t,\ N\right)}{I}=\frac{\mathrm{NPV}}{I}\frac{E_t\ (1+E_t)^N}{(1+E_t)^N-1}$$

但上述定价模型具有一定局限性，接下来，将考虑风险、交通流量、使用者支付意愿三个因素的影响，对上述基本模型进行修正。

（2）基础模型修正。

1）风险因素引起的修正。在项目融资过程中，往往采用 CAPM 模型（即资本资产定价模型）来确定项目贴现率。由此，借鉴 CAPM 模型，引入对风险因素的考虑，修正高速公路 PPP 项目的预期投资收益率。修正后的预期投资收益率为：

$$R'_t=R_{st}+\text{风险收益率}=R_{st}+\beta\ (R_m-R_{st})$$

式中：R_{st} 表示无风险时的收益率，可由短期国库券利率代替；β 表示风险价值系数，即项目因风险因素而受到的影响程度；R_m 表示完全竞争市场环境下的平均投资收益率，可用行业投资回报率代替，公路行业约为 6%～8%。由此，若要在定价时考虑到风险因素的影响，R'_t 可代替原模型中的 R_i。

2）交通流量因素引起的修正。我国不同地区经济发展水平相差较大，总体来看，东部地区交通流量相对较大，西部地区较小。交通流量大小既会影响高速公路收费标准的高低，又会影响运营总收入的多少。分析预测特定区域的交通流量后，再确定收费标准，能够避免因盲目实行政府定价带来的缺陷，使收费标准更符合沿线经济发展水平。本节研究更偏重于经济管理，重点考虑交通流量变化与区域经济指标间的关系，依据机动车保有量、区域 GDP、人口数量等经济指标与交通流量的关系来预测某路段的交通流量。因此，可认为高速公路某路段第 t 年运营期的交通流量 Q_t 为区域 GDP（G_t）、城镇经济单位职工人数（R_t）、民用汽车保有量（M_t）、该年通车时间 t 等的函数。其中，n 为建设期，$t=N-n$，则

$$Q_t=f\ (G_t,\ R_t,\ M_t,\ t)$$

3）级差效益因素引起的修正。在相同的成本投入水平下，行驶于高速公路和其他可替代性道路的效益差值即级差效益。根据级差效益分享理论，高速公路产生的级差效益应在服务提供方和社会公众使用者之间合理分配，且只有双方共同合作时才能产生级差效益。高速公路收费标准的制定在一定程度上取决于级差效益分配比例的确定。若制定的高速公路收费标准过高，道路用户由于无法获得合理级差效益而更倾向于选择其他可替代道路，导致交通流量降低。因此，高速公路收费标准 P，即每标准车收费价格，不应超过级差效益的一定比例：

$$P \leqslant \frac{B}{L} f$$

式中：B 为每年每标准车选择该高速公路出行所产生的级差效益，一般由缩短运输里程的效益（B_1）、降低车辆运行成本的效益（B_2）、节约运行时间的效益（B_3）组成；L 为高速公路 PPP 项目里程（km）；f 为级差效益的分享比例，$0 \leqslant f \leqslant 1$。

$$B = B_1 + B_2 + B_3 = AC_0 \Delta L + \sum AC_1 L_1 G + T_n V$$

式中：AC_0 为表示在可替代道路或原道路上的平均公里行驶成本；ΔL 为缩短的行驶里程；AC_1 为每标准车在可替代道路的平均公里行驶成本；L_1 表示车辆在高速公路 PPP 项目上的行驶里程；G 为车辆选择高速公路 PPP 项目出行某成本项的降低百分比；T_n 为全程节约时间（h）；V 为单位时间价值（元/h）。

（3）模型求解与结果分析。为计算简便，相关参数设定如下：

1）在高速公路项目生命周期内，R_m、R_{st} 保持不变。

2）各年通货膨胀率均为 IR。

3）该项目仅在建设期初贷款 D 元，以后各年按照等额还本方式每年还贷 A 元，项目公司第 t 年初的贷余额 $D_t = D - At$。

4）项目公司各年的贷款利率 E_t 均为 E。

5）同一时间范围内，风险水平 β 保持不变。

联立上述各式，求解可得如下高速公路 PPP 项目定价计算模型：

$$P_t = \left(\frac{F}{Q_t} + K\right) + (1 - TA)^{-1} Q_t^{-1} \sum_{t=1}^{N} \left(\frac{1 + IR}{1 + R_i}\right)^{-t} \left\{\frac{IR_i[(1+E)^N - 1]}{E(1+E)^N}\right\} +$$

$$E(1 - TA)D - TAC_d \sum_{t=1}^{N} (1 + R_i)^{-t} + AE \sum_{t=1}^{N} (1 + R_i)^{1-t}$$

$$R_i = R_{st} + \beta\ (R_m - R_{st})$$

$$Q_t = \frac{Q_1 + Q_2 + \cdots + Q_N}{N}$$

$$P \leqslant \frac{AC_0 \Delta L + \sum AC_1 L_1 G + T_n V}{L} f$$

3. 高速公路收费定价案例分析

某高速公路全长 340 千米，行车时速 120 千米，交通量每昼夜 4 万辆，建设期为 5 年。其中 X 段于 1994 年通车，全长 114.2 千米，比该地区并行的老公路缩短了 54 千米。运营公司于 X 段公路运营 5 年后接手（即前期投资额为 0）。根据特许经营协议，运营公司总投资 26.95 亿元，贷款总额约 15 亿元人民币，采用 20 年等额还本方式，特许经营期为 25 年，即 1999—2024 年。项目资本金收益率采用目前 10 年期国债利率作为资本金最低收益率，约为 4%。所得税税率为 15%，通货膨胀率为 4.5%。

（1）交通流量的预测。根据搜集到的此高速公路 X 段 1995—2001 年间的车流量数据，结合该地区统计年鉴中 GDP、民用车辆拥有量、城镇经济单位职工人数的记载，经 SPSS 软件处理后，得出该段高速公路通车年限与交通量的关系为：

车流＝2919114.4＋905841.58×通车数

该段高速公路区域宏观经济指标与交通量的关系为：

车流量＝7798345.652＋3.724×民用车辆拥有量

其中民用车辆拥有量可通过统计处理得到其与通车年份的关系。

采用这两个车流量方程的加权平均来预测此高速公路 X 段 2002—2024 年的车流量。将交通流量数据预测结果代入定价模型，2015 年，此高速公路 X 段费率应为 0.3 元/车公里，即 33.8 元/车。

（2）级差效益的计算。根据本例情况，此高速公路 X 段级差效益分享值为：

[（115/168.2）×114.2×40%+（115/168.2）×54+5.26×3]/114.2×50%＝0.368 元/车公里。

（3）模型结果与此高速公路 X 段当前收费费率对比。当前，该路段的收费费率见表 6-7。

表 6-7

站名	A	B	C	D	E	F	G
里程（公里）	—	10	16	7.67	22.33	13.1	12.9
费率（元/车·公里）	—	0.5	0.625	0.652	0.448	0.382	0.775

综上，通过本节定价模型得出的费率，低于目前该地区的车辆通行费标准，且小于道路级差效益分享值，说明本定价模型基本合理。通过对比，定价模型计算出的收费费率低于该段高速公路当前收费费率，而实际上，民众也一直在反映此高速公路 X 段收费标准过高，影响本地区招商引资等。

第三节　PPP 项目利益相关者利益分配的模式和基本原则

一、PPP 项目利益分配模式

（一）固定支付模式

固定支付模式是指一个成员（一般是 PPP 项目公司）根据其他成员承担的工作按事先约定的酬金支付给其他成员固定报酬，而核心成员则享有合作的其余全部收益，同时承担相应全部风险。这种分配模式接近于市场交易模式。

（二）产出分享模式

产出分享模式是指参与合作的成员按一定的分配比例（系数）从 PPP 项目最终的总收益中分得自己应得的收益，这是一种风险分担、利益分离的模式。

（三）混合模式

混合模式是前两种模式的综合，核心企业既向其他成员支付固定报酬，同时又按一定比例从总收益中向其他成员支付报酬。由于 PPP 模式下的公共部门和社会资本之间经常是利益共享、风险分担。因此，适合采用混合模式。

二、PPP 项目利益分配的基本原则

公私伙伴关系建立的同时也意味着一个新的利益和风险分配格局的形成，能否合理

地制定利益、风险分配方案是项目伙伴关系成功运作的关键。PPP 项目利益相关者的最终目标都是实现自身利益最大化，PPP 项目的最终利益取决于利益相关者的共同付出（资金投入、风险分担、合同执行度、监督力度等），但是他们的利益目标却并非完全一致，因此在 PPP 整个过程中也就存在一个利益协调问题。PPP 模式下，公私双方在项目前期需要相互协商，就特许经营合同中的利益分配问题达成共识，以规避合作过程中的因利益不均而产生的风险问题。能够让公私双方满意度最高的利益公平分配方案是促使利益相关者积极合作的源动力。需要突出说明的是利益公平分配作为一种激励机制，可以促进利益冲突的解决。

PPP 项目利益分配需要遵循的基本原则有互惠互利原则，投入风险与收益对称原则，结构利益最优原则，公平兼顾效率原则，信息透明原则（图 6-11）。

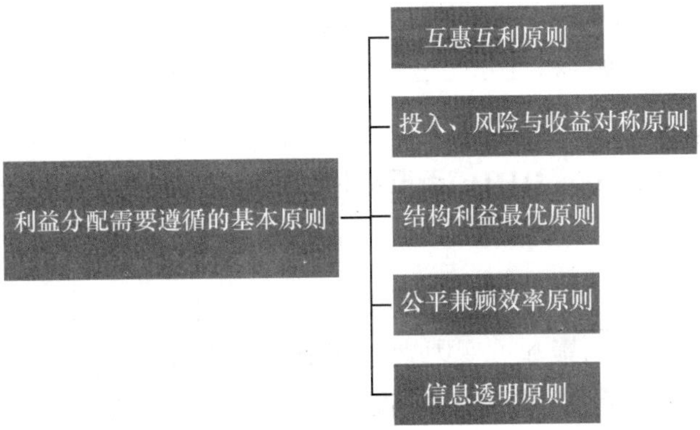

图 6-11　利益分配需要遵循的基本原则

（一）互惠互利原则——遵循双赢规则

获取社会效益和经济效益是公私双方的共同目的，收益的分配应充分考虑公私双方期望的投资收益，通过沟通协调使得收益的分配比例应该保证参与双方都有利可图，以形成合作—信任关系。分配方案应使得各利益相关者的基本利益得到充分保证，以不破坏合作伙伴关系为最低标准，形成互惠互利才能实现稳定的合作关系。

（二）投入、风险与收益对称原则

在制定利益分配方案时，不仅要以各利益相关者的资源投入为依据进行分配，还应当充分考虑各利益相关者所承担的风险大小，尽可能地对承担风险的成员给予相应的风险补偿，以增强合作的积极性。风险分担、利益共享，即合作双方的利益分配应与各方承担的风险和投资大小相称。在规范的市场经济环境中，风险和收益一般是对等的。因此，在 PPP 项目的利益分担上也应遵循这一原则，收益分配应与承担的风险相互一致，收益分配的比例，取决于风险分担的比例。

（三）结构利益最优原则

从实际出发，全盘考虑各种影响因素，合理确定利益分配的最优比例结果，尽力做到公平分配，促使双方实现最佳合作、协调发展。在 PPP 项目中，需要相应的激励机制和相互信任机制才能促使 PPP 项目利益相关者的积极合作，政府需要在一定程度上监督私人投资者，促使公私双方的努力程度最大，故公私双方的监督力度和努力程度也在一定程度影响着 PPP 项目的收益。在进行 PPP 项目收益分配的时候，应当充分考虑监督力度、努力程度、投资比例、风险分担等因素的综合作用。

（四）公平兼顾效率原则

PPP 项目作为一个整体开展项目，需要利益相关者之间的紧密合作，公平有利于利益相关者之间合作精神的培育，且避免多方之间矛盾的产生。然而，过分的公平会影响到利益相关者提高效益、节约成本的主动性，故必须在保证公平的基础上兼顾效率。

（五）信息透明原则

信息沟通问题通常是引起冲突的原因。因此，为了减少因信息不畅而造成的矛盾，利益相关者之间在 PPP 项目利益分配过程中应尽量保持信息互通。

第四节　PPP 项目利益分配的影响因素

PPP 收益分配的基本原则是“收益共享，风险共担”。PPP 项目利益分配的影响因素，主要有两类，即不变因素和可变因素。其中，不变因素主要考虑参与者的投入比重和风险分摊系数，可变因素主要考虑参与者的项目参与度和激励机制（图 6-12）。

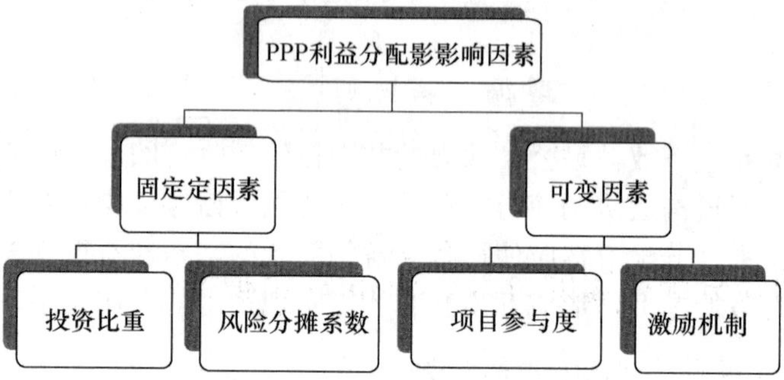

图 6-12　PPP 收益分配影响因素

一、不变因素（固定因素）

（一）投入比重

在 PPP 项目中，由于参与者投入的不同，会对项目收益产生重要影响，进而对参与者的收益分配和责任义务造成直接影响。一般在其他因素不变的情况下，参与者投入的成本越高，其期望的收益也越大。由此，在其他条件不变的前提下，投入比重与收益分配成正比例关系。

（二）风险分摊系数

通常风险意味着损失的可能，故承担风险较多的参与者需要得到更多的补偿。PPP项目收益分配时，要秉持着“风险与收益对等”的原则进行。对于PPP项目参与者尤其是代表政府的参与者，不考虑风险对收益分配机制的影响，将大部分风险推给社会资本的做法是不可取的。在风险分摊时，公私双方是平等的，应将风险分配给最有能力掌控的一方。恰当的风险分摊方案不仅可以对双方产生正向激励，而且能提高项目的总收益。

二、可变因素（灵活性因素）

（一）项目参与度（合同执行度）

项目参与度是指公私双方为实现合同而做出的努力和牺牲。具体来说，包含两种情况：首先，按合同进行判断公私双方的履约度；其次，公私双方在遇到合同约定之外情况时，为保证项目总收益所做出的牺牲。项目参与方的项目参与度对于项目的成功有较大的影响。投资者参与度越高，要求得到的收益比例也越高。

（二）激励机制（贡献度）

在PPP项目中，因参与者分属不同的部门、信息不对称、交易成本等因素的存在，项目参与者可能会产生一些不道德的行为、假公济私等。由此可知，项目提出人应同时是激励者，通过设置恰当的激励机制，对项目参与者起到监督和激励的双重作用。激励机制不仅包含奖励机制，而且包含惩罚机制。设置合理的激励机制可以减少不道德现象的发生，提高项目总收益。

第五节　基于Shapley值的PPP项目收益分配模型

一、多方利益分配模型的引入—Shapley值模型

（一）基本假设

（1）无大的决策变动、政治和法律环境稳定等。

（2）利益经过协调可达到公平分配的状态，利益均衡为静态状态。

（3）PPP项目的总体收益给定，且不考虑项目的运营成本。

（二）Shapley值法

Shapley值法是Shapley L. S. 于1953年提出的用于解决多人合作对策问题的一种数学方法。当N个人从事某种经济活动时，对于他们之中若干人组合的每一种合作形式，都会得到一定的效益，当人们之间的利益活动非对抗性时，合作中人数的增加不会引起效益的减少，这样，全体N个人的合作将带来最大效益，Shapley值法是分配这个最大效益的一个解决方案。它的出发点是根据联盟中每个成员对联盟的边际贡献分配联

盟的总收益，以确保分配的公平性。

当合作对策问题得以清晰描述时，在多人合作对策中，人们不再关心如何做出对策使得合作带来更多的收益，而转向关注如何公平合理地分配合作带来的收益，如何获得合作对策的“解”则是解决这一问题的关键。Shapley 值法由于其“解”存在唯一性、计算方法的规范性、分配方式的合理性而被广泛应用于合作对策问题的求解中。

二、Shapley 值模型的适用性

Shapley 值法用于 PPP 项目收益分配问题的适用性分析如下：

（1）PPP 项目中各投资参与企业之间的合作策略可视为一种合作对策。合作对策最为重要的特征就是合作对策的各个局中人通过制定相关的约束条件和协议，进行共同合作，来实现集体利益的最优化。他们期望通过各决策者的相互沟通和协调可以使整体发挥的功效利益大于各成员单独运行时的效益之和。而 PPP 项目各投资方的合作关系基本符合合作对策的要求。PPP 模式的合作关系由原本相互独立的政府和私人投资方以及更为广泛的供应方构成，通过订立基于项目的协议和合同在内的各种契约形式，彼此形成具有强制性和法律效力的合作关系，共同目的是追求建设项目资源最优配置和收益最大化，合作的基础是信息共享、利益共享和风险共担。

（2）PPP 项目收益分配公益、公平和效率原则能够得以充分体现。PPP 项目收益分配需协调好公益、公平和效率三大分配原则，所谓公益原则是指基础设施建设项目具有准公益性质，利益分配应侧重于对建设项目的奉献和公共社会责任的承担，而不完全限于投资奉献率。Shapley 值法根据各投资方的边际贡献率进行分配，可以间接将投资奉献和社会责任奉献综合考虑，收益分配方案相对公平、合理、稳定；公平原则是指收益分配时应兼顾整体合理性和个体合理性两条公理，既保证整体收益能够被完全分配，同时也要保证个体分配所得符合其投入回报期望；效率原则是指收益分配时应体现效益效率原则，保障资金的有效使用和价值增值，这与 Shapley 值法的有效性和可加性公理相符，由此保证 PPP 项目合作联盟的长期动态平衡状态。即：①通过合作获得的合作联盟总收益要大于未合作之前的各方收益之和；②合作联盟的各节点企业均可获得大于未合作之前自身所获得的收益，以使每个节点企业的基本利益得到充分的保证，既不会影响成员企业的积极性，又不会影响联盟运行的稳定性和效率。

三、Shapley 值模型建立

（一）Shapley 值模型建立

假设 N 是参与人集合，$S \in N$ 为 N 中的一个联盟。V（S）是定义在联盟集上的特征函数，表示联盟 S 的收入，则满足以下条件：

$$v\ (\phi)\ =0$$

$$v(s) > \sum_{iES} V(i)$$

设 ϕ_i 为局中人 i 的收入，根据 shapely 定理可得：

$$\phi_i = \sum_{s \in N} \frac{(s!-1)(n-s!)}{n!}[v(S)-v(S-i)]$$

式中：s 表示联盟的规模；[v（S）$-v$（$S-i$）中的 v（$S-i$）表示联盟 S 中去掉成员 i 后的收入，因此 [v（S）$-v$（$S-i$）] 可以视为成员 i 对联盟 S 的贡献。

由于 PPP 是公共部门和社会资本合作实施的项目，因此在 PPP 项目利益分配 Shapely 值计算过程中，假定 $i=1$，2，分别表示公共部门和私人投资者；$N=\{i\}$，表示 N 是参与人 i 的集合，则 $n=2$；ϕ_1 和 ϕ_2，分别表示修正前公共部门分配所得利益和社会资本分配所得利益。

Shapley 值法是一种基于概率的计算。假设参与人随机形成采购联盟 S，则各种联盟次序发生的概率都是 $1/n!$。参与人 i 与前面的（$s-1$）个人形成采购联盟 S，则 i 对联盟的贡献为 [v（S）$-v$（$S-i$）]。而（$s-1$）与（$N-s$）的局中人相继形成联盟的次序共有（$S-1$）！（$n-s$）！种，所以各种次序出现的概率就是 $\frac{(s-1)!\,(n-s)!}{n!}$。

且 ϕ_i 满足下面三条公理：

（1）有效性。在合作中，如果某个成员对联盟没有任何贡献，那么他的收益分配就为 0；另外，各局中人分得的收益之和应该等于联盟的总收益。即若 v（$S-i$）$=v$（S），则

$$\sum_{i\epsilon N} x_i = v(N)$$

（2）对称性。x_i 的取值与局中人的编号无关，即参与人在采购联盟中获得的利益与其被赋予的记号 i 无关，如果两个局中人相互交换顺序的话，他们的 Shapley 值不变。

（3）可加性。对任意两个对策 α、β 有：

$$x_i(\alpha+\beta)=x_i(\alpha)+x_i(\beta)$$

就是 n 个人同时进行两项合作时，每个成员的利益所得等于两项合作的分配之和。

（二）加入调整因素后的 Shapley 值模型建立

Shapely 值法的收益分配方法既不是平均分配，也不是基于投资成本比例的分配，而是基于各联盟成员在联合合作经济效益产出过程中的重要程度来进行分配的一种方式。模型在计算时利益分配因子默认是 1/n。在 PPP 项目实际操作过程中，并未考虑联盟中各成员投资比重、所分担的风险、项目的执行情况、奖励的机制等因素对利益分配的影响，因此，必须在考虑这些因素影响的基础上，对 Shapely 值进行修正。设在 Shapely 值的基础上，考虑影响利益分配的因素，建立利益分配修正因素集合为 $J=\{j\}$，$j=1$，2，3，4，分别代表了影响 PPP 项目收益分配的 4 个关键性因素：投资比重、风险分摊系数、项目参与度和激励机制。

集合 N 中第 i 个合作伙伴关于第 j 个修正因素的测度值为 a_{ij}，建立分析表见表 6-8。

表 6-8　Shapely 基础值修正的测量值

j / i	投资比重 1	风险分摊系数 2	项目参与度 3	激励机制 4
公共部门	a_{11}	a_{12}	a_{13}	a_{14}
社会资本	a_{21}	a_{22}	a_{23}	a_{24}

由表 6-8 可知，Shapely 基础值的修正矩阵可表示为：

$$A=\begin{bmatrix} a_{11}, & a_{12}, & a_{13}, & a_{14}, \\ a_{21}, & a_{22}, & a_{23}, & a_{24}, \end{bmatrix}$$

归一化处理后，得到矩阵

$$B=\begin{bmatrix} b_{11}, & b_{12}, & b_{13}, & b_{14}, \\ b_{21}, & b_{22}, & b_{23}, & b_{24}, \end{bmatrix}$$

确定每个影响因素对 PPP 项目收益分配的影响程度 $C=(C_1, C_2, C_3, C_4)^T$，根据公式 $[g_1, g_2]^T=B\times C$，可知经过修正后的 Shapely 值分别为 g_1、g_2、g_1、g_2 分别表示经过修正后公共部门、社会资本收益分配的综合系数。则有：

$$V(1)=\phi_1(v)+(g_1-\frac{1}{2})\times v(s)$$

$$V(2)=\phi_2(v)+(g_2-\frac{1}{2})\times v(s)$$

其中，$V(1)$、$V(2)$ 分别代表修正后的公共部门和社会资本的收益分配，$v(s)$ 代表 PPP 合作所获得的总收益。

（三）参数的修订过程

1. 投资比重的确定

参与者的投入不仅含项目初始资金，而且包含项目实施过程中的追加资金以及管理、技术、信息等无形资产。对于投入比重的确定很难有一个准确的数值，因为很多资产难以用价值（钱）去衡量。为了避免项目后期实施过程中出现问题，这一比重应在公私双方确定合作时，通过多次商谈和讨价还价来确定。

2. 政府和社会资本双方风险分摊系数

风险在政府和社会资本之间的分摊系数的确定采用层次分析法。

假定 a_{21}、a_{22} 为双方的综合风险分摊系数，项目的风险总共有 m 种，每一种风险在政府和社会资本之间的分摊系数为 x_i、y_i；其中 $x_i+y_i=1$，则：

$$a_{21}=w_1x_1+w_2x_2+\cdots+w_nx_n$$

$$a_{22}=w_1y_1+w_2y_2+\cdots+w_my_m$$

式中：w_i 为各类风险的权重系数。

下面以特定项目风险为例说明 PPP 项目中单个风险系数的确定方法。

$A_3=$｛开发风险，市场风险，合作者信用风险，完工风险，运营风险，环境风险｝

按照其对特定项目风险的影响程度分别赋予其权重为 $\alpha=(\alpha_1, \alpha_2, \alpha_3, \alpha_4, \alpha_5, \alpha_6)$，确定评价值的标准隶属度 $v=(0, 1, 0.3, 0.5, 0.7, 0.9)$，邀请项目管理对特定项目风险进行评估，统计有关专家的评价结果，得到各因素的模糊向量 U_i，从而得到模糊关系矩阵：

$$\boldsymbol{R}_3=\begin{bmatrix} U_1 \\ U_2 \\ U_3 \\ U_4 \\ U_5 \\ U_6 \end{bmatrix}=\begin{bmatrix} r_{11} & r_{12} & r_{13} & r_{14} & r_{15} \\ r_{21} & r_{22} & r_{23} & r_{24} & r_{25} \\ r_{31} & r_{32} & r_{33} & r_{34} & r_{35} \\ r_{41} & r_{42} & r_{43} & r_{44} & r_{45} \\ r_{51} & r_{52} & r_{53} & r_{54} & r_{55} \\ r_{61} & r_{62} & r_{63} & r_{64} & r_{65} \end{bmatrix}$$

对特定项目风险因素进行模糊综合评价，获得风险系数矩阵：

$$\boldsymbol{B}_3=\alpha_3\times\boldsymbol{R}_3=(\alpha_1,\alpha_2,\alpha_3,\alpha_4,\alpha_5,\alpha_6)\times\begin{bmatrix}r_{11}&r_{12}&r_{13}&r_{14}&r_{15}\\r_{21}&r_{22}&r_{23}&r_{24}&r_{25}\\r_{31}&r_{32}&r_{33}&r_{34}&r_{35}\\r_{41}&r_{42}&r_{43}&r_{44}&r_{45}\\r_{51}&r_{52}&r_{53}&r_{54}&r_{55}\\r_{61}&r_{62}&r_{63}&r_{64}&r_{65}\end{bmatrix}$$

$$=(b_1,b_2,b_3,b_4,b_5,b_6)$$

则政府和社会资本双方的风险的大小分别为

$$x_3=\boldsymbol{B}_3\times V^{\mathrm{T}}$$

$$y_3=1-x_3$$

3. 项目参与度（合同执行度）的修正

项目参与度反映的是公私双方对 PPP 项目的积极性，其值取决于公私双方的努力水平和执行合同情况。在收益进行分配时，考虑公私双方积极性得出的分配方案会更加公平合理，也能激励公私双方努力实现项目目标。

执行情况是反映公私双方执行合同条款程度的指标，通过制定项目进度表或进度图，定期检查项目实际完工情况与进度情况，确定项目完工百分比来衡量。努力水平主要是指当出现非合同约定需付出成本的事项时，公私双方为实现项目目标的再投入程度指标。这一指标可以采用专家打分或者请独立的监督机构进行确定，从而得出项目参与度指标 a_{31}、a_{32}。

4. 激励机制（贡献度）的修正

PPP 项目中须设置激励机制，包括奖惩机制，以避免出现传统公共项目建设中的一些问题，如超支和超期等。奖惩机制一方面可以对公私双方起到一定的限制作用，对其出现的错误给予处罚，起到警示作用；另一方面可以对公私双方积极采取新技术、新想法等一些好的建议给予奖励，起到鼓励作用。

激励机制的定量主要采用独立第三方监督的方式进行确定。对激励机制通过激励强度分为强、中、弱三个层次，对应分数为 5、3、1。通过专家打分法，分别确定公私双方的激励机制强度为 a_{41}、a_{42}。

（四）权重系数 C 的确定

不同 PPP 项目，收益分配的影响因素对收益分配会产生不同程度的影响，需确定各个影响因素的权重系数 C。

对于权重系数 C 的确定采用 FD 法中的 0～4 评分法。专家通过影响因素两两对比进行打分（表 6-9）。

表 6-9　0～4 评分法

影响因素	投资比重	风险分摊系数	项目参与度	激励机制
投资比重	—			
风险分摊系数		—		

续表

影响因素	投资比重	风险分摊系数	项目参与度	激励机制
项目参与度			—	
激励机制				—

在专家对其进行打分时，按照：①因素自身不进行对比；②因素同等重要时得分为2分；③一个因素比另一个因素较重要时，较重要的得3分，另一个得1分；④一个因素比另一个因素重要时，重要的得4分，不重要的得0分。

然后，通过汇总、整理、分析和归纳得出投资比重、风险分摊系数、项目参与度和激励机制的重要度系数 C_1、C_2、C_3、C_4。

四、Shapley 值模型案例计算

假设 PPP 项目利益相关者为政府 G 和社会资本 S。经过评估，项目的总体收益为1500万元。如果此项目不采用 PPP 模式，由政府或者社会资本单干，则其所得收益分别为500万元和650万元。现假定有一个强有力的措施来保障公私双方都能够按照其最大的努力程度实现 PPP 项目总体利益最大化。同时，假定发生突发状况时，双方的贡献度相同。该项目投资额巨大，根据双方协商约定，政府和社会资本双方投资比重分别为0.3、0.7；且对影响收益分配的4个因素根据专家评价得出其收益分配影响系数为 $\lambda=[0.3, 0.6, 0.05, 0.05]$。同时，根据专家对风险分担进行的评估，得出如下结论：

$$\text{国别风险}\ (w_1=0.2)\quad x_1=0.7,\ y_1=0.3$$

$$\text{不可抗力}\ (w_2=0.15)\quad x_2=0.7,\ y_2=0.3$$

$$\text{特定项目风险}\ (w_3=0.65)\quad x_3=0.7,\ y_3=0.3$$

根据收益公平分配方法，按照如下步骤求解 PPP 项目收益分配方案。

第一步，计算 Shapely 值：

$$\varphi_1=\frac{0!\ +1!}{2!}\times 500+\frac{0!\ +1!}{2!}\times(1500-650)=675$$

$$\varphi_2=\frac{0!\ +1!}{2!}\times 650+\frac{0!\ +1!}{2!}\times(1500-500)=825$$

第二步，对 Shapely 值进行修正：

根据题意可知，政府投资比重 $a_{11}=0.3$，社会资本投资比重 $a_{21}=0.7$。根据已知风险分摊情况，可得：政府的风险分摊系数 $a_{12}=0.44$，社会资本的风险分摊系数 $a_{22}=0.56$。

同时，由题意可知，公私双方都会以100%的努力去完成其共同的目标。因此 $a_{13}=1$，$a_{23}=1$。且在突发状况面前公私双方投入成本相同，则根据以上的计算可得修正矩阵：

$$\boldsymbol{A}=\begin{bmatrix} a_{11} & a_{12} & a_{13} & a_{14} \\ a_{21} & a_{22} & a_{23} & a_{24} \end{bmatrix}=\begin{bmatrix} 0.3 & 0.44 & 1 & 0.5 \\ 0.7 & 0.56 & 1 & 0.5 \end{bmatrix}$$

$$\boldsymbol{B}=\begin{bmatrix} 0.3 & 0.44 & 0.5 & 0.5 \\ 0.7 & 0.56 & 0.5 & 0.5 \end{bmatrix}$$

修正后各因素对公私双方利益分配的影响程度为：

$$\begin{bmatrix} R_1 \\ R_2 \end{bmatrix} = \boldsymbol{B}\lambda^{T} = \begin{bmatrix} 0.3 & 0.44 & 0.5 & 0.5 \\ 0.7 & 0.56 & 0.5 & 0.5 \end{bmatrix} \times [0.3，0.6，0.05，0.05]^{T} = \begin{bmatrix} 0.4 \\ 0.6 \end{bmatrix}$$

政府和社会资本的利益分配方案：

$$V_1 = \varphi_1 + \left(R_1 - \frac{1}{n}\right) \times V(s) = 675 + (0.4 - 0.5) \times 1500 = 525$$

$$V_2 = \varphi_2 + \left(R_2 - \frac{1}{n}\right) \times V(s) = 825 + (0.6 - 0.5) \times 1500 = 975$$

上述的计算结果即为 PPP 项目利益在政府和社会资本之间的最佳分配方案。在此方案的指导下，政府和社会资本双方都会采取积极合作的态度，使得项目实现最优。

基于 Shapely 修正值的 PPP 项目收益分配模型的实证表明，该模型的应用必须具备以下几个条件：

（1）东道国政治环境稳定，即东道国的政治法律环境稳定，无重大的政策变更。

（2）东道国经济环境稳定，PPP 项目的产品或服务的销售市场清晰，现金流量稳定，能够准确预测项目的收益。

（3）专家库的构建要完备，必须拥有数量较多的知识和经验都丰富的专家，以保障对相关系数的评估更为准确和客观。通过此模型协调 PPP 项目各利益相关方的利益均衡和分配，能够减少 PPP 项目各方参与者在项目实施建设过程中的主要矛盾和冲突，保障各参与者积极合作，从而使得项目的整体利益最大化。

第六节　基于 Nash 模型的 PPP 项目收益分配模型

一、模型概念问题描述及假设

PPP 模式中，参与利益分配谈判的双方分别是公共部门和社会资本，可以将公共部门和社会资本看作合作博弈的一个联盟，通过签署相关的合同达成可实施的协议，为提高联盟的总体收益额度而共同努力，其中二者通过谈判讨价还价最终达成合理的分配方案。合理的分配方案即为合作博弈的解。而两个主体间对特定收益的分配问题就是 Nash 谈判模型。

基于此，在建模过程中，可以将收益额度假定为 1。V_1 和 V_2 分别表示谈判双方从项目中获得的收益分配额度，$V_1 + V_2 = 1$。而谈判中各自的谈判底线，即双方能够接受的最低利润分配额度分别 V_1^* 和 V_2^*，有 $V_1^* + V_2^* \leqslant 1$。谈判双方也都有各自的理想方案，用（$v_{11}$，$v_{12}$）表示公共部门的期望分配额度比例，（$v_{21}$，$v_{22}$）表示社会资本的期望分配额度比例，满足 $v_{11} + v_{22} \geqslant 1$。

二、Nash 谈判模型

Nash 谈判模型属于完全信息条件下的收益分配博弈模型，它的基本假设如下：

（1）假设谈判中有两个参与者，集合 $N = \{1，2\}$，每个参与人的可选策略为 T_i，则两个参与人的策略空间为 $T=T_1T_2$。

(2) 参与者之间信息完全公开和共享，且双方都有极大的耐心，谈判过程中，收益不会因为时间的延长而减损。

(3) 在任意的策略组合 t 下，每个参与者的效用 v_i 可量化，且可满足条件：$v_1+v_2=V$（在 v_1、v_2 为相对于总合作收益的比值时，$v=1$）。

(4) 如果两个参与者合作破裂而未达成合作协议，以（v_1^*，v_2^*）表示这种情况下达到的效用组合。（v_1^0，v_2^0）表示合作谈判的最终结果。

Nash 模型则可表示为

若（v_1，v_2）$\in T$，且满足 $v_1\geqslant v_1^*$，$v_2\geqslant v_2^*$ 则 $\max g(v_1, v_2)=(v_1-v_1^*)(v_2-v_2^*)$ 存在唯一最优解（v_1^0，v_2^0）。通过拉格朗日乘法函数得到此 Nash 谈判模型的均衡解为：

$$\begin{cases} v_1^0=v_1^*+\dfrac{1}{2}(V-v_1^*-v_2^*) \\ v_2^0=v_2^*+\dfrac{1}{2}(V-v_1^*-v_2^*) \end{cases}$$

三、PPP 模式的收益分配模型设计及求解

（一）引入谈判地位因子

由于谈判双方在博弈过程中的地位并不均等，谈判地位的差异可以直接影响利益分配的结果。根据风险和收益共担的原则，这里引入谈判地位因子 α_1 和 α_2，分别表示公共部门和社会资本在谈判中的地位，且满足 $\alpha_1+\alpha_2=1$。其中，根据前述关于 PPP 项目收益分配的影响因素，假设影响 α 大小的要素包括 PPP 项目中参与者的投资额度、风险分担量和合作迫切程度。它们之间的关系如下：

(1) α 和参与者的投资额度成正比。

(2) α 和参与者的风险分担量成正比。

(3) α 和合作迫切程度成反比。

（二）对参与者效用进行函数表示

用 $h_1=\dfrac{v_1}{v_{11}}$ 和 $h_2=\dfrac{v_2}{v_{22}}$ 来表示两位参与者从项目中收获的效用。由于最终的利益分配 v_1^0 不小于 v_1^*，v_2^0 不小于 v_2^*，否则公私合作协议不能达成。当最终利益分配方案为（v_1^*，v_2^*）时，可得到公共部门和社会资本的最低效用分别为：$h_1^*=\dfrac{v_1^*}{v_{11}}$，$h_2^*=\dfrac{v_2^*}{v_{22}}$。公共部门和社会资本的 Nash 谈判模型可以设计为对如下公式的求解：

$$\max g(v_1, v_2)=\left(\frac{v_1}{v_{11}}-\frac{v_1^*}{v_{11}}\right)^{\alpha_1}\left(\frac{v_2}{v_{22}}-\frac{v_2^*}{v_{22}}\right)^{\alpha_2}$$

对该式求解得到

$$\begin{cases} v_1^0=v_1^*+\dfrac{\alpha_1 v_{11}}{\alpha_1 v_{11}+\alpha_2 v_{22}}(V-v_1^*-v_2^*) \\ v_2^0=v_2^*+\dfrac{\alpha_2 v_{22}}{\alpha_2 v_{11}+\alpha_2 v_{22}}(V-v_1^*-v_2^*) \end{cases}$$

从上式可看出，在等式的右边，第一部分即 v_i^* 为谈判者可以接受的最低利益分配额度，也是合作破裂或是双方不合作情况下所被动获得的收益，第二部分$\frac{\alpha_1 v_{11}}{\alpha_1 v_{11}+\alpha_2 v_{22}}(V-v_1^*-v_2^*)$为合作情况下的利益分配，$(V-v_1^*-v_2^*)$为除去合作者可接受的最低利益分配额度后的可分配利润，$\frac{\alpha_1 v_{11}}{\alpha_1 v_{11}+\alpha_2 v_{22}}$为综合考虑谈判者地位和效用值，同时充分考虑了双方的地位权重后，计算得到的分配系数。

四、实例分析

某地区是享受国家经济特区优惠政策的经济区域，该地区已于 2010 年建成某污水处理一期工程，二期扩建工程项目拟采用 PPP 模式，政府主管单位（E）在全球范围内进行项目招商，最后有两家相关的企业组成联合体（T）中标，由政府成立专门的项目组负责和 T 组建 PPP 项目公司形成合作联盟，负责该污水处理厂二期扩建工程项目的投资、建造、运营和维护。在合作联盟中，政府 E 以土地入股参与投资，并和 PPP 项目公司签订特许经营协议，期限 20 年（含项目建设期 1 年），期满后项目公司无偿将该污水处理项目移交给当地政府 E。此外，政府 E 还承诺相应政策下的税收优惠及协助审批等融资活动。而联合体 T 则负责除土地投资以外的其他所有投资、融资事宜。通过估算，该项目总投资 8575 万元，其中计划 2575 万元为合作联盟自筹资金，6000 万元为金融机构贷款融资。合作联盟的项目收益 V（E，T）约为 23 335 万元。如果不采用 PPP 模式建设项目，由公共机构自行负责建设、运营，由于缺乏专业公司的建设、运营经验和技术，项目的投入远比现在的要大，收益也较之前有滑落，根据以往情况测算出的项目收益 V（E）为 5300 万元。而在由联合体 T 单独投资完成项目时，由于缺乏政府在政策、特许经营权、税收方面的优惠政策，加上高昂的土地成本，项目的收益也会降低，经过财务评估测算，此时的项目收益 V（T）为 14 600 万元。

项目总收益额度为 23 335 万元，在此基础上，对各自提出的分配方案和能接受的最低收益额度进行假设。谈判中，政府部门提出的收益方案为（7500 万元，15 835 万元），最低接受收益为 6500 万元，社会资本提出的收益方案为（5335 万元，18 000 万元），可接受的最低分配方案为 16 000 万元。

根据以上数据可得

$$(v_1^*,\ v_2^*)=\left(\frac{6500\text{万元}}{23\ 335\text{万元}},\ \frac{16\ 000\text{万元}}{23\ 335\text{万元}},\right)=(0.28,\ 0.69)$$

$$(v_{11},\ v_{22})=\left(\frac{7500\text{万元}}{23\ 335\text{万元}},\ \frac{18\ 000\text{万元}}{23\ 335\text{万元}},\right)=(0.32,\ 0.77)$$

暂不考虑政府和社会资本的谈判地位和满意度，根据 Nash 模型

$$\begin{cases} v_1^0=v_1^*+\frac{1}{2}(V-v_1^*-v_2^*) \\ v_2^0=v_2^*+\frac{1}{2}(V-v_1^*-v_2^*) \end{cases}$$

可以得到

$$\begin{cases} v_1^0 = 0.28 + \frac{1}{2}(1 - 0.28 - 0.69) = 0.295 \\ v_2^0 = 0.69 + \frac{1}{2}(1 - 0.28 - 0.69) = 0.705 \end{cases}$$

根据

$$\begin{cases} v_1^0 = v_1^* + \frac{\alpha_1 v_{11}}{\alpha_1 v_{11} + \alpha_2 v_{22}}(V - v_1^* - v_2^*) \\ v_2^0 = v_2^* + \frac{\alpha_2 v_{22}}{\alpha_1 v_{11} + \alpha_2 v_{22}}(V - v_1^* - v_2^*) \end{cases}$$

对政府和社会资本的谈判地位进行赋值，得到不同地位下的利益分配比例为

$$\begin{cases} v_1^0 = 0.28 + \frac{0.32\alpha_1}{0.32\alpha_1 + 0.77\alpha_2}(1 - 0.28 - 0.69) \\ v_2^0 = 0.69 + \frac{0.77\alpha_2}{0.32\alpha_1 + 0.77\alpha_2}(1 - 0.28 - 0.69) \end{cases}$$

赋值计算结果见表 6-10 所示。

表 6-10　赋值计算结果

(α_1, α_2)	(0.3，0.7)	(0.5，0.5)	(0.6，0.4)	(0.7，0.3)
(v_1^0, v_2^0)	(0.28，0.72)	(0.29，0.71)	(0.29，0.70)	(0.29，0.71)

综上，在纳什均衡的条件下，政府分配所得的收益应为 6884 万元，社会资本分配所得为 16 451 万元。当考虑政府和私营部分的谈判地位时，综合考虑投资额度、风险分担量和合作迫切程度，对谈判地位进行赋值，当谈判地位因子为（0.3，0.7）时，收益分配为（6650 万元，16 685 万元）；当政府的谈判地位逐渐上升（这也是更符合实际情况的假设），谈判地位因子为（0.7，0.3）时，政府在合作谈判中的收益比重同步上升，收益分配矩阵为（6884 万元，16 451 万元）。

第七节　政府补贴的 PPP 项目收益分配模型

如前文所述，由于 PPP 项目自身承担的社会效应以及公共服务等职能，其大部分情况下盈利水平有限，项目公司需要来自政府的补贴，以满足回报需求，尤其是在项目使用者的付费小于社会资本或项目公司的成本回收时。这样的补贴机制是政府为了完善利益分配的一种返还机制，也是实现公共项目外部效应内部化的重要手段。其中，关键的问题是要合理确定补贴额度。补贴过少，社会资本或项目公司获得的利益不足，会以牺牲项目的服务水平或建设质量为代价；补贴过多，社会资本或项目公司获取超额利润，项目的服务水平及建设质量能够有保障，但是造成政府的支出过大，增加了财政负担，丧失了 PPP 模式物有所值的意义。因此，科学合理地确定政府补贴的金额有非常重要的意义。

一、财金〔2015〕21 号给出的政府补贴计算公式

按照《政府和社会资本合作项目财政承受能力论证指引》（财金〔2015〕21 号）的

要求，运营补贴支出应当根据项目建设成本、运营成本及利润水平合理确定，并按照不同付费模式分别测算。

对政府付费模式的项目，在项目运营补贴期间，政府承担全部直接付费责任。政府每年直接付费数额包括：社会资本方承担的年均建设成本（折算成各年度现值）、年度运营成本和合理利润。计算公式为

$$当年运营补贴支出数额=\frac{项目全部建设成本\times(1+合理利润率)\times(1+年度折现率)^n}{财政运营补贴周期(年)}+年度运营成本\times(1+年度折现率)$$

式中：n为折现年数；财政运营补贴周期为财政提供运营补贴的年数。

对可行性缺口补助模式的项目，在项目运营补贴期间，政府承担部分直接付费责任。政府每年直接付费数额包括：社会资本方承担的年均建设成本（折算成各年度现值）、年度运营成本和合理利润，再减去每年使用者付费额度，计算公式为：

$$当年运营补贴支出数额=\frac{项目全部建设成本\times(1+合理利润率)\times(1+年度折现率)^n}{财政运营补贴周期(年)}+年度运营成本\times(1+年度折现率)-当年使用者付费额度$$

二、各项计算指标的分析

（一）合理利润率的确定

根据《政府和社会资本合作项目财政承受能力论证指引》的第18、19条，合理利润率应以商业银行中长期贷款利率水平为基准，充分考虑可用性付费、使用量付费、绩效付费的不同情景，结合风险等因素确定。在计算运营补贴支出时，应当充分考虑合理利润率变化对运营补贴支出的影响。

（二）项目全部建设成本

项目全部建设成本是经政府财政和审计部门确认的全部项目建设投资，而且是PPP项目公司实际支出额。

（三）年度运营成本

补充假设条件，官方文件中并未明确该指标是指PPP项目公司实际发生数还是指与中标社会资本的招标或谈判确定额。根据对公式原理的理解和文件思路，它应指代融资、管理、运营等各方面开支在内的谈判确定额。如果以未来项目公司的实际运营成本为调价基础，意味着项目公司经营效率越高、成本费用越低，其获得的政府补贴数额越低。这必然产生负向激励，导致项目公司没有动力去提升效率、降低成本，还可能虚列成本费用。而且实践中政府较难得到项目公司实际运营成本的数据（社会资本实际掌握日常经营管理权），所以这样不但操作不便，也起不到激励项目公司提高经营效率的作用，有违PPP项目发挥社会资本建设和运营效率与管理经验的初衷。

（四）当年使用者付费的数额

根据《政府和社会资本合作项目财政承受能力论证指引》的第20条，PPP项目实施方案中的定价和调价机制通常与消费物价指数、劳动力市场指数等因素挂钩，会影响

运营补贴支出责任。在可行性缺口补助模式下，运营补贴支出责任受到使用者付费数额的影响，而使用者付费的多少因定价和调价机制而变化。在计算运营补贴支出数额时，应当充分考虑定价和调价机制的影响。

（五）折现率的确定

根据《政府和社会资本合作项目财政承受能力论证指引》的第 17 条，年度折现率应考虑财政补贴支出发生年份，并参照同期地方政府债券收益率合理确定。

在讨论这些变量时，我们也将动态协议型补贴方式中的几种模式也纳入了考量，当年使用者付费的数额背后体现的是项目的可用性和社会资本的服务水平，项目建设成本和年度运营成本是计算利润的关键数据，而利润又与项目产品与服务的使用量直接挂钩，因此在根据《政府和社会资本合作项目财政承受能力论证指引》进行补贴计算的同时，也综合考虑了动态协议型补贴按使用量、可用性、服务水平等几种衡量维度，是经得起实践推敲的实操性模型。

三、实例计算

假设某地需要建设建筑面积 8 万 m^2 的廉租房，每套平均 $70m^2$，共计 1140 套，简单装修，基本达到入住条件，另有 $1600m^2$ 的商业店铺，预计总投资 3 亿元。见表 6-11，PPP 项目公司资本金占 30%，为 9000 万元，需银行贷款 21 000 万元，年利率为 5 年以上贷款基准利率 4.9%。建设期为 2017 年、2018 年 2 年，运营期为 2019—2026 年，共 8 年。2017 年贷款 13 000 万元，2018 年贷款 8000 万元。借款还款表见表 6-12。

表 6-11　建设投资表

单位：万元

项目	2017 年	2018 年	合计
贷款投资	13 000	8000	21 000
公司资本金	5000	4000	9000
建设总投资	18 000	12 000	30 000

表 6-12　借款还款表

单位：万元

项目	2017 年	2018 年	2019 年	2020 年	2021 年	2022 年	2023 年	2024 年	2025 年	2026 年
借款	13 000	8000								
年还款			2625	2625	2625	2625	2625	2625	2625	2625
借款余额	13 000	21 000	18 375	15 750	13 125	10 500	7875	5250	2625	
年还利息	637	1029	1029	1029	1029	1029	1029	1029	1029	1029

根据当地当前物价及消费水平，预计 2019 年廉租房租金为 4.5 元/（月·m^2），物业费为 0.8 元/（月·m^2），商业店铺租金为 600 元/（月·m^2），入住率达 95%，年收入预计如下：

房租收入：4.5 元/（月·m^2）×12 个月×8 万 m^2×95%＝410.4 万元。

物业费收入：0.8 元/（月·m^2）×12 个月×8 万 m^2×95%＝72.96 万元。

商业店铺租金收入：600元/（月·m^2）×0.16万m^2=96万元。

广告位收入：30万元/年。

停车费：24万元/年。

在不考虑增值税的情况下2019年收入合计633.36万元。以后每年收入预计会有2.6%的增幅。2019年运营成本预计为230万元（不含应支付的利息）。以后每年运营成本会有2%的增幅。合理利润率为五年期以上贷款基准利率4.9%，年度折现率按略高于同期国债利率计算，为4.5%。所得税税率为25%。

按公式计算第一个运营年度（2019年）的补贴支出为

$$当年运营补贴支出数额=\frac{30\ 000万元\times1.049\times1\times045^{-1}}{8}+230万元$$
$$\times1.049-633.36万元=3718.68万元$$

各年的现金流量见表6-13。

表6-13　现金流量

项目	2017	2018	2019	2020	2021	2022	2023	2024	2025	2026
借款	13 000	8000								
年还款			2625	2625	2625	2625	2625	2625	2625	2625
借款余额	13 000	21 000	18 375	15 750	13 125	10 500	7875	5250	2625	
年还利息	637	1029	1029	1029	1029	1029	1029	1029	1029	1029

其中税后内含报酬率的计算如下：

$$\frac{CF_{建设期1}}{1+r}+\frac{CF_{建设期2}}{(1+r)^2}+\frac{CF_{建设期1}}{(1+r)^3}+\frac{CF_{建设期2}}{(1+r)^4}+\frac{CF_{建设期3}}{(1+r)^5}+\frac{CF_{建设期4}}{(1+r)^6}+\frac{CF_{建设期5}}{(1+r)^7}$$
$$+\frac{CF_{建设期6}}{(1+r)^8}+\frac{CF_{建设期7}}{(1+r)^9}+\frac{CF_{建设期8}}{(1+r)^{10}}=0$$

计算出税后的内含报酬率为6.49%。考虑到目前短期理财产品的收益率大致为3.8%～4.5%，该例中的6.49%对社会资本会有不错的吸引力，也在地区政府的可承受能力范围内。

在进行现实分析的过程中，使用《政府和社会资本合作项目财政承受能力论证指引》中的公式计算政府补贴金额，也需要结合实际情况具体问题具体分析，充分考虑当地的经济发展状况、PPP项目风险大小、政府和社会资本双方对利益的诉求等多方面因素，对年度折算率、合理利润率进行合理的估算，要灵活地运用公式，综合考虑现实情况，科学、合理地服务于PPP项目。

四、补贴模型补充探讨

目前关于PPP项目中政府补贴模型的理论讨论，主要考虑的是由于信息不对称产生的道德风险和逆向选择问题。由于投资环境、运作经营的有界性，公共部门并不能够对社会资本的运营情况进行实时有效的监管，以及对其实际的成本函数产生有效的认知，因而分发的补贴能否激发社会资本的积极性，使其努力程度恰好最大化项目整体收益，以及如何在补贴模型的构建过程中有效地规避道德风险和逆向选择问题，是需要考虑的重点。

（一）政府补贴模型中的道德风险问题

项目收益达到最大时，在固定补贴的模式之下，社会资本并不能享受到项目运营带来的绝大多数收益，即这种模式对经济效益增长的协同效应较弱。目前的理论讨论一般认为：

（1）社会资本的努力程度与其主观的积极性成正相关的关系，而政府在其中扮演的角色相对较弱。诚然，政府可以通过前期竞标和商业谈判的过程挑选出管理效率更高、生产成本更优的社会资本，但并不能保证其在经营过程当中投入的努力程度达到使项目收益最优的程度。

（2）固定补贴模式增大了项目运营过程中的道德风险问题。由于存在信息不对称，政府作为委托人对于委托方经营期间的成本信息无从得知。实际的情况通常是，社会资本的成本函数小于其告知政府部门的成本信息，在这种合作模式之下，PPP 模式会损失一定的效率。

（二）政府补贴模型中的逆向选择问题

理论上在信息充分的情况下，政府对于社会资本的成本信息掌握充分，从而能够确定其成本函数究竟是多少，并根据这种信息确定合适的激励补贴，确保社会资本在项目中保持最佳努力水平。然而现实情况下，信息通常是不充分的，政府部门并不知道社会资本的成本函数。因此政府在项目中的补贴问题就转变成不完全信息条件下的规划问题。为了使政府收益最大化，对于成本次优类型的社会资本，其最佳努力程度一般低于完全信息条件下的努力程度，所以此时的政府补贴额度应当小于计算得到的补贴额度。

五、其他类型的政府补贴模型计算公式

（一）等额年金法

等额年金法指运用年金法，使各期付款额均等的计算方法。

等额年金法在工程、财务、金融领域有广泛的运用，为各行业所熟知。因“21 号文件公式”使用中遇到了金额逐年增大、“收益率”不能直观算出等问题，一些咨询公司对“21 号文件公式”进行了改良，对应建设成本的部分改成了自己熟悉的“等额年金法”（更符合市场惯例），改良后的公式为：

$$R=P\cdot\frac{i\ (1+i)^{n}}{(1+i)^{n}-1}$$

式中：R 为当年运营补贴；P 为全部建设成本；n 为年份；i 为折现率。

“等额年金法”直观易懂，在市场上已使用多年，而且在实践中有一定优势：

（1）公式中“折现率”就是“收益率”（不像“21 号文件公式”是双指标，还要考虑“合理利润率”因素）。

（2）政府对应建设成本的付款部分很稳定（不像“21 号文件公式”金额逐年指数级增大），与企业支付银行贷款的等额本息法一致，有利于缓解运营初期资金短缺压力，也有利于全运营周期企业资金安排。

因为存在以上优势，“等额年金法”很受市场欢迎，特别是受工程领域出身的咨询

公司欢迎，社会资本也非常欢迎。但由于其只是对“21 号文件公式”进行改良，本质上还是“可用性付费＋绩效付费”模式，只是将“可用性付费”进行了调整，由前低后高指数级增长改为每年数据一致，所以仍然存在一定的局限性，突出表现在建设期的利息无法核算时间价值、不适合经营性项目（特别是项目运维期长、中期有几次大修的项目，不好核算）等。

有一些省份，则更为彻底，将“全部建设成本”分割为“资本金”和“银行贷款”，分别计算等额年金。例如海南省 2016 年度对“资本金”的折现率取 5.88%，对“银行贷款”的折现率取 4.9%（基准利率），政府支付运营补贴公式为：

当年运营补贴＝[资本金×5.88×（1＋5.88%）^{N}]÷[（1＋5.88%）^{N}－1]
＋[银行贷款×4.9%×（1＋4.9%）^{N}]÷[（1＋4.9%）^{N}－1]
＋年度运营成本×（1＋合理利润率）

上述公式中，N 是运营年限，为固定值。

结束语

（一）PPP 项目产品定价

本章前面分析了各参与方或利益相关方（政府、投资方、承包商、运营商及公众）、项目与市场因素、项目环境因素（政治因素、经济因素、社会因素、法律因素）等对 PPP 项目价格的影响机理。实际上 PPP 项目在其策划与准备、设计与施工、完工与试运营、运营与维护各阶段影响价格的因素是不尽相同的，有的阶段影响价格的因素较多，而有些阶段影响价格的因素较少，且 PPP 项目产品/服务价格也不是永不变化的，它随着项目自身条件和环境因素的变化而变化。

（二）收益分配和政府补贴

通过对收益分配和政府补贴过程中的三种模型进行了探讨。对 PPP 项目中的动态博弈情况进行了不同框架下的模拟。

基于 Shaply 值对多人合作进行拟合优化，在对 Shaply 值进行修正时，充分考虑了收益影响因素：投资额度分配、风险分担量、合作迫切程度、贡献度的作用，对这些影响因素进行了二维的矩阵分解，其中包括了技术创新情况、政策风险、市场风险等可能对投资收益产生影响的元素，从而更好地描述和指导现实。

Nash 模型则更多的是从博弈论的角度，分析优化均衡解。在 Nash 模型中，创新性地表示出了各合作方的效用函数，进而寻求让项目各方达到各自最优满意程度的分配方法。引入的谈判地位因子作为投资领度、风险分担、合作迫切程度的综合指数，进一步对模型进行修正，相较于 Sapely 值的修正，是一种更为简化和直接的量化方式。

在补贴模型中，以《政府和社会资本合作项目财政承受能力论证指引》（财金〔2015〕21 号）为基础，综合分析了 PPP 项目收益分配所涉及的各个变量的内涵，将年度折现率、合理利润率、使用者付费、建设成本、运营成本等因素代入公式进行系统的考虑，并结合实例进行了计算。考虑到 PPP 项目中合作各方的信用程度，文中又对该补贴计算模型进行了补充讨论，分别讨论了在信息充分和不充分的情况下政府应该进行的补贴策略，这里主要考虑的是使得项目收益最优化时的努力程度、社会资本真实和对外公布的成本函数，即从社会资本自身运营水平的角度，剖析了使得项目收益最优化的激励方式。

由此不难总结出，各种模型考虑的变量基本覆盖影响收益分配的影响因素，只是选择的主变量，或者说综合变量不同，导致在实际运用过程中的侧重点不同，但是本质上遵循的原则和基本的出发点都是一致的，在实践操作中可以搭配使用，也可以结合具体情况中易获得的分析数据选择使用。

第七章　PPP 项目合同

第一节　契约的概念和内涵

一、契约与合同

（一）契约的概念

契约是一种协议，是双方根据他们自己的行为而达成相互之间的承诺——双边协调的安排。1932 年美国律师学会在《合同法重述》中对契约的定义是："一个诺言或一系列诺言，法律对违反这种诺言给予救济，或者在某种情况下，认为履行这种诺言乃是一种义务"。在契约理论近 30 年的发展中，主要产生了"激励理论"、"不完全契约理论"和"交易成本理论"，这将在后文中介绍。

（二）合同的概念

根据《中华人民共和国合同法》的定义：合同（Contract），又称为契约、协议，是平等的当事人之间设立、变更、终止民事权利义务关系的协议。合同作为一种民事法律行为，是当事人协商一致的产物，是两个以上的意思表示相一致的协议。只有当事人所做出的意思表示合法，合同才具有国家法律约束力。依法成立的合同从成立之日起生效，具有国家法律约束力。

所以本书认为，广义的合同是等同于契约的，狭义的合同指的是有形契约，即双方当事人纸质或口头达成的契约，其中包括要约及承诺两个基本的意思表示。与有形契约相对应的是心理契约，这将在后文中介绍。

（三）协议的概念

协议是经过谈判、协商而制定的共同承认、共同遵守的文件。协议与合同有共同之处，但两者也有其明显区别。合同的特点是明确、详细、具体，并规定有违约责任；而协议的特点是没有具体标的、简单、概括、原则，不涉及违约责任。从其区别角度来说，协议是签订合同的基础，合同又是协议的具体化。

合同与协议是两个既有共同点又有区别的概念，不能只从名称上来区分，而应该根据其实质内容来确定。如果协议的内容写得比较明确、具体、详细、齐全，并涉及违约责任，即使其名称写的是协议，也是合同；如果合同的内容写得比较概括、原则、很不具体，也不涉及违约责任，即使其名称写的是合同，也不能称其为合同，而是协议。

二、激励理论

从经济学的角度，激励问题的各种理论，主要有以下几种：

（一）交易费用理论

由于所有者和经营者之间信息的不对称和他们效用函数的不一致，导致所有者和经营者之间的合约是一个不完备的合约。为了降低交易费用，最好的方法就是设计合适的制度，使所有者和经营者成为利益相关者。

（二）委托代理理论

委托代理理论是随着信息经济学的发展而逐步发展起来的，其核心就是如何选择代理人和激励代理人。委托代理理论是一个完全契约理论。

（三）产权理论

对所有者来说，消除经营者的机会主义行为需要花费的监督成本很大，并且效果可能不是很好，为了解决这一问题，最优的制度设计应该是让经营者拥有一部分剩余索取权，同时承担相应的经营风险，从而使所有者和经营者之间的关系从“同床异梦”变为“志同道合”。

在 PPP 项目中，政府与社会资本方追求的目标不同，其效用也函数不同，在合同设计中应使双方都成为利益相关者。并且社会资本方的收益往往与其承担的相应风险呈正相关，合同应该定义清楚风险与收益的边界。

三、不完全契约理论

由于实践工程中的有限理性或者交易费用的影响，使得现实中的契约是不完全的。完全契约与不完全契约的根本区别在于：前者在事前规定了各种或然状态下当事人的权利和责任，因此问题的重心就是事后的监督问题；后者不能规定各种或然状态下的权责，而主张在自然状态实现后通过再谈判来解决，因此重心就在于对事前的权利（包括再谈判权利）进行机制设计或制度安排。

具体地说，可以将契约不完全的原因概括为三类成本：①预见成本，即当事人由于某种程度的有限理性，不可预见到所有的或然状态；②缔约成本，即使当事人可以预见到或然状态，以一种双方没有争议的语言写入契约很困难或者成本太高；③证实成本，即关于契约的重要信息对双方是可观察的，但对第三方（如法庭）是不可证实的。

四、交易成本理论

根据诺贝尔经济学奖得主罗纳德·科斯定义的交易成本，其含义为：为获得准确的市场信息所需要付出的费用以及谈判和经常性契约的费用。其也可以理解为：为达成经济目的，而发生的一切人、财、物的消耗，俗称“扯皮成本”。

对于企业而言，成本分为生产成本和交易成本，对于签订 PPP 合同也是这样。生产成本是获得实际的产品或服务，投入的人、财、物的消耗；交易成本是在与合作对象打交道的过程中，投入的人、财、物的消耗。

根据科斯定理，在交易成本大于零的情况下，产权的清晰界定将有助于降低人们在交易过程中的成本，提高经济效率。如果产权不明晰，一个重要的后果就是交易成本无穷大，任何交易都做不成。

笔者认为，契约的不完全性会导致风险增加，契约应当尽量完全，但是随着契约的完全性的增加，交易成本也会增加，有可能还会导致总成本的增加。社会资本方或是政府在签订 PPP 合同的时候应保持一定的柔性，在两者中保持一定的平衡。

五、心理契约理论

心理契约是雇佣双方对雇佣关系中彼此对对方应付出什么同时又应得到什么的一种主观心理约定，约定的核心内容是雇佣双方内隐的不成文的相互责任。一些研究人员发现，在两个组织之间也存在心理契约。

笔者认为心理契约理论可以用在 PPP 项目中，其定义是社会资本方以认知、信任为基础在与政府方合作过程中所形成的对彼此应承担的责任和义务的一种感知。

第二节　合同参与方

财政部《PPP 项目合同指南（试行）》指出："PPP 项目的参与方通常包括政府方、社会资本方、融资方、承包商和分包商、原料供应商、专业运营商、保险公司以及专业机构等。"其中，政府主体和社会资本主体是 PPP 项目合同的主体，社会资本主体可以是社会资本方或为项目而专门设立的项目公司。

一、政府方

政府是公共事务的管理者，有向公众提供优质且合格的公共产品和服务的义务，承担 PPP 项目的规划、采购、管理、监管等行政管理职能。作为公共产品或服务的购买者，政府基于 PPP 项目合同与社会资本方之间形成平等民事主体关系，按照 PPP 项目合同的约定行使权利，履行义务。

在实际运用中，政府职能部门（行业主管部门）具有天然的政府属性，同时了解行业的特征与标准，更适宜作为政府主体履行相关职权，因此应优先考虑作为项目实施机构，并作为政府主体签订 PPP 项目合同。

但是有些地区由于历史因素并没有设置该政府职能部门（行业主管部门），而使用行业运营公司或其他相关机构代行职责，这时候也可以考虑特殊情况特殊处理。

当然，在某些项目中，为了增加社会资本方和金融机构参与的信心，也可以由当地人民政府直接作为 PPP 主体签订 PPP 项目合同。这时往往会在合同中授权具体的职能部门或事业单位代为履行相关职权。

二、社会资本方

社会资本方指的是与政府方签署 PPP 项目合同的社会资本方或为项目专门设立的项目公司。

(一) 社会资本方

社会资本方包括民营企业、国有企业、外国企业和外商投资企业，但本级人民政府下属的政府融资平台公司及其控股的其他国有企业（上市公司除外），不得作为社会资本方参与本级政府辖区内的 PPP 项目。

在实践中，常见的“银行分支机构”“合伙制基金”等都属于其他组织，它们可能是社会资本方联合体中的资金方，也可能是由施工方、产业投资人和基金方为实施 PPP 项目而建立的组织。这时候其他组织也能作为社会资本方参与 PPP 项目。

(二) 项目公司

项目公司是依法设立的自主运营、自负盈亏的具有独立法人资格的经营实体。项目公司可由社会资本（可以是一家企业，也可以是多家企业组成的联合体）出资设立，也可以由政府和社会资本共同出资设立。

对于现行的 PPP 法律中并不一定要设立项目公司，但实践中，社会资本方可以通过设立项目公司实现有限追索，起到风险隔离的作用。

三、融资方

融资方是指为 PPP 项目提供融资的组织或机构。

PPP 项目的融资方通常有商业银行、出口信贷机构（如世界银行、亚洲开发银行等）、多边金融机构（如信托公司）以及非银行机构等。根据项目规模和融资需求的不同，融资方可以是一两家金融机构，也可以是由多家银行或机构组成的银团，具体融资方案是除贷款外，也包括债券、资产证券化等。

四、承包商与分包商

在 PPP 项目中承包商与分包商的选择是影响工程技术成败的关键因素，也是项目能否获得贷款的一个重要因素。

承包商主要负责项目的建设，通常与社会资本方（在下文中，若无特殊说明，社会资本方指社会资本方或为 PPP 项目成立的项目公司）签订固定价格、固定工期的工程总承包合同，一般而言，承包商要承担工期延误、质量不合格和成本超支等风险。

对于规模较大的项目，承包商可能会与分包商签订分包合同，把部分工作分包给专业分包商，根据具体项目不同的情况，分包商从事的具体工作可能包括设计部分、非主体工程的施工，提供技术服务以及供应工程所需的货物、材料、设备等。承包商负责管理和协调分包商的工作。

五、原料供应商

在某些 PPP 项目中，原料的及时、充足、稳定供应对于项目的平稳运营至关重要，因此原料供应商也是这类项目的重要参与方之一。例如，在燃煤电厂项目中，为了保证煤炭的稳定供应，社会资本方可以与煤炭供应商签订合同，以保证煤炭按时按质按量的稳定供应。

六、专业运营商

根据 PPP 项目运作方式的特点，部分 PPP 项目中，会有专业运营商的参与。项目公司有时候会将项目的部分运营和维护事务交给专业运营商负责，但根据项目性质、风险分配以及运营商的资质能力不同，专业运营商在不同项目中所承担的工作范围和风险也会不同。

笔者建议，在一些采用政府付费机制的项目中，社会资本方仅需要承担有限的风险，可以将大部分运营事务交给专业运营商负责；而在一些采用使用者付费机制的项目中，由于存在较大风险，社会资本方应自行运营，仅把部分非核心的日常运营事务交给专业运营商负责。

七、产品或服务购买方

一般来说，政府都是 PPP 项目产品或服务的购买者，但是在包含运营内容的 PPP 项目中，社会资本方通常通过项目建成后的运营收入来收回成本，并获得利润。为了降低市场风险，在项目谈判阶段，社会资本方以及融资方通常会要求确定项目产品或服务的购买方，并由购买方与项目公司签订长期的销购合同，以保证项目未来的稳定收益。例如，在污水处理的 PPP 项目中，与 PPP 项目公司签订合同的高污染企业就是产品或服务的购买方。

八、保险公司

由于 PPP 项目通常资金规模大，生命周期长，在项目建设和运营期间面临着诸多难以预料的各类风险，因此社会资本方以及项目的承包商、分包商、供应商、运营商等通常会就其面临的各类风险向保险公司进行投保，以进一步分散和转移风险。同时，由于项目风险一旦发生，就有可能造成严重的经济损失，因此社会资本方应选择资信较高的保险公司。

第三节 合同体系

在 PPP 项目中，项目参与方通过签订一系列合同来确立和调整彼此之间的权利义务关系，构成 PPP 项目的合同体系。PPP 项目的合同体系通常包括 PPP 项目合同、股东协议、履约合同（包括工程承包合同、运营服务合同、原料供应合同、产品或服务购买合同等）、融资合同和保险合同等。其中，PPP 项目合同是整个 PPP 项目合同体系的基础和核心。

在 PPP 项目合同体系中，各个合同之间并非完全独立、互不影响，而是紧密衔接、相互贯通的，合同之间存在着一定的“传导关系”，了解 PPP 项目的合同体系和各个合同之间的传导关系，有助于对 PPP 项目合同进行更加全面准确的把握。

首先，在合同签订阶段，作为合同体系的基础和核心，PPP 项目合同的具体条款不仅会直接影响到项目公司股东之间的协议内容，而且会影响项目公司与融资方的融资合同以及与保险公司的保险合同等其他合同的内容。此外，PPP 项目合同的具体约定，还可能通过工程承包或产品、服务购买等方式，传导到工程承包（分包）合同、原料供应合同、运营服务合同和产品或服务购买合同上。

其次，在合同履行阶段，合同关系的传导方向可能发生逆转。例如分包合同的履行出现问题，会影响到总承包合同的履行，进而影响到 PPP 项目合同的履行。

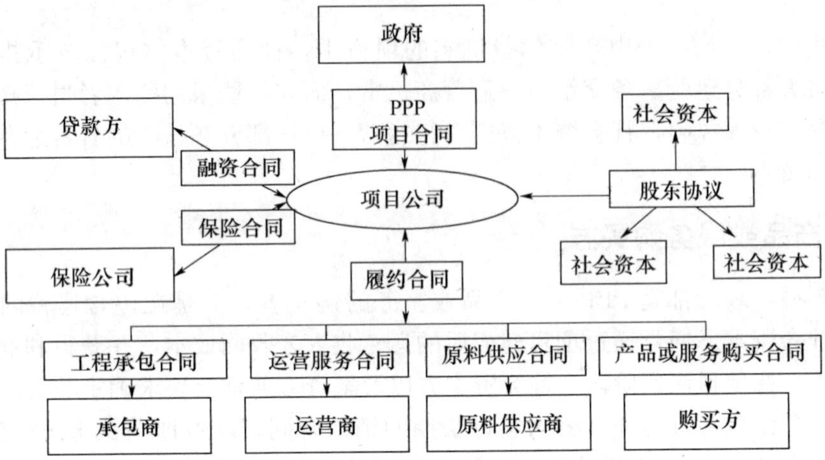

图 7-1　PPP 项目基本合同体系

一、PPP 项目合同

PPP 项目合同是政府方与社会资本方依法就 PPP 项目合作所订立的合同。其目的是在政府方与社会资本方之间合理分配项目风险，明确双方权利义务关系，保障双方能够依据合同约定合理主张权利，妥善履行义务，确保项目全生命周期内的顺利实施。PPP 项目合同是其他合同产生的基础，也是整个 PPP 项目合同体系的核心。

在项目初期阶段，项目公司尚未成立时，政府方会先与社会资本（即项目投资人）签订意向书、备忘录或者框架协议，以明确双方的合作意向，详细约定双方有关项目开发的关键权利义务。待项目公司成立后，由项目公司与政府方重新签署正式 PPP 项目合同，或者签署关于承继上述协议的补充合同。在 PPP 项目合同中通常也会对 PPP 项目合同生效后政府方与项目公司及其母公司之前就本项目所达成的协议是否会继续存续进行约定。

项目合同的主要内容应包括：项目经营内容、范围及期限（如涉及投资的，应明确投资标的物的范围；涉及工程建设的，应明确项目建设内容；涉及提供服务的，应明确服务对象及内容；同时明确政府为合作项目提供的主要条件和技术支持，明确项目合作期限及合同起止的重要时间点）；项目各阶段不同资产的权属，土地使用权的获取及权限，责任与风险的分担；产品与服务标准；价格收费标准、补贴及价格调整机制；违约责任和争议解决程序等关键内容。如有必要，可做出合同期间的排他性约定，也可以约定项目合同各方履职的担保事项。

二、股东协议

股东协议由项目公司的股东签订，用以在股东之间建立长期的、有约束力的合约关系。股东协议通常包括以下主要条款：前提条件、项目公司的设立和融资、项目公司的经营范围、股东权利、履行 PPP 项目合同的股东承诺、股东的商业计划、股权转让、股东会、董事会、监事会组成及其职权范围、股息分配、违约、终止及终止后处理机制、不可抗力、适用法律和争议解决等。

股东协议除了包括规定股东之间权利义务的一般条款外，还可能包括与项目实施相关的特殊规定。以承包商作为项目公司股东为例，承包商的双重身份可能会导致股东之间一定程度的利益冲突，并在股东协议中予以反映。例如，为防止承包商在工程承包事项上享有过多的控制权，其他股东可能会在股东协议中限制承包商在工程建设及索赔事项上的表决权；如果承包商参与项目的主要目的是承担项目的设计、施工等工作，并不愿长期持股，承包商会希望在股东协议中预先做出股权转让的相关安排；但另一方面，如果融资方也是股东，融资方通常会要求限制承包商转让其所持有的项目公司股权的权利，例如要求承包商至少要到工程缺陷责任期满后才可转让其所持有的项目公司股权。

三、履约合同

（一）工程承包合同

项目公司一般只作为融资主体和项目运营管理者而存在，本身不一定具备自行设计、采购、建设项目的条件，因此可能会将部分或全部设计、采购、建设工作委托给工程承包商，签订工程承包合同。项目公司可以与单一承包商签订总承包合同，也可以分别与不同承包商签订合同。承包商的选择要遵循相关法律法规的规定。

由于工程承包合同的履行情况往往直接影响 PPP 项目合同的履行，进而影响项目的贷款偿还和收益情况。因此，为了有效转移项目建设期间的风险，项目公司通常会与承包商签订一个固定价格、固定工期的“交钥匙”合同，将工程费用超支、工期延误、工程质量不合格等风险全部转移给承包商。此外，工程承包合同中通常还会包括履约担保和违约金条款，进一步约束承包商妥善履行合同义务。

（二）运营服务合同

根据 PPP 项目运营内容和项目公司管理能力的不同，项目公司有时会考虑将项目全部或部分的运营和维护事务外包给有经验的专业运营商，并与其签订运营服务合同。在很多 PPP 项目中，运营维护事务的外包可能需要事先取得政府的同意。但是，PPP 项目合同中约定的项目公司的运营和维护义务并不因项目公司将全部或部分运营维护事务分包给其他运营商实施而豁免或解除。

由于 PPP 项目的期限通常较长，在项目的运营维护过程中存在较大的管理风险，可能因项目公司或运营商管理不善而导致项目亏损。因此，项目公司应优先选择资信状况良好、管理经验丰富的运营商，并通过在运营服务合同中预先约定风险分配机制或者投保相关保险来转移风险，确保项目平稳运营并获得稳定收益。

（三）原料供应合同

有些 PPP 项目在运营阶段对原料的需求量很大，原料成本在整个项目运营成本中占比较大，同时受价格波动、市场供给不足等影响，又无法保证能够随时在公开市场上以平稳价格获取，继而可能会影响整个项目的持续稳定运营，例如燃煤电厂项目中的煤炭。因此，为了防控原料供应风险，项目公司通常会与原料的主要供应商签订长期原料供应合同，并且约定一个相对稳定的原料价格。

在原料供应合同中，一般会包括以下条款：交货地点和供货期限、供货要求和价格、质量标准和验收、结算和支付、合同双方的权利义务、违约责任、不可抗力、争议解决等。除上述一般性条款外，原料供应合同通常还会包括“照供不误”条款，即要求供应商以稳定的价格、稳定的质量品质为项目提供长期、稳定的原料。

（四）产品或服务购买合同

在 PPP 项目中，项目公司的主要投资收益来源于项目提供的产品或服务的销售收入，因此保证项目产品或服务有稳定的销售对象，对于项目公司而言十分重要。根据 PPP 项目付费机制的不同，项目产品或服务的购买者可能是政府，也可能是最终使用者。以政府付费的供电项目为例，政府的电力主管部门或国有电力公司通常会事先与项目公司签订电力购买协议，约定双方的购电和供电义务。

此外，在一些产品购买合同中，还会包括“照付不议”条款，即项目公司与产品的购买者约定一个最低采购量，只要项目公司按照最低采购量供应产品，不论购买者是否需要采购该产品，均应按照最低采购量支付相应价款。

四、融资合同

从广义上讲，融资合同可能包括项目公司与融资方签订的项目贷款合同、担保人就项目贷款与融资方签订的担保合同、政府与融资方和项目公司签订的直接介入协议等多个合同。其中，项目贷款合同是最主要的融资合同。

在项目贷款合同中一般会包括以下条款：陈述与保证、前提条件、偿还贷款、担保与保障、抵消、违约、适用法律与争议解决等。同时，出于贷款安全性的考虑，融资方往往要求项目公司以其财产或其他权益作为抵押或质押，或由其母公司提供某种形式的担保或由政府做出某种承诺，这些融资保障措施通常会在担保合同、直接介入协议以及 PPP 项目合同中予以具体体现。

需要特别强调的是，PPP 项目的融资安排是 PPP 项目实施的关键环节，鼓励融资方式多元化、引导融资方式创新、落实融资保障措施，对于增强投资者信心、维护投资者权益以及保障 PPP 项目的成功实施至关重要。

五、保险合同

由于 PPP 项目通常资金规模大、生命周期长，负责项目实施的项目公司及其他相关参与方通常需要对项目融资、建设、运营等不同阶段、不同类型的风险分别进行投保。通常可能涉及的保险种类包括货物运输险、工程一切险、针对设计或其他专业服务的职业保障险、针对间接损失的保险、第三者责任险。

鉴于 PPP 项目所涉风险的长期性和复杂性，为确保投保更有针对性和有效性，在制订保险方案或签署保险合同前可以先咨询专业咨询公司的意见。

六、其他合同

在 PPP 项目中还会涉及其他的合同，如与专业中介机构签署的投资、法律、技术、财务、税务等方面的咨询服务合同。

第四节　PPP 条款解读

一、定义条款

定义条款是对合同用语界定、解释的条款，包括项目、合同各方、项目地点、项目公司、各种费用、工作日、建设期等。有的合同在定义条款之前还会增加“引言”或“前言”条款，用以表述合同目的、背景等。定义条款须关注定义的准确性，不准确或错误的定义将直接影响双方当事人的权利义务。有的合同还将当事人权利义务放在第一章，此时要特别关注是否有缺项、漏项或错项存在。

二、项目范围和内容条款

项目范围是对项目对应的基础设施或公共服务项目范围和内容的描述。项目的范围条款，用以明确约定在项目合作期限内政府与项目公司的合作范围和主要合作内容，是 PPP 项目合同的核心条款。

（一）合作内容

根据项目运作方式和具体情况的不同，政府与项目公司的合作范围可能包括设计、融资、建设、运营、维护某个基础设施或提供某项公共服务等。以 BOT 运作方式为例，项目的范围一般包括社会资本方在项目合作期限内的建设、运营、移交。

值得注意的是，PPP 项目重在运营，无论是 BOT、TOT、O&M、ROT、BOO，运营的“O”始终存在，运营是社会资本方参加 PPP 项目中必须承担的部分，也是每一个 PPP 项目必有的合作范围。

（二）标的范围和内容

标的项目的范围和内容是对项目的具体基础设施或公共服务项目范围和内容的描述。

根据我国现行的法律，PPP 是政府方与社会资本方在基础设施和公共服务领域的合作。因此，PPP 标的项目也必须存在于基础设施和公共服务领域，而不应该作为商业项目。但是在实践操作中为了吸引社会资本方，减轻政府方的压力，PPP 项目中也会有一定商业项目的配比。

对于标的范围和内容的变更可划分为缩小、扩大、实质性改变等多种情况。一般来讲，根据《政府采购法》和《招标投标法》，签订 PPP 项目合同时，除非出现特殊情形，标的范围和内容不得变更。但是 PPP 项目可以在以下情况出现变更：①因设计变更、法律变更导致 PPP 标的项目内容发生变化；②PPP 标的项目范围和内容缩小，引起社会资本方收益减少；③对标的项目范围进行扩大，为保证原有采购项目一致性或者服务配套的要求，需要继续从原供应商处添购，且添购资金总额不超过原合同采购额的 10%，经合法审批可以通过单一来源采购的方式选择原有供应商。

（三）范围的排他性

PPP 的排他性分为项目本身合作范围的排他性与区域范围的排他性两个层次。PPP 项目的排他性既是社会资本方的权利也是其义务。对于设置区域排他性有以下两种常用形式：

（1）四至范围的区域设置。例如东至马鞍山路，西至宁国路，北至南一环路，南至九华山路。

（2）行政区域范围的区域设置。若为行政区域范围，社会资本方应注意未来行政范围的变更。通常未来行政范围扩大的，对扩大的范围应由政府方通过适当采购方式重新选择社会资本方，但可赋予原社会资本方一定的优先权。未来因行政范围缩小导致社会资本方收益减少的，政府应该给予补偿。所以社会资本方应该在合同中与政府方约定行政区域范围缩小的，政府方给予社会资本方的补偿方式。

三、项目合作期限条款

根据项目运作方式和付费机制的不同，项目合作期限的规定方式也不同，常见的项目合作期限规定方式有以下两种：

（1）自合同生效之日起一个固定的期限（例如，25 年）。在单一固定期限的情况下，建设结束后，项目进行运营期，如提前完工，实际运营期将比计划运营期长，若延时完工，实际运营期会比计划运营期短。社会资本方如果能提前完工可获得额外的收益，延迟完工，就要承担违约金，还要承担收益的损失。若社会资本方对工期进度有比较好的控制和管理方式，社会资本方可使用固定期限签订合同。

（2）分别设置独立的设计建设期和运营期，并规定运营期为自项目开始运营之日起的一个固定期限。

上述两种合作期限规定方式的最主要区别在于：在分别设置设计建设期和运营期的情况下，如建设期出现任何延误，不论是否属于可延长建设期的情形，均不会影响项目运营期限，项目公司仍然可以按照合同约定的运营期运营项目并获得收益；而在规定单一固定期限的情况下，如项目公司未按照约定的时间开始运营，且不属于可以延长期限的情形，则会直接导致项目运营期缩短，从而影响项目公司的收益情况，即实际运营期与完工时间无关。无论提前完工或延迟完工，项目的实际运营期限都不受影响，也就是说，社会资本方提前完工也不会因此获得额外收益，延迟完工只需要承担赔付违约金，不会产生收益的损失。

因此社会资本方应当根据项目的风险分配方案、运作方式、付费机制和具体情况与政府方协商，选择合理的项目合作期限规定方式。若社会资本方有较强的进度控制和管理能力，可使用固定期限方式签订合同；反之，应使用分别设置独立的设计建设期和运营期的方式。

四、特许经营条款

特许经营条款描述项目特许经营权内容、范围、期限、终止后处理等内容。关于特许经营权，要根据项目具体模式写清特许经营范围，明确设计、建设、投融资、运营权限的分配以及地上广告等经营权、地下管廊等收费权的处理；明确经营权、融资权限的取得，关注权利限制是否合理；明确经营期满后的处理。

不少政府会将“利用本项目资产或项目设施开展经营性业务（包括广告经营权、道路冠名权等）的，必须事先报经政府方或事先书面同意，并且社会资本方必须保证此等经营性业务不得影响 PPP 项目的实施，也不得有任何影响公共利益或公共安全的行为”写入合同，社会投资人应按照项目自身情况严格审查，若广告经营收入、管廊收费等已纳入财务预算中，则应修改此条款，明确社会资本方享有相关权利。

五、项目公司设立条款

PPP 项目中的项目公司常常被称作“特别目的载体”，是为实施 PPP 项目这一特殊目的而专门设立，出于以“有限追索”实现风险隔离和项目融资等目的，设立 PPP 项目公司是绝大多数项目的选择（另一种选择是社会资本方直接作为项目实施主体）。

（一）项目公司的类型

项目公司类型包括以下两类：

1. 股东仅为社会资本方

股东仅为社会资本方往往出于以下几点综合平衡的结果：①政府方对项目深度监管的意愿不强；②政府方资金实力不强，难以安排作为股东出资的资本金；③项目本身为常规项目，比较成熟、易于监管；④社会资本方与政府方谈判的结果，有实力的社会资本方希望独资设立，避免政府方参股复杂化。在股东仅为社会资本方的情形下，按社会资本方出资方主体的数量不同，又可以细分为两种情形：由一家企业单独出资设立；联合体中选后由多家企业共同出资设立。在以上第一种情形下设立的项目公司即为一人有限责任公司。在以上第二种情形下还涉及“联合体各方是否必须都参股项目公司”的问题。

2. 股东为政府方与社会资本方双方

相较于第一种类型而言，由政府方与社会资本方共同出资设立项目公司是 PPP 实践中最为常见的类型。对政府方而言，此种情形下，其可以更直接地参与项目的重大决策、了解项目实施情况，更为便捷地实现自身的监管职责。此外，对社会资本方而言，如项目中遇到的实际困难，特别是项目前期工作中遇到的困难，政府股东代表作为当地的企业且多为城投企业，往往能提供更好的解决方案，同时，通过政府出资代表这一通道，也便于项目公司与政府方沟通。

（二）项目公司的设立时间

结合 PPP 项目的实践，关于项目公司的设立时间，往往存在以下两种情形。

（1）项目采购完成后设立。项目采购完成确定中选社会资本后，签署 PPP 项目合同、股东协议、公司章程，随即按照这些文件约定时间设立项目公司，此为常态。

（2）采购程序开始前设立。实践中也偶见社会资本方基于项目的实际需要，在项目采购前，往往在 PPP 项目的识别论证阶段或之前为项目实施之目的成立公司。该种选择，原因往往是：在 PPP 模式的初期，政府与潜在社会资本方都急于项目建设，而 PPP 模式下从前期工作、识别论证到项目执行阶段，流程较长，因此，双方在招标之前便合资设立公司。该种情形下，对社会资本方而言存在不能中选的风险，这就要求政府方要在公平竞争、择优选取的前提下，同时得尽力让该社会资本方中选。这与项目采购阶段各类条件的设置及采购的具体实施密切相关，在此不赘述。但应注意的是，《招标投标法》第 43 条规定，“在确定中标人前，招标人不得与投标人就投标价格、投标方案等实质性内容进行谈判”，上述操作存在与上述规定相违背之嫌。

六、前提条件条款

一般情况下，PPP 项目合同条款并不会在合同签署时全部生效，其中部分特定条款的生效会有一定的前提条件。只有这些前提条件被满足或者被豁免的情况下，PPP 项目合同的全部条款才会生效。

如果某一前提条件未能满足且未被豁免，PPP 项目合同的有关条款将无法生效，并有可能进一步导致合同终止，未能满足该前提条件的一方将承担合同终止的后果。

（一）常见的前提条件

根据项目具体情况的不同，在项目正式实施之前需要满足的前提条件也不尽相同，实践中常见的前提条件包括：

1. 完成融资交割——通常由项目公司负责满足

完成融资交割是 PPP 项目合同中最重要的前提条件，只有确定项目公司及融资方能够为项目的建设运营提供足够资金的情况下，项目的顺利实施才有一定保障。

根据项目双方的约定不同，完成融资交割的定义也可能会不同。完成融资交割通常是指项目公司已为项目建设融资的目的签署并向融资方提交所有融资文件，并且融资文件要求的就本项目获得资金的所有前提条件得到满足或被豁免。

2. 获得项目相关审批——由项目公司或政府方负责满足

根据我国法律规定，项目公司实施 PPP 项目可能需要履行相关行政审批程序，只有获得相应的批准或备案，才能保证 PPP 项目的合法合规实施。

在遵守我国法律法规的前提下，按照一般的风险分配原则，该项条件通常应由对履行相关审批程序最有控制力且最有效率的一方负责满足，例如：

（1）如果项目公司可以自行且快捷地获得相关审批，则该义务可由项目公司承担。

（2）如果无政府协助项目公司无法获得相关审批，则政府方有义务协助项目公司获得审批。

（3）如果相关审批属于政府方的审批权限，则应由政府方负责获得。

3. 保险已经生效——由项目公司负责满足

在 PPP 项目中，保险是非常重要的风险转移和保障机制。政府方为了确保项目公司在项目实施前已按合同约定获得了足额的保险，通常会将保险（主要是建设期保险）

生效作为全部合同条款生效的前提条件。

常见的安排是：项目公司已根据项目合同中有关保险的规定购买保险，且保单已经生效，并向政府方提交了保单的复印件。

4. 项目实施相关的其他主要合同已经签订——由项目公司负责满足

在一些 PPP 项目合同中，政府方为进一步控制项目实施风险，会要求项目公司先完成项目实施涉及的其他主要合同的签署工作，以此作为 PPP 项目合同的生效条件。常见的安排是：项目公司已根据项目合同中有关规定签订工程总承包合同及其他主要分包合同，并且向政府方提交了有关合同的复印件。

5. 履约保函

PPP 项目从采购到建设、运营、移交，几乎每个阶段都可以设置相应的履约保函，例如，项目公司会提交建设期履约保函等担保。一方面，社会资本方可以提交前提条件的履约保函，对政府方来说会更有保障。另一方面，有些项目虽然未要求提交前提条件的履约保函，但是会要求社会资本方提供建设期履约保函。也就是说，项目协议签订后，无论何时开工建设，先提交建设期履约保函，在这种情况下，需注意约定前提条件未满足和建设期履约保函提取的关联性。

（二）前提条件豁免

上述前提条件可以被豁免，但只有负责满足该前提条件的一方的相对方拥有该豁免权利。

（三）未满足前提条件的后果

1. 合同项下的权利和义务将终止

如果由于未满足前提条件而导致合同终止，除合同中明确规定的在合同终止后仍属有效的条款外，其他权利义务将终止。

2. 经济赔偿

如因合同一方未能在规定的时间内满足其应当满足的前提条件而导致合同终止的，合同另一方有权向其主张一定的经济赔偿，但经济赔偿的额度应当与合同另一方因此所遭受的损失相匹配，并符合我国合同法关于损害赔偿的规定。

3. 提取保函

为了更好地督促项目公司积极履行有关义务、达成相关的前提条件，政府方也可以考虑在签署 PPP 项目合同时（甚至之前）要求项目公司就履行前提条件提供一份履约保函。具体项目中是否需要项目公司提供此类保函，保函金额多少主要取决于以下因素：

（1）在投标阶段是否已经要求项目公司提供其他的保函。

（2）是否有其他激励项目公司满足前提条件的机制，例如项目期限或付费机制的设置。

（3）项目公司不能达成前提条件的风险和后果。

（4）政府方因项目无法按时实施所面临的风险和后果。

（5）按时达成前提条件对该项目的影响等。

如果项目公司未能按照约定的时间和要求达成前提条件，且政府方未同意豁免该前提条件时，政府方有权提取保函项下的金额。

七、项目用地条款

PPP 项目合同中的项目用地条款，是在项目实施中涉及的土地方面的权利义务规定，通常包括土地权利的取得、相关费用的承担以及土地使用的权利及限制等内容。

（一）国有建设用地供应

除少量 PPP 项目中的种植、绿化等内容可以考虑使用农村土地承包经营权外，根据《土地管理法》中“任何单位和个人进行建设，需要使用土地的，必须依法申请使用国有土地”的规定，原则上，PPP 项目建设都需要在国有建设用地上实施。特别是对于园区开发类 PPP 项目，园区开发类 PPP 项目往往具有开发建设面积广、开发建设涉及大量农村集体土地和农用地等特点，因此，建设用地供应是影响园区开发建设进度和收支至为关键的条件之一。

国有建设用地供应前应同时满足如下前提条件：

（1）应在土地利用总体规划确定的建设用地范围内。

（2）应在城乡规划确定的建设用地范围内。

（3）应在土地利用年度计划确定的建设用地总量规模、新增建设用地指标和耕地占补平衡指标内。

（4）如建设占用农用地的，应依法完成农用地转用手续办理。

（5）如建设涉及农村集体用地的，应依法完成农村集体用地征收手续办理。

（二）国有建设用地供应中的责任和风险承担

如上所述，基于不同的利益考量，政府方与社会资本方通常会在 PPP 项目合同中围绕国有建设用地的供应做出如下约定：

（1）规划的编制/修改的审批：由于土地利用总体规划和城乡规划均应由政府有关部门组织编制/修改并通过审批，因此规划获批的风险通常由政府方承担。

（2）获取建设用地指标：双方一般会约定由政府方先期向社会资本方提供一定数量的建设用地（或建设用地指标），并会约定政府方应每年向社会资本方提供一定数量的年度计划内的建设用地指标和耕地占补平衡指标。其余指标则需通过市场方式获得，通常可约定由社会资本方负责积极获取购买建设用地指标和耕地占补平衡指标的市场信息，并及时足额提供购买指标所需的资金。总体来说，获取建设用地指标是政府方的责任和政府方需要承担的风险。

（3）土地征收和拆迁安置：土地征收和拆迁安置工作的具体实施应由政府方负责，社会资本方提供拆迁安置服务。除非因社会资本方未能按合同约定提供拆迁安置补偿服务，土地征收和拆迁安置的风险通常由政府方承担。

八、项目前期工作条款

项目前期工作包含工程建设的合作项目，应明确可行性研究、勘察设计等前期工作要求；包含转让资产（或股权）的合作项目，应明确项目尽职调查、清产核资、资产评估等前期工作要求。

在项目前期工作条款应重点约定合作项目前期工作内容、任务分工、经费承担及违约责任等事项。

九、项目融资条款

（一）融资方案

项目合同需要明确项目总投资的资金来源和到位计划，包括项目资本金比例及出资方式以及债务资金的规模、来源及融资条件。如有必要，可约定政府为债务融资提供的支持条件、各类资金的到位计划等。

（二）各方权利与义务

1. 项目公司的融资权利和义务

由于能否成功获得融资直接关系到项目能否实施，因此大多数 PPP 项目合同中会将完成融资交割作为项目公司的一项重要义务以及 PPP 项目合同全部生效的前提条件。

2. 融资方的权利和义务

融资方在提供融资时最为关注的核心权利包括融资方的主债权和担保债权、融资方的介入权。再融资的条件通常包括再融资应增加项目收益且不影响项目的实施、签署再融资协议前须经过政府的批准等。

3. 政府方的权利与义务

通常政府方对融资不承担义务，但如果政府为合作项目提供投资补助、基金注资、担保补贴、贷款贴息等支持，则应当在合同中明确具体方式及必要条件。如无法完成融资交割，政府方享有解除合同的请求权。

（三）注意事项

不少由政府方提供的 PPP 合同中，要求社会投资人以现金形式使注册资本金一次到位，此时社会投资人应高度关注该合同条款是否符合商务安排。通常为了减少资金压力，社会投资人会采取“股＋债”的形式融资，由金融机构以股权投资形式解决部分资金。

此外，不少协议要求社会投资人承担补充融资义务，当项目公司无法完成融资任务时，由社会投资人担保融资实现。我们认为尽管合同条款将融资义务转嫁给社会投资人，但现实情况是，社会投资人通常不会为单个项目承担过重的信用背书，融资责任无法完成往往也是 PPP 项目失败的原因。因此，我们建议在 PPP 合同谈判过程中引入金融机构，提前判断项目是否具备融资条件，在交易结构设计之初便解决融资问题。另外，取得融资可作为合同前提条件。

十、项目建设条款

绝大多数的 PPP 项目都包括新建或改扩建内容，因此项目建设是这类 PPP 项目合同的必备条款。有关项目建设的条款通常会包括设计和建设两部分内容。

十一、项目运营和维护条款

有关项目运营的条款通常包括开始运营的时间和条件、运营期间的权利与义务以及政府方和公众对项目运营的监督等内容。

（一）开始运营

项目开始运营意味着可以开始提供公共产品或服务，也往往意味着项目公司可以开始取得收益。开始运营时间点对于一些对时间要求较高的特殊项目尤为重要，如奥运会场馆。

（二）开始运营的条件

1. 一般条件

一般条件包括：项目的建设已经基本完工并且已经达到满足项目目的的水平；已按照合同中约定的标准和计划完成项目试运营；项目运营所需的审批手续已经完成等。

2. 试营业安排

针对在完工后，需要一定时间测试以确保性能的稳定性或者需要进行大量的人员培训或工作交接的项目，可能需要在合同中进行试营业安排，这些安排包括约定：试运营的前提条件和技术标准、试运营的期限、试运营期间的责任安排、试运营的费用和收入处理、正式运营的前提条件、正式运营开始时间和确认方式等。

（三）因项目公司原因导致无法按期开始运营的后果

1. 一般的后果

无法按时获得付费、运营期缩短。

2. 支付逾期违约金

需要注意的是，融资方对于项目公司可能承担的违约金非常关注，政府为保障自身利益不受损失追求过高的违约金可能导致项目融资困难，因此在设定违约金时，应当考虑实际损失。对于逾期并不会对政府方造成很大损失的项目，付费机制和项目期限已经足以保证项目公司有动机按时完工，因而无须再另行规定逾期违约金。

3. 项目提前终止

如果政府方希望在逾期发生一定时间后获得提前终止该项目的权利，应当在合同中进行约定。

（四）政府提供的外部条件

项目合同应约定政府为项目运营提供的外部条件，如：

（1）项目运营所需的外部设施、设备和服务及其具体内容、规格、提供方式（无偿提供、租赁等）和费用标准等。

（2）项目生产运营所需特定资源及其来源、数量、质量、提供方式和费用标准等，如污水处理厂的进水水源、来水量、进水水质等。

（3）对项目特定产出物的处置方式及配套条件，如污水处理厂的出水、污泥的处置，垃圾焚烧厂的飞灰、灰渣的处置等。

（4）道路、供水、供电、排水等其他保障条件。

（五）运营服务标准

项目合同应从维护公共利益、提高运营效率、节约运营成本等角度，约定项目运营服务标准，包括：服务范围、服务内容；生产规模或服务能力；技术标准，如污水厂的出水标准，自来水厂的水质标准等；服务质量，如普通服务、持续服务等；其他要求，如运营机构资质、运营组织模式、运营分包等。

（六）主副产品的权属

项目合同应约定在运营过程中产生的主副产品（如垃圾填埋厂渗滤液与沼气）的权属和处置权限。

（七）运营期政府监管

政府有关部门依据自身行政职能对项目运营进行监管，社会资本主体应当予以配合。政府可在不影响项目正常运营的原则下安排特别监管措施，并与社会资本主体议定费用分担方式，如委托专业机构开展中期评估和后评价；政府临时接管的触发条件、实施程序、接管范围和时间、接管期间各方的权利义务等。

（八）项目大修、重置与改扩建

项目合同应约定项目大修、重置和改扩建的责任主体、时间、条件、费用承担以及未履行相关义务的违约责任。

十二、项目移交条款

项目移交通常是指在项目合作期满终止或者项目合同提前终止后，项目公司将全部项目设施及相关权益以合同约定的条件和程序移交给政府或者政府指定的其他机构。

项目移交的基本原则是，项目公司必须确保项目符合政府回收项目的基本要求。项目合作期限届满或项目合同提前终止后，政府需要对项目进行重新采购或自行运营的，项目公司必须尽可能减少移交对公共产品或服务供给的影响，确保项目持续运营。

（一）移交情形

项目移交可分为期满终止移交与提前终止移交。期满终止是指 PPP 项目合作期限届至，项目公司将项目移交给政府。期满移交又可分为有偿移交和无偿移交，通常 PPP 项目为无偿移交，因为在项目实施过程中已通过可用性付费等方式偿还社会资本成本和收益。期满移交还可分为资产移交和股权移交，通常资产移交涉及税费负担更重。提前终止移交的情形有违约、政府方选择终止、不可抗力。

（二）移交范围

移交范围包括：项目设施；项目土地使用权及项目用地相关的其他权利；与项目设施相关的设备、机器、装置、零部件、备品备件以及其他动产；项目实施相关人员；运营维护项目设施所要求的技术和技术信息；与项目设备有关的手册、图纸、文件和资料（书面文件和电子文档）；移交项目所需的其他文件。

（三）移交的条件和标准

移交的条件和标准包括：权利方面的条件和标准，项目设施、土地及所涉及的任何资产不存在权利瑕疵，其上未设任何担保及其他第三人的权利；技术方面的条件和标准，项目设施应符合双方约定的技术；安全和环保标准，并处于良好的运营状况。

（四）移交程序

正式移交之前通常有一个过渡期，并成立由各方组成的移交委员会，合同应规定移交委员会的工作职责与程序。

（五）移交测试

在PPP项目移交前，通常需要对项目的资产状况进行评估，并对项目状况能否达到合同约定的移交条件和标准进行测试。实践中，上述评估和测试工作常由政府方委托的独立专家或者由政府方和项目公司共同组成的移交工作组负责。

（六）移交费用

移交费用由何方承担取决于双方谈判结果，通常由项目公司承担移交手续的相关费用，有的项目由政府方和项目公司共同承担移交手续的相关费用，如果因为一方违约事件导致项目终止而需要提前移交，可以约定由违约方来承担移交费用。

（七）合同受让

项目移交时，项目公司在项目建设和运营阶段签订的一系列重要合同可能仍然需要继续履行，因此可能需要将这些尚未履行完毕的合同由项目公司转让给政府或政府指定的其他机构。

（八）技术转让

在一些对于项目实施专业性要求较高的PPP项目中，可能需要使用第三方的技术（包括通过技术转让或技术许可的方式从第三方取得的技术）。在此情况下，政府需要确保在项目移交之后不会因为继续使用这些技术而被任何第三方进行侵权索赔。

十三、项目付费条款

付费机制关系到PPP项目的风险分配和收益回报，是PPP项目合同中的核心条款。实践中，需要根据各方的合作预期和承受能力，结合项目所涉的行业、运作方式等实际情况，因地制宜地设置合理的付费机制。

（一）常见的付费机制

1. 政府付费

政府付费，是指政府直接付费购买公共产品和服务。在政府付费机制下，政府可以依据项目设施的可用性、产品或服务的使用量以及质量向项目公司付费。

2. 使用者付费

使用者付费，是指由最终消费用户直接付费购买公共产品和服务，项目公司直接从最终用户处收取费用，以回收项目的建设和运营成本并获得合理收益。

3. 可行性缺口补助

可行性缺口补助指使用者付费不足以满足项目公司成本回收和合理回报时，由政府给予项目公司一定的经济补助，以弥补使用者付费之外的缺口部分，包括土地划拨、投资入股、投资补助、优惠贷款、贷款贴息、放弃分红权、授予项目相关开发收益权等中的一种或多种。

（二）设置付费机制的基本原则和主要因素

（1）项目产出是否可以计量，这决定了其是否可以采用使用量付费和绩效付费方式。项目合同应约定项目所提供服务（或产品）的计量方法、标准、计量程序、计量争议解决、责任和费用划分等事项。

（2）适当的激励：付费方式应对项目公司形成适当、有效的激励。

（3）灵活性：为了应对项目实施过程中可能发生的情势变更，须对付费机制设置一定的变更或调整机制。

（4）收益可融资性：部分项目可能需要通过资产证券化进行二次融资，付费机制在设计上应考虑到融资上的可行性以及对融资方的吸引力。

（5）财政承受能力：采用政府付费和可行性缺口补助机制的项目中，财政承受能力关系到项目公司能否按时足额地获得收益，因此需要事先对政府的财政承受能力进行评估。

（6）设置唯一性条款和超额利润限制机制：为确保有足够的使用者，通常会规定政府方有义务防止不必要的竞争性项目，即唯一性条款；同时，使用者需求激增或收费价格上涨，将可能导致项目公司因此获得超出合理预期的超额利润，政府在设计付费机制时可以考虑设定一些限制超额利润的机制，包括约定投资回报率上限，超出上限的部分归政府所有，或者就超额利润部分与项目公司进行分成等。

（三）价格调整机制

在长达 10～30 年的 PPP 项目周期中，市场环境的波动会直接引起项目成本的变化（包括利率成本、人工成本等），进而影响社会资本方的收益情况。在 PPP 项目合同中设置合理的价格调整机制，可以将政府付费金额/使用者付费金额维持在合理的范围，防止过高或过低付费导致社会资本方超额利润或亏损。

1. 公式调整机制

公式调整机制是指通过设定价格调整公式，建立政府付费金额与某些特定因素之间的联动关系，以反映成本变动对付费金额的影响。根据不同的付费方式区分不同的公式调整机制。

2. 其他机制

在《PPP 项目合同指南》中还介绍了基准比价机制和市场测试机制，但这两种付费调整机制在目前的实践操作中并不常见，因此这两种方式有待研究和实践。

（四）绩效考核机制

绩效考核机制的设定（包括绩效考核的标准、绩效监测方式、绩效考核不合格的后果），请详见第十章“绩效评估”中的相关内容。

另外，需要注意的是，在实践中很多 PPP 项目的可用性付费仅与项目竣工验收合格进行绩效考核挂钩，而未对运营期内的可用性进行评价和考核。然而，从“政府付费”的本意来看，该种思路还存在一些偏差。按照财政部发布的《PPP 项目合同指南》来看，可用性体现的是项目全生命周期的可用性，并非仅是建设期的可用性。目前的很多 PPP 项目均采用建设期的可用性加上运营期的绩效付费，其中可用性付费以项目竣工验收合格以及其他可用性绩效指标为标准，自项目商业运营日起向社会资本方全额支付可用性付费。绩效付费依据约定的运营维护绩效考核标准及考核程序，根据考核结果进行支付。该种运作方式把可用性仅限定为建设可用性，把可用性付费与运营维护付费割裂开来，似乎有“BT＋O”之嫌疑，不利于社会资本方站在全生命周期的角度投资、建设、运营维护项目。

但“存在即是合理”，目前阶段社会资本方对于绩效考核挂钩可用性部分接受程度偏低，一方面对于自身的运维和管理能力缺乏信心，更关键的原因是担心政府履约的随意性，以及在绩效考核标准合理性和第三方评价机构独立性不能完全保证的情况下，社会资本方更担心政府履约的风险。另外，对于绩效考核挂钩可用性部分也会降低项目的可融资性，加大项目融资难度。因此，政府方应当综合考虑项目情况决定可用性付费与绩效考核挂钩的程度，既确保项目的可行性，又激励社会资本方提供建设和运维能力。

十四、履约担保、承诺条款与保险

（一）履约担保

履约担保，广义上是指为了保证项目各方按照合同约定履行合同并实施项目所设置的各种机制。履约担保的方式通常包括履约保证金、履约保函以及其他形式的保证等。常见的保函包括建设期的履约保函、运营维护期的维护保函、移交维修保函。

不少合同将履约担保与前提条件（或前期工作）条款放在一起，将运营维护保函与运营条款放在一起，将移交维修保函放于移交章节中。

1. 选择原则

PPP 项目中的履约担保并非必需，《PPP 项目合同指南》指出：“如果该项目公司的资信水平和项目本身的机制足以确保项目公司不提供履约担保同样能够按照合同约定履约”，“且在项目公司违约的情形下，政府有足够的救济手段”，则可以不需要项目公司提供履约担保”。但从已有的 PPP 项目实践来看，当前的 PPP 项目几乎都设置了履约担保机制。

根据项目合同指南，履约担保的一般选择原则（包括选择的担保方式和担保额度）包括两点，其一，“所选用的担保方式可以足够担保项目公司按合同约定履约”，即担保的履约威慑力足够；其二，“在出现违约情形下政府有足够的救济手段”，即便于政府方实行违约救济。根据通用合同指南，PPP 项目合同中的履约担保事项可以包括“履约担保的类型、提供方式、提供时间、担保额度、兑取条件和退还等”，为落实上述选择原则，PPP 项目合同的履约担保条款通常会明确上述内容。

2. 担保类型

根据项目合同指南，按项目所处细分阶段的不同，PPP 项目中常见的履约担保可分为不同的类型，具体见表 7-1。

表7-1　PPP模式各阶段的履约担保类型

项目阶段	担保类型
采购阶段	投标担保
采购完成后前提条件实现前（如有）	前提条件成就担保
建设期	建设期履约担保
运营期	运维履约担保
期满终止日前的12个月至项目期满移交后12个月内	移交维修担保

3. 担保方式

（1）投标担保。

根据《政府采购法实施条例》及相关规定，投标保证金应当以支票、汇票、本票或者金融机构、担保机构出具的保函等非现金形式提交。但《招标投标法实施条例》并未将担保形式限制于此，该条例规定投标保证金可以现金形式提交。

（2）履约担保。

除投标保证金具有上述特殊性外，履约保证金应为“支票、汇票、本票或者金融机构、担保机构出具的保函等非现金形式”，保函是当前项目实践中应用最为广泛的担保形式。应注意的是，虽然相关规定已明确担保形式包括“金融机构、担保机构出具的保函”，但实际上项目实施机构对保函出具方往往有明确要求，比如“国有大型银行出具的保函”。此外，在部分PPP项目中政府方要求社会资本方缴纳现金投标保证金和履约保证金，这与《政府采购法实施条例》及相关规定中的“非现金形式”存在冲突。

4. 履约保函

PPP项目中开具的履约保函，在保函本身所载内容上应注意以下几点：

（1）载明据以付款的单据。

单据指保函载明的受益人（通常为项目实施机构）应提交的付款请求书、违约声明、第三方签发的文件、法院判决、仲裁裁决、汇票、发票等表面发生付款到期事件的书面文件。

（2）载明最高金额。

（3）应至少载明下列事项之一：

1）保函载明见索即付。

2）保函载明适用国际商会《见索即付保函统一规则》等独立保函交易示范规则。

3）根据保函文本内容，开立人的付款义务独立于基础交易关系及保函申请法律关系，其仅承担相符交单的付款责任。

此外，履约保函如转让应满足一定条件，保函如同时载明“可转让和据以确定新收益人的单据”，则可转让；保函的受益人（政府方）付款请求权的转让可在保函中进行约定。

（二）政府承诺

为了确保PPP项目的顺利实施，在PPP项目合同中通常会包括政府承诺的内容，用以明确约定政府在PPP项目实施过程中的主要义务。实践中较为常见的政府承诺通常为：

（1）照付不议（最低流量保障），即政府在项目合同中承诺一个最低采购量，如果项目公司按照该最低采购量供应有关产品或服务并且不存在项目公司违约等情形，不论政府是否需要采购有关产品或服务，其均应按照上述最低采购量付费。

（2）负责或协助获取项目相关土地权利。

（3）提供相关连接设施：包括建设部分项目配套设施、完成项目与现有相关基础设施和公用事业的对接等（如发电项目的电网部分）。

（4）办理有关政府审批手续：需要注意的是，政府承诺的具体审批范围以及承诺的方式，需要根据法律法规的有关规定、项目具体情况以及获得相关审批的难易程度做具体评估。

（5）防止不必要的竞争性项目：即上文所述“唯一性条款”。

（三）保险

某种意义上，项目风险的合理分配及转移是 PPP 项目合同的主线，而 PPP 项目中购买保险并维持其效力是转移风险的重要环节。PPP 项目合作期内各方对购买并维持保险的责任分工、各方在保险中所占的角色分配、应购买的合理保险种类、保险覆盖的项目范围、保险获得的风险等问题都是与保险最终与项目风险密切相关的问题。

1. 保险相关当事人

（1）投保人。

PPP 项目合同的约定投保人通常为社会资本方。项目合同指南也将“获得项目相关保险”列为“通常由项目公司承担的风险”，作为项目的实施主体，由社会资本方购买保险无疑也是最为合适的。同时，PPP 项目合同条款中也同时会约定当社会资本方未按约定投保时，由政府方自行购买保险，此时投保人为政府方。

（2）被保险人。

根据《保险法》的规定，“被保险人是指其财产或者人身受保险合同保障，享有保险金请求权的人”。根据险种的不同，被保险人将出现差异，但社会资本方应始终作为被保险人之一，在保险事故发生后享有保险金请求权，根据合同约定的不同，政府方或政府指定机构也可作为被保险人。

2. PPP 项目中的保险种类

PPP 项目中通常购买的保险根据项目阶段的不同而有所区别。为转移风险，PPP 项目合同中通常设置强制保险方案。项目实践中应注意避免同一阶段所购买保险投保范围重合。

（1）建设期主要保险类型。

PPP 项目合同中约定的建设期应购买的保险指的是由投保人（通常为社会资本方）为项目建设所购买的保险。施工合同示范文本的规定，社会资本方作为发包人应当购买的保险包括工程保险，具体指建筑工程一切险或安装工程一切险、工伤保险。此外，社会资本方和承包人可以为其施工现场的全部人员购买意外伤害保险，承包人应为其施工设备等办理财产保险。

（2）运营期主要保险类型。

不同类型项目在运营期内有不同的保险要求，这种区别在运营型项目与轻运营类项目差别尤其明显。对于运营型项目，如污水处理项目、自来水项目而言，对项目设备的保险尤为重要。通常 PPP 项目合同中要求购买的保险包括财产一切险、环境责任险、第三者责任险。

（3）主要保险类型简介。

1）社会资本方通常应当购买的保险。

① 建筑工程一切险或安装工程一切险。工程一切险属于财产险，通常是承保项目建筑/安装因自然灾害或意外事故而造成的被保险人的物质损失以及因物质损失而产生的费用。施工合同示范文本明确本项保险的保险费及其他相关费用由发包人（即 PPP 项目中的社会资本方）承担。

② 工伤保险。根据《工伤保险条例》及施工合同示范文本，社会资本方作为发包人应根据相关规定参加工伤保险，“并为在施工现场的全部员工办理工伤保险，缴纳工伤保险费，并要求监理人及由发包人为履行合同聘请的第三方依法参加工伤保险”。

2）其他保险。

根据相关规定，社会资本方对下述保险并无购买的义务，但在 PPP 项目合同中约定由社会资本方购买，或由社会资本方督促第三方购买。

① 意外伤害险。根据《建设工程安全生产管理条例》的规定，施工单位或施工总承包模式下的总承包单位应当购买意外伤害保险；施工合同示范文本规定，发包人和承包人可选择为施工现场全部人员办理意外伤害险。

② 设备相关保险。根据施工合同示范文本，“除专用合同条款另有约定外，承包人应为其施工设备等办理财产保险”。

③ 第三者责任险。第三者责任险的保险责任范围通常是指与项目工程直接相关的意外事故引起的工地内及邻近区域发生的第三者人身伤亡或财产损失。

④ 货物运输险。投保货物运输相关保险主要是为了转移项目相关的材料和设备在运输途中遭遇损坏或灭失的风险。

⑤ 施工机具综合保险。施工机具综合保险通常是指在工程建设、安装、运营测试及调试期间，就社会资本方选定的承包商自有或其租赁的施工机具的损坏或灭失的可保风险进行投保。

⑥ 环境责任险。根据《关于环境污染责任保险工作的指导意见》，环境污染责任保险是以企业发生污染事故对第三者造成的损害依法应承担的赔偿责任为标的的保险。

十五、违约与终止条款

（一）违约

在 PPP 项目合同中，通常会明确约定可能导致合同终止的违约事件，这些违约事件通常是由于合同一方违反 PPP 项目合同中的重大义务而引起的。

违约事件的发生并不直接导致项目合同终止。在 PPP 项目合同中通常会规定通知和补救程序，即如果在 PPP 项目合同履行过程中发生违约事件，未违约的合同相对方应及时通知违约方，并要求违约方在限期内进行补救，如违约方在该限期内仍无法补救的，则合同相对方有权终止 PPP 项目合同。

实践中，不同的 PPP 项目合同对于违约事件的界定方式可能不同，通常包括概括式、列举式以及概括加列举式三种，其中概括加列举式在 PPP 项目合同中更为常见。通过列举的方式可以更加明确构成违约事件的情形，从而避免双方在违约事件认定时产生争议。为此，在 PPP 项目合同起草和谈判过程中，双方应对哪些事项构成违约事件进行认真判别，并尽可能地在 PPP 项目合同中予以明确约定。

（二）提前终止

在 PPP 项目合同中，可能导致项目提前终止的事由通常包括：

（1）政府方违约事件。发生政府方违约事件，政府方在一定期限内未能补救的，项目公司可根据合同约定主张终止 PPP 项目合同。

（2）项目公司违约事件。发生项目公司违约事件，项目公司和融资方或融资方指定的第三方均未能在规定的期限内对该违约进行补救的，政府方可根据合同约定主张终止 PPP 项目合同。

（3）政府方选择终止。政府方在项目期限内任意时间可主张终止 PPP 项目合同。

（4）不可抗力事件。发生不可抗力事件持续或累计达到一定期限，任何一方可主张终止 PPP 项目合同。

十六、争议解决条款

根据 PPP 项目的法律性质，可将政府与社会资本的争议界定为两类。与公共品提供和采购相关的，依仲裁或民事诉讼程序；与政府履行公共管理职能相关的，遵循行政诉讼程序解决。

鉴于 PPP 项目通常会涉及公共安全和公共利益，为保障项目的持续稳定运营，通常会在争议解决条款中明确规定在发生争议期间，各方对于合同无争议部分应当继续履行，除法律规定或另有约定外，任何一方不得以发生争议为由停止项目运营。

由于 PPP 项目周期长、制约因素多、风险大，因此项目履行过程中难免发生一些争议，一旦发生争议就进入仲裁或诉讼程序，对于合作各方而言，往往是成本最高、两败俱伤的方式。为了确保项目履约的顺利进行，PPP 合同通常会将协商、调解的争议解决方式置于诉讼、仲裁之前，并详细规定协商和调解程序。通常在当事人自行协商失败后，项目会进入第三方调解程序，为了保障调解的有效进行，合同应明示调解组织、人员选择方式、调解程序、调解后果等。

十七、合同附件

PPP 项目所涉及的合作内容和具体要求通常较为庞杂，一般会在 PPP 项目合同正文之后附加一系列的附件，用以进一步明确合同中涉及的具体技术标准、条件要求、计算公式、文书格式等。常见的合同附件包括以下几种：

（1）项目场地范围。该附件用于划定项目涉及的场地的地点、范围、面积等，有时会以平面图的形式列示。

（2）项目所需审批。该附件用于列明项目实施所需获得的全部或主要审批，以及政府方和项目公司在获得上述审批上的责任分工。

（3）技术附件。该附件用于详细阐述 PPP 项目设计、建设、运营、维护等所依据的具体技术标准和规范。

（4）商务附件。该附件用于阐述 PPP 项目的商业方案，如财务模型、融资计划、项目公司设立方案等。

（5）履约担保格式。为了确保项目公司在签订 PPP 项目合同后所提供的履约担保能够符合双方的约定，有时还会将履约担保的相关协议作为合同附件，并约定项目公司将来按照该协议约定的内容和方式向政府方提供担保。

（6）移交条件。为了确保项目移交后符合政府的预期，双方可能会将项目移交的具体条件和标准在 PPP 项目合同的附件中予以明确规定。

（7）声明和保证。项目合同各方须就订立合同的主体资格及履行合同的相关事项加以声明和保证，并明确项目合同各方因违反声明和保证应承担相应责任。主要内容包括以下几项：

1）关于已充分理解合同背景和目的，并承诺按合同相关约定执行合同的声明。

2）关于合同签署主体具有相应法律资格及履约能力的声明。

3）关于合同签署人已获得合同签署资格授权的声明。

4）关于对所声明内容真实性、准确性、完整性的保证或承诺。

5）关于诚信履约、提供持续服务和维护公共利益的保证。

6）其他声明或保证。

第五节　合同边界条件

PPP 项目的合同体系主要包括项目合同、股东合同、融资合同、工程承包合同、运营服务合同、原料供应合同、产品采购合同和保险合同等，项目合同是其中最核心的法律文件。而项目合同的核心内容主要是项目边界条件，主要的边界条件包括权利义务、交易条件、履约保障和调整衔接等。多数 PPP 项目合同纠纷都是对项目边界条件约定不明晰而引起。本节针对污水处理 PPP 项目中的 BOT 模式的项目合同边界条件界定进行探析，期望能在污水处理 PPP 项目中有参考价值。

一、权利义务边界

权利义务边界主要包括项目资产权属、社会资本承担的公共责任、政府支付方式和风险分配结果。

（一）项目资产权属

在财政部印发的《PPP 项目合同指南（试行）》（以下简称“财政部 PPP 合同指南”）中对此没有明确的概念描述，在发改委印发的《政府和社会资本合作项目通用合同指南》（以下简称“发改委 PPP 项目合同指南”）中出现在第八条第五项：“项目资产权属是指明确合作各阶段项目有形及无形资产的所有权、使用权、收益权、处置权的归属。项目资产主要包括土地和土地上的附着物、设施设备等”。PPP 项目用地一般都是划拨土地，不管是划拨还是出让，通常应明确未经政府批准，项目公司不得将该项目涉及的土地使用权转让给第三方或用于该项目以外的其他用途。项目土地附着物、建（构）筑物、污水处理设施及设备等产权（所有权）属于政府方，在特许经营期内由项目公司使用，期满后即由项目公司无偿移交给政府或政府指定的单位。同时，在项目经营期间获得的各类知识产权通常也明确附随整体项目移交政府方。

（二）社会资本承担的公共责任

社会资本承担的公共责任通常约定的都比较原则化，大致内容如下：政府方本着尊重社会公众的知情权，鼓励公众参与监督的原则，有权及时将项目公司的产品和服务质量检查、监测、评估结果和整改情况以适当的方式向社会公布。受理公众对项目公司的投诉，并进行核实处理；遇紧急情况，在可能严重影响公众利益的情况下，可依法对项目进行临时接管。项目公司接受政府部门的行业监管，服从社会公共利益，履行对社会公益性事业所应尽的义务和服务。但如果约定能够更具操作性则可以避免纠纷，如在财政部合同指南中，明确了公众监督权的具体内容。实践中，项目公司在运营期间需要公开披露的信息主要包括项目产出标准、运营绩效等，如水质报告。

（三）政府支付方式

政府支付方式约定的都比较清晰，通常涵盖了支付通知、付款、异议处理、违约金计算方式等广义的支付方式。一般项目合同中都约定将付费纳入本级财政预算，有的也要求政府方提供约 3 个月的支付保函。

（四）风险分配结果

风险分配结果的边界很清晰，但很多项目合同具体条款掌握有悖于风险分配原则。在财政部合同指南中明确了该原则：项目设计、建设、财务和运营维护等商业风险由社会资本承担，法律、政策和最低需求等风险由政府承担，不可抗力等风险由政府和社会资本合理共担。但在实践中，一些污水处理项目的建设和运营维护等商业风险因为通过"政府兜底"而转移到政府方。如在某高新区污水处理项目合同中约定如下："商业试运行期不超过九十（90）日，商业试运行期内不追究乙方出水水质不达标的责任，因在商业试运行期间出水水质不达标导致的行政处罚，由甲方（政府方）协助予以免除，若无法免除，则在该等行政处罚发生之日起十（10）日内，由甲方以现金方式全额补偿乙方。"出水水质的风险控制掌握在项目公司手中，让项目公司承担该风险最有效率，根据财政部合同指南中指出的风险分配的 5 项基本原则可知，不应该出现该项内容的政府兜底。

二、交易条件边界

交易条件边界主要包括项目合同期限、项目回报机制、收费定价调整机制。

（一）项目合同期限

项目合同期限规定有两种方式：自合同生效之日起一个固定的期限；分别设置独立的设计建设期和运营期，并规定运营期为自项目开始运营之日起的一个固定期限。这里面最容易产生纠纷的地方在于在采用分别设置设计建设期和运营期的情况下，当出现工期延误，需要判断是否属于合同约定的延长期限情形，采用这种方式规定合同期限，应同时约定属于延长期限的情形。值得一提的是，在《基础设施和公用事业特许经营管理办法》里面规定，特许经营期最长不超过 30 年，这 30 年是否包含建设期，目前各地实行的标准都不一致。

（二）项目回报机制

项目回报机制指的是项目收入的来源方式，主要包括使用者付费、可行性缺口补助和政府付费三种方式，由项目自身经营属性所决定具体采用何种方式。对于污水处理项目，政府付费主要是根据污水处理量，而且很多项目中出现了政府对污水处理的供应量采取兜底条款。本书认为，这种风险应该由社会资本来承担，社会资本承担该风险最有效率，因为其可以通过商业尽职调查计算出合理的处理量进而控制经营风险。关于污水处理的回报机制，本书认为，有两个地方可以改进完善。一是从长远看，对污水处理能力的考核重点不应该是处理的数量，而应是主要污染物削减量。二是目前设计的价格调整机制保证了项目公司的可持续获利能力，但如何来管控厂商在整个特许经营期内可能发生的价格垄断的方法较少，这些方法包括但不限于“利润率限定”“价格封顶或包干”“同域、同业价格比较”等。从整体看，目前的一些 PPP 项目合同中的回报机制还不完善，双方的权利义务还不平衡，需要不断探索适合具体项目的回报机制，既能对社会资本产生吸引力，又避免产生超额利润，增加财政付费负担。

（三）收费定价调整机制

调价机制有公式调整机制和协商调整机制两种。目前采用比较多的是公式调整机制，通常会以电费、人工费、化学药剂费、企业税收等指数等作为主要的调价因子，当上述因子变动达到约定的幅度时即可触发调价程序，按调价公式自动调整定价。这里面需要关注的有两点：一是各调价因子在总调价公式中的比重占比目前没有统一的比例，同样是污水处理项目，有的地方人工费因子占比例较大，有的地方电费因子占比例较大；所以合理确定权重是一项重要工作，目前尚缺乏权威部门指导意见；二是调价频率，目前有的地方是一年一次，有的是两年或者三年一次。

（四）产出说明

产出说明应明确产出规模（服务能力）和产出技术标准。目前的污水处理产出说明，很多都是列举几项水质指标，本节建议，产出说明中技术标准应用发展的眼光看问题，在产出说明中尽量增加弹性的约束标准。毕竟很多污水处理项目的特许运营期达到了 30 年，产出说明要在维护公共利益、提高运营效率的基础上，既考虑眼前要求，又考虑时代变化，既照顾到国内标准，又借鉴国外行规，充分意识到经济社会的发展性，做好质、量的提前量，为充分实现项目的效益最大化定好标准。

三、履约保障边界

履约保障边界包括强制保险方案和履约保函体系。

（一）强制保险方案

在项目合同谈判中，通常只有在最后阶段才会谈及项目相关的保险问题，因此这一问题也极易被有关各方忽略。但在发改委和财政部两份合同指南中都专门提到了项目保险。能否获得相关保险、保险覆盖的范围等问题恰恰是项目风险的核心。财政部合同指南中列举了可供选择的险种，包括但不限于：①货物运输保险。②建筑工程一切险。③安装工程一切险。④第三者责任险。⑤施工机具综合保险。⑥雇主责任险。发改委合同指南中强调项目合同应约定运营期需要投保的险种、保险范围以及保险责任期间保额、投保人、受益人、保险赔偿金的使用等。因此，强制保险方案需要政府与项目公司在谈判中予以足够关注并尽量明确。

（二）履约保函体系

履约保函体系由投资竞争保函、建设履约保函、运营维护保函和移交维修保函组成。但并不是所有的项目都需要履约保函，因为社会资本成立项目公司的目的之一就是通过项目责任的有限追索来实现风险剥离（即项目公司的投资人仅以其在项目公司中的出资为限对项目承担责任），多数情况下项目公司的母公司本身可能并不愿意为项目提供额外的担保。另外，PPP 项目本身通常已经设置了一些保证项目公司按合同履约的机制（例如付费机制和项目期限机制等），足以激励和约束项目公司妥善履约。因此，为了更好地实现物有所值原则，在具体项目中是否需要项目公司提供履约担保、需要提供何种形式的担保以及担保额度，均需要具体分析和评估。

四、调整衔接边界

调整衔接边界主要包括应急处置、临时接管和提前终止、合同变更、合同展期、项目新增改扩建需求等应对措施。

（一）应急处置、临时接管和提前终止

该三项内容合并起来看，实质上是出于维护社会公共利益的需要而实施的一种政府介入机制，在项目合同中约定介入机制，应区分在项目公司违约和未违约两种情形下的具体情况。并特别明确政府介入后的法律后果，以便给项目公司明确的交代，做到心里有底。

（二）项目合同变更、展期、新增改扩建

该三项内容实质上都是合同的变更。在具体设置时应详细明确以下几个方面：①变更触发条件，如因政策或外部环境发生重大变化，需要变更运营服务标准等。②变更程序，包括变更提出、评估、批准、认定等。③新增投资和运营费用的承担责任。④各方利益调整方法或处理措施。这几方面在财政部合同指南中都有较明确的指引条款，可以参照引用。

通过对污水处理 PPP 项目合同边界分析，可看出目前的 PPP 项目合同边界条件的约定表现出了笼统性、原则性、失衡性三个特征，缺乏细节性、操作性和均衡性。项目参与各方应更加具体情况具体分析，根据每个项目的约束条件和各方的利益导向合理设计边界条件，避免不必要的纠纷。

第六节　合同的争议解决

一、PPP 项目合同的定性问题

PPP 项目合同的定性问题指的是 PPP 合同到底是民事合同还是行政合同，对 PPP 合同的定性关系到 PPP 项目争议解决方式的选择。因此，在解决 PPP 合同采用何种争议解决方式之前，先要明确 PPP 合同的性质。

PPP 合同体系中还包含融资合同、保险合同、股东协议、履约合同，除 PPP 项目合同外，其他的合同均属民商事合同并无争议。但是 PPP 项目合同既有行政特征又有民事特征，曹珊认为，PPP 项目合同应该认定为具有行政属性的民事合同。对于特许经营协定的定性，不同法院对这个问题有不同的裁判，甚至最高法院的裁判也出现前后矛盾。

二、争议定性

在实践中，PPP 争议是行政争议还是民事争议要根据具体问题加以区分，不能一概而论。对可能产生争议的具体行政行为和民事行为划分见表 7-2。

表 7-2　行政争议与民事争议的可能事由

行政争议的事由	民事争议的事由
政府对项目实施机构的授权	特许经营/PPP 合同效力认定
特许经营权授权（特许经营方式、区域、范围和期限的确定）	项目公司的经营比例、注册资本、股东出资方式、出资比例、股权转让
项目规划、审批	项目设施权属、项目维护和更新改造
政府对项目的监督	收益取得及分配方式
项目产出强制性标准	投融资方式、期限
政府对项目税费的优惠政策	施工建设问题
定价机制、收费标准的确定及调整	履约担保问题
政府强制性提前收回特许经营权	项目移交
政府接管	违约责任
	特许经营/PPP 合同终止、解除
	特许经营/PPP 项目终止后的补偿

三、争议解决方式选择

双方当事人产生争议时，应先进行友好协商，经协商能解决的，应达成书面协议并作为主合同附件。

争议双方可以参照表 7-2 确定争议属于民事争议还是行政争议，然后选择相应的争议解决方式。与其他合同争议解决方式相同，解决 PPP 项目合同争议的法律途径也有诉讼和仲裁两种。

（一）诉讼

双方当事人可以在发生因合同本身产生的民事争议时选择民事诉讼。在行政机关履行行政职权或者做出具体行政行为影响了社会资本方利益时，社会资本方可以提出行政诉讼。因为法院对争议定性有不确定性，很有可能面临法院不受理或驳回起诉的裁判，导致诉讼时间被拉长，不利于保护当事人的权利。因此，建议双方当事人明确项目中可能涉及的具体行政行为，并将所涉及内容以附件形式附于项目合同后。这样能保证双方当事人因为项目合同产生的民事争议不会涉及行政诉讼问题，减少提起诉讼时是应提起行政诉讼还是应提起民事诉讼上的不确定性。

（二）仲裁

仲裁适用于民事纠纷，但是不适用于行政争议，若 PPP 项目合同被认定为行政协议，是不可以采用仲裁方式解决的。双方当事人若希望采用仲裁的方式解决争议，应当在自愿的基础上达成仲裁协议，仲裁协议应当符合《仲裁法》的相关规定。同时双方当事人应在仲裁协议中明确约定针对 PPP 项目合同涉及财产问题而产生的争议。

第七节　PPP 项目合同案例

下文将以一个工业污水集中处理工程 PPP 项目的合同来说明合同包括哪些内容。

一、项目概况

A 市 B 区人民政府授权 A 市 B 区城乡建设委员会作为项目实施、履约实施及经营监管机构，具体统筹组织本项目实施 PPP 运作各项工作，包括项目准备、项目采购、项目监管、项目移交等，负责本项目范围内设施工程日常运营情况的监督管理。

二、合同框架

本项目主体合同框架由《A 市 B 区污水处理厂 PPP 项目合同》《A 市 B 区污水处理厂 PPP 项目特许经营协议》《A 市 B 区污水处理厂 PPP 项目污水处理服务协议》《合资合营协议》等四大项目协议构成。

在项目初期阶段，项目公司尚未成立时，政府方先与社会资本方（即项目投资人）签订意向书、备忘录或者框架协议，以明确双方的合作意向，详细约定双方有关项目开发的关键权利义务。社会资本方与政府方出资代表根据《合资合营协议》成立项目公司后，由项目公司与政府方重新签署正式《A 市 B 区污水处理厂 PPP 项目合同》《A 市 B 区污水处理厂 PPP 项目特许经营协议》《A 市 B 区污水处理厂 PPP 项目污水处理服务协议》，或者签署关于承继上述协议的补充合同。

（一）《A 市 B 区污水处理厂 PPP 项目合同》

在合作期内，项目设施的使用权归项目公司，由项目公司负责运营维护，项目公司可自主安排项目的维护计划，但应保证项目整体达到相应的运营指标。

运营期内，政府方每年进行一次绩效考核后支付服务费。采用基于绩效考评结果的付费机制完成政府对项目的监管。政府付费以绩效考核结果为支付依据。

按照风险分配优化、风险收益对等和风险可控等原则，项目设计、建设、财务和运营维护等风险由项目公司承担；法律、政策等风险由政府承担；项目审批手续办理、不可抗力等风险由政府和项目公司合理共担。

本项目合作年限为30年（其中建设期2年，运营期28年）。

合作期内，项目公司必须自费购买和维持适用法律所要求的保险，并将实施机构和项目公司均列为保险单上的被保险人。

（二）《A市B区污水处理厂PPP项目特许经营协议》

该协议为A市B区人民政府与项目公司签署的关于A市B区污水处理厂特许经营的核心协议。其主要内容包括权利义务、交易条件、履约保障、临时接管、项目新增改扩建需求等。其核心内容包括以下几方面：

1. 特许权

A市B区人民政府授予项目公司在特许期内对本项目进行运营、维护、移交的权利，具体包括：运营和维护项目设施，提供污水处理服务并获取污水处理服务费；在特许期终止时，将项目设施完好、无偿移交给A市B区人民政府；在整个特许经营期内，按协议的规定提交符合要求的履约保函；自行解决上述事项的融资安排，并自行承担相应的费用和风险。

2. 特许期

本项目的特许经营期应为自生效日起三十（30）年。

3. 资产权益

在特许期内，项目公司不拥有本项目的所有在项目公司名下的财产、设备和设施的所有权，只拥有使用权。

4. 临时接管

特许期内，如项目公司出现以下违约行为，A市B区城乡建设委员会有权决定实施临时接管：擅自转让、出租特许经营权的；擅自将所经营的财产进行处置或者抵押的；因管理不善、发生重大质量、生产安全事故的；擅自停业、歇业，严重影响到社会公共利益和安全的；法律、法规禁止的其他行为。

5. 履约保障

作为项目公司履行协议的担保（包括建设期、运营期和移交期内协议项下义务的履行），项目公司应向A市B区城乡建设委员会提交以A市B区城乡建设委员会为受益人的履约保函。当项目公司未能完全履行本协议义务时，A市B区城乡建设委员会可提取保函，项目公司应在保函被提取后一个月内补足。

同时，项目公司应按行业惯例自费购买和保持本协议所要求的合理的建设和运营保险。项目公司的保险应符合《中华人民共和国保险法》和其他适用法律的要求。如果项目公司不购买或维持协议所要求的保险，则A市B区城乡建设委员会有权购买该保险，并且有权从履约保函中提取需支付的保险费金额。

（三）《A 市 B 区污水处理厂 PPP 项目污水处理服务协议》

A 市 B 区城乡建设委员会与项目公司签署的关于 A 市 B 区污水处理厂 PPP 项目污水处理服务协议，其主要内容包括产出说明、污水处理量限定、收费定价及调整机制、应急处置等。其核心内容包括项目进出水水质（产出说明）和项目定价及调整机制。

对于污水处理服务费单价，项目公司可根据市场情况每五年申请调整一次，A 市发改委接到申请后对污水处理厂的运营成本进行审核，仅当项目公司经核算后成本波动等对水价影响超过一定范围时，启动调价程序。但第一次调价自第六个运营年起执行，且前一个调价日确定的处理单价在下一个调价日到来之前维持不变。

项目公司在第 n 年的 5 月份根据调价公式计算污水处理基本单价，并于 6 月 1 日前书面上报 A 市 B 区城乡建设委员会。经 A 市 B 区城乡建设委员会和政府有关部门批准后，于第 n 年 12 月 1 日起正式采用新的污水处理基本单价计算污水处理服务费。

污水处理基本单价调价公式为：

$$P_n = P_{n-4} K$$

$$K = C_1 (E_n / E_{n-4}) + C_2 (L_{n-2} / L_{n-6}) + C_3 (Ch_{n-2} \times Ch_{n-6}) + C_4 (M_n / M_{n-4}) + C_5 (PPI_{n-2} \times PPI_{n-6}) + C_6$$

上式中各项参数说明见表 7-3。

表 7-3 参数说明

P_n	第 n 年调整后的污水处理基本单价
P_{n-4}	第 $n-4$ 年的污水处理基本单价
K	调价系数
n	第 n 年是调整污水处理基本单价的当年
C_1	电费用在价格构成中所占的比例
C_2	人工费用在价格构成中所占的比例
C_3	化学药剂在价格构成中所占的比例
C_4	污泥处置在价格构成中所占的比例
C_5	价格构成中除电费、人工费用、化学药剂、污泥处置以外的其他可变成本因素在价格构成中所占的比例
C_6	固定成本在价格构成中所占的比例
E_n	第 n 年时河南省统一销售分类电价规定中“非工业、普通工业”类电压等级为“1～10kV”适用的电度电价
E_{n-4}	第 $n-2$ 年时河南省统一销售分类电价规定中“非工业、普通工业”类电压等级为“1～10kV”适用的电度电价
L_{n-2}	第 $n-1$ 年由 A 市统计局编制的《A 统计年鉴》中公布的“《各市（市）区国有经济行业全部从业人员报酬》一电力、热力、燃气及水生产和供应业”对应的第 $n-2$ 年 A 市在岗职工平均工资
L_{n-6}	第 $n-3$ 年由 A 市统计局编制的《A 统计计年鉴》中公布的“《各市（市）区国民经济行业全部从业人员报酬》一电力、热力、燃气及水生产和供应业”对应的第 $n-4$ 年 A 市在岗职工平均工资
Ch_{n-2}	第 $n-1$ 年时河南省统计局编制的《河南统计年鉴》中公布的“工业生产者购进价格指数一化工原料类”对应的第 $n-2$ 年对第 $n-3$ 年的百分比指数
Ch_{n-6}	第 $n-2$ 年时河南省统计局编制的《河南统计年鉴》中公布的“工业生产者购进价格指数一化工原料类”对应的第 $n-3$ 年对第 $n-4$ 年的百分比指数

续表

M_n	第 n 年时项目公司的污泥处置成本，包括运输费用，单位为元/立方米
M_{n-4}	第 $n-2$ 年时项目公司的污泥处置成本，包括运输费用，单位为元/立方米
PPI_{n-2}	第 $n-1$ 年时 A 市统计局编制的《A 统计年鉴》中公布的“居民消费价格同比指数－工业品价格指数”中第 $n-2$ 年对第 $n-3$ 年的百分比指数
PPI_{n-6}	第 $n-2$ 年时 A 市统计局编制的《A 统计年鉴》中公布的“居民消费价格同比指数－工业品价格指数”中第 $n-3$ 年对第 $n-4$ 年的百分比指数

本项目正式商业运行日起三十个工作日内，A 市 B 区城乡建设委员会与项目公司应就 $C_1 \sim C_6$ 的取值共同委托中介机构予以确定。

A 市住房和城乡规划建设局与项目公司在商业运行日后的第十和第二十年，根据项目公司的运营情况，就 $C_1 \sim C_6$ 的取值共同委托中介机构进行评估，并经双方商定后各予以一次调整，以反映项目公司在特许经营期内各项经营成本的变化情况。

（四）《合资合营协议》

A 市 B 区人民政府的出资代表与社会资本签署《合资合营协议》和公司章程等文件，主要包括项目公司股权比例，项目公司各股东权利责任义务划分等。

三、《PPP 项目合同》合同目录

（一）总则

第 1 条　术语定义和解释

（1）通用名词定义及说明；（2）专用名词定义及说明；

（3）释义

第 2 条　合同背景和目的

（1）合同背景；（2）目的

第 3 条　声明和保证

（1）甲方的声明；（2）乙方的声明；（3）项目公司的声明

第 4 条　合同生效条件

第 5 条　合同构成及优先次序

（二）合同主体

第 6 条　政府主体

（1）主体资格；（2）权利；（3）义务

第 7 条　社会资本主体

（1）主体资格；（2）权利；（3）义务；（4）项目公司

（三）合作关系

第 8 条　合作内容

第 9 条　合作期限

第 10 条　排他性约定

第11条　其他约定

（四）投资计划及融资方案

第12条　项目总投资

第13条　投资控制责任

第14条　融资方案

第15条　政府提供的其他投融资支持

第16条　投融资监管

第17条　投融资违约及其处理

（五）项目前期工作

第18条　前期工作内容及要求

第19条　前期工作任务分担

（1）甲方需要完成的工作或事项

（2）乙方需要完成的工作或事项

第20条　前期工作经费

第21条　政府提供的前期工作支持

第22条　前期工作规范

第23条　前期工作违约及处理

（六）工程建设

第24条　政府提供的建设条件

（1）对使用土地的要求；（2）对使用土地的限制；（3）土地的适用性和土地的状况

第25条　进度、质量、安全及管理要求

（1）项目计划及进度日期；（2）进度报告；（3）质量、安全及管理要求；（4）不可免除

第26条　建设期的审查和审批事项

第27条　工程变更管理

第28条　实际投资认定

第29条　征地、拆迁和安置

第30条　项目验收

（1）项目设施完工；（2）性能测试

第31条　工程建设保险

第32条　工程保修

第33条　建设期监管

第34条　建设期违约和处理

（七）政府移交资产

第35条　移交前准备

第36条　资产移交

第 37 条　移交违约及处理

第 38 条　政府提供的外部条件

(1) 进水要求；(2) 水电；(3) 周围环境、道路、治安环境良好

(八) 运营和服务

第 39 条　试运营和正式运营

(1) 试运营；(2) 正式运营

第 40 条　运营服务标准

(1) 出水水质主要指标；(2) 污泥排放标准；(3) 污泥处置；(4) 废气排放标准；(5) 噪声标准

第 41 条　运营服务要求变更

第 42 条　运营维护与修理

(1) 运营和维护的基本原则；(2) 污水处理范围；(3) 项目公司的主要责任；(4) 运行与维护手册；(5) 通知义务；(6) 环境保护；(7) 计划内暂停服务；(8) 水质监测

第 43 条　更新改造和追加投资

第 44 条　主副产品的权属

第 45 条　项目运营服务计量

第 46 条　运营期的特别补偿

(1) 补偿事件；(2) 补偿扣减；(3) 补偿方式；(4) 补偿事件的通知；(5) 补偿的决定；(6) 延长特许经营期；(7) 责任的限制

第 47 条　运营期保险

第 48 条　运营期政府监管

第 49 条　运营支出

第 50 条　运营期违约事项和处理

(九) 社会资本主体移交

第 51 条　项目移交前过渡期

第 52 条　项目移交

(1) 移交范围；(2) 最后恢复性大修和性能测试；(3) 备品备件；(4) 保证期；(5) 承包商保证的转让；(6) 技术移交；(7) 风险转移；(8) 培训技术人员；(9) 项目公司所有物品的迁出；(10) 移交效力；(11) 移交费用；(12) 债券债务处理

第 53 条　移交质量保证

第 54 条　项目移交违约及处理

(十) 收入和回报

第 55 条　项目运营收入

(1) 计算方法；(2) 账单和票据

第 56 条　服务价格及调整

第 57 条　特殊项目收入

第 58 条　财务监管

第 59 条　违约事项及其处理

（十一）不可抗力和法律变更

第 60 条　不可抗力事件

第 61 条　不可抗力事件的认定和评估

第 62 条　不可抗力事件发生期间各方权利和义务

（1）积极补救不可抗力的义务；

（2）不可抗力发生后的处理程序；

第 63 条　不可抗力事件的处理

（1）免于履行；（2）时间表的修改；（3）不可抗力期间的污水处理服务费；（4）费用

第 64 条　法律政策变更

（十二）合同解除

第 65 条　合同解约的事由

（1）甲方的解约事由；（2）项目公司的解约事由；（3）因不可抗力导致的提前解除

第 66 条　合同解除程序

第 67 条　合同解除的财务安排

（1）项目公司违约事件导致的解除；（2）甲方违约事件导致的解除；（3）第 60 条下不可抗力事件和/或法律变更导致的解除；（4）补偿的审核

第 68 条　合同解约后的项目移交

（1）提前移交的范围（建设期）；（2）提前移交的范围（运营期）；（3）提前移交程序

（十三）违约处理

第 69 条　合同解约的其他约定

第 70 条　违约行为认定、违约责任承担方式

（1）项目公司违约行为认定、违约责任的处理及赔偿；（2）甲方违约行为认定、违约责任的处理及赔偿；（3）减轻损失的措施；（4）部分由于损害方造成的损失

第 71 条　违约赔偿

第 72 条　违约行为处理

（十四）争议解决

第 73 条　争议解决方式

（1）双方友好协商解决；（2）仲裁

第 74 条　争议期间的合同履行

（十五）其他约定

第 75 条　合同变更与修订

第 76 条　合同的转让

第 77 条　保密

第 78 条 信息披露
第 79 条 廉政与反腐
第 80 条 不弃权
第 81 条 通知
第 82 条 合同适用法律
第 83 条 适用语言
第 84 条 适用货币
第 85 条 合同份数
第 86 条 合同附件

（十六）合同附件

附件一 污水处理厂定点勘界红线图
附件二 测试结果意见书
附件三 进水水质超标的处理
附件四 出水水质超标的处理
附件五 调价机制
附件六 污水处理厂运营记录报表
附件七 提前解除协议补偿

结束语

本章首先介绍了合同的概念以及合同的基本理论，然后介绍了国内 PPP 相关法律法规及相关政策，合同参与方，合同体系，帮助社会资本方认识 PPP 合同。把 PPP 条款进行逐条解读，并且介绍了合同边界条件，让社会资本方在了解 PPP 合同内容的同时，注意合同的“雷区”。其次，介绍了 PPP 项目合同的争议解决办法，帮助社会资本方面对争议。最后，以一个合同案例介绍本章的内容。

第八章　PPP再谈判

第一节　再谈判概述

一、再谈判的概念

PPP再谈判分为广义的再谈判和狭义的再谈判。

（一）狭义再谈判

狭义再谈判是指在维持PPP模式的前提下，通过协商调整PPP合同中的建设期限、回报机制、合作期限、投融资责任分配等条款，推动PPP项目继续实施。

（二）广义再谈判

广义再谈判涉及的事项范畴更广，不仅包括为维持PPP模式而对PPP合同相关条款的变更，还包括与PPP项目有关的施工、融资、担保协议的协商，以及因PPP模式难以继续开展时，就合作提前终止、合作模式转换等事宜进行的谈判。

（三）再谈判的定义

一般认为PPP再谈判是指，在PPP特许协议签订之后，由于初始合约设计存在漏洞或突发事件造成重大影响，合约双方（社会资本方和政府方）在合约覆盖范围、服务标准、利益分配、风险分担、投资责任等方面产生了分歧，为对权责利进行重新分配，而进行的再次谈判。

二、再谈判的不可避免

契约的不完全是导致PPP项目再谈判产生的根本原因，契约是用来约束和保障双方权利和义务的基础。但因为PPP项目持续时间长，合作双方无法准确预知未来要发生的所有情况；PPP项目交织着公共利益和私人利益，在利益驱动下如遇到外部环境改变（如需求增减、经济结构变化、能源价格波动等），参与方会为自己争取相应利益；PPP项目本质是公私合作，受政策变化、政府官员人事变动等政治因素影响很大。因此，双方初始契约并不完善，再谈判就成为一个大概率的事件。

三、再谈判的必要性

根据不完全契约理论，再谈判对于注定不完备的PPP合同不可避免并存在裨益。并且，由于通过竞争性方式选择合作方时通常缺乏充分有效的合同谈判，再谈判可在后期弥补这种缺憾。此外，再谈判与民法中情事变更导致的再交涉义务极为相似。更有学者指出，"'再交涉义务'本身也不仅在情事变更场合有其意义，在继续性合同或者长期合同场合，存在着'现时化'（通过合同将未来固化为现在）与未来的变化之间的矛盾，'再交涉义务'未尝不是克服长期合同的僵硬性而添加灵活性的润滑剂。"

因此，尽管十分有必要通过完备的筹划、谈判程序避免缔约后不必要的再谈判，但在周全缔约后仍无法避免的再谈判是具有意义的。我们将这种再谈判称为"缓和 PPP 合同僵硬性和不完备性的'润滑剂'"。

四、再谈判的性质

当前主流看法仍然认为再谈判的存在严重增加了参与双方的成本，降低了项目进行的效率，应着力减少再谈判的数量。这种看法没能正确认识到再谈判在漫长契约期间对项目完成所起到的保障作用。现在，越来越多学者认为 PPP 项目具有很长的合同期，开始签订的合同不能包含整个周期中的所有问题，如果 PPP 项目中存在着较大的不确定性，且再谈判过程中所产生的交易成本过大，不如适当地放宽条件，容许交易双方在特定条件下发起再谈判。

另外，也有学者觉得再谈判的出现对于问题的解决提供了一种途径，不应当一刀切，再谈判所带来的影响是负面的，但是通过控制再谈判也可以对项目的进行起到一定的积极作用。

五、再谈判的结果

（一）补充初始合同提高社会福利

再谈判的结果可能是合作性的。不能把再谈判增多单纯作为合同无效的表现，当交易方知道自己扩大社会剩余的努力从长远来看能够得到回报，就会激励替对方着想的意愿。基于合作的再谈判能够提高社会剩余，增加社会福利。

（二）机会主义行为导致社会福利下降

由于初始签订的合同不能适应环境变化，再谈判程序不得不启动以适应不可预见的问题，尽管理论推演认为再谈判能促进公众福利，并且个别案例分析能证明再谈判的合作性，但实证研究结果表明再谈判经常是倾向于满足特许人的要求，使合同金额增加。

第二节　再谈判前的预判识别

从发起 PPP 再谈判的动机不同来看，PPP 项目再谈判可以分为两类：①机会主义行为发起的再谈判；②非机会主义行为的再谈判，也可以称作对不合理初始合同"纠偏"的再谈判。为了减少不必要的再谈判，避免机会主义动机的再谈判发生，在进入正式的 PPP 再谈判的程序前，设置 PPP 再谈判的预判机制，提前筛选出无须进入再谈判程序的因素很有必要。

一、引发再谈判的因素及条件

通过归纳总结，本书认为引发 PPP 再谈判的影响因素可以分为四大类，分别是：合同本身不完备、法律法规不健全、外部环境的变化、机会主义行为。

（一）合同本身不完备

合同本身不完备指由于 PPP 合同双方具有有限理性，无法在合同中约定所有的条款或者由于疏忽未能在初始合同中约定相关条款，当事件发生时引起的再谈判。

其中包括：①缺乏动态调节措施；②缺乏退出机制；③缺乏再谈判机制；④风险分担机制不合理；⑤收益分配机制不合理等。

（二）法律法规不健全

法律法规不健全指在 PPP 初始合同的执行过程中，由于政策法律法规的缺失、变更或者遇到政策法律法规约定范围外的事件而引起的再谈判。

其中包括：①监管机制不完善；②政府过度担保等。

另外，随着政府不断出台新政策，PPP 合作模式将面临重新调整，调整合格后才能获得政府认可并继续按 PPP 模式执行，这种由初始合同调整后再执行新合同的再谈判不可避免。

（三）外部环境的变化

外部环境的变化指由于外部环境的重大变化对合约双方或一方产生了重大影响，超出初始合同约定的范畴，或者达到初始合同约定的再谈判的触发条件而引起的再谈判。

其中包括：①不可抗力；②宏观经济变化；③政府人事变动；④政策法律法规变化；⑤市场需求变化；⑥市场价格变化；⑦社会民众反对；⑧项目绩效不达标；⑨技术更新升级；⑩项目改造扩建。

（四）机会主义行为

机会主义行为指社会资本方为了谋取额外利益，或者政府方为了达到某种政绩需求，向对方提出合同约定外的再谈判，以满足自身特定诉求的行为。

其中包括：①社会资本方投机行为；②政府方投机行为。

二、无须进入再谈判的因素及条件

（一）本身无须再谈判或不构成再谈判的因素

（1）在招标文件中已经明确属于不可变动的核心内容，不能进行谈判。

（2）由于项目实施方案已由政府批准，项目实施方案中已给出明确规定的，包括政府和社会资本之间的风险责任划分原则，不再进行谈判。

（3）会对投标报价产生影响尤其是增加政府支出义务或限制社会资本投入义务的因素，不能进行谈判。

（4）机会主义行为或经过调查情况不实的，监管机构应及时识别并驳回，无须再谈判。

（二）特定条件下进行再谈判无法取得结果的情形

（1）政策法律法规变化引起的原有 PPP 项目的调整，预留时间无法满足再谈判所需时间的，无须进行再谈判。

（2）社会资本方本身能力无法保证合同的继续履行，不宜再谈判，应考虑终止合同，政府回购或引入新的资本方。

（3）社会民众强烈反对、严重影响民众日常生活或者造成不良社会影响的，且短时间内无法通过谈判解决的事件，不宜进行再谈判。

（4）双方合作关系破裂的，应进入争端解决程序，如仲裁、诉讼等司法途径，无须进行再谈判。

三、不进入再谈判的 PPP 项目发展路径

PPP 项目特许协议再谈判的目的是对初始合同的漏洞及不合理之处展开修正，促进公私双方更好的合作关系，在“风险共担，利益共享”的原则下，改进、提高 PPP 项目的服务效率及服务质量，使得 PPP 项目特许合约呈现出 PDCA 循环螺旋式上升不断改善的状态，保证 PPP 项目持续性地发展下去。针对无须再谈判项目的下一步，无论是否进入司法程序，主要有以下几种结果：

（1）政府方回购项目，并按照原有约定对社会资本方进行相应补偿。

（2）政府方寻求新的社会资本方，并签订新的合同，继续运营该项目。

（3）政府方放弃本项目，并规划新的项目取代该项目。

四、PPP 再谈判预判机制的操作流程

根据以上内容的归纳总结，明确了引发 PPP 项目再谈判的影响因素，PPP 项目再谈判预判机制的操作流程可以表示为图 8-1。

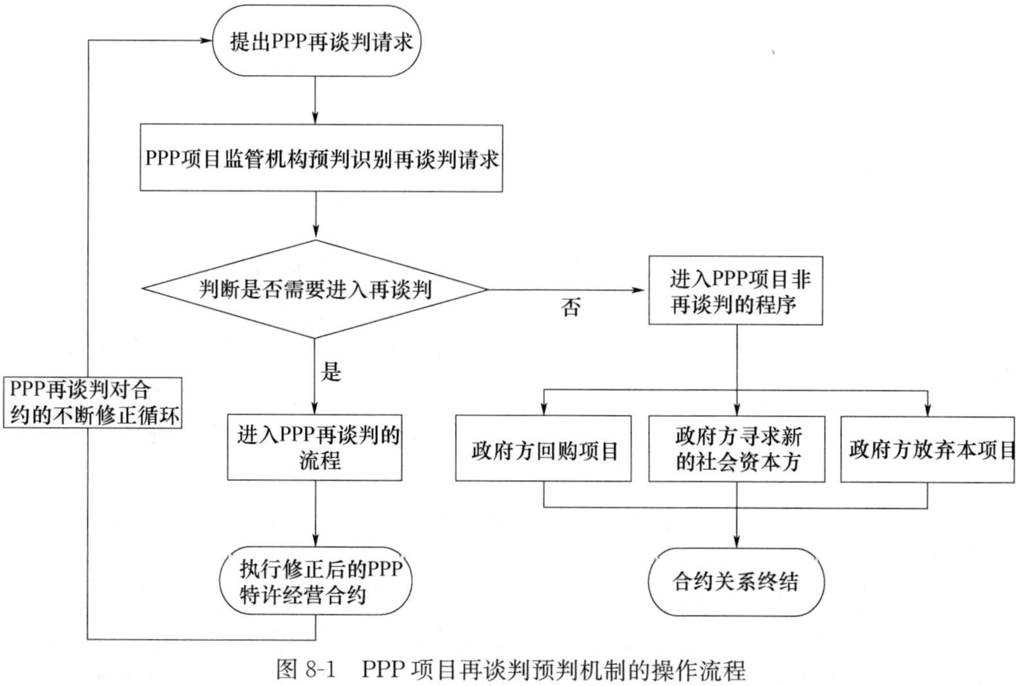

图 8-1　PPP 项目再谈判预判机制的操作流程

第三节　PPP 项目再谈判操作规程

PPP 项目再谈判机制应该包括三个方面的内容：PPP 再谈判的预审机制、PPP 再谈判流程、PPP 再谈判的监管机制。PPP 项目再谈判操作规程如图 8-2 所示。

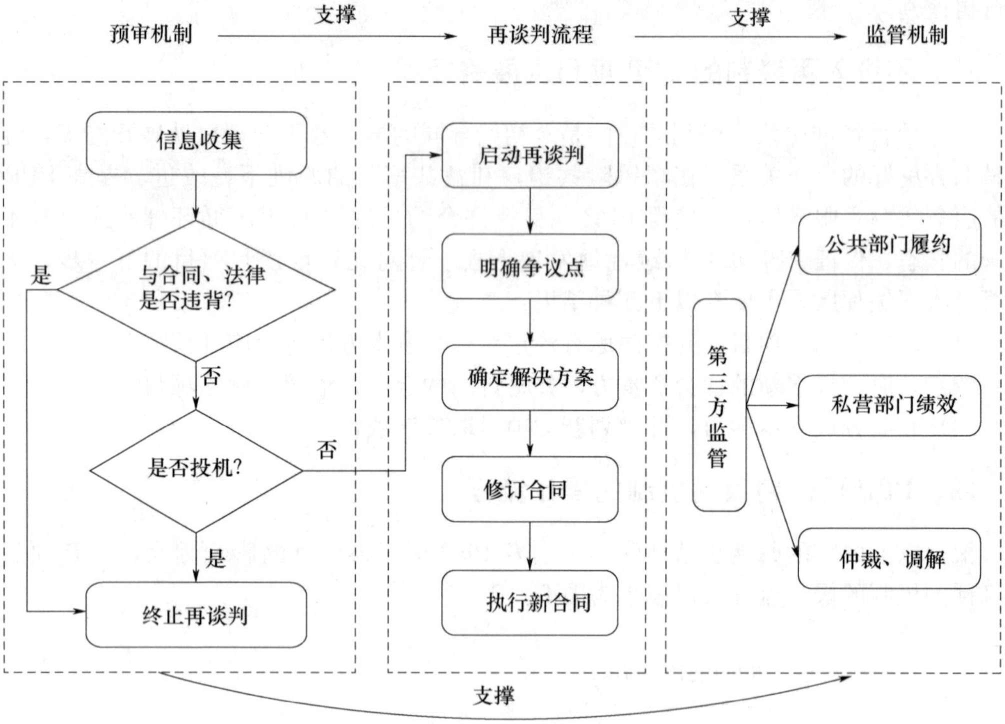

图 8-2　PPP 项目再谈判操作规程

一、预审机制

预审机制的首要步骤是收集公共部门、社会资本关于 PPP 项目在原始合同、建设、运营期的合同执行、绩效，以及再谈判的申请等信息。由识别的关键风险因素可知，合同条款的不完善将会引致再谈判。受利益驱动，现实中公共部门、社会资本都有可能开启再谈判。预审机制强调，第三方监管将根据原始合同关于 PPP 再谈判的约定，核查触发再谈判的事件是否与合同以及法律相违背。如果相违背，则终止再谈判，并对提出方进行一定的惩罚。如果不违背，那么进一步根据收集的建设、运营期间公共部门、社会资本对合同的执行、绩效等数据，对比同时期类似项目的收益基准线，判断再谈判是否存在投机行为。

再谈判的预审机制，有两个重要的基石。一是在 PPP 项目的原始合同中对再谈判的触发、流程、谈判方式等进行约定。已有研究表明，尽管在合同中不能预测所有的风险，但对关键触发事件、流程等的约定，有助于减少再谈判的发生。二是收集的建设、运营期的合同执行、绩效，市场同期类似项目的收益基准等信息。这些信息对判断是否启动再谈判具有决定性的作用，也是监管机制中收集信息的重点，需要持续记录，动态更新。

二、再谈判流程

若经预审机制判断，需要启动 PPP 项目再谈判，首要的任务就是明确争议点，也就是再谈判的标的，如特许期延长或缩短（法定最长期限内）、收益分配机制、优惠支持政策等。明确争议点，有利于后续的谈判及调整，有序地展开再谈判流程，节省双方的时间精力。在明确调整标的之后，可通过 PPP 项目合同初始谈判之时使用的对应标的确定模式，根据新收集的相关数据，确定再谈判的基准。秉持公开、公平、公正的原则，以有效利用社会资本与公共监管，实现双赢为目的，进行再谈判。再谈判确定解决方案之后，需要进一步修订 PPP 合同，以法律的形式确定再谈判的成果与监管，并依据修订合同中约定的开始日期，执行新的合同。

再谈判流程的重点是明确谈判的争议点，确定解决方案，并将解决方式以及对未来再谈判的流程在合同中进行修订。由于社会资本在运营期具有更大的信息优势，公共部门需要从监管机制（中第三方）获取更多的关于运营绩效等信息，以保证再谈判的基本公平。因此，除去预审机制，监管机制对再谈判流程也有重要的支撑作用。

三、监管机制

在初次签订 PPP 合同时，监管机制即需要启动。鉴于政府没有足够的经验与精力对每一个 PPP 项目进行监管，社会资本对政府既做“运动员”又做“裁判”的监管存有疑虑，可考虑聘请第三方专业机构进行监管。监管的重点在于公共部门、社会资本是否遵照合同执行，社会资本的绩效如何。若没有启动再谈判，第三方监管的服务有助于 PPP 运作过程的适度透明，并有助于当地政府、行业等积累相关经验，若启动再谈判，这些监管信息，可以作为再谈判预审及谈判时重要的信息参考，以开展相应的预审、再谈判流程。

再谈判的监管机制难点在于寻找到双方都能接受的具有可信度的第三方专业机构。鉴于第三方监管在 PPP 项目实施中的必要性，可在 PPP 合同中协商约定第三方监管的具体机构、监管事项、监管流程、费用等具体事宜，并结合预审机制、监管机制，形成对随意开启再谈判的遏制效应。相关的专业协会可以对这一类第三方专业机构在资质认定、业务范围、工作原则等方面进行约束与监管，以增强其可信度。

第四节　PPP 再谈判的讨价还价模型

前面的内容主要阐述了在进入 PPP 再谈判前对再谈判因素的提前判断识别，以确定是否进入正式的再谈判程序，经过判定对于确需再谈判的，则进入正式再谈判的程序，既有助于提高再谈判效率，也有利于把握每个修正不合理合约的机会。本节主要阐述的内容是基于讨价还价博弈模型来研究公私双方的再谈判过程，探讨在社会资本方首先发起再谈判的情况下，双方博弈过程的影响因素。

为了简化分析，基于 PPP 项目再谈判的实质是风险的再分担问题及收益的再分配问题，只选取 PPP 项目再谈判过程中的政府方及社会资本方作为博弈方，因此本节把 PPP 再谈判的内容具体为某一风险的分配。

假设有两个参与人分别为政府方和社会资本方，双方就共同承担一项风险进行谈判，双方承担的比率之和为 100%。一般来说，社会资本方会根据市场及运营情况的变化首先提出再谈判。故第一回合：社会资本方率先提出双方承担的风险比率大小，政府方可以选择相信并接受，或者不相信并拒绝社会资本方的提议。如果政府方接受，则双方谈判结束，如果政府方不接受则进入第二回合。第二回合：政府方将向社会资本方出价，如果社会资本方接受了政府方出价，则谈判达成并就此结束，如果社会资本方拒绝了这一出价，则进入第三回合。第三回合：社会资本方再向政府方出价，依此类推，直到其中一方接受了另一方的出价时谈判结束。需要注意的是，PPP 项目再谈判的目的是解决 PPP 项目运营中的争端，双方基于合作共赢目的建立的合作关系，都希望谈判能够达成一致。尽管政府方与社会资本方存在不同的利益诉求，但在双方的谈判过程中，随着谈判的消耗，谈判双方最终会在谈判消耗与收益之间做出权衡，并最终达成一致。公私双方的讨价还价博弈过程如图 8-3 所示。

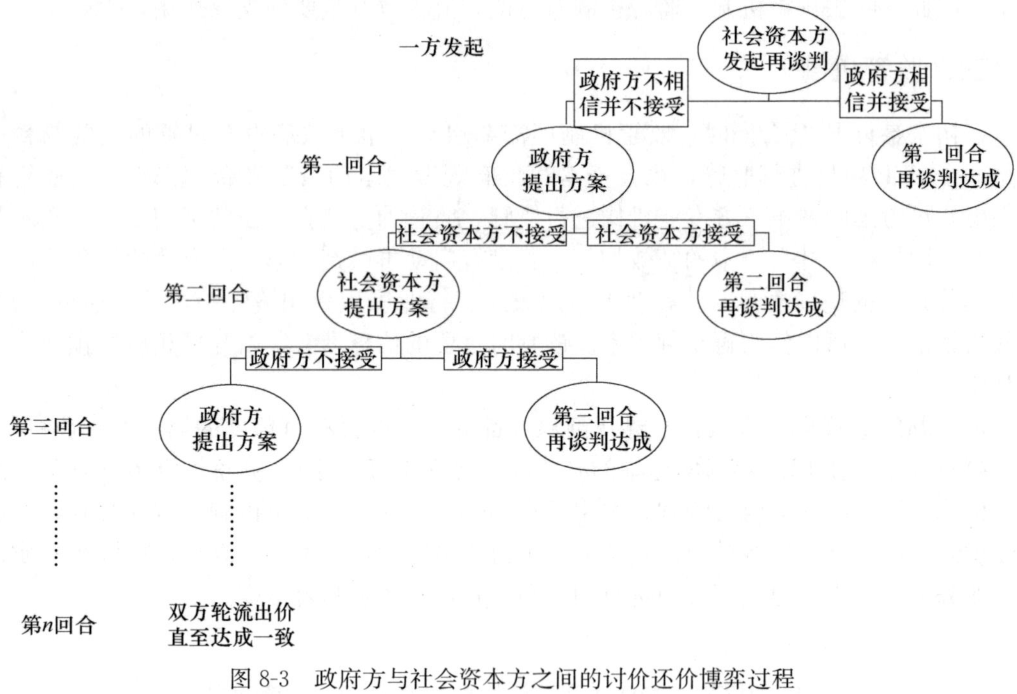

图 8-3　政府方与社会资本方之间的讨价还价博弈过程

一、模型假设

假设 1：政府方和社会资本方作为博弈方，双方均为有限理性人，都希望在谈判的最后达成一致。

假设 2：再谈判的内容为双方承担的某一风险分配比率，风险比率之和为 100%，假设发起谈判者提出的风险承担比率为 M，则另一方的风险承担比率为 $1-M$，其中 i

表示谈判的回合数。

假设 3：PPP 项目再谈判主要是发生在项目运营阶段，针对的是运营过程中新出现风险的重新分担，在 PPP 项目运营中社会资本方作为项目的直接操作者，对项目的具体情况以及市场的了解较政府方更有优势，故假设双方的再谈判过程是信息不完全对称下的博弈。

二、模型建立

（一）参数模型的确定

1. 谈判损耗因子。讨价还价模型的一个重要参数就是博弈双方的谈判损耗因子 δ，与再谈判参与人的耐心程度、谈判费用、谈判机会成本以及参与者的谈判能力等因素有关，这些方面是由参与各方的心理承受力和经济承受能力决定的。在双方进行谈判的过程中，伴随着时间和精力付出，PPP 项目的暂停会导致双方成本的增加，降低经营收益。在讨价还价过程中，谈判每增加一次，双方需要承担的风险损失也就增加一次，而谈判损耗因子越大的一方每一次谈判的损失也越大。假设谈判损耗因子为 δ_i（$i=1$，2），社会资本方和政府方的谈判损耗因子分别为 δ_1 和 δ_2，$\delta_i>1$ 且 $\delta_1 \neq \delta_2$。通常在 PPP 项目的再谈判中，政府方往往会考虑政治、社会稳定等因素，因此政府方对于再谈判的风险抵抗力更差，政府方的谈判损耗要大于社会资本方的谈判损耗，因此 $\delta_1<\delta_2$。

2. 参与方地位的非对称性。PPP 项目再谈判主要是发生在项目运营过程中，针对的是运营过程中新出现风险的重新分担，在 PPP 项目运营中社会资本方作为项目的直接操作者，对项目的具体情况以及市场的了解都要比政府方更有优势，这种优势使得社会资本方在谈判中能够向政府方转移部分风险。假设社会资本方能够向政府方转移的风险比率为 N_i，则 $1 \geqslant M_i \geqslant N_i \geqslant 0$。

3. 再谈判过程中政府方对社会资本方的信任度。在不完全对称信息博弈中，双方均不能完全了解对方将采取的策略。其中，作为信息劣势方的政府方不确定社会资本方是否会向其转移超额风险；作为信息优势方的社会资本方也不确定当自己转移超额风险时政府方是否会相信自己并接受谈判。假设政府方对社会资本方的信任度为 P，P 也即是政府方接受社会资本方出价的概率，其中 P 的取值范围为 $0 \leqslant P \leqslant 1$；$P$ 值越大，表示政府方对社会资本方越信任，意味着社会资本方潜在可转移给政府方的风险份额也越大；P 值越小，表示政府方对社会资本方越不信任，意味着社会资本方能够转移给政府方的风险份额也越小；当 $P=0$ 时，表示政府方完全不相信社会资本方关于本次再谈判提出的内容，认为是社会资本方的投机主义行为，拒绝此次谈判；当 $P=1$ 时，表示政府方完全相信社会资本方此次谈判提出的要求，并给予满足。在实际的 PPP 项目的再谈判过程中，随着谈判的不断深入，双方信息不对称性会被逐渐减小，当政府方获取信息越来越多时，社会资本方企图转移的风险份额也将越来越少。政府方对社会资本方的信任度感知是一个动态变化的过程，也即是 P 值是随着双方谈判的过程在变化的。

（二）社会资本方发起再谈判的博弈模型构建

在 PPP 项目运营过程中，社会资本方（此处指 SPV 项目特许经营公司）作为 PPP 项目的运营管理者，通常最先感知市场环境的变化，并由此提出再谈判，故本研究只考虑由社会资本方首先提出的再谈判，并且社会资本方对项目运行信息的掌握比政府方更有优势。在社会资本方提出再谈判时，政府方可以选择相信（$P=1$），也可以选择不相信（$P=0$），由于 PPP 项目大多涉及基础设施，关系民生，政府方往往要考虑到政治、社会舆论等因素，对于社会资本方提出的要求政府方会介于完全相信与不相信之间，双方在过程中不断博弈，最终政府方与社会资本方在谈判损耗以及风险转移量中间求得平衡，最终双方达成一致。

第一回合：基于合同双方并不能完全确定彼此的风险规避策略，当政府方以 P 的概率相信社会资本方时，社会资本方将自己的风险比率设定为 M_1，并判断政府方会接受其对政府方转移的超额风险为 N_1。此时，社会资本方和政府方承担的风险值分别为 RS_{11} 和 RG_{11}：

$$RS_{11}=P(M_1-N_1)$$

$$RG_{11}=P(1-M_1+N_1)$$

当政府方不信任社会资本方提出的出价时，即概率为 $1-P$ 的情况下，社会资本方对政府方转移超额风险的策略将落空，合约双方应分别承担的风险比率分别为 RS_{12} 和 RG_{12}。

$$RS_{12}=(1-P)M_1$$

$$RG_{12}=(1-P)(1-M_1)$$

综合以上两种情况，第一回合结束时，社会资本方和政府方最终承担的风险值分别为 RS_1 和 RG_1。

$$RS_1=RS_{11}+RS_{12}=P(M-N_1)+(1-P)M_1$$

$$RG_1=RG_{11}+RG_{12}=P(1-M_1+N_1)+(1-P)(1-M_1)$$

如果政府方接受社会资本方提出的方案，则谈判结束。如果政府方拒绝第一回合社会资本方提出的方案，则博弈进入第二回合。

第二回合：政府方提出分配给社会资本方承担的风险比率为 M_2，自己承担的风险比率为 $1-M_2$，但因为谈判会增加损耗，即谈判拖的时间越长，双方为此而要承担的风险损失将越大，双方面临的风险也将越大。另外，在再谈判过程中，社会资本方不会放弃任何可以转移超额风险的机会。社会资本方相信在政府方信任度为 P 的情况下，可以利用自己的信息优势地位向政府方转移风险 N_2，此时，则社会资本方和政府方承担的风险分别为 RS_{21} 和 RG_{21}。

$$RS_{21}=P\delta_1(M_2-N_2)$$

$$RG_{21}=P\delta_2(1-M_2+N_2)$$

当政府方不信任社会资本方提出的转移风险 N_2 的出价时，即概率为 $1-P$ 的情况下，合同双方应分别承担的风险比率为 RS_{22} 和 RG_{22}。

$$RS_{22}=(1-P)\delta_1 M_2$$

$$RG_{22}=(1-P)\delta_2(1-M_2)$$

综合以上两种情况，在第二回合结束时合同双方最终能够承担的风险期望分别为 RS_2 和 RG_2。

$$RS_2=RS_{21}+RS_{22}=P\delta_1(M_2-N_2)+(1-P)\delta_1 M_2$$

$$RG_2=RG_{21}+RG_{22}=P\delta_2(1-M_2+N_2)+(1-P)\delta_2(1-M_2)$$

如果社会资本方接受政府方提出的出价，则谈判结束，如果拒绝第二回合政府方提出的风险分配比率，则博弈进入第三回合。

第三回合：社会资本方再次提出自己承担的风险比率限定为 M_3，同样社会资本方会发挥自己的信息优势，向政府方转移风险为 N_3，则社会资本方和政府方承担的风险为 RS_{31} 和 RG_{31}。

$$RS_{31}=P\delta_1^2\ (M_3-N_3)$$
$$RS_{31}=P\delta_2^2\ (1-M_3+N_3)$$

当政府方不信任社会资本方提出的转移风险 N_3 的出价时，即概率为 $1-P$ 的情况下，合同双方应分别承担的风险比率分别为 RS_{32} 和 RG_{32}。

$$RS_{32}=\ (1-P)\ \delta_1^2M_3$$
$$RG_{32}=\ (1-P)\ \delta_2^2\ (1-M_3)$$

综合以上两种情况，在第三回合结束时合同双方最终能够承担的风险期望分别为 RS_3 和 RG_3。

$$RS_3=RS_{31}+RS_{32}=P\delta_1^2\ (M_3-N_3)\ +\ (1-P)\ \delta_1^2M_3$$
$$RG_2=RG_{21}+RG_{22}=P\delta_2^2\ (1-M_3+N_3)\ +\ (1-P)\ \delta_2^2\ (1-M_3)$$

博弈如此循环下去，直到其中一方接受了另一方的分配方案时，则谈判结束。

三、模型求解

通过以上分析可知，该模型是一个无限回合的讨价还价博弈模型，由于无限回合讨价还价不像有限回合讨价还价那样，有一个可作为逆推归纳法起始点的最后回合，因此，按常规思路，逆推归纳法无法适用于对本模型的求解。对于一个无限回合的讨价还价博弈来讲，设立的逆推基点不管是第三回合，还是第一回合，其最终的结果都是一样的，因此通过该思路，本节对所构建的无限回合讨价还价博弈模型进行求解。

在求解不完全信息动态博弈最优解时，根据不管设立的逆推基点是第三回合还是第一回合，最终结果都是一样的原则，本节选取了 PPP 项目再谈判的前 3 个讨价还价回合作为逆推求解的起始节点。

如果政府方在第二回合中提出的风险分配方案将造成社会资本方在第三回合的风险期望值 RS_3 小于其在第二回合的风险分配值 RS_2，则作为理性主体的社会资本方，在确保自身承担风险最小化的原则下将拒绝政府方提出的方案，谈判不得不进入第三回合。为了避免谈判因拖延至第三回合所产生的损耗，减少双方不必要的谈判成本，应使 RS_2 不大于 RS_3，同时，RG_2 为最小值，则政府方的最优策略为：

$$RS_2=RS_3$$

由此可得：

$$M_2=PN_2+\delta_1M_3-P\delta_1N_3$$

相应的政府方承担的风险为：

$$RG_2=\delta_2\ (1-\delta_1M_3+P\delta_1N_3)$$
$$RG_3=\delta_2^2\ (1-M_3)\ +P\delta_2^2N_3$$
$$RG_2-RG_3=\delta_2\ [1-\delta_2-\ (\delta_1-\delta_2)\ (PN_3-M_3)]$$

又因为 $1<\delta_1<\delta_2$，$1\geqslant M_3\geqslant N_3\geqslant 0$，$0\leqslant P\leqslant 1$，故 $RG_3>RG_2$，所以作为理性主体

的双方能在第二回合中达成一致。

如果在第一回合中，社会资本方提出的风险分配方案，使得政府方在第二回合中的风险期望值 RG_2 低于其在第一回合中所分配到的风险承担值 RG_1，则政府方在风险最小化的驱使下一定会选择拒绝社会资本方的出价，谈判必然会进入第二回合。同理，为了避免谈判成本给双方带来的损失，应使 RG_1 不大于 RG_2，同时，确保 RS_1 为最小值，则社会资本方的最优策略为：

$$RG_1=RG_2$$

由此可得：

$$M_1=1+PN_1-\delta_2(1-\delta_1 M_3+P\delta_1 N_3)$$

又因为对一个无限回合博弈来讲，无论从第三回合开始，还是从第一回合开始，其讨价还价承担的最小份额应该都是一样的，因此有：

$$M_1=M_3$$

则：

$$M_1=M_3=[\delta_2-1+P(\delta_1\delta_2 N_3-N_1)]/(\delta_1\delta_2-1)$$

为简化分析，假设 $N_i=N$（$i=1, 2, 3$），其中 N 为常数，代入可得

社会资本方风险分担比率的子博弈精炼纳什均衡解：

$$M^*=(\delta_2-1)/(\delta_1\delta_2-1)-PN$$

则政府方在社会资本方发起再谈判情况下所需承担的风险比率的子博弈精炼纳什均衡解为：

$$1-M^*=(\delta_1\delta_2-\delta_2)/(\delta_1\delta_2-1)-PN$$

式中，M^* 为社会资本方预期承担的风险值，$(\delta_2-1)/(\delta_1\delta_2-1)$ 为合同双方经过几轮谈判后社会资本方最终需承担的风险比率，PN 为社会资本方实际转移给政府方的风险值。

四、结果分析

根据上述博弈结果的求解，可以得出在双方讨价还价的博弈中，社会资本方实际分担的风险比率为：$(\delta_2-1)/(\delta_1\delta_2-1)$，政府方实际分担的分险比率为：$(\delta_1\delta_2-\delta_2)/(\delta_1\delta_2-1)$，社会资本方转移的风险比率为 PN，可以表示为表 8-1。

表 8-1　社会资本方信息优势下提出再谈判后最终风险分配结果

再谈判参与方	实际分担的风险	期望分担的风险	转移的风险
社会资本方	$(\delta_2-1)/(\delta_1\delta_2-1)$	$(\delta_2-1)/(\delta_1\delta_2-1)+PN$	PN
政府方	$(\delta_1\delta_2-\delta_2)/(\delta_1\delta_2-1)$	$(\delta_1\delta_2-\delta_2)/(\delta_1\delta_2-1)-PN$	$-PN$

δ_1、δ_2 分别为社会资本方及政府方的谈判损耗因子（$1<\delta_1<\delta_2$）；
P 为政府对社会资本方的信任度（$0\leqslant P\leqslant 1$）；
N 为社会资本方谈判中期望转移的超额风险比率

（1）政府方和社会资本方最终达成一致实际的风险承担比率与谈判损耗系数 δ_2、δ_1 有关。

（2）在经过博弈后社会资本方及政府方的实际承担的风险比率分别为：$(\delta_2-1)/(\delta_1\delta_2-1)$ 及 $(\delta_1\delta_2-\delta_2)/(\delta_1\delta_2-1)$，社会资本方成功转移的风险份额为 PN，之所

以能够成功转移风险是由于社会资本方一开始就具备信息优势。

（3）对于社会资本方分担的风险（δ_2-1）/（$\delta_1\delta_2-1$），社会资本方谈判损耗因子 δ_1 不变的情况下，政府方的谈判损耗 δ_2 因子越大，则社会资本方分担的风险就越小。

（4）对于政府方分担的风险（$\delta_1\delta_2-\delta_2$）/（$\delta_1\delta_2-1$），同样，政府方的谈判损耗因子越大，能接受的谈判回合就越少，能从谈判中获取的隐藏信息就越少，被社会资本方转移的超额风险也就越多。

（5）参与方地位非对称性导致再谈判风险转移的方向及转移的强弱程度。谈判中政府方对社会资本方的信任度越强，社会资本方则越会转移较大份额的超额风险，P、N 中，P、N 往往同方向变化。当 $P=1$ 时，表明政府方完全相信社会资本方提出的条件，接受其转嫁的风险，此时风险转移的比率达到最大值；当 $P=0$ 时，意味着政府方完全不相信社会资本方提出的谈判，社会资本方将无法转移其应承担风险值以外的风险给政府方；当 $0<P<1$ 时，表示政府方未全面了解社会资本方提出风险转移的隐藏信息，是信息劣势方。

（6）根据上述社会资本方与政府方再谈判的博弈结果可知，社会资本方总能转移超额风险给政府方。这是因为，双方的博弈中政府方处于信息劣势，作为信息优势方的社会资本方总能通过隐藏的信息向政府方转移风险，但随着双方谈判的不断深入，政府方所了解的信息将会越来越多，信息越来越透明，对社会资本方的信任将会更加谨慎，社会资本方的信息优势也就逐渐减小，能够转移的风险也就越来越小。在理想状态下，只要政府方愿意不断地跟社会资本方就争议问题进行谈判，最终双方之间将不再存在信息差异，但是由于谈判损耗的存在，无限制的谈判下去是不可能的，所以双方会在谈判损耗造成的损失跟风险转移带来的风险之间寻求平衡点，并最终达成一致结果。

第五节　社会资本对 PPP 再谈判的策略

一、合同规制

合同规制是一种很重要的治理手段，PPP 再谈判中的一个重要原则：PPP 初始合同要保证物有所值，后续的再谈判不能违背初始合同初衷，特许人必须承担初始合同的要求以及风险。初始合同是合同执行阶段的参照点，合同修改不能改变初始合同的风险分配原则，再谈判不能用于修正激进高风险的招标行为。合同规制主要是从合同设计入手，包括提高合同完备度、使合同具备适当柔性、合同中约定风险分担三个手段。

（一）提高合同完备度

政府方和社会资本方在签约时应该约定什么类型事件以及阈值能够触发再谈判。这些门槛通常以一些财务指数来表示，比如投资者内部收益率、偿债备付率等，或者也可以用政府设立的关键绩效指数（KPI）表示。这是一种事前防控机制，使用效果依赖于阈值或者 KPI 的制定，如果阈值太低则变更太容易，如果阈值太高则容易导致合同外的再谈判。正视再谈判的发生，建立以定量为基础的再谈判触发机制，保证再谈判可以预测，并且能够遵循合理的途径来控制再谈判。

（二）合同具备适当柔性

合同柔性是适应不确定性的有效工具，认为建立一个开放性的 PPP 合同可以有效治理再谈判。PPP 项目合同柔性考虑实物期权理论，通过在合同中设置阶段性条款提供柔性，这些阶段性条款可以是因条件成立而早期终止，也可以是依条件成立而自动增加特许时间，建立政府部门和社会资本之间收益分享机制，激励社会资本方积极参与以及设立权变条款等。然而，PPP 合同中合同柔性不是越大越好，要设置合理的合同柔性，太多柔性会导致不想要的机会主义行为，太少柔性会丧失增进福利的机会。

（三）合同中约定风险分担

合同中需要约定的内容：建立一个再谈判的冻结期，比如合同签订后三到五年内不允许再谈判，并包括详细的合同条款说明。建立风险矩阵和风险分配矩阵，该风险矩阵中的风险有详细的风险识别，PPP 法律规定风险矩阵不能被修改。再谈判不能作为修正初始合同的错误以及修正激进投标的工具；合同中应该规定再谈判的过程、标准。大量文献表明，合理的风险分担是 PPP 项目成功的关键因素。

二、非合同规制

非合同规制被称为是外部规制，作为 PPP 项目中有序合同再谈判的基础，提供补偿合同不完备的机制，给出合同不完备问题的事前经济以及法律基础，在维持合同可持续性方面发挥着重要作用。

（一）招投标规制

在合同或者项目初期进行高水平的准备；明确说明有效的土地征用和权利保护的途径；制定关键投标程序，社会资本方要注意招标文件中定义的不计后果的投标，以及投标人的财务模型或者其他的财务担保。

（二）社会规制

实施透明法案，规定用来做出需求公告、政府决策的媒介，增加政府方接受再谈判要求的政治成本。建立特许人声誉机制，阻止那些过度激进的投标行为。

（三）激励规制

外部规制除了包括进入规制、社会规制，还包括收费规制，收费规制体现了激励功能。PPP 项目最常见的激励机制是价格上限、回报率以及合同期机制。一旦发生再谈判，补偿措施也相对应：收费调整、合同期延长、每年补贴或者单边支付调整。通常政府方更愿意采取的措施是合同期延长，而考虑到机会成本，可能增加补贴是一个更好的方式。因此，在激励机制设定中要考虑项目政府方和社会方需求，采用更适当的激励规制。

（四）建立 PPP 委员会

在外部规制中很重要的是建立 PPP 委员会，作为独立的第三方，解决再谈判各方的争议，尤其是针对合同外的再谈判。导致合同外再谈判的因素是提前未可知的，政府方和社会资本方需要分析合同不匹配的基本原因，希望对合同的新特征达成一致。这种再谈判的结果就要接受 PPP 谈判委员会的监督，来检查该合同是否公平，对双方以及对社会公众的影响。PPP 委员会可以是财政部门所领导的跨部门委员会，也可以是独立的第三方由专业人士构成的委员会，规范化再谈判流程，解决再谈判争议，增加再谈判过程的透明度，提高政府方的 PPP 合同管理能力。PPP 项目的监管机构在合同设计和合同管理方面能够发挥非常大的作用。

（五）植入关系

PPP 项目通常有较长的持续期，交易各方的关系对于项目的成功有重要的作用。PPP 模式中最重要的是“partnership”，也就是公共部门和社会资本之间的合作伙伴关系。项目要真正实现合作关系，要求双方有共同的价值观和目的。建立有效的沟通机制，允许对不可预见问题更好地反映，加强合作者的双赢承诺，促进共同解决问题。声誉、重复性交易会减少再谈判过程中双方的机会主义行为，关系合同能提高交易双方的合作程度。合同治理和关系治理都能够促使项目成功。

第六节　再谈判案例

一、基于 PPP 再谈判预判机制的案例分析

PPP 再谈判的预判机制有利于提高再谈判的效率，初始合约中预定的再谈判触发条款是再谈判预判机制发挥作用的关键。下面结合北京地铁四号线 PPP 项目案例，分析再谈判预判机制在 PPP 再谈判中发挥的作用。

（一）北京地铁四号线项目概况

北京地铁四号线是北京轨道交通路网中的主干道之一，南起丰台区公益西桥，北至海淀区安河桥北，全长 28.2 公里，是国内首个以 PPP 模式运作的城市轨道交通建设项目。项目概况如表 8-2 所示。

表 8-2　北京地铁四号线项目概况

指标	基本情况
项目名称	北京地铁四号线项目
开工时间	2004 年 8 月
竣工时间	2009 年 8 月
运营开始日期	2009 年 9 月 28 日
PPP 特许协议签约日期	2006 年 4 月
特许经营期限	30 年（不含建设期）
项目投资方	北京市基础设施投资有限公司
	香港地铁公司
	北京首都创业集团有限公司

续表

指标		基本情况
项目投资	A部分（土建）	地铁四号线投资公司负责投资107亿（70%）
	B部分（设备）	特许经营公司负责投资46亿（30%）
特许经营公司（北京京港地铁）	2%股份	北京市基础设施投资有限公司
	49%股份	香港地铁公司
	49%股份	北京首都创业集团有限公司
定价方式		政府定价（可调整）
项目运作模式		建设—运营—移交（BOT）

根据北京京港地铁有限公司分别与代表北京市政府的市交通委和北京地铁四号线投资有限责任公司签署的《北京地铁四号线项目特许协议》，以及《北京地铁四号线特许经营项目资产租赁协议》，北京京港地铁有限公司拥有北京地铁四号线30年的特许经营权，在特许经营期内，负责四号线的运营和管理，特许经营期满后，再将项目设施完好、无偿地移交给北京市政府。

北京地铁四号线投资结构如图8-3所示。

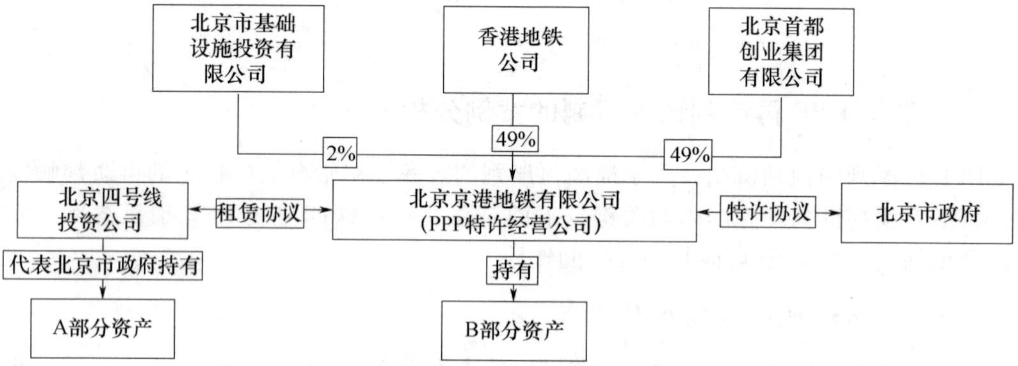

图8-3　北京地铁四号线投资结构

（二）特许协议中再谈判预判机制的情景描述

PPP模式在北京地铁四号线项目中的成功运用，使得该项目成为PPP业内学习的典范，无论是投资结构的设计、风险分担的约定还是解决争端的条款等都是北京地铁四号线成功的重要因素。下面结合北京地铁四号线PPP项目特许协议中有关再谈判预判的条款（表8-3），分析PPP再谈判的预判机制是如何发挥作用的。

表8-3　北京地铁四号线特许协议中触发再谈判条款的约定

PPP再谈判预判设定	特许协议中对应的再谈判触发条款
法律变更引发再谈判	特许协议中将法律变更分为中央的法律变更和北京市的法律变更。若发生中央的法律变更对经营造成不利影响，由双方协商解决。若北京市政府的法律变更造成经营收益受损的，特许经营公司有权获得补偿；除前述规定外，若北京市政府层面的法律变更对特许经营公司造成其他不利影响，双方另行协商解决补偿安排。

续表

PPP 再谈判预判设定	特许协议中对应的再谈判触发条款
客流变化引发再谈判	按特许经营协议规定，客流风险主要由特许经营公司承担。但如果连续三年的当年实际客流量比预测客流量低 20%，则特许经营公司可向政府申请补贴，如果双方无法在两年内就补贴额度达成一致，特许经营公司有权提出终止协议。
票价调整引发再谈判	经营期内，根据票务收入和实际客流计算实际平均人次票价，若实际平均人次票价低于特许协议规定的测算票价水平，市政府将就其差额给予特许经营公司补偿。若实际平均人次票价收入水平高于测算票价收入水平，则特许经营公司需将其差额的 70%返还给市政府。

（三）预判机制作用下的案例分析

结合前文中的研究内容，无须进入再谈判程序的，主要有以下几种情形：

① 在招标文件中已经明确属于不可变动的核心内容，不能进行谈判；

② 由于项目实施方案已由政府批准，项目实施方案中已给出明确规定的包括政府方和社会资本方之间的风险责任划分原则，不再进行谈判；

③ 会对投标报价产生影响尤其是增加政府支出义务或限制社会资本投入义务的因素，不能进行谈判；

④ 机会主义行为或经过调查情况不实的，监管机构应及时识别并驳回，无须再谈判；

⑤ 政策法律法规变化引起的原有 PPP 项目的调整，预留时间无法满足再谈判所需时间的，无须进行再谈判；

⑥ 社会资本方本身能力无法满足合同的继续履行，不宜再谈判，应考虑终止合同，政府方回购或引入新的资本方；

⑦ 社会民众强烈反对、严重影响民众日常生活或者造成不良社会影响的且短时间内无法通过谈判解决的事件，不宜进行再谈判；

⑧ 双方合作关系破裂的，应进入争端解决程序，如仲裁、诉讼等司法途径，无须进行再谈判。

本案例中，北京地铁四号线项目运营期间，2010 年 12 月 30 日大兴线并入地铁四号线与四号线直接连接且地铁票价调整为 2 元，不设换乘站，客流量超出预期，但平均票价小于测算票价，项目运营发生亏损。社会资本方由此发起再谈判请求，根据上述无须进入再谈判的情况描述，结合特许协议中票价调整的规定，此情形属于应进行再谈判的情况，双方快速进入再谈判，并签订了补充协议，政府对项目给予补偿，弥补特许经营公司的损失，保证项目继续运营。同样，对于客流变化的因素也类似。再谈判相关条款的预设，为后期确定再谈判与否提供了依据，提高了再谈判的效率。

北京地铁四号线 PPP 特许经营协议中约定了由于法律变更、客流变化、票价变更等情形变化可能引发的 PPP 再谈判。三者均为“可以观测但不可具体描述”的风险变化因素，无法在初始合约中给出具体的合同约定，但是都可以通过再谈判机制实现争端的解决，推进 PPP 特许协议的修改。

其中，法律变更引发再谈判的约定中，无论是中央层面的法律变更还是北京市政府层面的法律变更，按照约定，只要这些变更对经营带来了不利影响，都可以由双方协商解决，也就是说可以由一方单独提出或双方共同提出再谈判，对双方的争端事项进行协商解决，为双方开展再谈判提供了有效路径。一旦出现上述情形即可有据可依地发起再谈判，再谈判预判机制可立即做出双方进行再谈判的判断。

票价调整引发再谈判的约定中，地铁作为公共交通具有社会公益性质，票价由北京市政府确定。根据 PPP 特许经营协议的规定，只要特许协议规定的票价低于实际票价的，特许经营公司就可以向北京市政府提出再谈判的请求；特许协议规定的票价高于实际票价的，市政府同样可以提出再谈判要求，要求特许经营公司将超额利润返还给政府。

二、基于 PPP 再谈判讨价还价博弈模型的案例分析

下面以沈阳第八水厂项目为例。

（一）项目概况（表 8-4）

表 8-4　沈阳第八水厂项目概况

指标		基本情况
项目名称		沈阳第八水厂项目
建成投产时间		1995 年
建设规模		40 万吨/天供水量
PPP 特许协议签约日期		1996 年（股权转让）
特许经营期限		30 年（不含建设期）
项目投资方		沈阳市政府
		中法水务公司
项目投资	初始投资 2.5 亿	中法水务公司通过股权转让占股 50%（1.25 亿）
		沈阳市政府股权转让后占股 50%（1.25 亿）
特许经营公司（沈阳中法水务公司）	50%股份	北京市基础设施投资有限公司
	50%股份	香港地铁公司

（二）再谈判事件的情景描述

在沈阳中法水务公司运作两年以后，1999 年沈阳市政府开始着手沈阳发展股份公司香港上市工作，沈阳市政府提出回购第八水厂并希望将第八水厂投入沈阳发展。经过双方谈判达成回购条件：

（1）股权转让价格为 1.5 亿人民币；

（2）沈阳发展公司委托中法水务公司作为第一到第八水厂的运营技术咨询顾问。在此交易中，中法水务公司获取了巨额利润，两年前投入 1.25 亿元，两年以后除获得两年的项目经营固定回报外，还通过股权转让的方式收入超过 2500 万元人民币，而且额外获得了沈阳市第一到第八等八个水厂长达 10 年的技术服务合同（总收入为 5000 万元）。与此同时，沈阳市政府在此次再谈判的交易中则损失巨大。

（三）项目案例分析

结合前文内容中公私双方再谈判的讨价还价博弈结果可知：政府方在信息劣势下总是会被社会资本方利用信息优势转移超额风险，在再谈判的过程中往往会造成超额损失，主要原因是政府方谈判损耗更大，处于信息劣势地位，这在沈阳第八水厂项目的再谈判案例中体现明显。

由沈阳第八水厂项目的再谈判结果可知，作为 PPP 项目中政府方的沈阳市政府，在此次再谈判中的损失巨大，两年时间损失达到 5000 万元人民币，而且还另外签署了长达 10 年的技术服务合同，这对于地方财政压力巨大。通过分析，政府方此次再谈判及项目失败的原因可以概括为以下几个方面：

（1）政府方缺乏 PPP 运作模式经验。20 世纪 90 年代我国开始引进 PPP 项目模式，对于 PPP 项目的了解甚少，还是以传统计划经济的思维看待合作，缺乏市场竞争的意识，政府没有能力对项目进行全面风险评估和控制。例如，在该项目中，中法水务是唯一的候选人，使得政府在项目合作中处于被动，承诺了较高的固定投资回报率，为后期的经营困难陷入谈判埋下隐患。在类似国际交易和现在招标采购中至少要有 3 家以上的候选人才能保证足够的竞争，来选取更为合适的合作方。因此，沈阳第八水厂在一开始引入社会资本方的方式就犯下了错误。

（2）专业能力不对称。首先，政府官员普遍缺少水厂转让项目的国际商业运作经验，使政府在交易中与外方在能力上严重不对等；其次，在再谈判的过程中政府方对自己的谈判能力预估太高，没有聘用专业的项目咨询顾问和律师，而相应的法方则聘请了国际一流的顾问。另外，在合约阶段完全由对方负责起草合同，缺乏项目风险管理意识。专业能力的不对称也进一步加剧了双方信息的不对称，根据再谈判博弈分析，在信息劣势下，社会资本方就会利用自己的信息优势向政府方转移超额风险。同样，在利益的分配方面，当在信息优势的情况下，社会资本方就会通过敲竹杠的形式向政府方牟取额外的收益，使得政府方在谈判中损失额外利益。

（3）盲目承诺固定回报率。盲目承诺固定回报率，一旦社会资本方实现了超额收益，政府方无法通过有效途径发起再谈判，处于被动地位，造成经济损失。另外，固定投资回报率不利于激励社会资本方在项目的运营中的技术改进、服务提升。现阶段政府关于 PPP 项目的运作中，严禁政府采取固定回报率的方式开展 PPP 项目，目的是防止社会资本方获得超额收益，损害政府方利益，在保障社会资本方获得合理收益的同时，实现激励相容。

PPP 被许多国家广泛应用于多个领域以提供基础设施和公共服务。国外经验表明，PPP 项目再谈判比率的增长通常随着 PPP 项目的发展而增加。然而，社会资本方在我国项目中处理 PPP 再谈判风险的策略仍不清楚，对于“再谈判”不应该一概而论地认为它不好，在很多情况下它是一种根据实际情况对原先未合理划分的权责利的一种“重新”划定。“再谈判”可能是建设性的而非破坏性的。要发挥“再谈判”的良性作用，应该特别关注以下方面：公共部门与社会资本方责任的划定；加强对社会资本方运营成本和服务质量的监督；第三方仲裁和法律体系的建立和完善。

第九章　PPP项目建设、运营与移交

第一节　项目公司成立

项目公司是政府和社会资本合作的载体，是PPP项目的直接实施主体，可以由社会资本出资设立，也可以由政府和社会资本共同出资设立。

一、项目公司概述

在PPP项目中，项目公司是为具体实施项目融资、建设、运营管理等而成立的，自主运营、自负盈亏且具有独立法人资格的经营实体。

现行法律、法规关于PPP项目设立项目公司的规定为“可设立项目公司”“通常设立项目公司”等。这表明在PPP项目中，项目公司不是必须成立的，国家将是否成立项目公司的决定权留给了具体项目。

关于项目公司设立与否的法律规定主要有：

（1）财政部规定，项目公司可依法成立，是否成立项目公司及公司的股权情况需要在项目实施方案中加以说明。《政府和社会资本合作模式操作指南（试行）》第11条规定，项目实施机构在项目实施方案中应明确是否设立项目公司及项目公司股权结构；第23条规定，社会资本可依法设立项目公司。

（2）《PPP项目合同指南（试行）》指出，成立项目公司是社会资本在PPP项目实践中的通常做法。《PPP项目合同指南（试行）》在“PPP项目主要参与方”一节中指出，“社会资本方是指与政府方签署PPP项目合同的社会资本或项目公司”；又进一步说明，“社会资本是PPP项目的实际投资人。但在PPP实践中，社会资本通常不会直接作为PPP项目的实施主体，而会专门针对该项目成立项目公司，作为PPP项目合同及项目其他相关合同的签约主体，负责项目具体实施”。

（3）《基础设施和公用事业特许经营管理办法》进一步明确项目公司不是必须设立的，其第16条规定：“实施机构应当在招标或谈判文件中表明是否要求成立特许经营项目公司。”

（4）项目公司有其独特的优势。项目公司具有独特的优于一般公司的资本结构，在PPP项目中便于财务管理和融资。PPP项目公司的股东构成多元化，各股东优势互补，有利于降低项目管理成本、提升项目效率。项目公司可实现股东间的风险分担，而且多方参与共同投资，可以合理分配风险。

二、项目公司的设立形式

《PPP 项目合同指南（试行）》规定："项目公司是依法设立的自主运营、自负盈亏具有独立法人资格的经营实体。"在我国实践中，项目公司多以有限责任公司的形式设立。

项目公司一般不采取合伙企业形式。在 PPP 项目中，政府和社会资本各自的职责及角色不同，政府不一定出资，而项目的建设、经营管理由社会资本完成，但项目风险实行分担制，这并不符合合伙企业的基本特征。因此，项目公司一般不采取合伙企业形式。

PPP 项目公司允许设立的公司类型至今尚无法律文件明确界定，在实践中主要以有限责任公司的形式设立。根据 PPP 模式的特点，社会资本需要通过政府采购程序才能成为项目公司的股东，项目公司具有典型的"人合"性质；PPP 项目的社会资本数量不多，项目公司股东人数不多；项目公司的股权转让受到公司法和 PPP 项目协议、股东协议的限制，无法自由转让；项目公司随项目存在而存在，随着 PPP 项目的结束，项目公司也会面临清算。因此，有限责任公司的形式更符合 PPP 项目的需要。

三、项目公司的注册资本

项目公司的注册资本需要满足《国务院关于调整和完善固定资产投资项目资本金制度的通知》的规定。《中华人民共和国公司法》规定公司的注册资本实行认缴制，但其第 26 条规定："法律、行政法规以及国务院决定对有限责任公司注册资本实缴、注册资本最低限额另有规定的，从其规定。"国务院于 2015 年 9 月 9 日发布了《国务院关于调整和完善固定资产投资项目资本金制度的通知》，而 PPP 项目集中在基础设施和公用服务领域，一般会涉及固定资产投资，因此项目公司的注册资本往往需要满足固定资本投资对资本金的规定。

《国务院关于调整和完善固定资产投资项目资本金制度的通知》对各行业固定资产投资项目的最低资本金比率作了规定：城市轨道交通项目为 20%；港口、沿海及内河航运、机场项目为 25%；铁路、公路项目为 20%；保障性住房项目为 20%；电力等项目为 20%；城市地下综合管廊、城市停车场项目，以及经国务院批准的核电站等重大建设项目，可以在规定最低资本金比率的基础上适当降低。

项目公司的注册资本金可以是实缴，也可以是认缴。在注册资本认缴中，各股东可根据项目进展和需要分期缴纳认缴资本。项目实施机构和部门应监督社会资本按照采购文件和项目合同的约定，按时足额出资。

四、项目公司的股权结构

对于项目公司的股权结构设计并没有普适性的法律、法规，各级政府需要综合考量监管环境、投资承受能力、投资人市场的接受程度及具体项目所在行业的特点等众多因素，做出合理的结构设计和权利与义务的安排，在政府参与出资的情况下，需要考虑项目风险分配框架、财政承受能力、项目收益来源、利益分享等因素，进而合理设计出政府的出资比率。

但是，相关规定对项目公司股权结构比率的限制有两点：①在政府参与出资的情况下，政府在项目公司中的持股比率应低于 50%；②在特定领域，外资参与投资设立的项目公司，需要由中方控股。

第一，在政府参与出资的情况下，政府在项目公司中的持股比率应低于 50%。政府和社会资本合作的目的之一是改变传统的投融资模式，引进社会资本的资金，解决项目所需资金问题，减轻财政压力，将传统政府负债转为企业负债，以减轻政府债务。政府在项目公司中的投资比率过高，则引进的社会资金减少，此时政府作为项目公司的大股东，对项目融资所负责任大，甚至出现以政府信用、政府担保、政府兜底承诺对外融资，最终项目公司债务的偿还又归于政府。也就是说，项目融资、政府债务问题并没有得到实质性解决。此外，不利于政府和社会资本分工。政府享有的股权比率过高，对项目公司具有控制力，不利于政府和社会资本分工合作，违背了设立 PPP 模式的初衷。

第二，在特定领城，外资参与投资设立的项目公司，需要由中方控股。我国《外商投资产业指导目录（2015 年修订））中规定，有些行业必须由中方控股，这些行业中有些是可以采用 PPP 模式的，比如电网的建设、经营；城市人口 50 万以上的城市燃气、热力和供排水管网的建设经营等。

五、项目公司的组织结构与运作

（一）项目公司的组织结构

项目公司的组织结构是根据《公司法》的规定，再结合 PPP 项目实施的需要，进行相应的构建并分配职责。在实践中，项目公司的设立形式为有限责任公司，下面主要就有限责任公司的组织结构进行介绍。

有限责任公司的组织机构主要由股东会、董事会、监事会组成。其中，股东会是公司的权力机构，董事会是执行机构，监事会是监督机构。

1. 股东会

股东会由全体股东组成，是有限责任公司的最高权力机构、必设机构。股东会行使下列职权：①决定公司的经营方针和投资计划；②选举和更换非由职工代表担任的董事、监事，决定有关董事、监事的报酬事项；③审议批准董事会的报告；④审议批准董事或者监事的报告；⑤审议批准公司的年度财务预算方案、决算方案；⑥审议批准公司的利润分配方案和弥补亏损方案；⑦对公司增加或者减少注册资本做出决议；⑧对发行公司债券做出决议；⑨对公司合并、分立、解散、清算或者变更公司形式做出决议；⑩修改公司章程以及公司章程规定的其他职权。

股东会由股东按照出资比率行使表决权，但公司章程另有规定的除外。股东会的议事方式和表决程序，除《公司法》另有规定的外，由公司章程规定。股东会做出修改公司章程、增加或减少注册资本的决议以及公司合并、分立、解散或者变更公司形式的决议，必须经代表 2/3 以上表决权的股东通过。

公司为股东或实际控制人提供担保的，该股东或实际控制人不得参与股东会决议事项的表决，该项表决由出席会议的其他股东过半数通过。

2. 董事会

（1）董事会的组成及职责。

有限责任公司设立董事会，其成员为 3～13 人。人数较少或者公司较小的可不设董事会，而是选一名执行董事。

两个以上的国有企业或者两个以上的其他国有投资主体投资设立的有限责任公司，董事会成员应当有公司职工代表。董事会决议的表决实行一人一票，董事会做出决议须经全体董事过半数通过。董事会对股东会负责，行使下列职权：①召集股东会会议，并向股东会报告工作；②执行股东会的决议；③决定公司的经营计划和投资方案；④制订公司的年度财务预算方案、决算方案；⑤制订公司的利润分配方案和弥补亏损方案；⑥制订公司增加或者减少注册资本，以及发行公司债券的方案；⑦制订公司合并、分立、解散或者变更公司形式的方案；⑧决定公司内部管理机构的设置；⑨决定聘任或者解聘公司经理及其报酬事项，并根据经理的提名决定聘任或者解聘公司副经理、财务负责人及其报酬事项；⑩制定公司的基本管理制度；⑪公司章程规定的其他职权。

（2）经理部门的设置及经理职责。

项目公司可根据项目需求设立经理部门，由董事会决定聘任或者解聘经理。经理列席董事会会议，对董事会负责，行使下列职权：①主持公司的生产经营管理工作，组织实施董事会决议；②组织实施公司年度经营计划和投资方案；③拟订公司内部管理机构设置方案；④拟订公司的基本管理制度；⑤制定公司的具体规章；⑥提请聘任或者解聘公司副经理；⑦决定聘任或者解聘除应由董事会决定聘任或者解聘以外的管理人员；⑧董事会授权的其他职权。公司章程对经理职权另有规定的，从其规定。

3. 监事会

（1）监事会的组成。

有限责任公司设立监事会，其成员不得少于 3 人。股东人数较少或者规模较小的有限责任公司，可以设 1～2 名监事，不设立监事会。监事会应当包括股东代表和适当比率的公司职工代表，其中职工代表的比率不得低于 1/3，具体比率由公司章程规定。董事、高级管理人员不得兼任监事。

（2）监事会的职责。

监事会对公司的监事行使下列职权：①检查公司财务；②对董事、高级管理人员执行公司职务的行为进行监督，对违反法律、行政法规、公司章程或者股东会决议的董事、高级管理人员提出罢免的提议；③当董事、高级管理人员的行为损害公司利益时，要求董事、高级管理人员予以纠正；④提议召开临时股东会，在董事会不履行召集和主持股东会职责时召集和主持股东会；⑤向股东会提出议案；⑥依照法律规定，对董事、高级管理人员提出诉讼；⑦公司章程规定的其他职权。

（二）股东权利的行使

1. 股东权利的一般行使

项目公司股东的权利包括管理权、表决权、选择管理权、利润分配权等，在公司章程没有进行约定的情况下，应按照《公司法》的规定行使。其中，股东按其股权比率享有相应的公司决策参与权、利润分配权、优先认股权、剩余资产分配权。

公司章程可对股东权利的形式进行约定。根据《公司法》的规定，利润分配权、股东会职权、表决权等股东权利，可不按出资比率行使，由公司章程另行约定。

政府参与出资是政府提供“可行性缺口补助”的途径之一，也是政府参与项目风险分担的一种方式，政府可放弃部分或全部的分红权、优先认股权、表决权等股东权利。政府参与出资的项目一般为准经营性项目或非经营性项目。政府可同股同权，亦可放弃部分或全部的分红权、优先认股权、表决权等股东权利。若政府放弃分红权，则项目收益都归社会资本。这在无形中增加了社会资本的收益；若政府放弃表决权，将“专业的事交给专业的人做”，可以让社会资本发挥其在管理、运营方面的优势，政府仅负责职责范围内监督，这有利于提高项目供给效率和质量。政府参与出资也是从风险分担的角度出发，当项目经营不好或失败时，政府也将面临投资无法挽回的局面，进而与社会资本共同承担风险，这无疑增加了社会资本参与的积极性。为了避免公众利益受损、国有资产流失，政府肯定会加强监管，并严格项目风险管理。

2. 股东权利的行使限制

第一，政府不得有实际控制力和管理权。在 PPP 模式下，政府和社会资本之间有明显的分工，项目的融资、建设、运营应由社会资本负责；项目公司是为具体实施项目融资、建设、运营、管理等事务而成立的经营实体，这并不意味着将项目的融资、建设等具体实施责任转移给了项目公司。

PPP 项目与传统的建设采购项目完全不同，PPP 项目是政府和社会资本合作，双方的职能、分工不同，政府不能过多干预项目的建设、运营、管理。政府过多的干预既有可能影响项目公司正常的运营管理及项目的建设和运营，还可能将本已交由项目公司承担的风险和管理角色又揽回到政府身上，从而违背了设立 PPP 项目的初衷。这不是真正的政府和社会资本合作。

政府对项目公司不得有实际控制力和管理权的表现包括：①政府的出资比率不得高于 50%；②股东表决权在不按出资比率行使时，公司章程不得约定政府享有公司的控制权、管理权。

第二，股东转让股权受限制。股东持有的项目公司股权不得随意转让。项目公司的股权转让受《公司法》和 PPP 项目合同、股东协议的多重约束，社会资本必须通过 PPP 采购才能成为项目公司的股东。股权转让意味着 PPP 项目社会资本方的变更，这对 PPP 项目将产生重大影响。因此，项目公司的股权不得随意转让。

六、项目公司的主要责任

项目公司是政府和社会资本合作的载体，也是 PPP 项目的直接实施主体。PPP 项目成立项目公司后，项目公司将接手项目的大小事宜，包括签订 PPP 项目合同，负责项目融资、建设、运营、维护及移交等，成为项目的管家。

（一）与政府签订 PPP 项目合同

项目公司应与政府签订 PPP 项目合同，履行合同义务。在项目初期、项目公司尚未成立时，政府先与社会资本签订意向书、备忘录或者框架协议，以明确双方的合作意向，详细约定双方有关项目开发的关键权利与义务。待项目公司成立后，由项目公司与政府签署正式的 PPP 项目合同，或者签署关于承继上述协议的补充合同。

与政府签订 PPP 项目合同后，项目公司应按照合同约定，履行合同约定的义务和职责。

（二）负责项目融资

签订合同后，项目公司还应该负责项目融资。在 PPP 项目中，通常项目公司有权利和义务负责项目的融资，包括初始融资、再融资，以便满足整个项目的投资要求。项目公司的融资除了各股东的股权投资外，还可以通过债权、资产证券化、项目收益等方式进行融资。

项目公司在进行融资时，主要按照项目实施方案中的交易结构进行。项目公司应按照交易结构开展融资方案设计、机构接洽、融资谈判、合同签订和融资交割等工作。

为了实现项目顺利融资，项目公司可将项目资产进行抵押和质押。项目公司可将其有权进行抵押或质押的资产用以抵押或质押，以获取融资。项目资产主要包括：项目公司享有所有权的设备、装置等动产，项目公司可享有所有权的构筑物、建筑物等不动产，能在未来产生现金流的收益权等。将项目土地使用权用于抵押需要按照《中华人民共和国土地管理法》的规定进行，划拨国有土地使用权在依法审批并补缴土地使用权出让金后，可以进行抵押。

社会资本有义务协助项目公司完成融资，在必要时可承担项目融资的责任，项目融资实质上是社会资本的职责和义务，作为项目公司实施和资本投资 PPP 项目的载体。项目公司在进行融资时，社会资本有义务按照金融机构的要求，提供相应的抵押、担保、回购等担保责任。在项目公司无法完成融资的情况下，社会资本需要承担项目融资的责任。

政府作为项目公司的股东，按照风险分配框架的规定，一般无义务承担融资责任，并需要防范项目公司将企业债务转为政府债务的风险。在项目执行的过程中，政府需要严格控制融资风险，不得新增政府债务。

项目公司未按要求完成融资的，政府可提取履约保函直至终止项目合同；遇到系统性金融或不可抗力的风险时，双方可根据约定协商，修订 PPP 项目合同中关于融资的条款。

（三）负责 PPP 项目的建设、运营、维护和移交等工作

项目公司应负责项目的建设、运营、维护和移交等工作。项目公司应按照 PPP 项目合同的约定，进行项目的建设、运营和维护。

在项目移交阶段，项目公司应按照合同及移交方案等文件，将项目资产移交给政府或政府指定机构。

（四）承担项目风险

项目公司负责项目的融资、建设、运营，当项目出现各种风险时，项目公司是项目风险最直接的承担主体，项目公司需以其资产对风险承担责任。

但是，项目公司承担项目风险，并不等于社会资本仅就其认缴的出资额对项目风险承担有限责任。虽然《公司法》规定，有限责任公司的股东就其认缴出资额对公司承担

有限责任，但是PPP项目的风险还基于项目风险分配框架的规定、项目实施方案的安排、项目协议和股东协议的约定等，故项目风险最终的承担主体是政府和社会资本，因此社会资本应按照风险分配框架承担相应的风险，不能因项目公司的成立而逃避风险的分担及损害公共利益。

在政府参与出资的情况下，并不意味着政府在项目中所承担的风险增加或项目风险被不合理地转移给政府。政府参与出资及成立项目公司，是对项目实施方案的执行，也是政府参与项目风险分担的体现，并非增加政府风险。项目公司成立后，项目风险依照分配框架进行，由政府和社会资本分担，并不存在项目风险被不合理地转移给政府的情况。

在项目执行的过程中，项目公司应加强对项目风险的管理和控制，政府也应加强监督，防止风险被不合理地转移、社会资本逃避其风险承担责任。

（五）其他职责

项目公司的其他职责包括：在项目公司存续期间，应按照《公司法》等法律法规的规定，进行公司管理，开展经营活动；根据《中华人民共和国税法》的相关规定依法纳税；根据财务管理的相关规定进行财务管理等。

项目公司将项目成功移交后，一般会进行清算和解散。在项目进行期间，也不排除因项目风险、不当决策、政府干预等原因导致的项目公司重组和破产等情况。项目公司应按照相关法律的规定，进行相应事项的处理。

（六）项目公司设立税务处理

1. 非货币性资产出资的增值税处理

《公司法》第27条规定，“股东可以用货币出资，也可以用实物、知识产权、土地使用权等可以用货币估价并可以依法转让的非货币财产作价出资”，投资人以货币出资的方式最为常见，但是非货币性出资的税务的情形需要讨论。

若以有形动产对外投资，根据《增值税暂行条例实施细则》的规定，将自产、委托加工或者购进的货物作为投资提供给其他单位，视同销售处理，按同期同类货物的销售价格确定销售额，计征增值税。

2. 非货币性资产出资的所得税处理

根据财政部、国家税务总局《关于非货币性资产投资企业所得税政策问题的通知》（财税〔2014〕3116号）的规定，“企业以非货币性资产对外投资，应对非货币性资产进行评估并按评估后的公允价值扣除计税基础后的余额，计算确认非货币性资产转让所得”，“居民企业（以下简称企业）以非货币性资产对外投资确认的非货币性资产转让所得，可在不超过5年期限内，分期均匀计入相应年度的应纳税所得额，按规定计算缴纳企业所得税。”

企业应将股权投资合同或协议、对外投资的非货币性资产（明细）公允价值评估确认报告、非货币性资产（明细）计税基础的情况说明、被投资企业设立或变更的工商部门证明材料等资料留存备查，并单独准确核算税法与会计差异情况。

投资者需要在项目投资中必然要获取相应的股息红利之回报。《企业所得税法》第26条第2项规定：“符合条件的居民企业之间的股息、红利等权益性投资收益，为免税收入。”《企业所得税法实施条例》进一步明确：“所称符合条件的居民企业之间的股息、红利等权益性投资收益，是指居民企业直接投资于其他居民企业取得的投资收益。其所称的股息、红利等权益性投资收益，不包括连续持有居民企业公开发行并上市流通的股票不足 12 个月取得的投资收益。”也就是说，企业持有上市公司股票不足 12 个月的分红需缴税，其他的分红都不需要缴税。

第二节 PPP 项目建设

项目建设、运营、维护是 PPP 项目执行阶段重要的事项，直接关系到项目的产出效率、社会公众获得的服务质量、社会资本的投资回报等。项目建设、运营、维护由社会资本或项目公司负责实施，政府相关职能部门、项目实施机构和公众进行监督。

在包含新建或改扩建事项的 PPP 项目中，项目建设是 PPP 项目执行中的重要环节和重要内容。国家规定，基本建设程序包括项目建议书、可行性研究报告、初步设计、施工和竣工验收等工作环节，它们可大致分为项目设计、项目施工与验收两部分。

（一）项目设计

根据项目的规模和复杂程度，一般来说，设计可分为三个或四个阶段。对于土建工程，设计通常分为可行性研究、初步设计（或初始设计）和施工图设计（或施工设计）三个阶段；对于工业项目（包括工艺装置设施）以及复杂的基础设施项目，通常还要在上述初步设计和施工图设计阶段之间增加一个扩初设计（或技术设计）阶段。

根据项目具体情况的不同，PPP 项目合同中对于设计工作的分工往往会不同。常见的设计工作分工包括：①可行性研究报告、项目产出说明由项目发起方负责。如果 PPP 项目由政府发起，则应由政府自行完成可行性研究报告和项目产出说明的编制工作；如果 PPP 项目由社会资本发起，则可行性研究报告和项目产出说明由社会资本完成。②初步设计和施工图设计一般由项目公司完成。在 PPP 项目合同签署后，项目公司负责编制或最终确定初步设计和施工图设计，并完成全部的设计工作。项目公司可以根据法律规定，通过采购等方式选择合适的设计单位，委托专业的设计单位进行设计。

项目设计必须符合建筑法等相关法律法规的规定，符合项目所在地和行业的强制性规定，同时必须符合约定的技术性标准和规范。

在 PPP 项目中，虽然设计工作通常由项目公司承担，但政府享有在一定的期限内审查设计文件并提出意见的权利，这也是政府控制设计质量的重要途径。审查通常包括以下内容：第一，政府有权审查由项目公司制作的任何设计文件（特别是初步设计及施工图设计），项目公司有义务将上述文件提交政府审查。第二，政府应当在约定期限内（通常在合同中明确约定）审查设计文件。如果设计文件中存在任何不符合合同约定的内容，政府可以要求项目公司对不符合合同约定的部分进行修正，而有关修正的风险、费用由项目公司承担；如果政府在上述约定期限内未提出审查意见，则约定审查期限届满后，项目公司即可实施项目设计方案并开始项目建设。第三，如果项目公司对政府提出的意见存在异议，可以提交争议解决程序处理。同时，项目公司应依法履行相关设计审批程序的义务。

（二）项目责任划分

1. 项目设计责任

设计工作可以由社会资本承担，或政府、项目公司采购第三方来承担。通常，可行性研究在采购前已由政府完成，后续的初步设计、施工图可以自由约定由哪一方负责。但设计文件审查、批复工作由政府负责。政府方的设计审查不能减轻或免除项目公司依法履行相关设计审批程序的义务，对涉及政府付费或补贴的项目，要严控造价。在PPP项目中，通常由项目公司对其所作出的设计承担全部责任。该责任不因该设计已由项目公司分包给其他设计单位或已经政府方审查而被豁免或解除。

2. 建设成本超支责任

原则上建设风险由社会资本方承担，但并不意味着建设成本、投资控制责任在任何情况下绝对由社会资本承担。尤其是，因政府因素造成的工程变更导致的成本超支，则应由政府承担或按事先约定执行。

根据合作项目特点，可约定社会资本主体承担全部超支责任、部分超支责任，或不承担超支责任。项目合同应约定建设方案变更（如工程范围、工艺技术方案、设计标准或建设标准等的变更）和控制性进度计划变更等工程变更的触发条件、变更程序、方法和处置方案。

3. 项目公司是否可以将建设、运营的部分工作外包

多数PPP项目公司是新组建的，建设、运营的资质并不一定具备，更多的是依托母公司（中标社会资本）开展项目工作，多数专业性工作由社会资本或第三方代为履行（或分包给其他方）。从合同司法角度看，对于体现合同当事人特殊性的工作不能委托其他人代为履行，除非征得合同各方同意；而次要的或辅助性工作，即便没有事前的“当事人约定”，同样可以委托第三人代为履行。PPP项目也是遵循此原则。如非特殊性工作，PPP项目可以让社会资本方将建设、运营的部分工作外包给具有相关资质或能力的第三方，但社会资本方（含项目公司）仍需承担合同约定的责任和义务。当然，政府可以要求对运营等核心职能外包，必须经其同意，由社会资本方承担责任、保障项目效率。

（三）项目施工与验收

在PPP项目中，通常由项目公司负责按照约定的要求和时间完成项目的施工并开始运营。项目公司可根据法律规定和PPP项目协议的约定，通过采购等方式选择合适的承包商、原材料供应商等，并由承包商完成项目施工，而项目公司在项目施工中担任组织、管理、监督等角色。

项目的施工应当依照项目设计文件的要求进行，并且严格遵守建筑法、环境保护法、产品质量法等相关法律法规的规定以及国家、地方及行业强制性标准的要求。常见的施工标准和要求包括：①设计标准，包括设计生产能力或服务能力、使用年限、工艺路线、设备选型等；②施工标准，包括施工用料、设备、工序等；③验收标准，包括验收程序、验收方法、验收要求；④安全生产要求；⑤环境保护要求等。

工程质量直接决定了工程竣工后的使用价值，因此项目工程在建设的全过程中都必

须非常重视质量管理。对于 PPP 项目来说更是如此，因为 PPP 项目具有确定的经营期限，所以一些项目公司在工程质量的控制上，在材料的选购、施工工艺的质量、机械设备的选型等方面，较多注重特许经营期内的利益，可能难以保证经营期满及项目移交后的工程质量。PPP 项目往往是国家的基础设施，其质量好坏关乎国家财产和公民的利益，因此应当特别注意。PPP 项目中的质量缺陷常常表现在项目融资建设成本影响质量、违规分包影响工程质量、管理和监督不力影响工程质量三个方面。

在 PPP 项目中，可以通过两个方面的措施加大对工程质量的保证，分别是以法律及合同约束各方影响质量的行为及加强政府对 PPP 项目的监督和管理。

在项目施工过程中，政府享有监督权和介入权。为了及时了解项目建设情况，确保项目能够及时开始运营并满足合同约定的全部要求，政府往往希望对项目建设进行必要的监督和介入。但是，PPP 项目与传统的建设采购项目完全不同，政府的参与必须有一定的限度，过度干预不仅会影响项目公司正常的经营管理以及项目的建设和投运，而且还可能将本已交由项目公司承担的风险和管理角色又揽回到政府身上，从而违背设立 PPP 项目的初衷。因此，政府的监督权和介入权要有一定的限度。一般来说，政府对项目建设的监督权和介入权主要有：定期获取有关项目计划和进度报告及其他相关资料；在不影响项目正常施工的前提下进场检查和测试；对建设承包商的选择进行有限的监控（如设定资质要求等）；在特定情形下，介入项目的建设工作等。

竣工验收是项目建设过程中的最后一个环节，是全面考核项目建设成果、检验设计和工程质量的重要步骤，也是项目转入生产和使用的标志。项目验收要由建设单位向组织验收的机关报送竣工验收报告和工程竣工图，然后由验收机关邀请有关部门参加并组成验收小组进行验收。工程验收后要根据验收结论办理工程竣工验收备案表。工程验收后，要及时办理工程结算手续和交付使用或投入运营。

项目施工与验收的风险一般由项目公司承担。项目公司可与承包商、供应商等签订合同，约定相应风险的分担，将某些风险分散给其他主体。项目公司也可以购买相应的商业保险，将风险转移给保险公司。

（四）项目建设阶段税务处理

1. 建设阶段增值税处理

（1）土地取得。

在增值税方面：PPP 项目的土地取得主要是政府的划拨与有偿出让，以出让为主。由于土地出让，根据财政部、国家税务总局《关于全面推开营业税改征增值税试点的通知》（财税〔2016〕36 号）的规定，如若为房地产公司，该出让金可以在计算增值税时进行抵扣，如若非房地产公司则不可以抵扣。

在企业所得税方面：项目公司有偿取得的土地使用权按照无形资产确认计量，并在特许期内进行摊销，该无形资产的摊销可在所得税前扣除；对于无偿取得项目用地，在会计上按照政府确认价格以无形资产确认计量，同时确认为营业外收入（政府补助）。

（2）项目设计费。

对于项目公司而言，设计公司为其提供的 PPP 项目设计的费用，可开具增值税专用发票（一般项目公司为增值税一般纳税人）并进行增值税进项税额抵扣。设计公司为增值税一般纳税人的，可以自行开具增值税专用发票；设计公司为小规模纳税人的，可以向税务局申请代开增值税专用发票。该设计费用计入相应的固定资产，并进行抵扣，在所得税前扣除。

(3) 项目建设方面的增值税。

通常的 PPP 项目需要成立项目公司，而项目公司往往不具备相应建筑资质，需要将建设项目总承包给符合资质条件的第三方。因此项目公司是否自己承接建筑服务，就决定了项目公司就建设期收入应缴纳何种增值税。

若项目公司自建，从政府获得的回报中，有一部分可弥补其建设成本、相应的融资费用，并有一部分利润。在会计上，项目公司按《企业会计准则第 15 号——建造合同》确认相关的收入和费用；在税收上，需要按“建筑服务业”缴纳增值税。

若项目公司本身不负责建设，而是发包给具有资质的第三方来建设，从政府获得的“可用性服务费”，在实际操作中，会留足相应的融资费用后，全额或接近全额转付给第三方。在会计上，不应确认建造收入，而是按照建造过程中支付的工程款来确认相应的金融资产或无形资产。但税收上，这部分“可用性服务费”究竟该如何缴纳流转税，就值得商榷。首先，项目公司不承揽建造服务，因此无法按“建筑服务业”缴纳流转税。其次，项目公司其实是一种投资行为，本应由第三方（承建方）缴纳“建筑服务业”增值税即可，而获得的“可用性服务费”是对其融资行为的补偿，因此若能按贷款协议来就利息部分缴税对项目公司更为有利；但是在实际操作中，很难按贷款协议签订并执行。对于“可用性服务费”，政府的解释是“政府向乙方购买 PPP 项目的可用性而支付的费用，包括全部建设成本（包括建设期利息）合理利润和运营期财务费用”。那么可以看作项目公司建成 PPP 项目后，将项目的使用权转让给政府，则按转让“无形资产”缴纳流转税。但是若第三方按 11%缴纳增值税，则有可能造成项目公司进行倒挂的情形；若第三方按简易征收 3%缴纳增值税，则又有可能造成项目公司“本金部分”多缴纳税金的情形。

因此建议相关部门针对 PPP 建设期的特殊情况，出台相应指导性政策，还原项目公司融资行为的本质，将“可用性服务费”分解为本金（建设资金）及利息，按“贷款服务”缴纳增值税。

(4) 项目建设融资费用的增值税处理。

PPP 项目都伴随着融资问题，通常融资金额大，融资期限较长，融资产生的财务费用成本不可忽视。而根据财政部、国家税务总局《关于全面推开营业税改征增值税试点的通知》（财税〔2016〕36 号）的规定，对于利息支出不允许作为进项税额予以抵扣，资金提供方也不能开具增值税专用发票。

根据《营改增试点实施办法》的规定，纳税人接受贷款服务是不得抵扣进项税额的，同时，纳税人接受贷款服务向贷款方支付的与该笔贷款直接相关的投融资顾问费手续费、咨询费等费用，其进项税额不得从销项税额中抵扣。

2. 项目建设所得税处理

对于承接项目建筑工程业务的公司取得的建筑工程劳务收入，企业所得税法及其实施条例规定：企业受托加工制造大型机械设备、船舶、飞机，以及从事建筑、安装装配工程业务或者提供其他劳务等，持续时间超过 12 个月的，按照纳税年度内完工进度或者完成的工作量确认收入的实现。国家税务总局《关于确认企业所得税收入若干问题的通知》(国税函〔2008〕875号）进一步明确：企业在各个纳税期末，提供劳务交易的结果能够可靠估计的，应采用完工进度（完工百分比）法确认提供劳务收入。因此，一般在各个纳税期末确认应税收入。

企业应按照接受劳务方已收或应收的合同或协议价款确定劳务收入总额，根据纳税期末提供劳务收入总额乘以完工进度扣除以前纳税年度累计已确认提供劳务收入后的金额，确认为当期劳务收入；同时，按照提供劳务估计总成本乘以完工进度扣除以前纳税期间累计已确认劳务成本后的金额，结转为当期劳务成本。

对于建设方而言，税务处理则相对简单。对于购进的相关资产，分别予以确认为固定资产、金融资产等，按照会计准则之规定进行相应的确认、计量，并在折旧期、摊销期内进行相应的折旧或者摊销即可。

第三节　PPP项目运营

在PPP项目中，项目的运营、维护与中期评估不仅关系到公共产品和服务的供给效率和质量，而且关系到项目公司的收入，因此对于政府和项目公司都非常关键。

一、项目运营开始

（一）概述

开始运营，是政府方和项目公司均非常关注的关键时间点。对政府方而言，项目开始运营意味着可以开始提供公共产品或服务，这对于一些对时间要求较高的特殊项目尤为重要。例如奥运会场馆如果没有在预定的时间完工，可能会造成极大的影响和损失。

对项目公司而言，在多数PPP项目中，项目公司通常只有项目开始运营后才能开始获得付费。因此，项目尽早开始运营，意味着项目公司可以尽早、尽可能长时间地获得收入。

基于上述原因，开始运营的时间和条件也是双方的谈判要点。

（二）开始运营的条件

在订立PPP项目合同时，双方会根据项目的技术特点和商业特性约定开始运营的条件，以确定开始运营及付费的时间点。常见的条件包括以下几方面：

(1）项目的建设已经基本完工（除一些不影响运营的部分）并且已经达到满足项目目的的水平；

(2）已按照合同中约定的标准和计划完成项目试运营；

(3）项目运营所需的审批手续已经完成（包括项目相关的备案审批和竣工验收手续）；

(4）其他需要满足项目开始运营条件的测试和要求已经完成或具备。

在一些PPP项目中，开始运营与建设完工为同一时间，完工日即被认定为开始运营日。但在另一些项目中，开始运营之前包括建设完工和试运营两个阶段，只有在试运营期满时才被认定为开始运营。

这种包括试运营期的安排通常适用以下两种情形：

（1）在项目完工后，技术上需要很长的测试期以确保性能的稳定性；

（2）在项目开始运营之前，需要进行大量的人员培训或工作交接。

（三）因项目公司原因导致无法按期开始运营的后果

如果项目公司因自身原因没有按照合同约定的时间和要求开始运营将可能承担以下后果：

（1）一般的后果：无法按时获得付费、运营期缩短。通常来讲，根据 PPP 项目合同的付费机制和项目期限机制，如果项目公司未能按照合同约定开始运营，其开始获得付费的时间也将会延迟，并且在项目合作期限固定、不分别设置建设期和运营期，且没有正当理由可以展期的情况下，延迟开始运营意味着项目公司的运营期（即获得付费的期限）也会随之缩短。

（2）支付逾期违约金。

一些 PPP 项目合同中会规定逾期违约金条款，即如果项目公司未能在合同约定的日期开始运营，则需要向政府方支付违约金。

需要注意的是，并非所有的 PPP 项目合同中都必然包括逾期违约金条款，特别是在逾期并不会对政府方造成很大损失的情况下，PPP 项目合同中的付费机制和项目期限机制已经足以保证项目公司有动机按时完工，因而无须再另行规定逾期违约金。

如果在 PPP 项目合同中加入逾期违约金条款，则应在项目采购阶段对逾期可能造成的损失进行评估，并据此确定逾期违约金的金额和上限。

（3）合同终止。如果项目公司延误开始运营日超过一定的期限，政府方有权依据 PPP 项目合同的约定主张提前终止该合同。

（4）履约担保。

为了确保项目公司按时按约履行合同，有时政府方也会要求项目公司以履约保函等形式提供履约担保。如果项目公司没有按照合同约定运营项目，政府方可以依据双方约定的履约担保机制获得一定的赔偿。

（四）因政府方原因导致无法按期开始运营的后果

（1）延长工期和赔偿费用。因政府方原因导致项目公司无法按期开始运营的，通常项目公司有权主张延迟开始运营日并向政府方索赔额外费用。

（2）视为已开始运营。在一些采用政府付费机制的项目（如电站项目）中，对于因发生政府方违约、政治不可抗力及其他政府方风险而导致项目在约定的开始运营日前无法完工或无法进行验收的，除了可以延迟开始运营日之外，还可以规定“视为已开始运营”，即政府方应从原先约定的开始运营日起向项目公司付费。

（五）因其他原因导致无法按期开始运营的后果

其他原因是指不可抗力及双方约定的由双方共同承担风险的原因。不可抗力是指 PPP 项目合同签订后发生的，合同双方不能预见、不能避免并不能克服的客观情况，主要是指自然不可抗力，不包括按照合同约定属于政府方和项目公司违约或应由其承担风险的事项。

因其他原因导致政府方或项目公司不能按期开始运营的，受到该原因影响的一方或双方均可以免除违约责任（例如违约金、赔偿等），也可以根据该原因的影响期间申请延迟开始运营日。

二、项目运营条件

PPP 项目关系到公众利益，必须符合运营条件才能持续运营。一般情况下，当项目建设基本完工后，应按要求完成试运营。若 PPP 项目具备了开始运营的性能，并且项目运营所需的审批手续已经完成，那么项目才能运营。

项目运营一般由项目公司负责，项目公司可以委托专业运营机构进行运营。项目运营必须符合 PPP 协议约定的标准。PPP 模式的优势和目的之一是利用社会资本的专业管理等优势。在项目运营过程中，项目公司应充分发挥技术、管理、市场等优势，提高公共产品或服务的供给效率和质量。

在项目运营期间可能会涉及项目更新改造、追加投资、运营标准改变等，PPP 协议应对项目运营期间可能进行的事项进行约定。发生相应变更或需要变更的事项后，项目公司应与政府进行沟通协调，对合同的相应内容进行修订。

项目运营期可能长达 10～30 年，运营时间长、变化大、风险因素多等将直接影响到社会资本的投资收益。项目公司在项目运作过程中需要重视项目风险的防控和管理。当项目出现重大经营或财务风险，并且威胁到或侵害到债权人的利益时，债权人可依据合同约定的介入条款，要求项目公司改善管理等；在约定介入期内，风险得以解除的债权人应停止介入。

PPP 项目的维护是项目公司的责任和义务。项目公司应根据合同约定及维护方案和手册的要求对项目设施进行维护及修理，该责任不因项目公司将部分或全部维护事务分包给其他运营维护商实施而豁免或解除。

在项目运营期间，PPP 项目应接受公众和政府部门的监督。项目公司等参与主体应依法公开披露项目相关信息，保障社会公众的知情权。社会公众发现项目运营有违法、违约等情形，可向政府职能部门提请监督检查。政府相关部门应根据国家相关法律、法规对项目进行监管，在特定情况下，可介入项目的经营管理和维护事项。

三、运营期间的权利与义务

（一）项目运营的内容

根据项目所涉行业和具体情况的不同，PPP 项目运营的内容也各不相同，例如：

（1）公共交通项目运营的主要内容是高速公路、桥梁、城市轨道交通等公共交通设施；

（2）公用设施项目运营的主要内容是供水、供热、供气、污水处理、垃圾处理等；

（3）社会公共服务项目运营的主要内容是提供医疗、卫生、教育等公共服务。

（二）项目运营的标准和要求

在 PPP 项目的运营期内，项目公司应根据法律法规以及合同约定的需求和标准进行运营。常见的运营标准和要求包括：

（1）服务范围和服务内容；

（2）生产规模或服务能力；

（3）运营技术标准或规范；

（4）产品或服务质量要求；

（5）安全生产要求；

（6）环境保护要求等。

为保障项目的运营质量，PPP 项目中通常还会要求项目公司编制运营与维护手册，载明生产运营、日常维护以及设备检修的内容、程序和频率等，并在开始运营之前报送政府方审查。运营维护手册以及具体运营标准通常会作为 PPP 项目合同的附件。

（三）运营责任划分

一般情况下，项目的运营由项目公司负责。但在一些 PPP 项目，特别是公共服务和公用设施行业下的 PPP 项目中，项目的运营通常需要政府方的配合与协助。在这类项目中，政府方可能需要提供部分设施或服务，与项目公司负责建设运营的项目进行配套或对接，例如垃圾处理项目中的垃圾供应、供热项目中的管道对接等。

具体项目中如何划分项目的运营责任，需要根据双方在运营方面的能力及控制力来具体分析，原则上仍是由最有能力且最有效率的一方承担相关的责任。

（四）暂停服务

在项目运营过程中不可避免地会因一些不可预见的或突发的事件而暂停服务。暂停服务一般包括两类：

1. 计划内的暂停服务

一般来讲，对项目设施进行定期的重大维护或者修复，会导致项目定期暂停运营。对于这种合理的、可预期的计划内暂停服务，项目公司应在报送运营维护计划时提前向政府方报告，政府方应在暂停服务开始之前给予书面答复或批准，项目公司应尽最大努力将暂停服务的影响降到最低。

2. 计划外的暂停服务

若发生突发的计划外暂停服务，项目公司应立即通知政府方，解释其原因，尽最大可能降低暂停服务的影响并尽快恢复正常服务。对于计划外的暂停服务，责任的划分按照一般的风险分担原则处理，即：

（1）如因项目公司原因造成，由项目公司承担责任并赔偿相关损失；

（2）如因政府方原因造成，由政府方承担责任，项目公司有权向政府方索赔因此造成的费用损失并申请延展项目期限；

（3）如因不可抗力原因造成双方共同分担该风险，均不承担对对方的任何违约责任。

四、中期评价

项目实施机构应在 3 至 5 年内对项目进行中期评估，重点分析项目运作状况和项目合同的合规性、适应性及合理性。

中期评估方式主要有两种：一是政府公用事业主管部门组织相关人员对特许经营项目进行中期评估；二是政府公用事业主管部门委托咨询机构作为第三方对特许经营项目进行中期评估。

中期评估工作是完善政府监管的必要手段。通过中期评价工作，政府主管部门可以全面了解项目运营、管理、财务等方面的真实状况，了解公众对项目的看法、态度和期望，为下一步监管工作指明方向，可以明确对项目的监管方式、监管范围、监管力度等，从而更好地促进和规范项目发展。

中期评估是激励社会资本或项目公司发展的有效动力。中期评估基本涵盖了企业运营的各个方面，社会资本或项目公司可以借此了解项目行业的客观情况，发现自身运营和管理中的优势和不足；同时，根据中期评估报告提出的调整和修改意见，社会资本和项目公司可以及时进行整改，提升运营和管理水平。

中期评估是维护公众利益的重要保障。PPP项目涉及公众的切身利益，中期评估可以检查社会公众对PPP项目服务质量的满意状况及社会资本或项目公司在公众咨询、投诉和处理机制、公众监督等方面的工作成效，真正了解项目是否向公众提供了优质的服务。与此同时，通过中期评估可以建立、健全项目的公示制度，完善公众咨询、投诉和处理机制，鼓励公众参与监督，进而保证项目的透明度，并进一步加强公众的外在监督。

五、项目运营阶段税务处理

（一）增值税处理

项目运营阶段因PPP项目运营的经营项目不同，其所依据的增值税计征品目也不同。运营阶段的流转税规定相对比较清晰，对于污水处理再生水等环境保护行业有增值税即征即退70%、50%的税收优惠政策。而对于某些行业例如河道维护、轨道交通等后期运营维护，需要根据其行业特性缴纳流转税。应特别注意的是运营过程中，对于兼营行为要分开进行会计核算，避免以高税率计征增值税。

至于BLT（Build－Lease－Transfer，建设—租赁—移交）模式，实际上借鉴了融资租赁的方式。公共部门出让项目建设权，由社会资本负责项目的融资和建设，在项目建成后租赁给公共部门，并由公共部门负责项目运营和维护，社会资本以政府付给的租金收入作为投资回报；租赁期结束后，项目所有权移交给公共部门。其项目期间收取的租赁费，虽具有融资租赁的实质，但是由于社会资本不一定具有融资租赁的资质，也无法签订融资租赁协议，因此无法按“融资租赁”缴纳流转税。而政府本身就拥有PPP项目的所有权，租赁的只可能是使用权，那么租赁和付费购买使用权，也只是文字上的区别，因此是按“不动产租赁”还是按相应的服务费缴纳增值税也是个问题。

（二）所得税处理

对于PPP项目的运营，项目公司实现的利润要缴纳相应的企业所得税，除特殊规定外税率为25%。

1. 税收优惠的规定

根据《中华人民共和国企业所得税法》第27条第2款和第3款，《中华人民共和国企业所得税法实施条例》第 87 条，财政部、国家税务总局《关于执行公共基础设施项目企业所得税优惠目录有关问题的通知》（财税〔2008〕46 号），国家税务总局《关于实施国家重点扶持的公共基础设施项目企业所得税优惠问题的通知》（国税发〔2009〕80 号），财政部、国家税务总局《关于公共基础设施项目和环境保护节能节水项目企业所得税优惠政策问题的通知》（财税〔2012〕10 号）的规定，“从事国家重点扶持的公共基础设施项目投资经营的所得”“从事符合条件的环境保护、节能节水项目的所得”可以免征、减征企业所得税。

实施条例据此明确，企业从事港口、码头、机场、铁路、公路、城市公共交通、电力、水利等项目投资经营所得以及从事符合条件的环境保护、节能节水项目的所得，自项目取得第一笔生产经营收入所属纳税年度起，给予“三免三减半”税收优惠。

《中华人民共和国企业所得税法》第 34 条规定，企业购置用于环境保护、节能节水安全生产等专用设备的投资额，可以按一定比例实行税额抵免。《执行环境保护专用设备企业所得税优惠目录、节能节水专用设备企业所得税优惠目录和安全生产专用设备企业所得税优惠目录有关问题》（财税〔2008〕148 号）第 2 条规定，专用设备投资额，是指购买专用设备发票价税合计价格，但不包括按有关规定退还的增值税税款以及设备运输安装和调试等费用。该专用设备的投资额的 10%可以从企业当年的应纳税额中抵免；当年不足抵免的，可以在以后 5 个纳税年度结转抵免。

2. 关于政府付费的税收界定

对于项目公司而言，政府付费的性质究竟是什么？其属于公司业务收入还是属于营业外收入中的政府补贴？如果是政府补贴，那么这是否属于财政性基金而能够作为不征税收入呢？

部分税务人士认为，该政府付费行为应认定为财政性基金，满足财政部、国家税务总局《关于财政性资金、行政事业性收费、政府性基金有关企业所得税政策问题的通知》（财税〔2008〕151 号）的规定，“企业取得的财政性基金、行政事业性收费、政府性基金在计算缴纳企业所得税时，应按以下规定处理”，认为该项收入对于项目公司来说为不征税收入。

六、项目维护

在 PPP 项目合同中，有关项目维护的权利义务规定在很多情况下是与项目运营的有关规定重叠和相关的，通常会与项目运营放在一起统一规定，但也可以单列条款。有关项目维护的条款通常会规定项目维护义务和责任以及政府方对项目维护的监督等内容。

1. 项目维护责任

在 PPP 项目中，通常由项目公司负责根据合同约定及维护方案和手册的要求对项目设施进行维护和修理，该责任不因项目公司将部分或全部维护事务分包给其他运营维护商实施而豁免或解除。

2. 维护方案和手册

（1）维护方案。

为了更好地保障项目的运营和维护质量，在 PPP 项目合同中，通常会规定项目公司在合同生效后、开始运营日之前编制项目维护方案并提交政府方审核，政府方有权对该方案提出意见。在双方共同确定维护方案后，项目公司作出重大变更，均须提交至政府方。但维护方案的实施是否需要取得政府方同意，要参考维护的技术难度要求、政府方参与维护的程度、政府方希望对维护控制的程度等具体情况而定。

维护方案中通常包括项目运营期间计划内的维护、修理和更换的时间、费用等，包括上述维护、修理和更换可能对项目运营产生的影响等内容。

（2）维护手册。

对于某些 PPP 项目、特别是技术难度较大的项目，除维护方案外，有时还需要编制详细的维护手册，进一步明确日常维护和设备检修的内容、程序及频率等。

3. 计划外的维护

如果发生意外事故或其他紧急情况，需要进行维护方案之外的维护或修复工作，项目公司应立即通知政府方，解释其原因，并尽最大努力在最短的时间内完成修复工作。对于计划外的维护事项，责任的划分与计划外暂停服务基本一致，即：

（1）如因项目公司原因造成，由项目公司承担责任并赔偿相关损失；

（2）如因政府方原因造成，由政府方承担责任，项目公司有权向政府方索赔因此造成的费用和损失并申请延展项目期限；

（3）如因不可抗力及其他双方约定由双方共同承担风险的原因造成，双方共同分担该风险，均不承担对对方的任何违约责任。

第四节　PPP 项目的回收与移交

项目的移交是指在项目合作期限结束或者项目合同提前终止后，项目公司将全部项目设施及相关权益以合同约定的条件和程序移交给政府或者政府指定的其他机构。按照《政府与社会资本合作模式操作指南（试行）》（财金〔2014〕113 号文），项目移交的过程主要分为移交准备、资产评估、项目性能和功能测试、资产交割等阶段。

一、移交准备

（一）项目移交前过渡期

根据项目合同约定，项目特许经营期届满前的一定时期（如 12 个月）到特许经营期届满之日的期间作为过渡期，在过渡期间，政府与社会资本就项目移交内容及各方移交的责任与义务做好约定，保证项目顺利移交。过渡期约定内容一般包括：

（1）过渡期的起讫日期。

（2）过渡期内，为保障项目顺利移交，应为当地政府和社会资本方制定和研究移交方案和移交进度计划。

（3）过渡期的工作进度安排：地方政府与社会资本双方共同成立移交委员会，并共同研究制定移交方案和计划，并保证在过渡期终止期前 180 日内完成，签订相关协议。

（4）过渡期各方的责任和义务主要包括：

① 地方政府主要负责移交委员会的组建，并全程监督协调项目移交过程中的各项事宜。

② 项目公司负责配合政府方编写移交方案及计划，并履行协议约定的责任与义务。

③ 在项目移交期间，双方都应积极维护公共利益，避免公共利益的损失。

(5) 一般项目开始移交后，地方政府与社会资本需要建立共管机制，实行共同管理、共同监督，并对项目移交的工作机制，如移交委员会的设立、移交程序、移交责任划分等负责，并全面实施对项目的保修维护。

（二）移交委员会

(1) 项目移交委员会应在不迟于特许期结束前12个月成立，该移交委员会中双方的人员由地方政府与社会资本双方代表组成，但移交委员会负责人由政府方或其他指定的机构委派。

(2) 移交委员会或其委托的专门机构有权对与移交有关的或可能影响移交的事宜进行监督，对项目公司有义务为其提供一切方便。

(3) 移交委员会有权要求项目公司不迟于移交日前12个月向移交委员会提供与PPP项目有关的下列资料：

①全部固定资产和无形资产的清单；

②技术、知识产权和专有技术目录及概要；

③各类设施、设备的技术资料；

④各类人员及其工资、福利状况资料；

⑤完成移交所需的其他资料。

(4) 移交委员会应不迟于移交日前12个月确定项目设施移交的详尽程序和移交前大修的具体时间与内容。

(5) 在双方进行移交会谈时，项目公司应提交负责移交的代表名单，政府方或其指定机构应告知项目公司其负责接受移交的代表名单。

（三）移交形式

1. 期满终止移交

(1) 期满终止后移交至政府方。

期满终止移交是指在项目合作期限结束后，项目公司将全部项目设施及相关权益，以合同约定的条件和程序移交给政府或者政府指定的其他机构。根据PPP项目特许经营协议及合同文本的规定，项目公司应按照协议约定将项目设施（含为项目设施正常运营所必需的各类项目设施、设备、信息系统、专利、维护手册等）无偿移交给政府或其指定机构。项目公司应确保移交的项目不存在任何抵押、质押等担保权益或所有权约束，亦不得存在任何种类和性质的索赔权，同时还应确保该资产在移交后三年内能够正常使用。

在项目达到移交条件前，项目公司需向地方政府或其指定的接收机构提交项目移交申请。政府方在收到项目公司移交申请后的15个工作日内，组织项目移交工作，并接收全部可转移的项目设施、项目资料及其他资产。且自移交之日起，由政府方与社会资本方负责各自的因为移交而产生的费用和支出。

（2）期满终止后项目公司股份转让及重组。

在 PPP 项目使命完成之后，并不是所有项目都需移交给公共部门。根据项目资产移交项目公司使用的方法，以及融资模式的不同，项目移交的处理方式也不尽相同。在直接股权融资的 PPP 项目中，除非公共部门认为 PPP 项目运作有延长期限的必要，否则公共部门在项目期结束之后，一般会选择从项目中退出，从而将项目股份公开转让，同时赋予项目私人合作方优先受让权。在融资租赁模式融资的 PPP 项目中，公共部门通常在项目期结束之后，以象征性对价将项目资产余值转让给项目公司或社会资本。而在资产支持债券、信用贷款等债务融资模式中，PPP 项目公司在项目期结束之后通常走上重组之路，而公共部门则有可能从资产持有和信用支撑两个层面有步骤地退出。无论项目采取哪种形式移交，保证公共财产的保值增值都是一项不变的原则。

2. 提前终止移交

在 PPP 项目合同中，可能发生因政府或项目公司违约而导致的合同提前终止情况。可导致项目提前终止的事由通常包括：

（1）政府方违约事件。发生政府方违约事件，政府方在一定期限内未能补救的，项目公司可根据合同约定主张终止 PPP 项目合同。

如果发生政府违约事件，项目公司将要求政府予以纠正，政府没有在规定的期限内纠正，则项目公司将把项目移交给政府。在这种情况下，政府将对项目全部经济问题承担责任，包括偿还借款本息、偿还发起人建设投资和应得利润。

（2）项目公司违约事件。发生项目公司违约事件，项目公司和融资方或融资方指定的第三方均未能在规定的期限内对该违约进行补救的，政府方可根据合同约定主张终止 PPP 项目合同。

项目公司违约，政府应通知贷款人。只要贷款协议还有效，贷款人就有权选择接管项目或放弃接管项目。如果贷款人放弃帮助项目公司纠正违约事件，或者放弃接管项目，或者没有能力完成这些工作，那么政府将接管项目。

（3）发生法律变更。各方不能就合同变更达成一致，故协商解除 PPP 合同。

（4）经合同各方协商一致同意解除 PPP 项目合同。

（5）不可抗力事件。发生不可抗力事件持续或累计达到一定期限，任何一方可主张终止 PPP 项目合同。

如果由于其他非社会资本原因和发生不可抗力事件导致项目公司将项目提前移交政府或政府指定的机构，那么应当根据 PPP 项目合同中的规定，政府要按既定的原则计算并支付提前终止补偿金。在这种情况下，项目公司得到的补偿还包括保险赔款等。

（6）政府方选择终止。政府方在项目期限内任意时间可主张终止 PPP 项目合同。

由于 PPP 项目涉及公共产品或服务供给，关系到社会公共利益，因此 PPP 项目合同中，政府方还应当享有在 PPP 项目所提供的公共产品或服务已经不适合或者不再需要，或者会影响公共安全和公共利益等特定情形下，单方面决定终止项目的权利。但在 PPP 项目实践中，政府方的此项权利应当予以明确限定，以免被政府方滥用，打击社会资本参与 PPP 项目的积极性。同时，政府方在选择终止时需要给予项目公司足够的补偿。

并不是所有违约事件或不可抗力事件等都将引起项目非正常移交。多数情况下，各方都应尽量采取补救措施，以维持项目的持续进行。非正常情况下的移交是项目有关各方所不希望的，这种移交的解决过程将是十分复杂的。

（四）补偿方式

在项目经历了建设运营阶段后，项目实施机构代表政府需收回项目合同约定的项目资产，因此项目公司与政府方应针对项目移交阶段的赔偿方式提前作出约定。根据《政府与社会资本合作模式操作指南（试行）》（财经〔2014〕113 号文），PPP 项目移交补偿方式分为有偿移交与无偿移交两种。此外，根据可销售性（有无收费机制）和可经营性项目（全寿命周期内经营收入是否足以覆盖投资成本），可将 PPP 项目划分为非经营性项目、准经营性项目和经营性项目，因此 PPP 项目移交阶段的补偿方式也与具体的建设模式息息相关。

1. 无偿移交

在选择移交的补偿方式时，如果 PPP 项目移交发生在特许期结束后，且项目公司已经还清债务本息，回收了建设投资并赚取了合理利润，则该项目正常情况下的移交应是无偿的。由于社会资本在参与经营性的 PPP 项目时，在项目前期财务测算时就已考虑到可能的运营收益及预期风险，在项目实施阶段运营所得收入通常会在一定程度上弥补建设与经营成本，加之政府会对有些 PPP 项目进行可行性缺口补助，因此在项目合同签订时会明确标注在项目特许经营期结束之后，项目公司将项目设施及资产无偿移交给政府方。

此外，政府在 PPP 项目市场化运行的阶段，会以各种形式支持项目的正常运营，保证项目公司的利益。例如，项目前期资金要求强度大，中后期经济效益可观，在项目成长期，政府会将投资所形成的资产以无偿或象征性的价格租赁给 PPP 项目公司，为其实现正常投资收益提供保障；在项目运营期，政府还会通过可行性缺口补助等方式，与项目公司共同分担运营期的收益风险，防止因需求变化导致的项目公司的超额收益或亏损。

因此，在正常情况下，移交是无偿的或以象征性的价格移交给政府方。

例如巴基斯坦 Hab River 电厂项目移交时，项目公司按照约定将项目无偿移交给政府。为了表明项目的顺利移交，仅收取了 1 卢比的价格。与此类似，在我国广西来宾 B 电厂的 BOT 项目实施中，广西政府对该项目的投资设计、租赁及建设全过程均提供了大量支持，包括运营期收费调整和税收优惠等措施。项目合同同样约定，在 18 年的特许经营期结束后项目公司应将电厂无偿移交给广西政府。

2. 有偿移交

若项目采用有偿移交，合同中应明确补偿方案；如果没有约定或者约定不清时，项目实施机构应按照“恢复相同经济地位”原则拟定补偿方案。区别不同情况，政府的补偿方式还取决于项目还本付息资金需求，也包括成本回收和应获利益等。

（1）针对 BT 等模式建设的非经营性项目。

在项目建设期完成后，政府应按照合同规定，将工程的投资款及投资融资，采取分期付款等方式，补偿支付给社会资本。因此，针对没有固定收入来源的公共设施、公益项目，主要采取两种模式：一是政府回购，即通过仔细测算和认真分析，设定回购年限和价格，鼓励社会资本投资；二是设计固定回报率，由社会资本投资。

（2）针对采用 BOT、LOT 等模式建设的准经营性项目。

由于特许经营期的存在及其他收费机制，项目具有潜在的利润，但因为其建设和运营直接关系到公众切身利益，因而其产出的价格由代表公众利益的政府确定，往往无法收回成本，即具有不够明显的经济效益，市场运行的结果将不可避免地形成资金的缺口，此时政府可以通过适当的政策优惠或多种形式的补贴予以维持，包括财务费用补贴、运营补贴、折旧补贴、利润补贴以及税费补贴等。

（五）移交内容

根据《政府与社会资本合作模式指南（试行）》（财金〔2014〕113 号文），在移交期间，社会资本方应向地方政府或其他指定的机构移交项目，具体的移交内容包括：项目设施，项目土地使用权及项目用地相关的其他权利，与项目设施相关的设备、机器、装备、零部件、备用品以及其他动产，项目实施相关人员，运营维护项目设施所要求的技术和技术信息，与项目设施有关的手册、图纸、文件和资料（书面文件和电子文档）以及移交项目所需的其他文件等内容。

（六）移交的条件和标准

1. 权利方面的条件和标准

项目设施、土地及所涉及的任何资产不存在权利瑕疵，其上未设任何担保及其他第三人的权利。但在提前终止导致移交的情形下，如移交尚有未清偿的项目贷款，就该未清偿贷款所设的担保除外。

2. 技术方面的条件和标准

项目设施应符合双方约定的技术、安全和环保标准，并处于良好的运营状态。项目公司应确保最后一次运维绩效考核指标达到正常使用移交状态。如任一方对是否达到移交标准有异议的，则由移交委员会聘请第三方机构进行评定。为了保证项目在移交时达到政府要求的标准，在移交前项目公司还应对项目进行恢复性大修。在大修过程中，任何不符合要求的设备都必须进行修理，大修结束，政府和项目公司应通过例行测试核定项目的技术参数，如果测试结果达不到要求，政府可要求增加一次技术测试。通过测试，任何主要设备的功能不足或任何技术经济指标低于移交标准，都能及时被发现，从最后的恢复性大修到移交日，项目公司有时间克服设备缺陷。

二、项目的资产评估

根据《中国资产评估准则》（2013）给出的定义，“资产评估是指注册资产评估师根据相关法律、法规和资产评估准则，对评估对象在评估基准日特定目的下的价值进行分析、估算并发表专业意见的行为和过程”。

（一）资产评估的功能和作用

近年来，资产评估机构逐渐开展 PPP 相关评价咨询业务。在 PPP 项目中，资产评估机构提供物有所值服务、项目融资咨询服务以及项目绩效评价服务，有效地推动了 PPP 项目的实施。

1. 物有所值评价服务

根据《关于印发〈PPP物有所值评价指引（试行）的通知〉》（财金〔2015〕167号）定义：物有所值评价是判断是否采用PPP模式代替政府传统投资运营方式提供公共服务项目的一种评价方法。物有所值评价包括定性分析和定量分析。同时，该文指出项目本级财政部门应会同行业主管部门，委托第三方机构或者专家开展定量分析，并将物有所值评价报告作为项目绩效评价的重要组成部分。物有所值评价定量分析主要包括项目建设成本的估算和项目建成后收益现金流的折现分析，其核心是“价值发现”“价值量化”。这与一般项目资产评估思路中的假设开支法和收益法的评估思路在本质上是一致的。资产评估机构和资产评估师作为独立的第三方，运用专业评估技术估算政府采用传统采购模式的项目净现值、PPP项目的盈利分析、PPP项目周期内财政收支能力的匹配性分析，一方面有助于政府在安排财政支出时统筹考虑PPP项目全生命周期内的财政支出和承受能力，另一方面促使社会资本提前了解PPP项目的长期合理回报。

（1）PPP项目融资咨询。

PPP项目的融资渠道按资金特点主要包括股权融资和债权融资。其中，债权融资通常包括金融机构贷款、国际组织贷款、债券、私募债权融资、融资租赁等。PPP项目偿还贷款的资金来源主要是项目运营收益、政府财政补贴等。随着国内PPP项目的推进，一些投资规模大的项目已不再满足于传统的以资产抵押取得银行贷款的模式，开始探索包括资产证券化、项目融资在内的创新融资方式。

（2）PPP项目绩效评价服务。

资产评估作为独立的第三方专业机构，近年来积极参加财政支出绩效评价工作及实践。资产评估师通常具备资产评估、工程技术、财务会计、法律等方面的综合专业知识，同时行业拥有评估师、会计师、律师、专业咨询师、税务师等，评估行业人员知识结构的多元化与PPP项目复杂性、多样性、综合性相符，为资产评估机构服务于PPP项目的绩效评价奠定了良好的基础。其评价结果也更容易为项目参与主体所接受。PPP项目一般具有准公共性和公共性的长期产品和服务，如何规范并强化PPP项目的效率、效益等约束机制，以提高PPP项目的实施效率显得非常重要。

（二）PPP项目资产评估要素

PPP项目资产评估是一个评价的过程，在评价过程中必须考虑评价要素带来的影响。

1. 评估目的

PPP项目资产评估旨在确定项目的经济价值，待PPP项目合作期限临近，为项目移交至政府公共部门提供决策依据。

2. 评估主体

PPP项目资产评估由项目移交工作组委托具有相关资质的资产评估机构，按照项目合同约定的评估方式，遵循特许经营协议规定的标准与范围，对移交资产进行资产评估，对项目设施的质量和资产的完好程度进行评估和验收，合理确定资产转让范围及转让数额，作为确定补偿金额的依据。

3. 评估客体

评估客体是评估的具体对象。作为被评估的资产，需要鉴定其是否真实存在并核实其产权的合法性和有效性。

4. 评估基准日

由于 PPP 项目特许经营期限较长，在满足评估目的的前提下，PPP 项目资产评估基准日应尽可能选择在评估日期附近，尽量减少因时间因素造成的误导性判断。

5. 评估原则

评估原则是对评估行为的规范，参照评估原则可以有效地调节项目双方的利益关系，合理地处理评估业务。在 PPP 项目进行资产评估时，需坚持客观性原则、科学性原则、替代性原则、公开市场原则、谨慎性原则及独立性原则等。

6. 评估假设

评估服务是 PPP 项目评估工作得以顺利开展进行的前提，对项目资产的评估应当在持续使用假设的基础上进行。

（三）PPP 项目资产评估方法

1. 固定资产评估

（1）固定资产评估概述。

1）固定资产是指使用期限较长，单位价值较高，并且在使用过程中保持原有实物形态的资产。新修订的《国际会计准则》第 16 条对固定资产下的定义是："预计使用年限超过一个会计期间，企业用于生产、提供商品或劳务、出租或为了行政管理目的而拥有的有形资产。"我国《企业会计准则》对固定资产的定义是："固定资产是使用期限在一年以上，单位价值在规定标准以上，并在使用过程中保持原来物质形态的资产，包括房屋及建筑物、机器设备、运输设备、工具器具等。"

在我国的会计实务中，企业以现行制度为依据，结合具体情况划分固定资产和其他资产。即：企业使用期限在一年以上的房屋、建筑物、机器、设备、器具等资产应作为固定资产。不属于生产经营主要设备的物品，单位价值在 2000 元以上，使用期限超过两年的，也应属于固定资产。

2）固定资产评估的分类及特点。

① 固定资产的分类。

从资产评估的角度考虑，固定资产可作如下分类。

A. 房屋：指车间、厂房；管理部门使用的房屋及其不可分割的设备。如电梯、通风采暖设备、煤气及卫生设施等。

B. 建筑物：指被评估单位除房屋以外的各种建筑物。包括储油库、矿井、单位拥有的铁路和公路、桥梁、码头等。

C. 机器设备：指直接运用于企业生产和经营的各种机器设备。机器设备还可以进一步分类。按来源，可分为外购设备和自制设备；按实行的标准尺度划分，可分为专用设备和通用设备；按用途划分，可分为传动设备、动力设备和工作设备；按技术水平划分，可分为自动化生产线、半自动生产线及其他设备。

D. 土地：指被评估单位占用的全部土地面积，包括企业的各种房屋建筑物占地、绿化用地、道路用地、停车场用地及生活用地等。土地评估主要是评估其一定使用年限内的使用价值。

② 固定资产评估的特点。

固定资产评估的特点是由固定资产的特点和评估的特性所决定的。

A. 固定资产评估要以工程技术检测为基础。从评估的角度来看，被评估对象通常是使用过的资产，由于磨损或技术进步等因素的影响，或多或少地要发生实物的有形损耗和各种陈旧性贬值。只有通过工程技术检测手段，才能较准确地估测各种类型的贬损情况及估算出固定资产的价值。

B. 固定资产评估一般采用单项资产独立评估。由于固定资产种类繁多，规格型号各异，磨损程度、使用状况各不相同，因此，固定资产评估通常以单项资产为对象进行逐项评估。

3）固定资产评估的一般程序

固定资产评估的一般程序如图 9-1 所示。

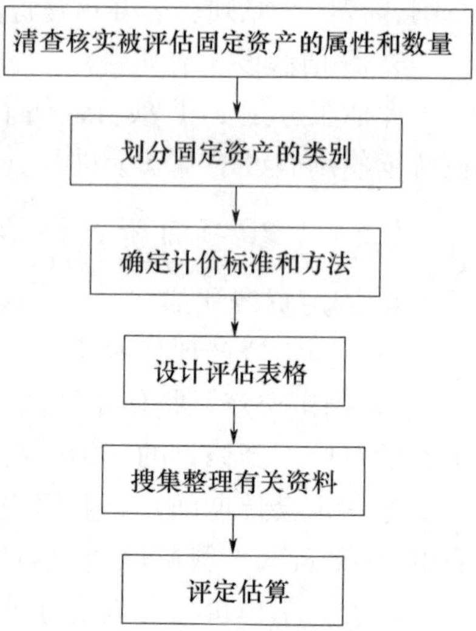

图 9-1　固定资产评估流程

（2）固定资产评估的方法。

1）历史成本法。

历史成本法又称固定资产账面净值法，是将固定资产的账面原值减去已提累计折旧额作为被评估资产的价值。即计价基础是固定资产的账面净值。计算公式为：

被评估固定资产的评估价值＝该固定资产原始价值－已提累计折旧额

【例 9-1】企业某项固定资产原值为 100 000 元，预计使用年限为 10 年，预计残值收入为 2 000 元。现刚使用 1 年，要求对项目固定资产价值进行评估。

年折旧额＝（100000－2000）/10＝9800 元

该项目固定资产的评估价值＝100000－9800＝90200 元

以历史成本法评估固定资产价值，方法简单，易于掌握。但由于这种方法是以历史成本（原值）做基础，在市场价格波动较大的情况下，往往会造成资产评估的价值与其本身拥有的现实价值严重背离。因此，这种方法只适用于近期新购建的固定资产或市场价格稳定的老资产。

2）重置成本法。

在固定资产评估中，运用最广泛和普通的是重置成本法。所谓重置成本法，是指运用技术经济方法确定被评估资产的重置成本，然后减去被评估固定资产的有形损耗、功能性损耗和经济性损耗，从而确定被评估固定资产价值的一种方法。其公式表示为：

被评估固定资产的评估价值＝重置成本－有形损耗－功能性损耗－经济性损耗

① 重置成本的确定。

固定资产的重置成本是指某一日期，重新购建全新的、同样的固定资产所花费的全部费用。重置成本又可分为复原重置成本和更新重置成本。

复原重置成本是指在评估日期，采用与评估资产相同的材料、工艺、技术条件和现行价格、各类功能、消耗量等相同或类似的全新固定资产。

更新重置成本是指在评估日期，使用现代的材料、工艺，在现行的技术条件下，以现行的价格购建或制造与评估固定资产功能相同的全新固定资产。一般情况下，重置成本多是指更新重置成本。确定固定资产重置成本的方法很多，有细节分析法、物价指数调节法、功能比较法、点面推广法、重点评估法等。在评估时，应根据评估的特定目的和被评估对象的实际情况，选用不同的评估方法。通常采用以下三种方法。

A. 细节分析法。细节分析法又称直接法或加和法，是指利用现行价格直接估算被评估资产的直接成本和间接成本，将两者相加求得重置成本。用公式表示为：

重置成本＝直接成本＋间接成本

直接成本是指购建全新固定资产支出中可直接计入购建成本的那一部分支出。它是根据成本项目按现行市场价格计算的。

间接成本是指购建全新固定资产支出中不能直接计入购建成本，需要采用适当方法和标准分配计入购建成本的那部分支出。间接成本的计算有两种方法：

a. 单位价值法，其公式为：

间接成本＝工作量（工作日或工时）×单位价格

b. 直接成本百分率法，其公式为：

间接成本＝直接成本×间接成本占直接成本的百分比（%）

【例 9-2】某企业 2000 年购入机床一台，原购置费 20 万元，运杂费 1500 元，直接安装费 1200 元（其中原材料 700 元，人工成本 500 元），这台机床安装过程中的间接成本为每台人工成本 0.85 元。现根据市场调查，这台设备的购置市场价为 25 万元，运杂费 2500 元，直接安装费 2000 元（其中原材料 1100 元，人工成本 900 元），同行业购置设备的间接成本平均为直接成本的 1%，要求评估该机床的重置成本。

直接成本＝25＋0.25＋0.2＝25.45 万元

间接成本＝25.45×1%＝0.2545 万元

重置成本＝25.45＋0.2545＝25.7045 万元

该机床的重置成本为 25.7045 万元。

B. 物价指数调价法。物价指数调价法又称为价格变动趋势法，它是利用被评估固定资产或类似固定资产价格变化趋势来推算被评估固定资产的重置成本。用公式表示为：

被评估固定资产的重置成本＝原始成本×物价变动指数

【例 9-3】　某企业 1998 年购置一台价格为 11 万元的设备，现在该设备在市场上已停止供应。假定 2003 年底要对固定资产的价格进行评估。根据市场上同类设备价值的调查，1998 年时，同类设备的价格为 10 万元，至评估时已涨至 15 万元。要求评估该设备的重置成本。

物价变动指数＝15/10＝1.5

该设备的重置成本＝11×1.5＝16.5 万元

采用物价指数调价法确定固定资产重置成本时，必须符合以下基本条件：

a. 选作参照物的同类资产必须与被评估资产具有同类型或相似性；

b. 选作参照物的同类资产的价格变动能如实地反映被评估资产的价格变动。

C. 功能比较法。功能比较法也称生产能力比较法，它是在已知同类固定资产的生产能力、重置成本和被评估资产生产能力的条件下，通过比较两个类似的资产，研究生产能力与购置成本的相互相关，从而推算被评估固定资产重置成本的一种方法。用公式表示为：

被评估固定资产的重置成本＝参照固定资产重置成本×（被评估固定资产生产能力/参照固定资产生产能力)^n

公式中的指数 n 是经验数据。在资产评估中，通常取 0.4～1 之间的数值。一般来说，被评估资产的生产能力与参照资产的生产能力越接近，n 的取值越大；被评估资产的生产能力与参照资产的生产能力相差越悬殊，n 的值越小。

【例 9-4】某参照固定资产的购置成本为 15 万元，生产能力为 5000 件/年，而被评估固定资产生产能力 10000 件/年，n 的取值为 0.9，求被评估固定资产的重置成本。

被评估固定资产的重置成本＝15×（10000/5000)^n＝15×1.87＝28.05 万元

② 有形损耗的确定。

固定资产的有形损耗也称实物损耗，其确定通常有三种方法。

A. 观察法。观察法是指凭借资产评估人员的经验，对固定资产的磨损程度做出判断评定，将被评估资产与同类全新资产相比较，确定有形损耗程度，向企业的工程技术人员进行调查评定。

B. 比率法。比率法是通过确定被资产评估的已使用年限与该项目资产预计可使用年限的比率，计算固定资产有形损耗的一种方法。根据被评估资产的实际情况，比率法又分为两种不同的计算方法。

a. 无更新改造资产的有形损耗的确定方法。其计算公式为：

有形损耗率＝已使用年限/（已使用年限＋剩余寿命）×100%

或

有形损耗率＝实际已使用年限/预计可使用年限×100%

固定资产的有形损耗＝固定资产重置成本×有形损耗率

【例 9-5】一台设备预计使用 10 年，已使用 4 年，重置成本为 12 万元，求有形损耗。

有形损耗率＝4/10×100%＝40%

有形损耗＝12×40%＝4.8（万元）

b. 有更新改造资产用有形损耗率的确定方法。资产经过更新改造，不仅延长了使用寿命，而且增加了资产的价值。因此，有更新改造资产的有形损耗应考虑更新改造费用对其使用寿命的影响，需要加权投资年限代替已使用年限。其加权投资年限的计算公式为：

$$加权投资年限 = \sum 加权更新成本 / \sum 更新成本$$

加权更新成本＝已使用年限×更新成本

【例 9-6】某设备购建于 1976 年，购建成本为 15 万元，1970 年对该设备进行第一次更新改造，更新改造成本为 6 万元；1985 年进行第二次更新改造，更新改造成本为 3 万元，1989 年进行第三次更新改造，更新改造成本为 2 万元，预计可继续使用 10 年。1992 年末对设备进行评估时，求其有形损耗。

加权更新成本＝16×15＋13×6＋7×3＋2×2＝343（万元）

加权投资年限＝343/（15＋6＋3＋2）＝13.2（年）

有形损耗率＝13.2/（13.2＋10）×100％＝57％

该设备的重置成本＝15＋6＋3＋2＝26（万元）

该设备的有形损耗＝26×57％＝14.82（万元）

经过上述计算，确定经过更新改造的固定资产的有形损耗率为 14.82 万元。

C. 直接补偿法。直接补偿法是直接计算使被评估的固定资产达到全新状态或恢复原有的精度和功能所需要的维修费用，以此作为固定资产的有形损耗。

【例 9-7】一辆卡车原价 40000 元，已使用两年，现更换一主要零部件，使之达到新车的性能，共花费用 10000 元。则 10000 元整修费用即为这辆卡车的有形损耗。

应该指出，直接补偿法一般适用于可以挽回损耗的固定资产。

对于固定资产剩余寿命年限的确定，通常有以下两种方法。

a. 法定年限法。即用国家法规规定的设备使用年限减去已使用年限，其余额即为设备剩余寿命年限。用公式表示为：

剩余寿命年限＝法规规定的折旧年限－已提折旧年限

b. 最佳经济寿命法。即指设备在使用过程总费用最低的使用年限为设备的最佳经济寿命。用公式表示为：

设备剩余寿命年限＝设备运营总费用最低的使用年限－设备已使用年限

设备运营总费用最低的使用年限 $T=\sqrt{\frac{2(P-F)}{G}}$

式中　P——设备原值；

F——设备残值；

G——设备操作成本年均增加额。

【例 9-8】某机器设备购入时造价为 48000 元，预计残值 1000 元，该设备运营成本每年增加 500 元，现已使用 6 年，求剩余寿命年限。

$$T=\sqrt{\frac{2\times(48000-1000)}{500}}=13.7$$

剩余寿命年限＝13.7－6＝7.7（年）

③ 功能性损耗的确定。

固定资产的功能性损耗也称经营性损耗、功能性陈旧或经营性贬值。它是指由于技术进步，与被评估固定资产结构或质量相同的固定资产被更便宜地生产制造出来，或由于新的效率更高的固定资产出现，从而引起被评估固定资产的价值损失。

目前计算功能性损耗的方法是，通过被评估资产与新的更现代化的资产运营效率对比，分析新的资产比被评估资产节省的原料、能源、劳动力、维修费用等，从而确定两种资产运营成本的差异，进而核定资产的功能性损耗。其计算公式为：

$$R=C(1-x\%)(p/A, i, n)$$

式中　R——功能性损耗；

C——被评估资产与新资产比较每年增加的运营成本；

$x\%$——所得税；

n——剩余使用寿命；

i——折现率；

（P/A，i，n）——年金现值系数。

【例 9-9】某厂有一条旧的联动装置体系，生产能力为 1000 件产品，要求确定被评估的联动装置的功能性损耗。

其计算步骤为：

第一步，选择可比固定资产。经过市场调查，本市一家新建厂有一条自动化流水线，其生产能力与本厂相同，故以该自动化流水线作为参照物。

第二步，确定被评估固定资产的运营损失。由于自动化流水线技术先进，每日可节省人工成本 1000 元，则被评估联动装置体系每年的运营损失为 365000 元（1000×365）。

第三步，估测被评估固定资产的剩余寿命。假定该联动装置体系的剩余有效使用年限为 8 年。

第四步，计算在被评估资产剩余使用期内，自动化流水线的新增效益值，并进行折现，即为功能性损耗（按 33%的所得税计算）：

R=365000×（1−33%）×（P/A，10%，8）=244550×5.335=1304674.25（元）

则被评估的联动装置体系的功能性损耗为 1304674.25 元。

④ 经济性损耗的确定。

固定资产的经济性损耗又称经济性陈旧，它是指由于外部环境的变化而引起的资产自身价值贬值。造成固定资产经济性损耗的因素很多，如：产品市场需求的减少；市场竞争的加剧；原材料、能源供应紧张；物价上涨；国家利率上调；国家产业政策的变动和地区性政策的干预；环境保护措施的实施等。

确定固定资产经济性损耗有以下两种方法。

A. 指数调解法。其计算公式为：

被评估固定资产经济性损耗=重置成本×该固定资产的经济性损耗

固定资产的经济性损耗=［1−（固定资产实际产量/固定资产综合能力）^{n}］×100%

式中，n 为经济数据，通常取值为 0.4～1。固定资产实际产量与其综合生产能力越接近，n 的取值就越大；相反，两者相差越悬殊，则 n 取值越小。

B. 类比法。类比法是将受到经济环境影响的被评估固定资产与社会上不受经济环境影响的同类固定资产进行比较，从而确定被评估固定资产经济性损耗的方法。

类比法确定经济性损耗的具体步骤如下：

a. 将被评估固定资产与不受经济环境影响的固定资产进行比较，计算被评估固定资产一年内的经济性损耗；

b. 确定被评估固定资产的剩余使用年限；

c. 计算剩余使用年限内的固定资产经济性损耗并折现。

3）现行市价法。

现行市价法是通过比较评估对象与其相同或相似的资产市场价格，确定被评估资产重估价值的一种评估方法。

现行市价法在运用时，主要有市价折余法、市价类比法。

① 市价折余法。

市价折余法是根据与被评估资产相同的资产在全新情况下的现行市场价格，减去按现行市价的已提累计折旧，从而确定固定资产重估价值的一种评估方法。其计算公式为：

固定资产重估价值＝全新资产现行市价－按现行市价提取的累计折旧

或

固定资产重估价值＝全新资产现行市价－［（全新资产现行市价－预计残值）/法定使用年限］×已使用年限

② 市价类比法。

市价类比法是以市场上与被评估固定资产相似的资产的全新价格为参照物，评定固定资产重估价值的一种评估方法。这种方法适用于被评估固定资产的原始记录不完全，且市场上也没有同样资产的交易价格情况下的固定资产评估。其计算公式为：

固定资产重估价值＝｛全新参照物现行市价－［（全新参照物现行市价－预计残值）/法定使用年限］×资产已使用年限｝×调整系数

4）清算价格法。

清算价格法是以资产的清算价格来估算被评估资产的重估价值的一种方法。这种方法适用于企业停业或破产及被兼并时的资产评估。

清算价格一般通过现行市价法获得，其方法参见现行市价法。

5）收益法。

运用收益法评估资产的价值，其前提条件是该资产应具有独立的生产能力和获利能力。就单项机器设备而言，大部分不具有独立获利能力。因此，单项设备评估通常不采用收益法评估。对于自成体系的成套设备、生产线以及可以单独作业的车辆等设备，特别是租赁的设备，则可以采收益法评估。

收益现值法是把一个特定期间内机器设备所能带来的经济利益进行折现计算，以其收益折现值之和作为评估值的方法。由于机器设备通常都只能在有限年限内获得收益，因此，运用收益现值法评估其价值时，应合理估测其尚可使用年限。该方法需要预测收益和收益年限，并确定合理的折现率。其计算公式一般为：

$$P=\sum_{j=1}^{n}\frac{A_j}{(1+i)j}$$

式中　P——评估值；

A_j——被评估机器设备第 j 年的收益；

i——折现率；

n——机器设备的收益年限。

当在收益期内各年的收益相等时，其公式可以转换为：

$$P=A\ (P/A,\ i,\ n)$$

式中　P——评估值；

A——被评估机器设备的年预测收益；

i——折现率；

n——机器设备的收益年限。

2. 流动资产评估

（1）流动资产的概念。

流动资产是指企业在生产经营活动中，可在一年或一个经营周期内变现或耗用的资产，包括货币资产、应收及预付款项、短期投资和存货等。

货币资产包括现金、银行存款及其他货币资产。

应收及预付款项包括应收票据、应收账款、应收内部单位款、其他应收款和预付费用等。

短期投资是指能够随时变现、持有时间不超过一年的投资，主要是有价证券。

存货是指企业在生产经营过程中为销售或耗用而储备的资产，包括商品或产品、在产品、原料以及主要材料、辅助材料、燃料、物料用品及低值易耗品等。

（2）流动资产的特点。

资产评估方法的选择与资产特点密切相关。流动资产的特点主要体现在它的周转方式、存在形态、变现速度等，与固定资产有较大的区别。具体有以下特点：

1）价值的流动性。流动性是流动资产的主要特征。流动资产一般都直接参加商品生产和流通的整个过程，在企业的再生产过程中它依次经过购买、生产、销售三个阶段，并分别采取货币资产、储备资产、生产资产和产品资产等形态，不断地循环流动。因此，流动资产具有流动性大、周转期限短、形态变化快等特点，其价值也在生产和流通中一次性消耗、转移和实现。

2）空间的并存性。流动资产不断循环周转，由一种形态向另一种形态转化，即在时间上先后继起。企业的再生产过程是连续的，这要求不同形态的流动资产同时并存于企业再生产的各个阶段，并保持相应的占用比率，即在空间上同时并存。

3）运行的波动性。由于企业的流动资产一般要不断地经历购买和售卖的全过程，因此它受市场商品供求变化和生产、消费的季节性影响较大。另外，还会受到外部经济环境、经济秩序等因素的制约，从而导致其占用总量以及不同形态构成比率呈现出波动。

4）形式的多样性。企业的流动资产不仅形式多样，品种繁杂，而且不同的行业由于生产经营的特点，又决定了其流动资产的构成及占用比重有很大的不同。

5）划分的相对性。流动资产的特点不是绝对的，如低值易耗品、包装物等，虽是按照流动资产进行评估，但它们在周转方式上更接近于固定资产。在使用过程中，它们的物质形态不变，其价值可以分次摊入成本。另外，固定资产与流动资产的划分也是相对的。

上述特点决定了流动资产评估有别于固定资产评估的特点。由于流动资产的价值是一次性地全部转移，其主要形态是有形资产，易核实、周转快、占用时间短，所以一般不存在有形损耗问题，更无须考虑折旧等因素。这就给评估工作带来了方便，因此，评估中对流动资产的评估价值要比固定资产的评估价值精确一些。流动资产中的货币性资产亦无须重估价值。相对来讲，其价值受通货膨胀和技术影响较小，因而资产账面价值基本上可以反映出流动资产的现值，其有利于评估方法的选择和运用。

（3）流动资产的分类。

企业的流动资产品种繁多，形态各异，可以按照不同的分类标准进行分类。

1）按照流动资产在企业生产经营中的形态和作用划分。

① 储备资产，指从购买到投入生产为止，处于生产准备阶段的流动资产，包括原材料、辅助材料、燃料、修理用备件、低值易耗品、包装物、外购半成品等。

② 生产资产，指从投入到产品制成入库为止，处于生产过程中的流动资产，包括在产品、自制半成品等。

③ 成品资产，指从产品入库到产品销售为止，处于产品待销过程中的流动资产，包括产成品和准备销售的半成品等。

④ 结算资产，包括发出商品和各种应收账款、应收票据等。

⑤ 货币资产，包括银行存款、库存现金等。

2）按照流动资产有无实物形态划分。

① 货币性流动资产，指其价值表现为一个固定的现金额，具体包括现金、银行存款、债权债务及短期有价证券等。

② 非货币性流动资产，又被称为实体性资产，具体包括库存的、在制的和在途的各种产品、原材料、低值易耗品、包装物等，其价值要受到物价水平变动的影响。

（4）流动资产评估的程序。

1）制定计划，组织人员，确定表格。

评估机构在接受企业委托之后，应指派评估人员到委托单位了解情况，然后根据该企业的要求和了解到的情况制订出资产评估计划。评估计划的主要内容应包括评估单位概况、评估目的和内容、评估要求和方法、人员安排、评估的基准时间及时间进度、其他内容等。

评估人员根据评估任务和企业特点，划分评估专业小组，安排落实流动资产的评估人员，并根据工作量和评估对象，确定或选聘有评估资格的各类技术人员。

流动资产的清查登记和资产评估，需要通过表格形式加以反映和汇总。根据需要，流动资产评估表格可以设计成申报表和评估表两大类，它们一般又可细分为汇总表、材料和产成品类明细表、在产品明细表、应收账款类明细表。

2）确定评估对象和评估范围。

弄清被评估流动资产的范围，划清流动资产与固定资产的界限，防止将机器设备作为低值易耗品而列入流动资产，也不得把低值易耗品当作固定资产。此外，还需查核待评测流动资产的产权，企业受托加工的材料、代保管的材料物资以及作为抵押物的流动资产均不能列入流动资产的评估范围。再者，对被评估流动资产进行抽查核实，验证基础资料，制作一份准确的被评估资产清单，该清单应以实存数量为依据，而不是以账面记录为标准。

3）清查核实流动资产，并对有实物形态的流动资产进行质量检测和技术鉴定。

4）对企业的债权债务应逐笔落实，综合分析应收账款、应收票据等债权回收的可能性、回收的时间、将发生的费用及风险，对呆账、死账作相应处理；对企业库存的物资、在产品、产成品等进行全面盘点或抽查，查明有无账实不符的情况，并采取相应措施，对盘存物资宜及时处理；对有实物形态的流动资产（如原材料、产成品等），在评估时需作质量检测和技术鉴定，以便了解该被估资产的质量状态，确定其是否还有使用价值，并核实其技术情况和等级状态与被评估资产清单的记录是否相符。技术检测是正确评估资产价值的重要基础，因此评估必须考虑资产的内在质量因素。

5）合理选择评估方法。流动资产评估方法的选择，一是根据评估目的选择；二是根据不同种类流动资产的特点选择。

6）与被评估企业中的有关人员进行讨论分析，并对评估初步意见进行必要的调整，最后产生评估结论。

（5）流动资产评估的方法。

从评估的角度来看，可将流动资产划分为三类：第一类是存货，又可称之为有实体形态的流动资产，它包括企业库存原材料、辅助材料、半成品、修理用配件、产成品、在制品、低值易耗品以及商业企业的库存商品、陈列品等；第二类是货币，它包括企业的库存现金、银行存款（包括人民币存款和外币存款）；第三类是应收账款、应收票据、发出商品等没有实体形态的流动资产。

对第一类流动资产的评估，可采用重置成本法、现行市价法、清算价格法。而第二类流动资产的账面价值本身就是现值，无须采用特殊的方法进行评估，只是对货币存款需按评估当日的国家外汇牌价进行折算。第三类流动资产的评估只适用于清算价格法，即按可变现价值进行评估。

1）原材料价值的评估。

原材料包括原料及主要材料、辅助材料、修理备件、燃料等。根据各种原材料的不同，通常采用市场法和成本法进行评估。针对评估对象可以采用单项评估法、分类评估法和特殊评估法。

① 单项评估法。

根据每项物资的技术鉴定结果和该物资市场现行价格，如合理的运费、自然损耗、验收入库等费用，逐项计算评估值。对其中的失效、变质、残损、报废、无用的，需根据特定结果和有关凭证，通过分析计算，扣除贬值额后，确定评估值。它适用于大宗的、规格型号单一或分别存放的原材料。

② 综合单价法。

综合单价法是根据原材料现行采购单价，以及同类材料的构成比，确定加权平均单价，以评估同类材料的方法。它比较适合于同类材料，功能替代性好，可以混合使用，或者是库存中可以混合堆放的大宗原材料和燃料的评估，例如矿石、煤炭、原盐等。综合单价法与单项评估法的不同之处在于，单项法具有逐一取得单一品种的数量、价格的必要条件；而综合单价法或者是无法区别不同规格型号的实际数量，或者是没有必要进行单一品种的数量核定，在这种方法中，确定材料构成比通常按账面库存进行。

③ 价格指数法。

价格指数是根据某类原材料价格上涨的指数，调整按实存数量计算的原材料原始成本计算重置成本的方法。实存原材料原始成本可以根据账面数调整，即扣除盘点发现原材料短少、变质、失效等部分应分摊的成本，并考虑材料成本差异账户来确定。原材料短少、变质、失效部分可以直接按金额计算，更多的是按短失率来计算。短失率可以在资产盘点中分别核定并加权汇总，或者根据抽查情况加权确定，这应视资产清查的具体方法而定。价格指数法的基本公式是：

某类原材料评估值＝某类原材料原始储备×（1－短失率）×（1－贬值率）×（1±价格变动系数）

上式中的价格变动系数，通常根据该类原材料中最有代表性的或可得到的几种价格涨落的幅度，考虑原材料的构成加权测定。

价格指数法实际上是点面推算的方法，因为它的短失率、价格变动系数以及贬值率都主要依靠抽查评定，这种方法的精确度确实有限，但是，对于那些品种繁多、单价不高、缺乏核定现实综合单价依据的评估业务来说，却比较客观。

④ 特殊评估法。

特殊评估法是按同类材料的现行市场价格，同时考虑变现的风险及变现的成本确定评估价，采用这种方法必须考虑以下三个因素。

A. 市场价格的选择。评估时应根据市场分析，选择最有可能成交的市场价格，一般来说，被评估资产的市场价格选择过低，资产所有者的权益就要受到影响。若市场价格选择过高，就会延长被评估库存期，增加变现成本，增大变现风险。因为随着库存期的延长，被估资产的成本将随着利息支出及保管费用、占地费用、租金等的增加而增加，同时随着新技术、新工艺、新材料的出现，被估资产的市价很可能进一步下降，变现的风险也将随之加大。

B. 被估资产的变现成本。它主要是销售被估资产时预计发生的各种广告、差旅、包装等摊销费用，在评估中要予以考虑。

C. 变现风险。它是指那些专用性强又无法替代的专用材料、有时效要求的原料及专用设备等。由于这部分材料的适用范围小而相应增大了变现的风险。风险系数一般根据市场供求情况、库存量的大小和资产本身的适用情况来定。

2）低值易耗品价值的评估。

① 低值易耗品的含义和范围。

低值易耗品是指使用年限不满一年，或单位价值在规定限额以下的劳动资料，如工具、劳保用品、玻璃器具等都属于低值易耗品。低值易耗品可以多次参加生产过程而不改变其原有实物形态，在使用过程中需要进行维护、修理，报废时也有一定的残值。这些都类似于固定资产，但是它的价值比较低，有的又容易坏，这样又被视同材料进行管理。

② 低值易耗品价值的评估方法。

低值易耗品价值的评估方法，既有相似于固定资产评估的一面，又有相似于材料评估的一面。低值易耗品按使用情况，可分为在库低值易耗品和在用低值易耗品，进行资产评估时，应区分不同情况分别评估。

A. 在库低值易耗品的评估。

在库低值易耗品的评估方法与材料类存货的评估方法类似，可根据具体情况分别采用历史成本法、物价指数法、重置成本法或现行市价法进行评估。

a. 对于购进时间不长、市场价格变化不大的低值易耗品，可采用历史成本法评估，即按账面价值评估。

b. 对于购进时间较长、市价变化较大的低值易耗品，可采用物价指数法评估。评估公式为：

评估价值＝账面价值×资产评估时的物价指数/资产取得时特定物价指数

c. 对于购置时间较长、市价变化较大，但能知道市场近期交易价或特定物价指数的低值易耗品，可采用重置成本法评估。具体方法有：第一，对能取得市场近期交易的外购低值易耗品，可按其现行发行价格评估；第二，对于企业可以自制的低值易耗品，可按购进材料价格加上加工费评估；第三，对于可以取得特定物价指数的低值易耗品。可按特定物价指数调整账面价值评估。评估公式为：

评估价值＝账面价值×资产评估时特定物价指数/资产取得时特定物价指数

对于购进时间较长、价格变动较大，而又不具备现行市场交易价格或特定物价指数的低值易耗品，可按市场类似资产的交易价格作为参照来确定被评估资产的价值。评估公式为：

评估价值＝低值易耗品数量×市场同类低值易耗品价格×（1±调整系数）

B. 在用低值易耗品的评估。

在用低值易耗品的评估方法类似于固定资产的评估方法，可根据不同情况采用历史成本法、物价指数法、重置成本法或现行市价法进行评估。它与在库低值易耗品评估的区别就在于，在用低值易耗品已发生了部分损耗，不能按原值评估，只能按净值评估。具体的评估方去如下。

评估低值易耗品的完全重置成本，然后分类计算出资产成新率，再计算低值易耗品重置净价。运用这种方法的关键是要合理确定低值易耗品的成新率。一般来说，成新率可按如下公式确定：

成新率＝（1－实际已使用月份/估计可使用月份）×100％

对于分期摊销进货成本的低值易耗品，成新率也可根据如下公式确定：

成新率＝低值易耗品账面净值/低值易耗品账面原值×100％

由于多数单位对低值易耗品采用“五五摊销法”，新旧程度很难从现有账面上得到准确反映，因此，成新率可主要由评估人员通过经验观测方法予以确定。成新率确定后，便可根据预先选定的评估方法对在用低值易耗品进行评估，如采用重置成本法，则在用低值易耗品按如下公式进行评估：

低值易耗品评估价值＝市场现价×成新率

根据低值易耗品的借方余额和应分摊的材料成本差异额，按一定的系数调整确定在用低值易耗品的重置净价。确定这个系数时要考虑两个因素，一是低值易耗品价格上涨率，二是账外价值占账内价值的比重，这两个系数可采用分类抽样测定。评估结果只是重置价，而无数量清单。评估公式为：

在用低值易耗品重置净价＝（在用低值易耗品借方余额＋材料差价）×（1＋综合价格上涨率）×在用低值易耗品实际原始成本/在用低值易耗品账面原始成本

3）包装物的价值评估。

① 包装物的价值评估特点。

包装物指用于包装本企业产品，并随同产品一起出售、出租或出借的各种包装容器，如桶、箱、瓶、坛等。各种包装材料和作为固定资产或低值易耗品使用的包装不在此列，不对外出租、出售的包装物不在此列。

包装物评估不同于材料的一个特点是必须考虑其周转性。出租、出借包装物，在形式和实际上都是可以收回的，因而它需要进行价值的摊销，从而也就可能会因摊销程序的原因而引出账实不符，这一点类似于低值易耗品。包装物不同于低值易耗品的地方在于：在出租或出借包装物时，为保证包装物的安全，要收取押金，金额通常高于其成本。一旦包装物不能回收，押金就归企业所有，压留的金额就成为包装物的价值。

② 包装物价值评估的方法。

鉴于以上特点，包装物的评估，除采用类似固定资产或低值易耗品的评估方法，对实际在用的包装物进行评估外，重点是对包装物退还的可能性进行评估，根据这种可能确定哪些按实际在用的包装物估价，哪些按押金估价。评估方法根据经验数据测算出各类出售、出借、出租的包装物回收的概率，回收率余数与押金之积就是相应包装物的价格。

4）在制品价值评估。

在制品包括生产过程中尚未加工完成的在制品、已加工完毕但不能单独对外销售的半成品。在对这部分进行评估时，一般采用成本法或市场法。

① 成本法。

成本法是根据技术鉴定和质量检测的结果，按评估时的相关市场价格及费用水平重置同等级在制品及半成品所需合理的料工费计算出评估值。这种评估方法只适用于生产周期较长的在制产品的评估。对生产周期短的在产品，主要以其实际发生的成本作为价值评估依据，在没有变现风险的情况下，可根据其账面值进行调整。具体方法有以下几种可选择使用。

A. 根据价格变动系数调整原成本。此种方法主要适用于生产经营正常、会计核算水平较高的企业在产品的评估，可参照实际发生的原始成本，根据评估日的市场价格变动情况，调整成重置成本。具体评估方法和步骤是：

a. 对被评估在产品进行技术鉴定，将其中不合格在制品的成本从总成本中剔除。

b. 分析原始成本构成，将其不合理的费用从总成本中剔除。

c. 分析原成本构成中材料成本从其生产准备开始到评估日止市场价格变动情况，并测算出价格变动系数。

d. 分析原始成本中的工资、燃料、动力费用以及制造费用从开始生产到评估日，有无大的变动，是否需要进行调整。如需调整，测算出调整系数。

e. 根据技术鉴定、原始成本构成的分析及价值变动系数的测算，调整成本，确定评估值，必要时，从变现的角度修正评估值。

评估价值计算的基本公式如下：

某项或某类在产品的评估价值＝原合理材料成本×（1＋价格变动系数）＋
原合理工资、费用×（1＋合理工资、费用变动系数）

需要说明的是，在制品成本包括直接材料、直接人工和制造费用三部分。制造费用属间接费用，直接人工费尽管是直接费用，但也同间接费用一样较难测算。因此评估时可将直接人工费和制造费用合并为一项费用进行测算。

B. 根据社会平均消耗定额和现行市价计算评估值。采用此法即按重置同类资产的社会平均成本确定被评估资产的价值。运用此方法对在产品进行评估时需要掌握以下资料：

a. 被评估在制品的完工程度；

b. 被评估在制品有关工序的工艺定额；

c. 被评估在制品耗用物质资料的近期市场价格；

d. 被评估在制品的合理工时及单位工时的取费标准，而且合理的工时及其取费标准应按正常生产经营情况进行测算。

采用此法计算评估值的基本公式为：

某在制品评估值＝在制品实有数量×（该工序单件材料工艺定额×单位材料现行市价＋该工序单件工时定额×正常工资费用）

对于工艺定额的选取，如果有行业的平均物料消耗标准的，可按行业标准计算；没有行业统一标准的，按企业现行的工艺定额计算。

C. 按在制品的完工程度计算评估值。

由于在制品的最高形式为产成品，因此，计算确定在制品评估值时，可以在计算半成品重置成本基础上，按在制品完工程度计算确定在制品评估值。计算公式为：

在制品评估值＝产成品重置成本×在制品约当量

在制品约当量＝在制品数量×在制品完工率

在制品约当量、完工率可以根据其完成工序与全部工序比例、生产完成时间与生产周期比例确定。当然，确定时需分析完成工序、完成时间与其成本耗费的关系。

② 市场法。

采用市场法是按同类在制品和半成品的市价，扣除销售过程中预计发生的费用后计算评估值。一般来说，如果被评估资产通用性好，有能够作为产成品的部件，或用于维修等，其评估的价值就较高。对不能继续生产、又无法通过市场调剂出去的专用配件等，只能按废料回收价格进行评估。对此类在产品计算评估值的基本公式为：

某在制品评估值＝该种在制品实有数量×市场可接受的不含税的单价－预计销售过程中发生的费用

如果在调剂过程中有一定的变现风险，还要考虑设立一个风险调整系数，计算可变现评估值。

某报废在制品评估值＝可回收废料的质量×单位质量现行的回收价格

5）产成品及库存商品价值的评估。

产成品及库存商品是指已完工入库和已完工并经过质量检验但尚未办理入库手续的产成品以及商品流通企业的库存商品等。对此类存货应依据其变现能力和市场可接受的价格进行评估，适用的方法有成本法和市场法。

① 成本法。

采用成本法对生产及加工工业的产成品评估，主要根据生产、制造该项产成品全过程发生的成本费确定评估值。具体应用过程中，可分为以下两种情况进行。

A. 评估基准日与产成品完工时间接近时。

当评估基准日与成品完工时间较接近、成本变化不大时，可以直接按产成品的账面成本确定其评估值。计算公式为：

产成品评估值＝产成品数量×产成品单位成本

B. 评估基准日与产成品完工时间间隔较长时。

当评估基准日与产成品完工时间相距较远、产成品的成本费用变化较大时，产成品评估可按下列两种方法计算：

产成品评估值＝产成品实有数量×（合理材料工艺定额×材料单位现行价格＋合理工时定额×单位小时合理工时工资、费用）

或

$$产成品评估值=产成品实际成本\times（材料成本比率\times材料综合调整系数+工资费用成本比率\times工资、费用综合调整系数）$$

② 市场法。

运用市场法评估产成品价值，其基本原理是相同的，但选择市场可参照的价格时应注意考虑下面几项因素。

A. 产成品的使用价值。根据对产品本身的技术水平和内在质量的技术鉴定，确定产品是否具有使用价值及其产品的实际等级，以便选择合理的市场价格。

B. 分析市场供求关系和被评估产成品的前景。

C. 选择的价格应是在公开的市场上所形成的近期交易价格，非正常交易价格不能作为评估的依据。

D. 对于产品技术水平先进，但产成品外表存在不同程度的残缺，可根据其损害程度，通过调整系数予以调整。

采用市场法评估产成品时，由于现行市价中包含了成本、税金和利润等因素，所以对市场中待实现的利润和税金要作妥善处理。对这一问题应作具体分析，对于交纳增值税的产成品来说，其销项税尽管向购买方收取，但并不构成产成品价格。而且，对于买方来说，支付给卖方的销项额为自身的进项税额，在它买进的产成品再卖出时，所支付税款是销项税款与进项税款的差额，本身意味着税款的扣除。在对企业以投资为目的进行产成品评估时，由于产成品在新的企业中按市价销售后，流转税金和所得税等就要流出企业，追加的销售费用也应得到补偿。因此，在这种情况下，应从市价中扣除各种税金和利润后，作为产成品评估值。

6）货币资产的评估。

企业的货币资产主要包括银行存款、现金等。现金和银行存款只要求确定评估基准时点的准确金额，无须进行特殊的评估。具体处理要以现金、银行存款的各种账簿为准，逐项加以核算，即按核实后的账面现金额与银行存额作为其评估价值。

7）应收账款的评估。

应收账款是由于赊销商品或提供劳务而应向客户收取款项的一种短期债权，通常是赊欠两个月左右，最长不超过一年的债权。对应收账款的评估可采用因素分析法来计算。在使用因素分析法计算时，应估计坏账损失额，然后再按贴现率来计算应收账款的现值。

估计坏账损失额的方法主要有直接按销货或赊销净额百分比估计和间接按应收账款估计两种。

① 销货或赊销净额百分比法。这种方法并不考虑有哪些应收账款将会变成坏账，而是根据以往经验，估计出坏账损失约占销货或赊销净额的百分比，然后用本期实际销货或赊销净额乘以百分比，就可求出可能发生的坏账损失额。评估计算公式为：

$$估计坏账百分比=前期坏账损失/前期赊销净额（或销货）\times 100\%$$

$$本期坏账损失=本期实际销货或赊销净额\times估计坏账百分比$$

② 间接按应收账款估计方法。它主要有个别估计法、账龄分析法两种。

A. 个别估计法。个别估价是逐一根据客户的偿债能力和信用程度来估计坏账损失额。这一方法的优点是比较客观，缺点是手续麻烦。

B. 账龄分析法。经验表明，应收账款账龄越长，坏账损失的可能性越大。因此，可将应收账款按账龄的长短分成几组，按组估计坏账损失的可能性，进而计算出坏账损失金额。

8）应收票据的评估。

票据是由出票人签名，无条件地承诺一定金额在指定日期付给收款人，或见票即付收款人的书面凭证，它包括期票和汇票两种。

期票是债务人向债权人签发的，承诺在约定期限支付一定款项给债权人的支付承诺书。期票可分为无息期票和有息期票两种。有息期票到期除支付票面金额外，还应加付欠款期间的利息；无息期票一般是近期票据，只支付票面金额。汇票是债权人向债务人签发的，命令后者在约定期限支付一定款项给第三人或持票人的支付命令书。汇票包括商业汇票和银行汇票两种。根据承兑人的不同，商业汇票又分为商业承兑汇票和银行承兑汇票。商业汇票一般不支付利息，可向银行贴现，或背书转让；银行汇票是由银行签发的一种回款凭证，多由付款人寄给或自行带给异地收款人，凭此收取货款。

对应收票据应区分下列几种情况分别评估：

① 到期无息应收票据的评估。由于无息票据到期后，只能按票面金额收回款项，所以其评估价值等于票面金额。

② 到期有息应收票据的评估。到期有息票据的评估价值，应在票面金额的基础上加上利息。其计算公式：

票据评估价值＝票据票面金额＋利息＝票据票面金额×（1＋利率）

9）待摊费用和预付费用的评估。

① 待摊费用的评估。

待摊费用是指企业已经支付或发生，但应于本月和以后月份负担的费用。待摊费用本身不是资产，它是已耗用资产的反映。因此，对于待摊费用的评估，原则上应按其形成的具体资产价值来确定。

② 预付费用的评估。

预付费用与待摊费用类似，只是这类费用在评估日之前企业已经支出，但在评估日之后才能产生效益。如预付的报纸杂志费、预付保险金、预付租金等。因而，可将这类预付费用看作是未来取得的服务权利。

预付费用的评估依据其未来可产生效益的时间，如果预付费用的效益已在评估日前全部体现，只因发生的数额过大而采用分期摊销的办法，这种预付费用不应在评估中作价。只有那些在评估日之后仍将发挥作用的预付费用，才是评估的对象。

3. 无形资产评估

（1）无形资产的概念、特点及分类。

无形资产是指不具备实物形态，能够为企业提供超额净收益并对企业生产经营持续发挥作用的非货币资产。

无形资产一般具有以下特点：

① 不存在实物形态；

② 有偿取得的；

③ 可以在多个会计期间为企业提供经济效益；

④ 它所提供的未来经济效益具有很大的不确定性。

根据无形资产的特点，无形资产可以从不同的角度进行分类。

1）从形成来源看，无形资产可分为国家政府给予的、外单位投入的、从外单位购入的。

2）按有效期有无限度，无形资产可分为有效期有限度无形资产和有效期无限度无形资产。

① 有效期有限度的无形资产。有些无形资产的有效期国家法律做了明确规定。例如：《中华人民共和国专利法》规定，发明专利权有效期为 15 年，实用新型和外观设计专利权为 5 年。《中华人民共和国商标法》规定，注册商标使用权为 10 年。

② 有效期无限度的无形资产。有的无形资产的有效期在国家法律上没有规定。

3）按无形资产是否可以辨认，可分为可分辨无形资产和不可分辨无形资产，这样分类便于无形资产的确认，并分别采取不同的评估方法。

① 可分辨无形资产是指那些具有专门名称，可以单独取得，或者作为组成资产的一部分取得，或作为整个企业的一部分而取得的无形资产。例如专利权、著作权以及商标权等。

② 不可分辨无形资产是指商誉。它是企业单独取得的无形资产，是由企业所处的地理位置、管理水平以及经营历史等因素综合决定的，并通过超出一般的获利水平来反映。

4）按取得的方法可分为自创无形资产和外购无形资产。

自创无形资产是指企业自己开发研制的，或者靠企业自身努力而获得的无形资产。如自创的专利、商誉、商标等。外购无形资产是指企业以一定的代价从资产所有者处购入的无形资产，如外购专利权、商标权以及土地使用权等。

5）按技术含量可分为技术型无形资产和非技术型无形资产。

专利技术、专有技术、计算机软件与集成电路布图设计等是技术型无形资产，而商标、商誉、许可权等则属于非技术型无形资产。

若要对无形资产进行评估，首先必须了解无形资产具体包括的内容。无形资产主要包括专利权、专有技术、商标权、版权、商誉等。

专利权是指经政府批准，授予发明人在一定的有效期内，对其发明创造使用和转让的专有权利。

专有技术是指任何在本行业未广泛公开的信息，以及某些不为人们所知或者无法通过常规手段轻易获取的信息，它的公开或使用可能使他人获得实际的或潜在的经济效益。

商标权是指制造产品和销售产品的企业为标明其商品使用产品的特定名称、符号或这些形式的结合，以区别于其他厂商生产或销售的产品的专有权利。

（2）无形资产评估的目的。

由于无形资产不具有物质实体，一般情况下，若不进行交易，其价值在账面是体现不出来的，而有些无形资产也只有在特定的评估目的下才能成立。无形资产一般不能用于抵押、清偿，而主要用于内部营运、对外投资以及转让。因此，无形资产所具有的特性也就决定了它的评估目的主要有两种，一是按照国家有关财务、税收法规的有关规定，以无形资产成本费用的摊销为目的而进行的资产评估。二是以无形资产转让、投资为目的而进行的资产评估。

以无形资产成本费用的摊销为目的而进行的资产评估主要指，按照国家有关法规，由各类投资或某项专项基金购建、支出的，其费用支出资产化的商标、专利权等无形资产，必须通过摊销才能实现成本费用补偿。

以无形资产转让、投资为目的而进行的资产评估主要指，当国营企业与不同所有制的企业之间进行合资、合作、联营，以及国营企业转制为股份制企业，或单项无形资产对外投资、转让时，所必须进行的资产评估。

（3）无形资产评估的方法。

由于无形资产分类复杂，而不同的评估目的，决定着选用不同的评估方法。在实际评估中，对于摊销、投资、出售、转让为目的的无形资产评估，通常采用重置成本法、现行市价法、收益现值法。

1）以无形资产摊销为目的的评估，主要采用重置成本法，也就是被评估的无形资产在现时条件的全新状态下的重置成本减去该项无形资产的贬值部分。由于它的取得有两种渠道，因而重置成本的构成也不相同。

① 自创无形资产的重置成本包括当初因开创该项无形资产所产生的研究费、试制费等各种物质耗费和人工耗费。

② 外购无形资产的重置成本是购买价加上支付的有关费用。

2）以无形资产投资、出售、转让为目的的评估，主要采用收益现值法，也就是将评估的无形资产在未来的期限内的预期收益，用适当的折现率折现，累加得出评估基准日的现值。

3）对无形资产价值的评估，要区别以下情况进行评定。

① 外购的无形资产，根据购入成本及该项资产具有的获利能力；

② 自创或者自身拥有的无形资产，根据其形成时所需要实际成本及该项资产具有的获利能力；

③ 自创或者自身拥有的未单独计算成本的无形资产，根据该项资产具有的获利能力。

（4）无形资产重置成本的评估。

1）无形资产完全重置成本的评估。

① 自创无形资产的评估。在实际评估中，自创无形资产往往并没有账面价值，因而只能根据当初研制时所发生的各项耗费来确定。主要有以下两种方法：

A. 财务核算法。财务核算法是根据当初研制时所发生的各种耗费如材料费、工时费、研究费、试制费，并按照现行价值和费用标准进行估算。计算公式为：

$$\text{无形资产重置成本}=\sum(\text{物质资料实际耗用量}\times\text{现行价格})+\sum(\text{实耗工时}\times\text{现行费用标准})$$

B. 市价调整法。当该项目无形资产在市场上有类似无形资产出售时，可参照市场价格或自制成本与市场价格的一定比率进行换算，来确定该项无形资产的评估价值。

② 外购无形资产的评估。由于外购无形资产其成本构成一般包括购买价格加上支

付的各项费用，可采取以下两种方法进行评估。

A. 市价调整法。当该项无形资产在市场上有类似功能的无形资产出售，可根据售价及功能成本系数对评估价格进行调整，再加上购置费用，即为评估后该项无形资产的重置成本。

计算公式为：

$$P=a+bF$$

式中　P——重置购价；

a、b——计算所得的常数；

F——功能系数。

上述公式中，重估购置费用为按现行标准和实际核定，可采取重置购价的一定百分比来确定。

B. 物价指数调整法。无形资产的价值形成主要有两个方面：一方面是物质消耗费，另一方面是人工消耗费。物价指数调整法就是根据某项无形资产的账面原值，用与其相应的物价指数进行调整，即可得出评估价值。这里的物价指数分别指生产资料物价指数和生活费用物价指数。

由于不同的无形资产消耗的两项费用在总消耗中所占的比重不同，因而，在生产资料物价指数与生活费用物价指数差别比较大时，可按两项费用大致的比例分别采用相适用的物价指数进行评估。

计算公式为：

无形资产的重置成本＝物质消耗所占比重×生产资料物价指数＋人工消耗费所占比重×生活费用物价指数

如果两种物价指数比较接近，而且两项费用的比重相差很大时，可按比重较大的那项费用适用的物价指数来评估。

计算公式为：

某项无形资产的重置成本＝账面原值×物价指数

以上各项无形资产，无论是自制，还是外购，对其评估的价值均是完全重置成本，即各项无形资产在全新状态下的重置成本，而没有考虑各项无形资产的使用情况。

2）无形资产重置成本净值的评估

重置成本净值是按照无形资产尚可使用的年限计算的重置成本。在具体评估中，将被评估的无形资产尚可使用的年限与全新无形资产可以使用的年限相比较，可计算出该项无形资产的成新率，并根据完全重置成本计算出重置成本净值。计算公式为：

重置成本净值＝完全重置成本×成新率

上述公式中的成新率有以下两种计算方法。

① 直线折余法。

A. 对我国法律中已明确规定有效期限的无形资产，成新率可采用下列方法计算：

成新率＝尚可使用年限/法定年限×100%

B. 对没有法律规定有效期限的无形资产，则它的全部使用年限就是已使用年限与尚可使用年限之和。

② 摊销折余法。考虑技术进步对已使用无形资产的影响，可以采用加速摊销方法。

在加速摊销的情况下，成新率的计算方法如下：

成新率＝（应摊销总额－已摊销额）/应摊销总额

（5）无形资产转让或对外投资的评估。

由于无形资产能在生产经营中长期发挥作用，并给企业带来额外收益。因此，当一个企业拥有某项无形资产时就可以比同行业企业获得更多的超额利润，而无形资产具有可以同时被多个企业共同拥有的特性，这就意味着无形资产可以转让和对外投资。

用于转让和对外投资的无形资产，可以是企业内部开发的，也可以是企业从外部购入的，可以全部转让，也可以部分转让。而对于转让及对外投资的无形资产，首先要进行最低收费额的评估，其次进行定额收费的评估和比例收费率的评估。

① 最低收费额的评估。用于转让的无形资产其最低收费额由以下两方面构成：一方面是重置成本，就是购买方应负担的用以补偿该项无形资产的成本费用。另一方面是机会成本，就是出让方因转让该项无形资产而减少的利润或增加的费用。因转让而形成的机会成本应由购买方支付。计算公式为：

无形资产最低收费额＝重置成本净值×转让成本分摊率＋无形资产转让的机会成本

转让成本分摊率＝购买方运用无形资产的设计能力/运用无形资产的总设计能力×100%

无形资产转让的机会成本＝无形资产转让净减收益＋无形资产转让净增费用

② 定额收费的评估。转让无形资产，不仅仅是重置成本和机会成本的补偿，而且还能获得一部分收益。这部分收益往往是从无形资产转让带来的额外收益中得来的。企业可以采取定额收费来确定无形资产的转让价格。

定额收费的评估，主要有加价法、比价法和成本加成法。

③ 比例收费率的评估。无形资产转让价格的确定，在采用比例收费率的情况下，有以下两种形式：

A. 无形资产价格＝销售收入（或利润）×无形资产分成率

B. 无形资产价格＝最低收费率＋销售收入（或利润）×无形资产分成率

在上述第二种公式中，无形资产分成率是按扣除最低收费额后测算的。

三、PPP 项目性能测试

性能测试是项目移交阶段的关键环节。随着基础设施类项目和公共服务类项目市场化发展趋势，特许经营权的授予在全国进入规范操作阶段。在项目资产转让移交过程中，性能测试成为保障项目双方利益的重要环节。性能测试部分从测试目标、测试范围及内容、测试方案制定、测试标准、测试结果的应用等方面展开陈述。

（一）PPP 项目性能测试目标

项目测试旨在验证项目是否能够达到使用者需求的产品和服务性能指标，同时排检项目在运营中存在的性能瓶颈，优化项目运营管理。具体包括评估项目能力、识别项目弱点以及验证项目稳定性与可靠性等。通过项目性能测试，保证项目特许经营权按协议要求的性能标准顺利移交。

（二）PPP 项目性能测试要素

1. 测试主体

测试主体为项目移交工作组。

2. 测试范围及内容

性能测试范围包括为项目资产、知识产权、技术法律文件及项目全部资产清单。以污水处理厂资产为例，该项目针对污水处理厂的工业系统、主要机械设备、电气、自控和仪表以及构（建）筑物，分成工艺、设备、电气、仪器仪表与自控、土建设施、安全与环境 6 个专业分别进行性能测试。

3. 测试方案制定

性能测试是一项技术性较强的系统工作，必须由专业公司科学合理地进行，实事求是、客观评价项目工程建设，在充分保障项目双方利益的前提下，实现 PPP 项目资产的顺利移交。

PPP 项目实施机构或政府指定的其他机构应组建项目移交工作组，根据项目合同约定与社会资本或项目公司确认移交情形和补偿方式，制定性能测试方案。

4. 测试标准

项目移交工作组应严格按照性能测试方案和移交标准对移交资产进行性能测试。

5. 性能测试结果的应用

PPP 项目性能测试结果分为两种情形：

（1）达标：进入资产交割环节。

（2）不达标：移交工作组应要求社会资本或项目公司进行恢复性修理、更新重置或提取移交维修保函。以恢复性修理为例，项目公司在经与政府或其他指定机构协商的情况下，在移交协商日期前对项目进行一次恢复性的全面大修，以确保项目实施在移交时能够良好运转。此检修不得迟于移交之前完成，具体日期期间可由项目双方协定。经政府或其他指定机构验收后，按届时的项目设施清单交回项目设施。修理完成后项目资产应达到相关国家规范、地方标准以及其他规定。若验收不合格，政府可要求社会资本继续整改修理，且整改修理完成以后发生的费用，直接在保证金中扣除，风险全部锁定到社会资本。

四、项目资产交割

（一）PPP 项目资产性质

在 PPP 业务中，社会资本一般通过设立项目公司进行基础设施类项目和公共服务类项目的建设和运营。从资产的本质出发，资产是企业过去的交易或者事项形成的、由企业拥有或者控制的、预期会给企业带来经济利益的资源。PPP 项目资产的性质取决于特许经营权合同所约定的权利，特许经营权属于用益物权的范畴。因此，PPP 项目从本质上来说是使用特许经营权进行项目融资。社会资本或项目公司负责实物资产的运营管理，具有使用权。政府对项目所属资产在合同经营期内具有监督权，并在特许经营期满时无偿取得项目资产的所有权。因此，从这个角度，PPP 项目资产是国有资产的一部分，只是暂时将使用权让渡给社会资本或项目公司，并不能改变其国有资产的本质。

（二）PPP 项目资产范围

根据 PPP 项目资产性质分析可知，PPP 项目资产具备用益物权属性。用益物权具备“有形资产无形化、无形资产有形化”特征。界定 PPP 项目资产范围，即特许经营权合同约定的项目移交范围，以达到区分自有资产与非自有资产的目的。

（三）PPP 项目资产交割内容

特许经营期满时（合作期限结束或者合作协议提前终止后），社会资本或项目公司应将满足性能测试要求的项目资产、知识产权和技术法律文件，连同资产清单移交项目实施机构或政府指定的其他机构，办妥法律过户和管理权移交手续。社会资本或项目公司应配合做好项目运营平稳过渡相关工作。

（四）PPP 项目资产交割注意事项

资产交割时，PPP 项目各主体单位及政府派遣人员对项目交割资产进行核查，并需要注意以下事项：

（1）对已纳入资产评估范围的资产，不仅要核查其数量及完好状况是否与资产评估相符，并且要再次核查确认其对今后运营管理是否有用。

（2）交割资产与评估报告不符，各方应在签署资产交割确认清单时特别列明，并据此调整项目资产作价及政府对项目的实际负债数额。

（3）若自评估基准日至资产交割日期间，PPP 项目资产发生质的或量的变化，政府和社会资本应在签署资产交割确认清单时特别载明，相应调整实际移交资产作价结果，调整政府对 PPP 项目的实际负债数额。

（4）未列入资产评估范围，但确实对项目有用的资产，可由政府在未来经营中另行适时评估购买。

（5）资产交割完毕，政府应与社会资本签署资产交割确认清单并加盖双方印章。资产交割书应明确标注调整后的项目资产最终作价结果及政府方对项目最终负债数额。

（6）自资产交割完毕时起，交割资产即归政府所有。

第十章　PPP 项目的绩效评估

2018 年 9 月 25 日，《中共中央国务院关于全面实施预算绩效管理的意见》发布，十九大报告提出的“全面实施绩效管理”的丰富内涵、实现路径和制度体系得以明确。《意见》指出：力争用 3～5 年时间基本建成全方位、全过程、全覆盖的预算绩效管理体系，实现预算和绩效管理一体化，着力提高财政资源配置效率和使用效益，改变预算资金分配的固化格局，提高预算管理水平和政策实施效果，为经济社会发展提供有力保障。“全覆盖”是指，将绩效管理覆盖一般公共预算、政府性基金预算、国有资本经营预算和社会保险基金预算等四本预算，加强四本预算之间的衔接，并将绩效管理延伸至政府债务、政府和社会资本合作（PPP）、政府投资基金、主权财富基金等政府投融资活动以及政府采购、政府购买服务等领域。

在 PPP 项目的执行过程中，绩效评价工作是监督与管理 PPP 项目规范执行的重要手段。绩效评价机制具有重要的“反馈调节”功能，能够加强政府对社会资本进行监管。财政部《关于印发政府和社会资本合作模式操作指南（试行）的通知》（财金〔2014〕113 号）明确指出，项目移交完成后，财政部门（政府和社会资本合作中心）应组织有关部门对项目产出、成本效益、监管成效、可持续性、政府和社会资本合作模式应用等进行绩效评价，并按相关规定公开评价结果。财政部《关于印发政府和社会资本合作项目财政管理暂行办法的通知》（财金〔2016〕92 号）指出，各级财政部门应当会同行业主管部门在 PPP 项目全生命周期内，按照事先约定的绩效目标，对项目产出、实际效果、成本收益、可持续性等方面进行绩效评价，也可委托第三方专业机构提出评价意见。另外，国家发展改革委《关于印发传统基础设施领域实施政府和社会资本合作项目工作导则的通知》（发改投资〔2016〕2231 号）中指出，项目实施机构应会同行业主管部门，根据 PPP 项目合同约定，定期对项目运营服务进行绩效评价，绩效评价结果应作为项目公司或社会资本方取得项目回报的依据。

财政部门及发改部门出台的多项规定及各相关部委均在所出台的关于 PPP 项目的有关规定中明确 PPP 项目的绩效评价。绩效评价工作能否有效开展、绩效评价工作结果能否有效运用，是 PPP 项目能否成功推广的重要决定性因素之一。在绩效评价工作开展过程中，指标体系的设置是绩效评价工作开展的重点与难点。本章将根据 PPP 项目的特点，探讨 PPP 项目绩效评价过程中指标体系设置的主要原则及思路。

第一节　PPP 项目绩效评价概述

一、PPP 项目绩效的定义

绩效的概念具有多维度的建构特点，因对其进行观察的角度不同，其概念内涵亦有差异，迄今为止，并没有得到非常明确的界定。对于绩效的内涵界定，从管理学、经济学以及社会学等不同学科领域有不同的认识。总结目前学术界的基本观点，可以得出以下 3 种关于绩效内涵的观点：①关注结果的观点。持此观点的学者们将绩效理解为组织内部员工对目标实现的贡献，将绩效明确界定为“行动的结果”，关注的是工作或行为产生的最终结果，通常用一些容易定量化的指标来衡量，如产量、利润率等。②关注行为过程的观点。此观点认为绩效是组织员工的工作行为，关注行为过程所带来的效益。其难点在于行为的权衡难以形成合理的量化标准，从而可操作性较差。③综合论。从绩效管理的实践来看，行为与结果具有不可分割性，二者具有手段与目的的辩证关系。因此，认为绩效具有行为与结果的双重内涵的综合绩效论开始被更多地接受。

PPP 项目绩效概念与一般项目绩效相似，均表现为项目全过程的“结果（实现目标）＋过程（行为）”，但与一般项目绩效涵盖的范围不同。首先，理解以上概念需要明确其中所指的“项目全过程”所涵盖的范围，如果 PPP 项目全周期划分为 5 个阶段，即识别、准备、采购、执行、移交，则项目全过程包含所有 5 个阶段，而一般项目绩效涵盖项目全生命周期。其次，在其概念中项目绩效涉及两部分内容，即“结果（实现目标）＋过程（行为）”，其中项目绩效的“结果（实现目标）”部分通常的表述方式包括项目成功标准、项目实施的结果领域、关键绩效指标（KPI）等；项目绩效的“过程（行为）”部分内容通常的表述方式包括项目成功关键因素（CSFs）、项目管理的促成领域等。

二、PPP 项目绩效特征

由于 PPP 项目的特性，PPP 项目绩效也具有其特殊性，主要体现在以下几方面：

1. 关注的项目阶段更广

传统项目实施中主要关注项目建设与完工移交等项目管理阶段，这也是传统项目的关键阶段。而对于 PPP 项目而言，从项目准备与采购阶段的风险分担与回报机制设计，到项目执行过程中项目建设与运营维护，再到项目移交阶段的资产与产权交割等事项，无一不与 PPP 项目的成功实施密切相关。因此，PPP 项目绩效比一般传统项目管理绩效关注的项目阶段更广，其绩效测度工作也更加复杂。

2. 注重公众参与

PPP 项目一般都会涉及公众利益，并且通常伴有政府投资。国家在推行 PPP 模式时设立了大量专项资金或 PPP 基金，对这些资金的利用情况也是 PPP 项目绩效重点关注的一个层面。政府对这些资金的使用以及对 PPP 项目信息的公开，有助于引入公众监督，提升资金使用效率，有助于公众参与提升 PPP 项目绩效。

3. 经济效益和社会效益并重

PPP 项目绩效除了要求经济与效率方面达到相应目标外，也要在效果与公平性方面满足公共利益要求，达到一定的社会效益。具体来讲，经济效益方面应该满足总投资可控、建设质量与进度达标、运营成本合理、政府支付费用在合理范围等，社会效益应满足项目能够提供高质量公共产品或服务、公众满意程度高以及对自然环境保护等方面。比如对于垃圾焚烧发电项目采用 PPP 模式时的绩效，既要关注总投资是否超标、项目质量验收情况、运营成本是否合理、政府补贴价格是否可承受等方面，还要考察项目对公众生活环境的改善、减少环境压力等方面。

4. 要求从后评价到过程评价转变

传统的项目管理绩效评价模式来源于企业管理中的绩效评价理论，因此，绝大部分为“后评价（Post Evaluation）”，即在项目完成后（通常是竣工验收后），依据所建立的绩效评价指标体系，采用合适的评价方法对项目绩效进行评价。但后评价这种对结果的考察总结是在项目与项目之间传承的，并不能对于某单一项目本身实现改进。科学而有效的项目（特别是 PPP 项目）绩效评价不应是一次性的“后评价”，而应是将评价贯穿于整个项目过程之中，形成“评价—反馈—改善—再评价”这样一个循环往复的过程。特别的，PPP 项目的物有所值评价就是在 PPP 项目识别、准备、执行等不同阶段对资金价值的一个考核，因而物有所值（Value for Money，VFM）评价也是一种过程评价。过程评价要求建立基于过程的评价指标体系，PPP 项目的特征决定了对 PPP 项目绩效评价要实现从后评价到过程评价的转变。

第二节　PPP 绩效评价的内涵与范畴

一、PPP 项目绩效评价内涵

PPP 项目绩效评价是指从项目利益相关者包括政府部门、社会资本、承包商、供应商、社会公众等项目干系人需求和目标出发考虑项目环境、运营能力、技术管理、可持续发展等重要因素，从项目经济、效率、效果、公平等角度进行全面和客观的评价。经济性是指项目获取利润及花费成本的合理性；效率是指资源的有效利用，用最少的投入获得最大产出；效果是指项目产出带来的影响；公平，一方面考虑利益相关者满意度，另一方面要考虑社会效益与可持续发展。

政府和社会资本合作模式（PPP 模式）是公共服务供给机制的重大创新，PPP 模式的初衷是要推动公共服务领域供给侧结构性改革，引入市场的机制和资源，提升管理能力，促进公共服务提质增效，而不是单纯地解决融资问题。在 PPP 项目的实施环节，要解决政府付费、可行性缺口补助、使用者付费与项目绩效考核的落实机制，防止政府实际承担最终的项目风险。项目绩效评价作为项目管理的一种思想，主要目的在于使项目监管者了解项目的关键进展状况，发现项目执行过程中的问题。PPP 项目绩效评价，是对采用 PPP 模式的项目，从项目利益相关者的项目目标出发，从项目投入、过程、结果、影响等维度，对项目实施过程中出现的技术、经济、社会和环境等因素进行全面评价的活动。

二、PPP 项目绩效评价层次

PPP 项目绩效评价主要包括项目日常运营绩效监测、阶段性的中期评估和项目全周期绩效评价三个层次。

（一）运营绩效监测层次

运营绩效监测主要是项目日常运行过程中的绩效监测。重点对项目的关键绩效指标进行评测。如污水处理项目的污水处理量、处理后污水排放量、污染物排放指标等。关注所设定绩效目标实现情况，并以绩效监控结果作为政府购买服务付费或补贴的依据，同时通过绩效监控加强项目运营的监管。

（二）中期评估层次

中期评估是项目实施过程中阶段性的绩效评价。在项目日常运行绩效监测基础上，每隔 3～5 年开展一次中期评估，对阶段目标实现程度、公共产品或服务的数量和质量、资金使用效率、运营管理、可持续性、公众满意度等方面进行综合评价，以评价结果促进公共产品和服务供给质量和效率提升。

（三）全周期绩效评价层次

全周期绩效评价是指项目合作期满、移交完毕后，对项目整个实施周期绩效进行的评价，包括对项目总体目标实现程度、成本效益、可持续性等进行评价，评价结果可作为完善 PPP 模式制度体系的参考依据，为后续项目提供参考。

三、PPP 项目绩效评价主客体

（一）评价主体

PPP 项目参与方和利益相关方众多，项目的绩效评价应该尽可能客观、有效、有代表性。评价主体是评价行为的组织者和发动者，评价主体对整个绩效评价实施、监督都起着关键作用。在 PPP 项目绩效评价中绩效评价主体可以是政府部门、私营投资者或其他相关者，不同主体绩效评价的目的不同。也有观点认为 PPP 项目绩效评价应由独立第三方机构完成，但是鉴于 PPP 项目期限较长、关系面较多，一般意义的第三方很难对项目有一个全局性认识。

PPP 项目三个层次的绩效评价主体存在差异，主要评价主体有以下几种：

（1）项目公司。项目公司作为 PPP 项目的经营者，需要通过绩效自评发现经营中的不足之处，同时也是对政府绩效监测与支付结果合理性的考察。在绩效监测与支付时，项目公司作为评价主体应做好绩效自评。

（2）政府部门或其指定的第三方评估机构。政府部门是三个层次绩效评价中最主要的主体，具体可以是 PPP 项目实施机构或政府指定的其他部门。政府正是通过三个层次的绩效评价来实现政府的绩效监管，以保障项目良性运作。对于专业性较强的项目，政府难以胜任其绩效评价工作时，可委托第三方评估机构实施。《关于推进水污染防治政府和社会资本使用的实施意见》（财建〔2015〕90 号）及《关于印发城市管网专项资金绩效评价暂行办法的通知》（财建〔2015〕201 号）都强调要推广第三方绩效评价。

（二）评价客体

评价客体是指评价对象，即项目及其带来的影响，包括项目的经济、效率、效果及公平四个方面。通过建立评价指标体系，对项目绩效目标实现程度、运营管理、资金使用、公共服务质量、公众满意度等方面进行评价。由 PPP 项目的特殊性可以建立一套适合 PPP 项目的绩效评价指标体系，或者在 PPP 模式广泛实践的基础上，建立适用于某一类别或是单个项目的绩效评价指标体系，并在具体应用的过程中加以改进。

第三节　PPP 项目绩效评价指标分类及指标选择原则

PPP 项目绩效评价指标是衡量项目绩效目标实现程度的考核工具。通过将 PPP 项目绩效业绩指标化，获取具有针对性的业绩值，可为开展绩效评价工作提供基础。绩效评价指标应当充分体现和真实反映项目的绩效、绩效目标的完成情况及评价的政策需要。

一、PPP 项目绩效评价指标分类

财政部《关于推广运用政府和社会资本合作模式有关问题的通知》（财金〔2014〕76 号）指出，省级财政部门要督促行业主管部门，加强对项目公共产品或服务质量和价格的监管，建立政府、服务使用者共同参与的综合性评价体系，对项目的绩效目标实现程度、运营管理、资金使用、公共服务质量、公众满意度等进行绩效评价。绩效评价结果应依法对外公开，接受社会监督。PPP 项目绩效评价指标的设定应能体现项目绩效目标实现程度、运营管理、资金使用、公共服务质量、公众满意度等。财政部门（政府和社会资本合作中心）组织有关部门或第三方评估机构对项目从质量、工期、环境保护、安全生产等方面进行绩效考核，可以根据评价对象的具体类型合理选择绩效评价指标。根据不同的视角，PPP 项目绩效评价指标可以有不同的分类，具体如下：

（一）共性指标和个性指标

共性指标是适用于基本上所有评价对象的指标，主要包括决策管理、投入管理、财务管理、项目实施及社会效益、经济效益等。共性指标可以按照预算法规、规章制度及财政支出管理办法等相关政策的要求设定，如项目管理规范性、财务管理合规性、成本节约率、满意度、资产负债率等。

个性指标是适用于不同 PPP 项目的业绩评价指标，主要包括经济效益指标、社会效益指标、环境效益指标及可持续影响指标等。个性指标可以针对 PPP 项目特点设定。

（二）定量指标和定性指标

定量指标是指可以准确地以数量定义、精确衡量并能设定绩效目标的考核指标。定量指标的评价标准值是衡量该项指标是否符合项目基本要求的评价基准。

定性指标是指无法直接通过数据分析评价对象与评价内容，需对评价对象及评价内容进行客观描述来反映评价结果的指标。

（三）3E 指标

经济类（Economy）是指以最低费用取得一定质量的资源，简单地说就是支出是否节约，主要是成本类指标。如每平米建造成本、人均管理费用等。

效率类（Efficiency）是指投入和产出的关系，包括是否以最小的投入取得一定的

产出或者以一定的投入取得最大的产出，简单地说就是支出是否讲究效率，如利润率、公用成本控制率等。

效益类（Effectiveness）是指多大程度上达到政策目标、经营目标和其他预期结果，简单地说就是是否达到目标。具体可以涉及至环境效益、社会效益、政治效益等，如绿化率、科技成果转化率等。

（四）结果类指标和过程类指标

结果类指标是指体现产出和效果的指标，这是评价指标的主体。绩效评价倡导目标结果导向，就是要以购买服务的结果作为评价的依据。为了便于比较，结果性指标可以设置为相对值，反映比例、结构和变化的特点。

过程类指标是指反映项目公司管理特征的指标，涉及以下三个方面：一是项目公司在项目管理过程中的规范性指标；二是项目公司在资金使用过程中的规范性指标；三是可持续性发展能力指标，既是历史投入的产出，也是面对未来的投入，反映了公司可持续发展能力的条件性指标。

二、PPP项目绩效评价指标选择的原则

（一）相关性原则

项目绩效评价指标需要与绩效目标有直接的联系，能够恰当反映目标的实现程度。同时，指标应考虑项目利益相关者的目标，具有一定的典型性。

（二）重要性原则

项目绩效评价指标需要优先使用评价对象最具代表性、最能反映评价要求的核心指标。PPP项目绩效影响因素较多，罗列所有指标过于烦琐，也没有实际操作性。

（三）可比性原则

对同类评价对象要设定共性的绩效评价指标，以便于评价结果可以相互比较。

（四）经济性原则

需要通俗易懂、简便易行，数据的获得一般考虑现实条件和可操作性，符合成本效益原则。

（五）系统性原则

需要将定量指标与定性指标相结合，系统反映PPP项目所产生的社会效益、经济效益、环境效益和可持续影响等。

第四节　PPP项目指标体系构建的基本要求及主要内容

一、PPP项目绩效评价指标体系构建的基本要求与原则

在PPP项目绩效评价实施过程中，指标体系的设计是绩效评价的核心和难点所在。

完整的评价指标体系不仅包括指标框架，还应包括指标权重及评价标准。

PPP 项目绩效评价指标体系是反映 PPP 项目产出与效果总体现象的特定概念和具体数值，是衡量、监测和评价项目经济性、效率性和效益性，揭示项目管理存在问题的重要量化手段；是根据绩效评价工作的要求，按照一定的分类标准，对项目内容和评价对象进行科学合理、层次清晰、实用可行的分类形成的指标体系。

评价指标体系设计应遵循相关性原则、可比性原则、经济性原则、重要性原则，就项目决策情况、管理情况、产出、结果、效果等方面全面设计指标。指标设置要考虑其实用性、可操作性和可实现性，要重点突出，选择具有代表性的指标。指标要能充分体现和真实反映被评价 PPP 项目的绩效状况和绩效目标的完成情况以及评价的政策需要。

二、PPP 项目绩效评价指标体系主要内容

（一）项目决策类指标

项目决策类指标至少包含以下内容：一是战略目标适应性，考察项目实施与国民经济和社会发展规划战略目标的适应性；二是项目立项依据充分性，考察项目是否有充分的依据，主要考察项目 PPP 模式适应性、合规性、市场收益、政府自身财政的承受力等；三是项目识别规范性，考察项目识别阶段中项目的发起、项目的筛选、物有所值评价、财政承受能力论证程序是否符合相关要求，用以反映和考核项目立项的规范情况。

（二）项目管理类指标

项目管理类指标包括投入管理类指标、财务管理类指标、实施管理类指标等。

投入管理类指标主要用于考察项目资金的到位情况及安排情况，主要指标包括预算执行率、资金结构合理性、政府资金到位率、社会资金到位率、资金到位及时率等。

财务管理类指标用于考察财务管理制度建设情况、资金使用的合规性情况等。其中，财务管理制度指标要具体化，要与被评价项目相关，不能只考察制度是否完整，还要从顶层设计角度来考量制度的合理性、科学性和可适性，必须设定资金使用的合规性指标，以考察项目资金是否按规定使用。

实施管理类指标用于考察管理和实施情况，包括项目招投标管理、进度管理、审核制度、项目验收制度等内容。同样，实施管理类指标也不能单纯考察制度数量上是否完整，需进一步探究管理制度的科学合理性。涉及的指标包括：政府监管机构设置合理性、社会资本采购执行有效性、项目公司采购执行有效性、合同体系建立规范性、风险分配有效性、项目执行有效性及项目移交执行情况等。

（三）项目产出类指标

实际完成率（产出数量），是指衡量项目实施的实际产出数量与计划产出数量的比率，用以反映和考核项目产出数量目标的实现程度。

完成及时率（产出时效），是指按计划时限完成的项目（子项目）个数与项目（子项目）总数的比率，用以反映项目完工的及时程度。

质量达标率（产出质量），是指项目完成的质量达标产出数与实际产出数的比率，用以反映和考核项目产出的质量状况。

（四）项目效果类指标

社会效益，用于衡量项目实施对社会发展所带来的直接或间接影响情况。

生态效益，用于衡量项目实施对生态环境所带来的直接或间接影响情况。

经济效益，用于衡量项目实施对经济发展所带来的直接或间接影响情况。

满意度，用于衡量政府、实施机构、社会公众（服务对象）对项目实施效果的满意程度。

（五）项目可持续性指标

PPP 项目可持续性指标通常包括财务效益状况，资产营运状况，偿债能力状况，发展能力状况，项目运行管理机构可持续性，资产管理的规范性，人力资源可持续性，政策、机制安排可持续性，政府和社会资本合作模式应用等。

三、PPP 项目绩效评价指标标准

绩效评价指标标准是指衡量财政支出绩效目标完成程度的尺度。绩效评价指标标准的选用应坚持客观公正、规范有效的原则。根据评价对象的特点，可以选用不同的评价指标标准。绩效评价指标标准主要包括：

（1）行业标准，是指参照国家公布的行业指标数据制定的评价标准。

（2）计划标准，是指以预先制定的目标、计划、预算、定额等数据作为评价的标准。

（3）历史标准，是指参照同类指标的历史数据制定的评价标准。

（4）其他标准。

在 PPP 项目绩效评价时，应尽可能选择行业标准、计划标准、历史标准或经财政部门确认过的标准，谨慎选用经过相关领域经验丰富的专家分析研究后所得的有关指标标准。

四、PPP 项目绩效评价指标权重

绩效评价指标的权重是指标在评价体系中的相对重要程度，具有重要的导向作用。权重表示在评价过程中，对评价对象不同侧面重要程度的定量分配，以区别对待各级评价指标在总体评价中的作用。确定指标权重的方法有主观法和客观法两大类。主观法主要有专家调查法（Delphi）、层次分析法（AHP）等；客观法主要有主成分分析法、熵值法等。一般采用专家调查法（Delphi）和层次分析法（AHP）。

（1）专家调查法。专家调查法是根据得到的情况，凭借专家的知识和经验，直接或经过简单的推算，对研究对象进行综合分析研究，寻求其特性和发展规律，并进行预测的一种方法，其具体步骤为：①选定专家，给出赋权要求，且保证权数归一化；②由各位专家对各项指标进行打分，即给指标赋权；③汇总各专家的赋权结果，并将结果反馈给各位专家；④专家参考反馈意见修改其初次赋权结果；⑤重复“反馈”与“修改”，直到达到符合要求的精度；⑥以各位专家最终赋权值的平均值作为组合权重结果。

（2）层次分析法：层次分析法是对一些较为复杂、较为模糊的问题作出决策的简易方法，特别适用于那些难以完全定量分析的问题，是美国运筹学家 T. L. Saaty 提出的一种简便、灵活而又实用的多准则决策方法。其具体步骤为：①建构指标体系的递阶层次结构；②建立总目标层元素 A 与下层元素 B_1，B_2，…，B_n 的两两判断矩阵，由专家给判断矩阵赋值（一般采用 1～9 比率标度法）；③计算层次因素单排序值；④一致性检验；⑤建立 B 层各元素与其下层元素 C 之间的两两判断矩阵，并完成③、④步骤（如果 C 还有下层元素，则按照上述方法继续）；⑥层次总排序，计算各层指标的组合权重；⑦层次总排序的一致性检验。

（3）主成分分析法：也称因子分析法，其基本思想是将实测的多个指标，用少数几个潜在的相互独立的主成分指标（因子）的线性组合可以反映原多个实测指标的主要信息，使得分析与评价指标变量时，能够找出主导因素，切断相关的干扰，做出更为准确的估量与评价。

（4）熵值法：在信息论，熵是对不确定性的一种度量。信息量越大，不确定性就越小，熵也就越小；信息量越小，不确定性越大，熵也就越大。根据熵的特性，可以通过计算熵值来判断一个事件的随机性及无序程度，也可以用熵值来判断某个指标的离散程度，指标的离散程度越大，该指标对综合评价的影响越大。

五、绩效评价各项指标评价的方法

绩效评价各项指标评价的具体方法包括成本效益分析法、比较法、因素分析法、最低成本法、公众评判法等。绩效评价方法的选用，需要坚持定量优先、简便有效的原则，确实不能以客观的量化指标评价的，可以在定性分析的基础上，根据绩效情况予以评价，以提高绩效评价质量。根据评价对象的具体情况，可以采用一种或者多种方法进行绩效评价。

（1）成本效益分析法。成本效益分析法是指将一定时期内的支出与效益进行对比分析以评价绩效目标实现程度，它适用于成本、效益都能准确计量的项目绩效评价。

（2）比较法。比较法是指通过对绩效目标与实施效果、历史与当期情况、不同部门和地区同类支出的比较，综合分析绩效目标实现程度。

（3）因素分析法。因素分析法是指通过综合分析影响绩效目标实现、实施效果的内外部因素，评价绩效目标实现程度。

（4）最低成本法。最低成本法是指对效益确定却不易计量的多个同类对象的实施成本进行比较，评价绩效目标实现程度。

（5）公众评判法。公众评判法是指通过专家评估、公众问卷、抽样调查等对项目实施效果进行评判，评价绩效目标实现程度。

第五节　PPP 项目绩效考核

国家层面关于 PPP 项目绩效评价的政策文件很多，比如财政部《政府和社会资本合作项目财政管理暂行办法》（财金〔2016〕92 号）第 17 条规定："合同应当约定项目具体产出标准和绩效考核指标，明确项目付费与绩效评价结果挂钩"；第 27 条中要求各级财政部门应当会同行业主管部门在 PPP 项目全生命周期内，按照事先约定的绩效目标，对项目产出、实际效果、成本收益、可持续性等方面进行绩效评价，也可委托第三方专业机构提出评价意见。第 28 条规定：“各级财政部门应依据绩效评价结果合理安排财政预算资金。对于绩效评价达标的项目，财政部门应当按照合同约定，向项目公司或社会资本方及时足额安排相关支出。对于绩效评价不达标的项目，财政部门应当按照合同约定扣减相应费用或补贴支出。”

国家发展改革委《关于印发〈传统基础设施领域实施政府和社会资本合作项目工作导则〉的通知》（发改投资〔2016〕2231 号）第 19 条对运营绩效评价做了规定，PPP 项目合同中应包含 PPP 项目运营服务绩效标准。项目实施机构应会同行业主管部门，根据 PPP 项目合同约定，定期对项目运营服务进行绩效评价，绩效评价结果应作为项目公司或社会资本方取得项目回报的依据。

《基础设施和公共服务领域政府和社会资本合作条例（征求意见稿）》第 17 条规定：“合作项目协议中应当约定，社会资本方的收益根据合作项目运营的绩效进行相应调整。由使用者付费或者政府提供补助的合作项目，合作项目协议应当载明价格的确定和调整机制；依法实行政府定价或者政府指导价的项目，按照政府定价或者政府指导价执行。”

一、PPP 项目绩效考核与行政监督的区别

PPP 项目绩效考核是指在既定的项目目标下，利用特定的标准和考核指标，对项目实施情况及成效进行评估的体系和过程。对于准经营性项目而言，PPP 项目绩效考核通常作为向社会投资人支付回报的依据。

行政监督是指行政机关基于行政职权依法对行政相对人的活动是否遵守行政法规范、执行行政决定等情况进行的监督检查。由于大多数 PPP 项目涉及公共利益和公共安全，政府基于其所肩负的公共管理职能，有职责对项目执行的情况和质量进行必要的监控，甚至在公共利益可能遭受重大影响的情况下，有权临时接管项目。

二、绩效考核程序与方法

（一）建设期绩效考核

建设期绩效考核程序和传统模式验收没有本质的区别，政府相关部门应在建设阶段和竣工验收阶段根据建设期绩效考核指标进行相应考核，要求社会资本（项目公司）限期整改完毕。

（二）运营期绩效考核

运营期绩效考核分为常规考核和临时考核。

常规考核可由实施机构或行业主管部门依据运营期绩效考核指标对 PPP 项目进行绩效考核打分，按照合同绩效考核时间进行常规考核。也可由政府方聘请的第三方机构进行常规运营绩效考核打分。考核结果挂钩可用性付费和绩效付费（政府付费、可行性缺口补助），使用者付费项目可进行相应处罚等。考核结束后，对缺陷部分进行限期整改，整改不到位不进行相应支付，直至解除合同。

除常规考核外，考核方可以随时自行考核项目公司的运营情况，如发现缺陷，则需书面形式通知项目公司。项目公司在接到书面通知后，应在绩效考核要求的时间内修复

缺陷。临时考核结果一般不作为项目公司违约情形处理，除非临时考核发现的缺陷会导致项目可用性破坏、公共安全受到严重影响、或存在重大安全隐患。

（三）移交阶段绩效考核

一般可在项目移交前一年由项目公司和政府方分别委派人员组成移交小组，依据移交阶段绩效考核指标进行相关检测。

PPP 合同对于移交提出一般要求，如：移交过程不应影响运营、维修及系统内其他商务的正常运作；移交时所有系统应处于良好状态，能够充分满足运营需要；按要求完成所有设备系统的检验和验证后，项目公司应编制“移交检验报告”等。同时，PPP 合同对移交范围、移交清单、移交技术要求、移交前大修、移交验证阶段和内容、移交日项目设施状况等进行详细约定。

如果项目公司在移交阶段发生违约或者未按照合同约定的标准、要求进行移交，则政府方有权对项目公司实施绩效考核，考核结果将以政府方从项目公司提交的移交期履约保函中扣取相应罚金的方式体现。

三、PPP 项目绩效考核方法与保障措施

（一）考核方法

按照公认的说法，绩效考核本身是应用于企业内部对于个体进行的管理机制之一，是指考核主体对照工作目标和绩效标准，采用科学的考核方式，评定员工的工作任务完成情况、员工的工作职责履行程度和员工的发展情况，并且将评定结果反馈给员工的过程，是企业管理或者说人力资源管理中的一个重要环节。常见绩效考核方法包括 BSC、KPI 及 360 度考核等。

PPP 项目的绩效考核，是站在政府角度，对社会资本（项目公司）所提供的公共服务质量和效率进行的考核，是对一个组织的整体考核。但管理的道理是相通的，PPP 项目绩效考核，须根据不同的 PPP 项目，尤其是不同运作方式、回报机制等，注重不同的考核机制设计。

1. PPP 项目 KPI 考核法

KPI（Key Performance Indicators，关键绩效指标）考核法，即根据 PPP 项目的战略目标，细化成可操作的量化指标，再对相关指标设置不同的权重，加权计算后得到考核结果。

（1）KPI 指标设计。

对于 PPP 项目来说，可以根据不同运作方式的项目，做不同的设计。可供选择的指标主要有几类，根据 PPP 项目类型及战略导向，采取不同权重下的指标组合使用。

1）效益类指标。

效益类指标如净利润值、净现金流、资产盈利效率、资产负债比率等常见的财务指标，这类指标对于 BOO 运作方式，以及回报机制为消费者付费类型的 PPP 项目来说，是最为重要的指标。因为项目公司运行质量，即公共服务提供的好坏，最终会体现在持续的收入上。

在我国国资委对央企的考核中，也常使用 EVA 指标。EVA（Economic Value

Added，经济增加值）就是税后净营运利润减去投入资本的机会成本后的所得，考核的是资本费用。

2）营运类指标。

营运类指标如部门管理费用控制、市场份额等，这类指标通常用于对项目公司营运成本更为关注的 PPP 项目。类似的项目常见于 O&M 或 MC 等运作方式中，也可以运用在对项目公司运营成本不清晰，需要后期加强监管的其他项目。

通过加强对营运类指标的考核，确保运营成本。还可以在前期设计中，与调价机制相结合，确保项目公司盈利而不暴利。

3）组织类指标。

组织类指标如满意度水平、服务效率等，这类指标对于政府付费等没有第三方受益的 PPP 项目来说尤为重要。当然，在其他 PPP 项目中，也会根据不同目的、不同权重搭配使用。

（2）KPI 的考核流程。

1）指标及权重的选取、确定。实施机构组织相关专家，拟定绩效考核方案，根据项目实际确定相关关键考核指标，并科学合理确定权重。

2）打分标准的确定。明确指标量化标准，尤其是确定不同分数段得分的依据。

3）打分者的确定。根据项目情况设置不同对象。通过打分者的科学设置，确保项目提供的公共服务得到客观评价。本书在这里建议，打分可以在相关受众、社会大众、新闻媒体等中选择，从而实现项目多方监管。

4）分数反馈。为了确保分数科学公平，初步结果要注重向项目公司及社会资本反馈，听取项目公司对考核结论的意见。

5）相关考核信息的公开。为了公平公正，必须做好相关信息的公开工作，公开的内容要包括 KPI 全流程的相关信息，便于社会监督。

（3）PPP 项目绩效考核采用 KPI 考核法需要注意的问题：

1）KPI 的指标取决于项目最终目标，必须围绕这一目标进行设置；

2）KPI 的指标选取及设计必须注重可量化、可操作；

3）KPI 的指标不是一成不变的，必须随着目标重点的调整以及考核技术的发展，不断优化。

2. PPP 项目 BSC 考核法

BSC（Balance Score Card，平衡计分卡）是由哈佛商学院罗伯特·卡普兰和戴维·诺顿于 1992 年发明的一种绩效管理和绩效考核的工具。

PPP 项目的 BSC 考核，围绕 PPP 项目的目的，即项目公司的战略目标，从财务、顾客、内部过程、学习与创新这四个方面对项目公司进行全面的测评。

与 KPI 相比，BSC 考核法以更全面的视角对项目进行考核，一定程度上更适合合作期较长的 PPP 项目，追求长期稳定良好的考核效果。

（1）PPP 项目 BSC 考核的设计。

对 PPP 项目进行考核，主要从以下四方面进行考虑。

1）财务方面。这方面的考核，主要目的是满足股东的需要，体现企业管理者努力的实际效果。其指标包括传统的财务指标，如销售额、利润额、资产利用率等。

2）受众方面。这方面的考核，主要目的是满足社会公众的需要，体现社会公众对公共服务质量的体验感受。其指标可以是顾客满意度等。

3）内部过程方面。这方面的考核，主要目的是满足监管者对其公共服务质量的过程监督，以及决策过程的科学性、合理性，避免最终不满意的结果。其指标可以根据项目的管理过程设置，如经营成本、每日运行指标、产品质量合格程度、出勤率等。

4）学习和创新方面。这方面的考核，主要目的是加强对项目公司创新发展能力的考核，发挥其专业优势，确保公共服务的效率提高。其指标可以设置为培训考核、员工文化素质比率、员工持专业资质证比率、专利取得数量、节能能力等。

（2）PPP 项目 BSC 考核的流程。

1）定义 PPP 项目目标，即项目公司战略。

2）PPP 项目监管、项目公司等各方就战略目标取得一致意见。只有各方参与，才能避免空中楼阁式的战略设计。

3）选择和设计测评指标。为了便于操作，一般在 BSC 的每一个方面使用 3～4 个指标。在 PPP 项目设计时，往往先期在实施方案中体现，但这不能一劳永逸，要结合招采、PPP 项目合同以及项目公司章程等过程，不断进行深化。

4）制订实施计划。明确实施机构、社会大众等参与及参与方式。

5）监测和反馈。在考核过程中，定期向监管机构负责人报告 BSC 的测评情况，在对设定的指标进行一段时间的测评，并且认为已经达到目标时，就要设定新的目标或对原有目标设定新的指标。

3. PPP 项目 360°反馈考核法

360°反馈（360°Feedback），又称“360 度绩效考核法”或“全方位考核法”，在 PPP 项目中，可以由项目公司自身、监管机构、社会大众、业务上下游或相关业务部门或组织、项目公司内部员工等全方位的各个角度来对项目公司进行考核。

这种考核方法的特点包含了自我考核、上下游或相关单位的考核。

其考核的指标与上述两种方法相似，这里不再赘述，可以根据不同考核角度稍作调整，如上下游或相关业务单位考核时，设置体现配合度的指标，如配合联动相应效率等。

采用 360°考核时，需要注意的是，相关指标设计时，不仅要注重指标权重设计，更重要的是如何确定多角度考核的权重问题。比如自我考核得分应该占用多大权重，员工考核应该占用多大权重等，这要根据项目具体情况设计。

4. PPP 项目其他绩效考核方法

除了以上常用的三种考核方法外，PPP 项目的绩效考核，还可以采用目标管理法、等级划分法等，可以根据不同项目、不同考核成本进行设计。比如，在一些较为简单的 PPP 项目中，可以直接选用等级划分法，分为优秀、优良、及格、不及格等等级，由考核单位直接对其进行选定。

（二）保障措施

绩效考核的目的是使社会资本（项目公司）更好地提供公共服务和提升公共服务效率，为受益者提供更多的优质公共服务。绩效考核需要政府方和社会资本（项目公司）相互配合和互相信任，在公开、公正的基础上进行相应的绩效考核。其具体的保障措施如下：

（1）社会资本（项目公司）应按PPP合同约定，对建设和运营履行必要的责任，提供合规、合法、保质的资产，实施机构或行业主管部门等政府部门应各司其职监督社会资本（项目公司）履约；

（2）实施机构或行业主管部门应按PPP合同履行常规和临时考核；

（3）社会资本（项目公司）应主动提供相应绩效考核内容资料等，方便查阅，及时报政府相应部门备案；

（4）实施机构和财政部门应落实好绩效考核结束后支付相应价款；

（5）保障公众监督权与知情权；

（6）财政部门按2017年财金1号文及时录入相关考核信息；

（7）政府方和社会资本（项目公司）适时调整绩效考核指标；

（8）政府方可委托专业第三方机构提供绩效考核相关服务。

四、PPP项目绩效考核标准

在PPP项目合作期限内，政府依据绩效评价结果来支付每年的服务费用或者可行性缺口补助费用，通过绩效评价的手段对项目公司的管理运营进行有效监督。常规考核结果应与可用性付费、运营绩效付费的支付挂钩，具体方法如下：

（一）可用性付费 k_1 取值

依据《关于规范政府和社会资本合作（PPP）综合信息平台项目库管理的通知》（财办金〔2017〕92号）中“二、严格新项目入库标准，项目建设成本不参与绩效考核，或实际与绩效考核结果挂钩部分占比不足30%，固化政府支出责任的”，PPP项目可用性付费与运营绩效考核结果要按照最低30%进行挂钩。

1. 阶段取值法

计算公式为：

$$可用性付费=-PMT\ (R_1,\ N,\ TC)\ \times\ (70\%+30\%\times k_1)$$

k_1 具体取值标准如下：

（1）100分≥总分≥90分，运营绩效考核系数 k_1 为1；

（2）90分>总分≥80分，运营绩效考核系数 k_1 为0.9；

（3）80分>总分≥70分，运营绩效考核系数 k_1 为0.8；

（4）70分>总分≥60分，运营绩效考核系数 k_1 为0.7；

（5）当考核总分<60分时，实施机构或政府指定机构对可用性绩效费用不予拨付。

2. 直接取分法

计算公式为：

$$可用性付费=-PMT\ (R_1,\ N,\ TC)\ \times\ (70\%+30\%\times k_1/100)$$

k_1 直接取运营绩效考核得到的分值。

3. 插值法

计算公式为：

$$可用性付费=-PMT\ (R_1,\ N,\ TC)\ \times\ (70\%+30\%\times k_1)$$

k_1 具体取值标准如下：

（1）100 分≥总分≥90 分，运营绩效考核系数 k_1 为 1；

（2）90 分>总分≥70 分，运营绩效考核系数 k_1 为 0.6+0.4×（考核得分－70）/（90－70）；

（3）70 分>总分≥60 分，运营绩效考核系数 k_1 为 0.6；

（4）当考核总分<60 分时，运营绩效考核系数 k_1 为 0。

（二）运维绩效付费 k_2 取值

计算公式为：

$$绩效付费=年度运营成本\times k_2$$

（1）100 分≥总分≥90 分，运营绩效考核系数 k_2 为 1；

（2）90 分>总分≥80 分，运营绩效考核系数 k_2 为 0.9；

（3）80 分>总分≥70 分，运营绩效考核系数 k_2 为 0.8；

（4）70 分>总分≥60 分，运营绩效考核系数 k_2 为 0.7；

（5）当考核总分<60 分时，实施机构或政府指定机构对运营绩效费用不予拨付，并限期社会资本方整改达到正常运营水平。

根据不同回报机制、不同行业、政府方要求以及潜在社会资本方要求等，上述方法可有针对性地选择，相应取分可灵活设置。一般情况下，项目合同中可以约定政府除有权根据约定绩效考核分数支付相应的服务费外，如社会投资人未在规定的时间内改正或改正的效果未能达到绩效考核标准的，则政府有权自行或者委托第三方介入项目建设和运营管理工作，并提取建设期履约保函和运营维护保函项下的相应金额。项目实际绩效优于约定标准的，项目实施机构应执行项目合同约定的奖励条款，并可将其作为项目期满合同能否展期的依据；未达到约定标准的，项目实施机构应执行项目合同约定的惩处条款。

（1）建设期考核结果若不达标，除项目整改外，按照以下规则以建设期履约保函金额为限作为惩罚措施。

① 当绩效考核得分≥90 分，政府不扣除建设期履约保函金额；

② 90 分>绩效考核得分≥70 分，应扣除的绩效考核金额=建设期履约保函金额×（1－绩效考核得分率）；

③ 绩效考核得分<70 分，政府全额扣除建设期履约保函金额；

④ 绩效考核结果导致建设期履约保函金额减少，项目公司应按照履约保函的相关规定补足履约保函金额；

⑤ 若在规定时间内项目公司不能对存在的问题整改并符合使用性要求，视为项目公司违约，政府方有权单方面终止合同。

（2）运营期考核与政府补助挂钩，本项目每年确认的可行性缺口补助金额中 20%用于绩效考核。其中：

① 当绩效考核得分≥90 分，政府补助全额支付；

② 90 分>绩效考核得分≥70 分，政府补助按下式计算：

$$政府当期实际付费额=当期补贴\times（0.8+0.2\times绩效考核得分率）$$

③ 绩效考核得分<70 分，政府补助额与绩效挂钩部分全额扣减；

政府当期实际付费额＝当期补贴×（0.8＋0.2×0）

④ 若连续两年考核得分低于 70 分，视为项目公司违约，政府方有权单方面终止合同。

五、PPP 项目的全生命周期考核

按照财政部 2014 年 12 月 30 日发布的《关于规范政府和社会资本合作合同管理工作的通知》（财金〔2014〕156 号）的规定，根据项目类型和风险分配方案的不同，政府通常会依据项目的可用性、使用量和绩效中的一个或多个要素的组合向项目公司付费。可用性付费及绩效付费均是合规的 PPP 回报机制，但可用性付费不宜以工程为对象。当前“可用性付费＋运营维护绩效付费”模式中，不少采用一次考核、分期支付的办法，在项目竣工验收合格之后，建设可用性的绩效考核指标全部满足后，政府即按照一个固定的金额分期支付，而运营维护考核不合格，只能扣除运营维护费用，人为地将可用性割裂成了两笔款项。把可用性仅限定为建设可用性，把可用性付费与运营维护付费割裂开来，其实是不利于项目公司站在全生命周期的角度投资融资、建设实施、运营维护项目。亚行东亚局曾编制了《洛阳城市路桥公私合作项目初步实施方案》，该项目的主要建设内容实际上是洛阳道桥 PPP 项目的部分工程。在该初步实施方案的财务分析中提出，项目采用以绩效为基础的可用性付费机制，虽然可用性和运营维护绩效考核指标是分开的，但是如果运营期间，运营维护绩效考核不合格，市政府是有权扣除可用性付费的，并应在《项目合同》中予以体现。按照国外相关案例，国际上 PPP 项目中的“可用性”并没有单独区分交工验收或者项目运营，而指的是 PPP 项目约定的合同全生命周期内包括基础设施和运营状况在内的服务的可用性，即可用性付费与运营期绩效具备强关联性。国内有学者建议根据项目情况将可用性付费的一定比率划入运行维护服务费合并考核，根据项目当年运维绩效考核情况，与运维绩效服务费支付时间和比率同步，因此政府年付费金额＝可用性年付费总额×年度支付比率＋（年度运维服务绩效费＋可用性年付费总额×（1－年度支付比率）。但是若为了考核而考核，强行将更多比率的可用性付费加入到运维服务绩效服务费中，则可能陷入新的误区。考虑到国家相关政策要求和项目顺利实施，建议在投资方能够提供满足项目运营期间关键绩效指标（KPI）服务的前提下，可用性付费的金额以不超过建设总投资的本金为限，根据项目的风险分配和财务测算情况确定需要考核的可用性服务费年度支付比率，这样既考虑了投资方合理的诉求，也避免提前锁定政府支出责任。

在 PPP 项目的执行监管过程中，政府需要运用专业的评价方法与科学的评价指标，对社会资本的履约行为与履约结果进行定期/不定期、定性/定量的综合评价，以确定政府付费或政府补贴的给付标准，描述项目的整体绩效水平，并指明社会资本未来的履约改进方向。当然，从项目运作的全生命周期视角看，政府的绩效评价工作还包括项目后评价，也就是需要在项目合作期满或合作终止之后，由相关部门对项目运作全流程进行历史回溯，总结经验并汲取教训，以提升政府未来的 PPP 合作能力。

所以，PPP 项目绩效评价不仅是衡量项目是否达到初始“物有所值”目标的比较依据，也不仅是政府付费的计算工具，同时还是具有激励相容功能的建设性发展方案与能够据以反思教训、借鉴经验的史鉴文案。对于政府而言，绩效评价工作不仅可以监督社会资本切实履行合同义务，激励其通过管理、技术的创新持续提升公共物品供给的质量与效率，同时评价结果作为政府付费计算基准及付费调整、特许期调整的参考依据，也能促进政府持续提升投资决策水平与资金使用效率。并且，通过绩效评价过程中的交流、沟通与互动，政府与社会资本还能建立起项目合同所无法具细、涵括的关系规范与行为准则，并能及时反映项目运行的风险状态，提示各方风险管控工作的重点要点，降低合作风险系数。

目前，中央许多政策都对 PPP 项目绩效的评价内容和结果运用问题进行了原则性规定。如《政府和社会资本合作项目财政管理暂行办法》要求："各级财政部门应当会同行业主管部门在 PPP 项目全生命周期内，按照事先约定的绩效目标，对项目产出、实际效果、成本收益、可持续性等方面进行绩效评价，也可委托第三方专业机构提出评价意见。"《政府和社会资本合作模式操作指南（试行）》提出："项目实施机构应根据项目合同约定，监督社会资本或项目公司履行合同义务，定期监测项目产出绩效指标，编制季报和年报，并报财政部门（政府和社会资本合作中心）备案。政府有支付义务的，项目实施机构应根据项目合同约定的产出说明，按照实际绩效直接或通知财政部门向社会资本或项目公司及时足额支付。""项目移交完成后，财政部门（政府和社会资本合作中心）应组织有关部门对项目产出、成本效益、监管成效、可持续性、政府和社会资本合作模式应用等进行绩效评价，并按相关规定公开评价结果。"《基础设施和公用事业特许经营管理办法》规定："实施机构应当根据特许经营协议，定期对特许经营项目建设运营情况进行监测分析，会同有关部门进行绩效评价，并建立根据绩效评价结果、按照特许经营协议约定对价格或财政补贴进行调整的机制，保障所提供公共产品或公共服务的质量和效率。实施机构应当将社会公众意见作为监测分析和绩效评价的重要内容。"

但是，由于中央的政策规定均较为原则笼统，PPP 项目绩效评价尚缺乏国家层面的统一指引或办法，同时各行业也没有针对 PPP 项目全生命周期绩效评价指标体系的相关标准与规定，由此导致实践中的绩效评价出现了或者千篇一律、或者浮于浅表，甚或异化成为政府付费工具等问题。如：①评价方法单一。多数项目都是采用 KPI 或者类似于 KPI 的评价方法，而不管项目的具体特征是否适合。②评价意图不明。适应于 PPP 项目阶段任务整合的特征，PPP 项目的绩效评价应当是全生命视角下的绩效评价。但有些地方却往往在设计评价机制时，将项目区分为建设期与运营期，并分别冠以"可用性绩效评价"与"运营绩效评价"的指标名称。有的地方甚至借助权重畸偏的可用性或建设期绩效指标设计，辅之以"特殊"的兑费时点安排，出现 BT 或 BT＋O 式的固定回报。③评价指标走偏。许多评价指标的设计不够全面，往往集中于经济效益，体现社会效益的指标薄弱。同时，一些评价考核还偏离了 PPP 项目"重产出"、"轻行为"、弱化直接控制的监管特征，甚至将社会资本的日常工作数量、员工出勤天数、巡视次数等也作为了重点的评价指标，过程监管的思维明显，由此也增加了绩效评价的成本与复杂性。

因此，对于绩效评价，政府应当明确，评价的目标并不仅是为了精准付费，而是为了提高公共服务的质量和效率，是为了引导、监督社会资本落实、完成预期的合作任务。为此，政府应当转变短视化的评价设计思路，要围绕着促进公共服务供给提质增效的评价重心，重点把握绩效评价"评什么""怎么评"以及"评完后怎么办"这三个核心问题。

（1）“评什么”。虽然在不同的项目运作阶段，PPP 项目绩效评价的内容会有所侧重，但总体上需要从项目投入、产出结果、行为方式、用户体验、社会影响等多重角度对项目整体的运作状态进行全面而客观的评价，评价内容包括经济绩效与社会绩效。其中，经济绩效反映的是项目投入产出的过程管理与实际结果，社会绩效反映的是项目为社会发展与公平正义实现所作出的各种贡献。考核原则需要坚持经济性、效率性、效果性与公平性相统一。在此，经济性原则是指需要评价项目所费成本与所获利润的合理性；效率性原则是指需要评价资源利用的有效性，即投入产出的具体比值；效果性原则是指需要评价项目运作所带来的实际影响，即项目所取得的客观成绩；公平性原则是指一方面需要考虑包括社会大众在内的所有项目利益相关者的满意程度，另一方面也需要考虑社会效益的实现程度与项目运作是否具有可持续性。作为 PPP 项目监管的重要手段，绩效评价是项目运作不可缺少的信息反馈环节，需要通过评价发现项目决策、建设与运营过程中所存在的负面问题，同时还需将各类评价信息反馈至项目决策部门，助力其检验项目投资决策的正确与否，并促进各参与方不断改善工作。

（2）“怎么评”。针对当前的实务现状，需要着重解决的是 PPP 项目绩效指标设置的科学性问题。第一，绩效指标的设置要坚持层次性、系统性与可操作性原则。其中，层次性要求指标设置要从各评价维度，按逻辑关系，自上而下分解成一、二、三级指标，并形成不可分割的统一整体。系统性要求指标设置应考虑阶段性任务的前承后继与彼此验证，充分体现绩效评价的目标引领与结果导向价值，力求指标间既相互独立，又彼此联系。可操作性要求指标设置应简单明了，层级不能过多，避免过于复杂，并具有现实可行性。第二，绩效指标的设置要考虑 PPP 项目的共性与特性，不能轻率套用、移植其他项目的评价方案。一级指标可以呈现共性特征，但二级、三级指标要注重突出项目边界条件、技术参数等方面的个性特点。第三，绩效指标的设置要突出评价重点。如建设期的可用性绩效指标要突出设计吻合度、质量工期、环境保护、安全施工、环境友好等要素；运营维护绩效指标要突出项目公司组织架构、制度建设、任务执行、资金管理、运维效果、应急预案等要素。第四，绩效指标的设置要体现评价的客观性。避免主观指标过多，加大定量指标比重，并按照监测数据精确计算分值。第五，绩效指标的设置要满足合法性与民主性的要求。严格以法律、法规、政策、行业标准的规范为准绳，并充分采纳公众意见、吸收公众参与，接受公众监督。

而在具体评价方法方面，一个“好”的 PPP 项目绩效评价方案，必须根据 PPP 项目的基本特点，依据不同的项目操作方式，尤其是不同的项目回报机制，并结合 PPP 项目监管“重产出控制与偏差控制、轻行为控制与过程控制，倾向于间接控制而非直接控制”的监管特征，科学灵活地予以设计。当然，由于目前政府的 PPP 项目绩效评价方法尚处于经验积累与知识探索的阶段，同时 PPP 项目中政府对社会资本（项目公司）的绩效评价在本质上与企业对员工的绩效考核也确实存在着很多相似之处，如理念上都可以视作政府（企业）对社会资本（员工）的行为激励与发展维持，因此可以灵活借鉴已较为成熟的企业管理绩效考核办法（如 KPI、BSC、360°考核办法）进行具体的项目绩效评价。当然，企业管理中的绩效考核与 PPP 项目中的绩效评价仍然具有极为明显的区别，政府并不能简单地按图索骥、僵化复制。简单植入缺乏 PPP 思维的企业绩效考核办法，将会造成政府充当项目“管家”的被动局面，在引起政府监管角色与合作角色出现混同的同时，也会弱化绩效评价对社会资本的行为激励力度，遏制其管理创新的市场活力。

（3）“评完后怎么办”。政府根据合同约定，按照实际绩效向社会资本及时足额履行支付义务是PPP政策的刚性要求。所以，政府应在项目实施方案中，根据项目特征与阶段性评价目标，主导设计更有效率的、可调整的兑现支付方法，以更好发挥绩效评价的激励、引导作用。在许多情况下，政府会基于简单方便、不易算错的优点，采用评价得分与付费比值联动的支付方法。但是，该方法对评价得分的客观性、科学性、合理性要求极高，且因评价得分对付费数额影响过于直接，出现偏差时容易挫伤社会资本的积极性，并形成“锱铢必较”的矛盾纠纷，所以通常只适用于考核指标较为简单清晰，且对服务供给要求标准较高的项目之中。为了使该方法更加富有柔性，政府可将评价得分设计成超额累进（退）的进阶等级，然后按得分等级付费，以照顾实际情况，缓冲部分考核结果不够客观的负面影响。但此时的缺点是，评价结果将变得不甚敏感，进而可能导致社会资本发挥实力时始终有所保留。

当然，由于在许多项目中，可能存在某项指标具有绝对评价意义或特别评价意义的情况，也就是对该项指标的评价可能引发“一票否决”的结果，或对项目阶段任务的完成质量影响极其重大，因而需要在评价得分与付费比值联动方法的基础上，设计部分结果的额外兑现法，即独立列出某项指标，单独进行考核评价，并单独予以付费兑现。在支付兑现后，政府完整的绩效评价工作还需进一步比较项目实时绩效与基准绩效的差距，分析差距形成的原因，找出需要改进的环节，并与社会资本协商共定改进方案，以提升未来的项目绩效水平。而在整个评价过程中，政府都应深刻领会自身作为合作者的角色内涵，全面考量绩效评价的必要性、合理性、可行性与经济性。政府还应认识到，“冲突的任何解决方案都不能包含有冲突解决者自己的利益”，所以评价一定要恪守客观中立的原则。尤其是与财政付费相联系的年度绩效评价，最好是委托第三方独立专业机构进行，以此减少评价结果争议，并增强社会资本的合作信心。至于政府内部的绩效评估报告与项目后评价，则应由财政部门负责组织实施，当然也可委托第三方机构进行，以此深度发挥PPP项目中财政预算绩效监管的重要功能。

第六节　企业财务绩效

一、企业财务绩效的定义与意义

（一）企业财务绩效的定义

“绩效”一词来源于管理学，包括工作业绩与工作效率等，从过程和结果强调企业目标的达成。企业绩效是指一定经营期间的企业经营效益和经营者业绩。在一个企业中，广义的绩效包括两个层次的含义：一是指整个企业的绩效；二是个人的绩效。企业经营效益水平主要表现在盈利能力、资产营运能力、偿债能力和发展能力等方面。企业财务绩效分析是经济活动分析的重要组成部分，是企业财务管理活动中的重要内容。通过企业财务绩效分析和总结评价，认识财务活动规律，为改善企业经营管理提出建议，是提高企业经济效益的重要手段。

企业财务绩效分析是根据党和国家的方针政策和财务管理的要求，利用会计核算资料、统计资料以及有关实际情况，站在财务管理的角度，从静态、动态方面，对财务活动的过程及其结果，以及计划执行情况进行比较、分析和评价、总结经验、预测决策，促使企业挖掘内部潜力，改善经营管理，提高企业经济效益，具有重要意义。

（二）企业财务绩效分析和管理的意义

（1）通过企业财务绩效分析，可以检查企业财务计划执行情况，揭露和发现财务活动过程中的偏离和存在的问题，为企业领导提供经营决策依据。

（2）通过企业财务绩效分析，提示企业财务活动中运行轨迹及其结果，为投资者提供决策依据。

（3）企业财务绩效分析是综合评价企业绩效的基础。

（4）通过企业财务绩效分析，为税务部门提供征税参考，确保税收的完整性。

（5）通过企业财务绩效分析，为政府部门提供宏观决策依据。

（6）通过企业财务绩效分析，为债权人提供融资依据。

（7）增强人员甄选标准的有效性，做好人力资源规划，合理配置人员。

（8）发现企业中存在的问题，帮助员工发现不足，改进工作，科学制定职业生涯规划。

（9）有效地进行薪酬和人员变动管理。

二、企业财务绩效评价指标体系的构建

企业的财务绩效评价指标体系比较复杂且涉及因素较多，难以正确构建科学完整的评价模型，从而可以看作是一个多层次、多因素的综合评价问题。本书根据层次分析法的基本原理，将企业财务绩效评价体系的建立看作一个多层次结构模型，从而使企业财务绩效评价模型的构建更加系统化、层次化。在进行相关文献查阅分析以及该领域专家咨询的基础上，最终构建了以企业财务绩效作为目标层，包括企业盈利能力、企业营运能力、企业偿债能力以及企业抗风险能力四个一级指标的层次结构模型，具体模型见图 10-1。

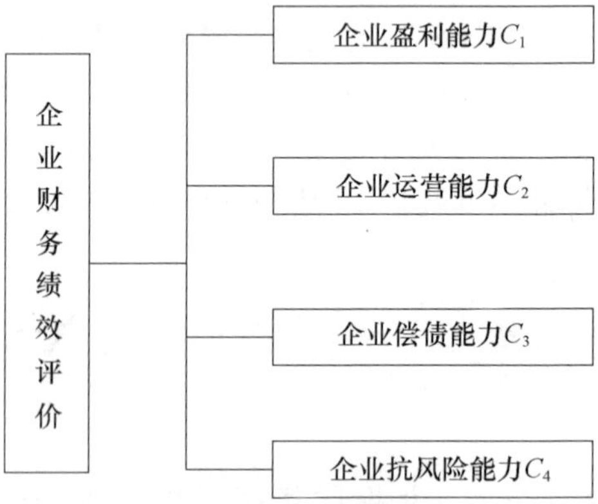

图 10-1　层次结构模型

三、企业财务绩效评价存在的问题与建议

（一）企业财务绩效评价存在的问题

1. 脱离企业经营目标

企业财务绩效评价标准对于财务绩效评价来说是必须具备的重要基本要素之一，而

这一标准就是企业的经营目标，只有当企业的绩效评价符合企业发展的目标，才能保证企业绩效评价符合企业的整体利益并正确地衡量企业的经营能力和效果。财务绩效评价主要是通过将企业的经营活动量化成不同的财务绩效定量指标来考核不同部门的效率，这在一定程度上方便了财务绩效评价，但同时也很容易造成各部门的经营活动以财务考核指标的变化为导向脱离企业的经营目标，否定一些对整个企业发展有帮助但损害考核指标的项目，比如对于一些以经济增加值等盈利能力指标为考核指标的收入指标来说，往往并不愿意进行新业务拓展活动和固定资产投资计划等能够为企业带来价值但预期盈利低于自身盈利水平的项目。

2. 财务绩效评价内容不完善

财务绩效评价主要是以企业提供的财务信息为主要基础资料，并在此基础上对企业的绩效进行评价，但财务信息提供的是对企业过去发生的事情进行记录、计量后的结果，是一种静态的信息，而财务绩效评价是一个持续不断、动态变化的活动，它需要对企业进行持续的关注和分析，并且对目前和未来的企业绩效综合发展情况作出评价，因此，利用财务数据进行绩效评价只是对目前企业的经营成果进行评价，极易加深企业经营决策的短期化倾向，造成企业对未来可能存在的风险及变化不能及时预见和应对，加大了企业未来发展面临的风险。同时，会计财务信息在计量的过程中不可避免地进行会计估计，因此，利用财务指标对管理层进行评价往往很容易引起操纵财务数据的行为，这可能导致财务绩效评价的准确性和公平性大打折扣。

3. 不注重对经营过程的考核

财务绩效评价主要的内容是财务绩效定量评价和财务管理定性评价，一个企业的经营管理活动往往包括过程和结果两个方面，而财务绩效定量评价主要考核的是企业的经营结果，财务管理定性评价衡量的是经营过程，因此，如何将两者结合起来做到过程与结果统一，是财务绩效考核能否真实反映管理层的受托责任履行情况的关键一环。但在实际财务绩效考核中，由于量化问题导致财务绩效考核中定性评价所占比重不大，对企业经营过程的考核部分较少，导致定量指标与定性分析相互脱离等情况出现。同时，由于现代社会下企业的核心竞争力开始更多地侧重于人力资源和无形资产等在企业经营过程中形成的重要资源，而财务报表往往不能反映或者不能真实反映这部分的价值，因此，现行的财务绩效评价体系忽略了这部分的考核，造成企业内部不重视对人才和部分无形资产的投资管理。

（二）建议

1. 重视经营目标的统筹作用

企业财务绩效评价是以相关的财务考核定量指标和定性分析为考核标准的，对企业在一定期间内的经营管理活动进行评价的一项管理活动，而企业的所有管理活动都应该以企业的经营目标为基础，因此，也可以说企业的财务绩效考核的最高标准是企业的经营目标，必须利用企业的经营目标来统筹整个财务绩效考核活动，避免出现各部门的财务绩效考核脱离经营目标的现象。为此，企业必须做到以下两点：第一，重视企业经营目标的统筹作用，以经营目标为导向进行企业的财务绩效考核，站在整个企业的经营发展角度进行财务绩效考核；第二，对各部门出现的以财务考核指标为重的短期经营行为进行教育，对仅有利于财务考核指标而有损于企业经营利益的行为进行严厉批评，建立各部门的全局思维，避免出现追逐考核指标的短期行为。

2. 完善财务绩效评价内容

企业的财务绩效考核是指在企业的经营预算目标下对企业的经营活动进行评价，因此，财务绩效评价也可以说成是对企业经营预算的执行和结果进行评价和反馈的活动。虽然财务绩效评价包括一定的定性分析，但财务信息是一种静态的、短期的信息，而企业的经营财务绩效是一个持续的过程。因此，为了克服传统财务信息的缺陷，企业财务绩效评价必须是财务指标与非财务指标的相互结合，财务信息可以反映企业的主要经营成果，而非财务信息可以反映企业的经营过程中获得的管理经验和优秀的企业文化等资源及一些可能对企业的经营财务绩效产生影响的因素，增加财务绩效评价对企业未来发展状况的预见性。同时，利用非财务指标对于一些不能提高企业整体绩效的财务指标改善行为进行检查，杜绝这种行为带来企业整体经营绩效的下降。事实上，企业通过预算工具贯穿企业运营的方方面面，既要注重对预算执行过程的监督和控制，也要重视预算工作的执行结果，在过程和结果有效配合的同时，将绩效评价纳入其中，使这三者能够相互影响、相互融合。

3. 重视对企业经营过程的考核

企业对财务绩效进行评价的主要目的是提高财务经营管理活动的资源配置效率，寻找这一过程中的问题并进行改善。因此，财务绩效考核不应该只包括对经营结果的考核，只有将经营过程和结果共同结合，财务绩效才能实现对企业的经营过程进行全程的监控和考核，因此，财务绩效评价必须重视对于经营过程与经营结果之间的相互结合与共同考核，实现财务定量层面和财务定性层面的紧密结合，为此，企业必须做到以下两点：第一，加强财务定量指标与定性分析之间的联系，将财务定性分析作为财务定量指标考核的重要补充，增加财务绩效评价的合理性和公平性；第二，加强对于财务定性分析的量化学习，在结合自身经营实际的基础上，通过对国内外企业定性考核分析经验的学习以及自身的经验总结，在财务定性分析方法上鼓励创新，增加财务定性分析方法的实用性。同时，对于企业经营过程中累积的一些会计信息系统不能反映或者不能真实反映的特殊无形资源，由于这些资源往往会成为企业的核心竞争力，因此，企业应当重视对这些资源的考核，鼓励企业对于这些资源的培养与考核。

4. 确定合理的绩效考核周期

所谓考核周期，就是指多长时间进行一次考核。这与考核的目的和被考核者的职位有关系。如果考核的目的主要是进行奖惩，那么自然就应该使考核的周期与奖惩的周期保持一致；而如果考核是为了续签聘用协议，则考核周期与企业制定的员工聘用周期一致。另外，绩效考核周期还与考核指标类型有关，比如，对于任务绩效考核指标，可能需要较短的考核周期，例如一个月；对于周边绩效考核指标，则适合于在相对较长的时期内进行考核，例如一个季度、半年或一年。

第七节　PPP绩效考核存在的问题

一、PPP绩效考核机制存在的问题

（一）考核方法单一

目前的PPP项目绩效考核机制，大多数都仅仅采用相当于KPI相似的考核方法，设置一些考核的指标，由实施机构进行打分，根据分数兑现政府付费金额。尽管项目和项目有很大不同，也依然照搬照抄，缺少针对不同PPP项目进行考核方法的科学选择。

（二）假考核

由于地方政府、社会资本以及咨询机构的习惯性思维，把PPP更多地当作项目建设看待，因此往往在设计绩效考核机制时，对建设期、运营期分别设置不同指标，或者用可用性绩效考核、运营绩效考核以及类似的两个词汇设置绩效考核指标。更有甚者，为了满足BT类思维，将可用性、建设期的绩效考核设计较大比重，辅之以两方面考核兑现付费的时间不同，从而形成表面是PPP，实际是BT或固定回报的合作模式。这些都违背了实现“提高公共服务质量和效率”目的的初衷。

（三）片面考核

考核体系不全面，在考核指标设计或权重上过于片面。如将社会资本的日常工作数量等指标作为绩效考核的重点，规定运营过程中员工出勤天数、巡视次数等，或者过于强调政府方并不擅长的过程考核，而忽略结果考核；过于强调经济指标，往往造成社会资本片面强调经济效益，忽略对社会公益性的满足；在设计理念上结果导向和过程导向忽左忽右，指标权重千篇一律，不注重根据实际调整；考核角度要么过于单一，形式结果片面，要么考核过于复杂，导致考核成本过高。

二、分阶段考核项目“可用性”付费模式的局限性和不足

（1）该模式对项目建设和运营分阶段实施绩效考核，尽管看似实现了“全周期”考核，实则人为割裂了建设环节和运营环节的有机联系和内在关系，使项目绩效考核难以体现项目整体情况。如对于水环境改善项目，不少项目按DBFO（设计一建设一融资一运营）模式运作，假如项目建成后工程设施通过竣工验收，按目前的分段式“可用性”付费机制，无论未来运营期间项目承担的水环境改善目标是否达成，项目公司都将获得资本投入的回收和回报，即使达不到项目绩效考核要求，所扣减的付费也仅只针对有限的运维费用，政府方承担了很大风险。

（2）绩效评价指标设置方面不区分项目产出因素和投入因素，将项目公司“工作表现”（如项目公司资金管理、团队配置、档案管理等）也纳入到“项目绩效”评价中，在一个评分体系中统一评价打分。这一方面使绩效评价演变成管理考核，迷失了“绩效评价”的应有之义，另一方面也使政府方“有形之手”过多过频地介入了项目公司日常

经营管理，增加了监管成本。

（3）评价方法科学性尚需进一步优化，在各类绩效指标评价权重配置、定量指标向评分分数的转化方法，以及评价评分结果与政府付费挂钩的模式等方面，往往没有看到令人满意的专题论证，加之部分指标采用人工主观判断打分，更使此种“按效付费”机制的科学合理性和公正公平性蒙上阴影。

业内已认识到上述“可用性”绩效评价的问题和局限，也开始尝试优化完善。如将与工程建设投资密切相关的“建设可用性”付费额划出一定比率纳入到“运维绩效”中考核，以增加项目公司对运营环节的重视并缓解政府方承受的过多风险。但这依然不能克服分段式“可用性”绩效评价内在的缺陷，也引发政府方和社会资本的进一步博弈。

综上所述，从十八届三中全会以来，预算管理制度改革进程明显加快，实施绩效评价顺应了国家财政预算制度的改革方向。PPP 项目以政企长期合作为主要特征，尤其需要加强绩效目标的过程考核和阶段性评价，及时纠偏，以确保项目整体公共服务目标更好地实现。

通过前一段时间 PPP 模式的野蛮生长，规范性运作受到了重视。财政部与发改委实施了规模宏大的项目库清理整顿行动。日益严格的入库审查和全过程动态监管已成为 PPP 项目管理的主旋律。而绩效评价相关内容正是 PPP 项目全过程信息公开管理不可缺少的组成部分。绩效评价结果是财政安排预算支出的重要依据。在项目实施过程中缺少绩效评价环节，将可能导致财政部门缺少对 PPP 项目的安排预算支出的合规通道。

第十一章　国际工程 PPP 项目

第一节　国际组织

一、一带一路

“一带一路”（The Belt and Road）是“丝绸之路经济带”和“21 世纪海上丝绸之路”的简称，它将充分依靠中国与有关国家既有的双多边机制，借助既有的、行之有效的区域合作平台，共同打造政治互信、经济融合、文化包容的利益共同体、命运共同体和责任共同体。

基础设施互联互通作为“一带一路”倡议的优先领域，对推进“一带一路”倡议发挥着重要的作用。随着“一带一路”倡议的深入推进，中国建筑业“走出去”步伐加快，海外业务明显增长，其中，很多业务是 PPP 业务。“一带一路”为社会资本方的 PPP 业务提供了广阔空间。

二、上合组织

上海合作组织，简称上合组织，是中华人民共和国、哈萨克斯坦共和国、吉尔吉斯斯坦共和国、俄罗斯联邦、塔吉克斯坦共和国、乌兹别克斯坦共和国于 2001 年在中国上海宣布成立的永久性政府间国际组织。现如今，印度和巴基斯坦也成为上合组织正式会员。

三、中非合作论坛

为进一步加强中国与非洲国家在新形势下的友好合作，共同应对经济全球化挑战，谋求共同发展，在中非双方共同倡议下，中非合作论坛在北京召开，中非合作论坛正式成立。

四、中拉论坛

2014 年，中国国家主席习近平同拉美国家领导人成功举行历史性会晤。双方共同宣布建立平等互利、共同发展的中拉全面合作伙伴关系，正式宣布建立中拉论坛，成为中拉共建美好未来的新起点。其宗旨为：促进平等互利、共同发展的中拉全面合作伙伴关系发展。

第二节　国际金融机构

一、各多边金融机构情况对比

中国的社会资本方实施“走出去”战略需要国际金融机构提供重要支撑，各国家的基础设施建设和投资也需要国际金融机构。国际多边金融机构主要有世界银行、亚洲开发银行、非洲开发银行、国际货币基金组织、亚洲基础设施投资银行。其中为“一带一路”保驾护航的主要有三个机构：丝路基金、亚投行、金砖国家开发银行。

各多边金融机构情况对比见表 11-1。

表 11-1　主要多边金融机构情况对比

机构名称	主要目标	现有成员国数量/个	中国加入时间/年	法定资本/亿美元	中国持股比/%（排名）	主要资金来源渠道
世界银行	减少贫困	188	1980	100	6.20（第 3）	各成员国认缴股金；向国际金融市场借款；发行债券和贷款利息
亚洲开发银行	减少贫困	67	1986	501.3	6.43（第 3）	普通资金；开发资金；技术援助特别基金；日本特别基金
非洲开发银行	减少贫困	77	1985	329	1.12	成员国认缴
国际货币基金组织	监察货币与金融制度	187	1980	—	6.39（第 3）	成员国认缴；捐款
亚洲基础设施投资银行	基础设施建设	57	2015	1000	30.34（第 1）	各成员国认缴股金；发行债券；运营收益；获得赠款；利用财务杠杆；与其他机构展开合作

从表格 11-1 可以看到亚洲基础设施投资银行（亚投行）是以中国主导的银行，所以中国建筑企业实施“走出去”往往选择亚投行作为融资工具。除亚投行外，丝路基金和金砖国家开发银行也是国际工程 PPP 的强大护航机构。

二、亚洲基础设施投资银行

亚洲基础设施投资银行（简称“亚投行”）有利于拉动亚洲和域外国家的基础设施建设和投资需求，为中国建筑企业实施“走出去”战略提供了新的重要支撑。

亚洲基础设施投资银行的筹建有着重要的国际、国内背景。首先，“二战”后建立的国际金融秩序基本以西方发达国家利益为导向，原来的主要国际金融机构都由西方国家主导，其投资方向和重点难以全面体现广大发展中国家的意愿；其次，“一带一路”倡议实施需要开展大量的基础设施建设，但近年来多边机构并不重视基础设施建设，也缺少相应的投融资平台。2013 年 10 月，中国国家领导人首次提出筹建亚投行的倡议，争取以此改善亚洲地区基础设施建设的现状，通过共建“一带一路”，实现亚欧非大陆及附近海洋的互联互通，为沿线各国基础设施建设提供融资。

三、丝路基金

丝路基金，作为单边金融机构，完全由中国出资，初期设计规模为 400 亿美元，首期 100 亿美元资本金。丝路基金与亚投行之间的不同在于，亚投行是政府间的亚洲区域多边开发机构，在其框架下，各成员国都要出资，且以贷款业务为主。而丝路基金，由于其类似私募基金的属性，主要针对有资金且想投资的主体加入，且股权投资可能占更大比重。丝路基金定位为中长期开发性投资基金，通过股权、债权、贷款、基金等多元化投融资方式，为“一带一路”建设和双边、多边互联互通提供投融资支持。

四、金砖国家开发银行

金砖国家开发银行是在 2012 年提出的，目的是自美国金融危机以来，金砖国家为避免在下一轮金融危机中受到货币不稳定的影响，计划构筑的一个共同的金融安全网，可以借助这个资金池兑换一部分外汇用来应急。

现如今，金砖国家开发银行主要资助金砖国家以及其他发展中国家的基础设施建设，对金砖国家具有非常重要的战略意义。巴西、南非、俄罗斯、印度的基础设施缺口很大，在国家财政力所不及时，需要共同的资金合作。金砖国家开发银行不只面向 5 个金砖国家，而是面向全部发展中国家，作为金砖国家开发银行成员国，可能会获得优先贷款权。

在基础设施建设方面，设立金砖国家开发银行，可推动其他国家的基础设施建设，也是分享中国经验的好机会，与中国“走出去”战略相符合。

第三节　典型国家 PPP 立法

一、欧洲

（一）英国

英国自 1992 年开启 PPP 模式 PFI，并于 1999 年颁布了《标准化 PFI 合同》，又于 2012 年颁布了《标准化 PF2 合同》。

英国的 PPP 主要是以一系列政府采购法律制度为主。将 PPP 纳入政府公共采购法律规制体系中。英国的《公共合同法》《公用事业合同法》中对 PPP 项目采购的具体程序、标准、范围都作了明确规定，这两部法律规制是在法律层面上设立的统一规范，将公共部门对私人投资主体的授权，双方各自在 PPP 合同项下承担的权利和义务，双方共同参与出资、设计、建设与运营的程序和规则，都明确地纳入法律之中，使 PPP 的实施与发展有法可依，PPP 法律规范为全国遵循和适用。

英国政府对 PPP 的主管机构主要设置在财政部门。为方便管理，英国政府又创立了基础设施机构（简称 IUK），IUK 作为国家财政部的基础设施机构，统筹全国 PPP 各项领域的规划发展，制定全国性的 PPP 发展战略，为中央各部委及其他公共部门实体提供各种专业性知识和技术援助，对 PPP 的发展起指导性作用。在地方政府层面，英国财政部联合地方各政府协会组织成立了“地方合作伙伴关系”（Local Partnerships，LP），是 PPP 的专门单位，服务于地方政府，落实中央 IUK 的基础设施发展战略和提供更为精细的 PPP 项目评估服务和专业技术援助。

（二）法国

法国自 1988 年引入政府付费的 PPP 模式，并在 2004 年颁布了《PPP 合同行政法规》，在 2008 年颁布了《PPP 合同法》。而使用者付费的特许经营模式在 2016 年颁布的《特许经营合同行政法规》中予以规定。PPP 合同法和特许经营法共同构成了法国 PPP 的主要法律体系。PPP 合同法和特许经营法两者根据付费机制区分适用，其中 PPP 合同法适用于政府付费的项目，而特许经营法适用于使用者付费的项目。

（三）土耳其

PPP 模式在土耳其基础建设领域应用较早，经过 30 多年的发展，PPP 模式在土耳其已发展得较为成熟。据世界银行统计，在欧洲和中亚地区 23 个新建基础设施 PPP 项目中，土耳其占到了 16 个。

土耳其有完善的立法体系，在土耳其，授予私人实体特许权可追溯到 1910 年的《关于公共服务的特许权法》，该文件规定政府部门将其提供基础设施服务的职责以授予特许权的形式移交给私人实体，至今它仍然是土耳其 PPP 项目的法律基础。

在土耳其，PPP 项目的管理部门是发展部、财政部、公共采购局和私有化管理局。发展部负责宏观经济规划和项目的协调，财政部负责预算和提供政府担保，公共采购局负责招标管理，私有化管理局负责 PPP 项目的实施。

二、美洲

美国没有统一的 PPP 法律，有关 PPP 的法律主要散见于各州的立法，但各州的立法也不统一。PPP 在美国一般被认为是项目融资的一种形式，分为“绿地”项目和“棕地”项目，绿地项目主要是新建基础设施，而棕地项目主要是对原有的基础设施进行翻新、修缮和运营。由于美国的基础设施较为完善，所以棕地项目的数量要远远大于绿地项目。各州关于 PPP 项目的法律虽然不同，但大体都包含采购、第三方异议、企业组织、税收、政府监督等法律问题。如政府采购方面要求采购过程全面、具体、有计划性，信息充分透明，采购过程应当具有竞争性和公平性，如果进行招标，应在流通广泛的媒体上发布信息，并且对拟采购的材料的类别、质量和数量加以规定。在个别州，如果是社会资本主动进行项目申报，此时政府也要进行信息公开，可以在规定的时间内让相关方也提请工程计划，以保证过程的公平充分竞争。如果与项目有利害关系，可以以第三方的名义提出反对意见，如果因为项目受到了直接损失，则可以直接向法院提起诉讼，但如果涉及联邦层面，则诉讼权会受到一定的限制。

对于国外的社会资本方，美国税法要求按照普通的商业主体经营报税，税基是全世界范围内的收入总量，税收负担较重。因此外国的社会资本方在美国投资 PPP 项目时，多采用间接投资的方式，通过在美国、其母国或第三国设立特殊项目的子公司对项目进行股权投资。美国对其他国家的投资的监管整体而言较为宽松，对PPP项目的限制性规定也较少涉及。政府对PPP项目的支持力度也比较大，通过参股、提供贷款、补贴等方式鼓励社会资本参与PPP项目。

三、大洋洲

澳大利亚的PPP模式项目经验处于全球领先地位，受到各国的普遍关注。澳大利亚的PPP项目的特点之一就是公共部门与社会资本的角色与转换，公共部门负责对社会资本的建设和服务进行监督，社会资本参与建设和运营。项目合同签订前，公私双方会进行大量的深度的讨论，测算项目可以取得的利润，约定双方各自承担的风险。在项目实行过程中，公共部门要正确认识自身的定位，社会资本要按照合约要求建造和运营。

PPP项目吸引私人投资者的关键就是项目收益，公共部门会对每个项目进行社会效益、经济效益及生态效益分析，项目必须具备价值和规模，技术上具有创新性，设计新颖，社会资本具有较好的项目履行能力，且能从中获利。公共部门不能对项目进行过多的干预，还要履行好监管的责任，对自己做出的承诺及时履行。

四、东亚

（一）中国香港

香港是我国PPP模式发展最为成熟和规范的地区。香港政府在借鉴英国PPP模式的同时，结合香港地区的特点，成立了专门的PPP管理机构——效率促进组。该小组制定了一系列的详细指导方针，包括政策、实践、外包及合同管理。PPP模式在香港最有可能采取DBFO模式或DBO模式。在DBFO模式中，公共部门会指定它们对PPP模式设施要求达到的成果，以及对这些成果的基本支付、风险分担安排。社会资本方负责设计、建设、融资、提供配套经营服务、维护，并在一段时间内拥有PPP项目。

（二）日本

日本在20世纪90年代学习英国经验，并于1999年颁布了《利用民间资本促进公共设施等整备相关法》，后历经了五次修改。

在传统的PFI模式下，日本主要采取建设—移交—运营（BTO）模式和政府基于可用性付费机制，并且政府可按综合单价或者建设—融资—运营、维护等内容分别核算服务费；项目合同期限为15～30年，最长不超过30年。

在2011年PFI促进法修改时，引入特许经营和使用者付费机制。在特许经营模式下，政府可授权社会资本方运营存量基础设施，并向使用者直接收费，但仅限于存量基础设施的运营和维护以及为正常提供公共服务所需的扩建和改造，不包括新建工程及存量基础设施的拆除和重建，合同期限可不受30年期限。

（三）韩国

1994年，韩国政府颁布了《促进社会资本参与基础设施投资法》（简称PPP法），全面推广PPP模式，因此韩国的高速公路、机场、港口等基础设施建设都采用PPP模式。除了统一的PPP法之外，还有《PPP法案实施令》《PPP项目规划》、PPP项目实施指南三个层级的政策支持。韩国PPP项目的主要参与方有战略投资部（MOSF），相关主管部门和社会资本。战略投资部下设PPP评估委员会（PRC），PPP评估委员会由战略投资部长、PPP项目相关主管部门的副部长、社会资本具备PPP相关知识经验的专家组成。

五、东南亚

（一）新加坡

新加坡未制定专门的PPP法律，也未编制标准化的合同，财政部于2004年颁布了《PPP手册》，后于2012年进行修改，其规定了PPP模式交易结果、采购流程和管理有关的原则和指导方针。新加坡沿用英国PFI模式，采用政府付费机制。一般固定资产总资产5000万新元以上的项目，新加坡会考虑是否采用PPP方式进行建设。

新加坡主要采用DBOO模式、BDFO模式两种典型的PPP交易结构，合同期限一般为15～30年，社会资本方可不必承担所有的运营服务责任，而可以仅仅提供自身具有核心竞争力、更高效的服务。

另外，与日本PFI立法不同，新加坡《PPP手册》明确政府采购的应为终端服务，应尽可能以综合单价核算服务费，并根据服务的可用性、服务质量和使用者付费。政府不应在服务尚未交付前付费，不应基于项目建设成本、材料成本、人工成本等独立核算服务费，也不应将服务拆分为不同部分而分别付费。

（二）马来西亚

马来西亚是英联邦国家，其PPP的模式主要来源于英国的PFI。2009年，马来西亚政府成立UKAS（Unit Kerjasama Awam Swasta），即PPP中心。该中心隶属于首相部，主要的职能是PPP委员会的秘书处，主管PPP项目的实施和评估，除了对PPP项目的申报、预审和谈判进行管理，还监督PPP项目的财政拨款。马来西亚的PPP项目大多通过本国的金融机构进行贷款，项目的债务比率相对较高，一般80%～90%都采用15年期的长期贷款。马来西亚实施PPP已近30年，在PPP模式的推广、使用、运用和监督管理上都获得了丰富的经验。

目前，马来西亚的PPP发展也存在一些问题：一是缺乏对PPP项目进行评估的有效机制，特别是其物有所值的测评；二是缺乏PPP标准格式合同；三是缺乏私有银行和其他金融机构对PPP融资的参与，特别是海外金融机构的参与；四是缺乏对公务员和专业人员PPP项目监管能力的培训，特别是在生命周期成本测算和设施管理方面。

六、南亚

（一）印度

独立后的印度基础设施多由政府管理，为解决融资困境，印度政府支持运用PPP模式解决基础设施融资问题。在所有融资到位的PPP项目中，排名前三的分别为电力、公路和港口项目，最少的是天然气项目。印度的PPP模式主要包括BOT（建设—运营

—移交)、BLT（建设—租赁—移交)、DBFOT（设计—建造—融资—运营—移交)、OMT（运营—管理—移交）等。

印度财政部经济事务司（DEA）为印度主要的PPP政策规划部门，出台并制定与PPP相关的政策指南和审核的相关规定。经济事务司下设专门的PPP部（中心）(PPPCell)，负责联邦层面的PPP事务协调。印度的PPP审批机构为公私合作项目组（PPPAC)。印度财政部会对PPP项目招投标流程出台相关指南，但具体到各行业的PPP合同框架的制定，如合同绩效管理、债务等问题，则由印度各部委根据其所在行业做相关规定。

印度工业政策与促进局（DIPP）负责制定外国直接投资政策及投资促进工作，其公司事务部负责公司注册审批。印度储备银行（RBI）负责外资办事处、代表处的审批与外汇管理。其中，如果外国公司股权不超过印度政府对外资股权最高限额的规定，外资项目即可通过“自动生效制度”获批，即只要根据印度储备银行（印度的央行）的规定，报送相关申请材料，投资项目可自动获批。

（二）斯里兰卡

斯里兰卡经济保持中速增长，2010年和2011年经济增长率均达到8%。然而，斯里兰卡本身的基础设施建设能力严重滞后，几乎所有大型项目均依靠外援兴建。斯里兰卡在其政府发展政策框架Mahinda Chintana远景规划中规划了国家经济发展的方向。规划的核心是通过对大型基础设施和知识经济的投资实现经济高速增长，并关注农村发展，扶持落后地区。斯里兰卡已实施该战略，开展港口、道路和高速公路、发电、公共设施、艺术和文化领域的基础建设。该政策文件具体阐述了渐进式的改革方法和积极的市场经济政策，包括鼓励支持国内企业发展的外国直接投资（FDI)。

七、西亚

沙特政府规定，由政府部门发标的项目，如果沙特当地承包商没有能力实施，可以邀请国际承包商参加投标。中标的国际承包商可以由政府部门在中标后颁发临时营业执照，此国际承包商可以分包部分工程给沙特当地承包商，也可在政府部门同意的情况下，将项目中沙特当地承包商无能力实施的部分工程找另一国际承包商来实施，另一国际承包商也可获得临时营业执照。如果国际承包商想参加沙特本地承包商有实施能力的政府项目或沙特私人投资项目，必须持有沙特政府部门所颁发的经营许可。

八、非洲

（一）肯尼亚

根据非洲基础设施国度报告估算，肯尼亚在未来10年中每年需要大约40亿美元的资金投入，这相当于肯尼亚GDP的20%。为了弥补财政不足，肯尼亚政府希望运营和推广PPP模式，吸引更多的海外投资到基础设施市场。自1996年开始，肯尼亚就开始注意吸引私人资本金融进入通信、能源、交通、水务和污水处理等基础设施领域。肯尼亚是非洲PPP市场环境较为成熟的国家之一。

肯尼亚政府建立了较为完善的PPP相关政策、法律和制度框架。中央政府从2009年开始颁布PPP指导意见，大力推广PPP。2011年11月出台了PPP政策规定（PPP

Policy)，2013 年颁布了首部 PPP 法（PPP Act），2014 年又颁布了 PPP 规范（PPP Regulations），形成了较为完善的 PPP 法律体系。

依据 PPP 法，肯尼亚的 PPP 管理和审核分为四个级别：PPP 执行部门（PPP Node）、PPP 中心（PPP Unit）、PPP 委员会（PPP Committee）、财政部/内阁金融秘书处（Cabinet/Parliament）。

由于发展年限较短，肯尼亚 PPP 市场依然不是非常成熟，投资该市场还存在风险。第一，公共部门对 PPP 项目的熟悉程度不够，项目的有关专业知识不足，技能较差，操作不熟练，所以在项目的选择、实施中会有政府层面的风险无法化解。例如项目前期准备不足，项目评估、审核与尽职调查不充分。第二，政府缺乏有效保障，政治环境对项目的影响依然很大，任何政治风波都会影响市场的稳定性。第三，肯尼亚靠近索马里，恐怖袭击事件的发生概率较高，需要考虑 PPP 项目的安全性。

（二）赞比亚

2008 年，赞比亚政府批准了实施 PPP 的政策框架，形成了专门的 PPP 法案。赞比亚关于 PPP 项目的机构包括 PPP 办公室、PPP 委员会和 PPP 技术委员会。赞比亚 PPP 项目的招标方式包括三种，分别为常规的竞争性招标、有条件限制的社会资本发起项目、收到社会资本发起项目建议后可组织竞争性招标。中标社会资本方按照以下程序决定：PPP 办公室批准社会资本方为项目中标人；PPP 委员会批准特许经营协议；满足上述两个条件后，由缔约政府部门颁发中标函并与社会资本方签署特许经营协议。

虽然赞比亚政府对发展 PPP 项目持积极态度，但其与社会资本方的关系仍面临着更为广泛的重大挑战，主要包括 PPP 项目全生命周期的管理效率较低、PPP 项目启动资金不足这两个方面。

第四节　社会资本进入国际市场条件

本节将根据国际主要建筑 PPP 市场的有关国家和地区现行政策和法律法规，从企业设立条件、许可制度、获取信息途径、项目招投标、外籍劳务及禁止领域规定等方面对不同国家工程承包市场进入条件进行分析比较，以帮助中国社会资本方把握国际 PPP 市场进入条件，合理选择目标市场。

一、企业设立条件

企业要进入国际市场承揽工程，首先要确定是否需要在目标国设立自己的分支机构，这将直接影响承包商是否有资格在目标国参与相关工程的投标。是否要求外国承包商必须在当地注册反映了该国工程市场对外开放的程度。不同国家的法律对工程承包企业业务领域及参与招投标的资格规定均有差异。通过对多国工程承包市场相关法律比较，可以发现多数国家和地区均要求外国承包商在承揽工程前必须到当地政府进行注册，以利于当地政府的管理；少数开放程度较高的国家对此并未做强制要求。对比不同国际市场工程承包企业设立要求如表 11-2 所示。

表 11-2　典型国家和地区承包企业设立要求

国家或地区	要求注册	企业设立要求
新加坡	是	外国承包商承包工程需在新加坡注册分公司、个人所有或合伙制企业，才能向新加坡建设局申请相应的建筑资质，从事项目投标
印度尼西亚	是	外国公司必须在印度尼西亚成立有限责任公司或代表处并取得该国公共工程部颁发的承包工程准字，方可与项目业主签约
中国香港	是	只有具有中国香港特区政府发展局批准的可承包政府工程的承包商注册牌照才能参加政府工程投标。海外投资企业可选择以不同的商业形式在中国香港从商，如有限公司、分公司、代表处或联营公司
韩国	是	外国承包商必须在韩国登记注册，并被韩国有关部门确定企业资质后，方可承包由政府或企业在韩发包的工程项目
巴西	是	外国公司在巴西实施工程项目需要在巴西联邦商会注册，如成立有限责任公司。注册后需要在联邦、州、城市三级税务机关登记
阿联酋	是	外国公司在阿布扎比开展承包工程业务需要注册登记，取得当地营业执照
印度	否	印度工程市场向外国企业开放，不要求参加投标的外国公司在当地注册，外国公司可以直接投标或与当地公司组成联合体投标
美国	否	不需要在当地注册公司。但由于业主普遍愿意和本国公司打交道，因此，在美国开展工程承包，应注册当地公司以利于业务开展

除了要求必须设立公司的国家和地区，在目标国设立海外分支机构有利于中国承包企业融入当地社会，有利于开展经营业务；同时中国工程承包企业还应深入了解目标市场的法律法规和对承包商的税收政策，维护中国企业在当地的正当权益。

二、工程许可制度

国际工程承包商开展对外承包业务，必须取得目标市场国家和地区的许可，东道国的许可制度对于国际工程承包商有重要影响。各国政府一般通过许可制度来限制外国企业进入本国工程承包市场，大部分国家通过设立相应的资质等级管理制度对承揽的业务进行限制，根据资质等级的不同限定外国承包商从事的业务领域和规模，如新加坡、沙特阿拉伯等国。有些国家还对外国承包商实施的项目进行监管，要求承包商接受政府对承包项目的审查，如以色列。对典型国家和地区建筑业管理机构和工程市场许可制度归纳对比如表 11-3 所示。

表 11-3　典型国家和地区建筑业管理机构和工程市场许可制度

国家或地区	主管部门	主要许可制度
新加坡	建设局	承包商资质分成 A1～C3（建筑工程类）、L1～L6（其他工程类）共 13 个等级。完成公司注册程序后，需到新加坡建设局（BCA）申领资质等级，个人公司或合伙制企业首次只能申请 C1 和 L1 资质等级。取得资质等级后方可投标资质等级范围内的项目
中国香港	特区政府发展局	政府工程牌照分为 A、B、C 三级。需取得中国香港特别行政区政府发展局批准的承包商牌照，才有资格参加政府工程的投标
马来西亚	建筑业发展局	外国承包商在马来西亚注册成立建筑工程公司需得到建筑业发展局批准，同时还要获得建筑承包等级证书。法律规定外国独资公司不能获得 A 级执照

续表

国家或地区	主管部门	主要许可制度
印度尼西亚	公共工程部	外国承包商在印度尼西亚执行承包工程需获得许可，本国合作伙伴必须是具有 A 级资格的本国承包商协会或本国承包商联合会成员
沙特阿拉伯	城乡事务部	政府实施资质管理制度，将承包商分为 5 个等级，1 级为最高。相关政府机构和国有垄断企业还通过各种形式的短名单限定进入市场的承包商和主要设备材料供应商，构成进入壁垒
以色列	工业合作局	获准承包的企业需要到政府部门申请承包工程许可证，并接受工业合作局对承包工程的审查和项目监督

此外，为了保护本国建筑企业，一些国家还出台相关政策将外国承包商必须与本地企业进行合作作为许可条件。中国承包商在进入国际市场前，应深入了解目标市场国相关领域的许可制度和限制条件，以避免在国际竞争中处于被动。

三、项目信息获取途径

中国工程承包企业通过有效途径及时获得国际建筑市场项目信息是承揽国际工程的前提条件。在项目信息发布的方式上，大部分国际工程市场将获取信息途径分为政府项目信息和私人项目信息两种类型。

政府项目信息一般由政府主管部门在政府官方报纸、网络等媒介上公布，信息具有社会公开性。例如，新加坡所有公共工程项目的招标均由各主管部门负责对外公开发布信息，承包商可通过新加坡政府电子政务网站查询项目信息；中国香港特区政府工程发包时，有关部门在中国香港特区政府的《宪报》等媒体上刊登招标通告并规定工程的级别供符合条件的企业选择投标。

而私人项目的招投标信息公布途径除了报刊、网络等媒介外，也可采用邀请招标或议标等方式。例如，新加坡规定私人工程可以通过邀请招标的方式对符合条件的承包商发投标邀请；印度尼西亚的私人工程项目大多通过商业关系寻求合作伙伴；而在中国香港特区，多通过业主、顾问公司或测量师的介绍，投标人才能拿到私人工程项目的标书。此外，中国驻外使馆经济商务参赞处也常通过网络等途径为中国国际工程承包企业搜集并提供相关项目信息。

四、项目招投标

在国际工程市场中，大多数国家和地区均建立了招投标制度，并根据不同项目类型、资金来源等对招投标方式做了明确规定。可将项目按照资金来源的不同划分为政府拨款、国际金融机构贷款以及私人筹资三种类型。

各国对政府拨款项目的招投标均有严格规定。例如，新加坡政府工程建设项目，承包商只能按照建设局审定的资质等级所批准的工程类型及范围进行投标，不得跨级、跨范围投标；中国香港特区政府规定所有政府发包项目必须进行公开招标，承包商按照招标要求进行投标；美国联邦政府和地方政府的工程项目也必须通过公开招标确定承包单位。但并不是所有政府拨款项目都要进行公开招标，如沙特规定 100 万沙特里亚尔（约合 27 万美元）以上的政府项目才必须进行公开招标，但具备资质的沙特当地公司享有优先权；摩洛哥虽然对绝大部分工程项目均采用国际公开招标方式，但国家财政出资的项目仅对在摩洛哥境内注册的公司开放。

国际金融机构（如世界银行、亚洲开发银行、非洲开发银行等）贷款项目多在发展中国家。这类项目要求必须按照国际金融机构的相关规定进行公开招标。国际市场上私人投资项目的招投标规定均相对宽松，招投标限制较少或允许多种招标方式并存。例如，沙特规定私营项目可自行决定招标；新加坡也允许采用公开招标、邀请招标或议标等多种方式；美国对私营和民间投资项目并不限定承包商的范围，也不须公开招标，业主可自行选择设计者和承包商。

五、外籍劳务限制

中国开展国际工程承包是带动劳务输出的重要途径，不同国家有关外籍劳务输出的规定对中国工程承包企业开展投标策划、项目组织实施及人工费用有重要影响。不少国家和地区为了保护本地劳动力就业，对外籍劳务输入都有严格的限制，一般需经过烦琐的申请过程，外籍劳务才能申请相应的工作许可，并常对外籍劳务技术水平以及受教育程度加以限制，如表 11-4 所示。

表 11-4　典型国家和地区外籍劳务输入限制

阿尔及利亚	本地缺乏熟练工人时方可雇用外籍工人，且应是至少有 10 年以上工作经验的技术工人。雇用外籍工人时，需向地方劳动部门提交申请获得外籍劳务指标，办理签证需经劳动就业部和外交部批准
摩洛哥	外国人赴摩洛哥工作须先取得职业和技能培训署出具的证明（证明该职业为摩洛哥市场所需且有雇用外国劳动者之必要），持此证明方可向就业和职业培训部就业局外国人就业处申请外籍工作合同
新加坡	外籍人员在新加坡工作，必须取得合法工作许可。政府规定建筑企业雇用外籍劳务的额度限制为 1∶7，即每雇用 1 名新加坡永久居民，可最多申请雇用 7 名外籍工人，并支付外劳税。建筑工人赴新加坡务工须先通过建设局组织的技术资格专门考试（北京等地设有考点）
中国香港	对输入内地普通劳务人员执行严格的审批制度，仅限于香港雇主迫切需要且在本地难以招到合适人员的岗位，对于雇主申请资格和批准人数也有较高的要求
马来西亚	外国人在马来西亚工作必须获得工作许可。政府鼓励各类公司培训和使用本地员工，但因其国内劳动力短缺，允许包括建筑业在内的部分行业雇用外国劳工
印度尼西亚	一般只允许引进外籍专业人员，普通劳务人员不许引进。除保洁、保安、司机、矿场服务等少数工种外，不允许企业进行劳务外包
卡塔尔	卡塔尔劳动力短缺，体力劳动几乎均由外籍劳务承担。赴卡塔尔工作的外国人只能为担保人工作，未经允许不得更换担保人。中卡已签署《关于规范卡塔尔雇用中国劳务人员的协议》并附有经两国政府批准的标准劳务合同
以色列	对外籍劳务实行配额管理，在配额内按照工作许可制度办理相关手续。只有拥有永久居留权、临时居留权、B1（在以色列短期工作，领取报酬的外国人）或 B4（在以色列从事无报酬自愿工作的外国人）签证的外国人可在以色列工作
美国	各州多要求建筑公司的技术管理人员优先从本地招募，需要先在当地报纸登载广告，经过面试没有招募到合格本地人的情况下，才能从国外雇用技术管理人员。有图纸签字权的设计师须取得当地专业执照，熟悉本专业技术规范，一般都会考虑雇用当地已取得专业执照的工程师

六、工程禁止领域

国际上多数国家或从保护本国工程承包企业或从涉及国家保密、安全等工程需要考虑，对外国承包商设置了不同程度的禁止领域，中国企业应该了解这些禁止领域，选择适合的业务领域。

各国政府对禁止领域的规定主要有两种情况。一种情况是政府明令禁止从事相关领域的工程承包，如以色列在国家安全等项目上禁止外国企业进入，对外国承包商的限制程度也较高。根据以色列在世界贸易组织《政府采购协议》的承诺，政府投资在 500 万特别提款权及以上的公共工程项目，只对《政府采购协议》成员开放。另一种情况是虽然对外国承包商没有规定禁止领域，但存在潜在限制，如美国对军事等工程进行严格限制，而印度尚未对中国企业开放承揽港口疏浚和船坞工程及军事控制区等敏感工程。

尽管各国给外国承包商设置了不同程度的禁止领域，但总体上范围较小，大多数国家为外国承包商提供了较为开放的工程市场。

第五节　国际 PPP 市场开发与战略

一、市场开发的必要准备

开展国际工程 PPP 业务是一项充满挑战的事业。在开发国际工程 PPP 市场之前，中国工程企业要做好思想准备、战略规划、人才储备、信息准备和管理准备等各个方面的准备工作。

二、市场开发调研

在进入国际市场之前，中国工程企业需要对目标国家做深入的开发调研。调研的深度会影响到决策的正确性。调研工作应保持严谨、缜密、科学的态度，对每一个细节都要进行必要、必需的实地勘查，勘查分析得越精确，项目开发及项目实施的成功率就会越大。

（一）国别概况

对项目国别情况的调研，主要包括以下几点：

（1）项目所在国的政治环境和社会文化环境。主要包括政治制度、主要党派、外交关系、政府机构、民族、语言、宗教、习俗、工会、媒体、社会治安、常见疾病及热带病等对获取项目和执行项目的影响。

（2）当地政府履约能力和支付信用。主要包括：政府是否存在经常性终止合同的历史，政府行为是否存在任意性或不作为，当地政府机构的办事效率和运作方式等。

（3）金融和投资环境。主要包括：当地银行的发展状况，知名银行有哪些，对资金汇入、汇出有无限制，银行可否转递、转开保函及相应费率；当地保险公司的规模、能力、险种及费率；社会保险法规，雇主和雇员承担比率，缴纳方式，中方人员的社会保险费用的交纳和费率等；金融与利率市场的开放程度，货币能否自由兑换，近几年当地货币的走势及未来发展趋势预测，以及金融、银行、保险、投资、贸易等相关的法律和法规；相应的税收体系及制度，主要赋税和税率等。

（4）法制环境。主要包括：当地法律体系、法院等司法体系、仲裁机构与规则，有无对外国承包商的限制和对本地承包商的优惠措施，外国公司设立公司或者代表机构的相应条件、手续及时间，涉及的劳工法、工资法、移民政策、税收政策等法律法规，税种、税率及纳税方式、财务账目要求、财务审计要求等。

（二）市场概况

对市场概况的调研主要包括：当地政府发展规划和前景，当地工程承包市场发展概况，与我国公司主业发展方向相对应的项目规划，基础设施发展规划及相应的政府预算，建设资金来源和额度，有无国际金融组织对贷款国的限制措施，项目获得和批准程序，后续项目可能性，进入该国工程市场的中外企业的情况。

（三）行业基本情况调研

（1）市场竞争状况调研。主要包括：中国工程企业在当地的数量和经营状况及存在的主要问题，外国承包商在当地的经营状况，当地承包商的能力和经营表现，与当地公司合作的可能性研究，企业在当地的核心竞争优势等。

（2）代理人调研。主要包括：当地是否实施代理人制度，代理人是否合法，市场上主要代理人的能力与资信度，代理费标准，代理人市场是否混乱，代理人的选择，代理人对于项目全生命周期的服务能力等。对于代理人推荐的项目，必须进行深入的尽职调查。

（3）重要的项目前期工作。主要包括地质情况、地材、相关材料与设备调研。根据标书条款的要求，标前项目现场考察及踏勘包括地质水文、气候、地材资源、市场调研等。因此，中国工程企业必须进行必要的实地调研、踏勘、勘探、取样，对投标须知函件中所提供的水文地质情况进行必要的复核，对项目现场进行周密的考察，对项目业主所提供的所有料源进行必要的勘察，做好石料样品的采集和分类，样品的化验及对规范要求的确认。绝不能因前期投入较大而忽略此项工作，应认识到这一阶段工作的极端重要性和必要性，否则将会给未来项目的实施埋下极大的风险隐患。

（4）当地主要材料调研。主要包括：钢材、水泥、石料、沥青、油料及地材的可获得性及价格，生活用水、供电、通信的条件和价格，运输及时性及成本，运输条件，当地设备和零配件的供应情况，设备、材料的进口手续及税收规定，设备租赁价格，政府对进口原材料、设备的相关限制等。

（5）劳动力、工资、人力资源和社会环境调研。主要包括：当地技术人员、技工和普工的工资标准，最低保障工资，支付方式，技术水平，工作效率，法定工作时间，加班规定及报酬计算方式及劳保，社会保险制度等；外国劳工签证及工作许可证的可获得性、及时性及费用；对国外人员比率的限制；个人所得税和其他税种，税负如何缴纳，缴纳标准等；当地工会团体的影响力，是否存在经常性罢工事件等。

（6）技术规范与标准调研。主要包括：当地采用什么样的技术规范与标准，对中国标准接受的可能性，当地采用的技术规范与国际标准及中国标准的差异度等。

（7）分包商市场调研。主要包括：分包商的技术力量、能力、分包类似工程的历史业绩、财务状况、机械设备配置、人员配置和经验；当地分包商的价格水平；当地分包商的效率；当地人员的平均工资水平；承包商与分包商之间的税务事宜等。

三、项目信息选择

在搜集到众多的信息后，承包商需要对这些信息进行认真的研究与分析并进行筛选，结合企业的实际情况有针对性地进行追踪。项目信息通常需要选择与本企业主营业务相关、发展方向相符的招标信息，尤其要关注现汇项目招标信息。因为现汇项目通常是中国工程企业进入当地市场的最直接的敲门砖。同时，需要关注和追踪运作类项目及当地国家基础设施建设规划与发展。在进行项目选择时，需要考虑以下几点：

（1）选择列入所在国发展计划且优先实施的项目。

（2）选择所在国政府向中国政府提出需要贷款和实施的项目。

（3）选择列入中国政府或银行贷款清单中的项目。

（4）切忌选择那些尚未列入发展计划的项目，要分析确定，通过企业的努力能否将所追踪项目列入优先上马的项目清单中。

（5）明确技术的可行性和潜在的技术风险。

（6）深入了解项目的现状，是否完成了前期工作，如可行性研究和概念设计。深入了解土地所有权制度及相关法律规定。在经常存在征地困难的国家，如东南亚等国，要了解该项目征地是否存在困难，征地需要的时间，征地是否影响已签约的项目实施。

（7）适合企业自身需求的业务领域和发展方向。在进行项目选择时，需要顺势而为，稳扎稳打，步步为营，则事半功倍；为进入市场而勉强为之将导致事倍功半，甚至为项目实施埋下严重隐患。

（8）选择适合企业与项目特点的合作方式。针对 EPC/DB 项目，选择合适的设计院、研究所，以及相关合作方、施工单位和供货商组成联合体或联营体模式，并根据联合体的组成方式，落实相关责任及义务。如果是松散型联合体，合作各方各自承担一部分工程，各自承担相应风险、自负盈亏，项目结束后联合体解散。对于紧密型联合体，组成联合体董事会决策机构，各合作方按照比例分担风险和盈亏，由各方组成实体，项目结束后联合体解散。

（9）对于绝大多数的 PPP 项目，初期阶段需要关注设计院的定位。为了保证项目的顺利实施，建议采用联营体方式，将设计院融入项目全生命周期的管理之中，共同出资，共同管理，共担风险，共享效益，将企业和项目的命运捆绑在一起。

四、项目追踪与调研

在项目选择完成后，要对所选择的项目进行追综。对于前期工作尚未准备妥当，还需要中国工程企业投入资源性勘探、准备可行性研究报告或者初步设计的项目，要争取与项目所在国政府有关主管部门或者项目业主签订谅解备忘录或框架协议。基于签订的谅解备忘录或框架协议，开展双方各自确定的工作内容。

签署谅解备忘录或框架协议之后，中国工程企业需要提前做介入。在可行性研究和初步设计阶段即介入，利用所在国政府的资金或者中国政府对所在国的赠款进行可行性研究和初步设计工作。通过前期介入，占领项目开发的制高点。

在项目追踪的同时，需要对项目资金的情况给予重点关注并对合作伙伴和合作方式予以确定。重点关注所在国政府资金、项目预付款的落实；中国政府两优贷款、商业银行的商业贷款落实；所在国政府配套资金的落实、比率和预算等情况。在项目所在国，要及时向使领馆进行汇报；在国内，需要及时就项目推进的程度向相应的政府部门、金融各部门进行汇报。国内总部和驻外机构需要做好相应的协调配合工作。在项目运作过程中，如遇专业部委和银行高层访问，对项目的推动是难得的机遇，需要提前做好汇报与沟通工作，争取利用高访的机会将项目深入推进。

五、政府框架项目

国际工程融资主要方式包括各国中央政府和地方政府融资、国际金融贷款、商业银行贷款、政府间双边贷款或援助、出口买方信贷、出口卖方信贷、项目社会融资、BOT、PPP、PFI等。

政府框架项目运作的特点为耗时长，交易各方关系复杂，进展慢，前期投入大。政府框架项目运作的一般步骤和程序如下：

（1）先行一步，寻找具有优买、优贷项目的国家或地区。提前进入市场，确定项目，不要等到贷款协议签署以后再进行跟踪。

（2）摸清所在国急迫和优先发展的项目，确定跟踪的优先顺序。在项目规模上，宜选择项目规模适中、前期投入相对较少、手续简明、易于成功的项目，避免跟踪非重点、非优先的项目。

（3）与国内相关部门保持紧密联系与沟通，将项目所在国的相关项目列入发展计划和优先项目清单中。

需要注意的关键点包括：

（1）国别选择。应该选择那些国别风险小、主权信用评级高、已经和中国签署优买或优贷框架协议的国家。

（2）项目选择。运作标的应该是已经列入所在国优先项目或者所在国提出的项目。

（3）在确定实施项目清单之前完成前期相应的汇报、沟通及公关工作，由项目所在国向中方提出项目申请。

（4）担保和还款方式。确定是采用主权担保、信用担保，还是资源担保等。获取信保和银行的支持，做好“一保一贷”，及时向信保和银行做好审批过程中的汇报与沟通。

（5）融资结构与方式。确定是采用买方信贷，还是卖方信贷。

六、进入PPP市场战略

（一）中国工程企业的优势和机遇

“一带一路”给“走出去”的中国工程企业创造了难得的机遇。可以预见PPP投资设施建设将成为一种潮流，席卷沿线多数国家，弥补政府投资的不足。然而在热潮面前，依然需要冷静地思考中国工程企业自身存在的问题和市场风险。由于国内PPP市场刚刚兴起，大多企业存在经验不足、缺乏有力操作模式等情况。同时，很多PPP项目集中获批，甚至盲目上马。在国际市场上，PPP项目的竞争性谈判招投标已是相对成熟的市场，企业需要一个既熟悉当地法律法规，又熟悉国际商务操作惯例的强大专业团队，以确保风险的合理分配和股权构架的独特设计，以确保经营权的融资安排和法律合同框架的达成。

首先，在中国，无论是资本市场，还是工程企业，PPP都处于“摸着石头过河”的阶段，特许经营权的金融市场评估也尚未形成体系。当前国际工程领域的竞争主要体现在投融资能力的较量，而这种融资能力正好是中国工程企业的短板。目前，大多数中国工程企业的海外业务主要还停留在总承包的阶段，即使签订了PPP项目，也只是停留在建设部分。这和中国工程企业的海外战略有直接关系，中国工程企业“走出去”往往追求快速拿项目、做工程，缺乏持续经营和维护市场的意识。而持续经营是PPP的重要特征之一，一个项目要花费二三十年时间，因为PPP项目真正的赢利点是项目开始正式运营之后。

其次，中国工程企业的社会责任感和参与感不强。作为境外投资者，在进行基础设施投资后，需要快速本土化，为当地创造就业机会，参与到当地的社会公众事务中。在某些情况下，还需要有积极干政的决心和勇气，要成为当地决策者考虑的一个重要因素。否则，很难获得认同感，甚至还会招致当地民众的反感或抗议。而对收益率偏低的项目，在当地政府保护不力的情况下也可能颗粒无收。

最后，不少“一带一路”沿线国家仍处于市场不稳定阶段，法律构架和PPP顶层设计不完整，项目资金回收的安全系数较低，同时存在项目成功后资金退出兑换人民币返回国内的汇率及税收问题。“一带一路”沿线国家主要是发展水平较低的新兴市场或发展中国家，缺乏用于相关投资的充足资金，这也是亚洲地区存在巨大基础设施投资缺口的根本原因之一。

PPP作为一种商业模式，以盈利为目的，不同于政府援助项目，无论是借贷机构，还是社会资本，都有很大的还款压力，且项目操作需要较长周期。而大部分中国企业缺乏创新能力和项目长期管理能力。很多中国工程企业没有与当地资本市场对接，完全依赖于国家开发银行等机构或自有资金，一旦金融市场波动，项目资金链断裂，再次融资渠道就会变得非常脆弱。由于体制限制和“低价中标”的操作惯例，PPP可能沦为招揽工程项目的工具，导致为了做项目而做PPP，不考虑长期效益。

（二）PPP投资“四大战略”

（1）投资平台战略。除传统的总承包模式外，中国工程企业应探索股权投资与建设相结合、基础设施合作等多种商业模式，实施跨境基础设施资产证券化，解决投资者的退出渠道问题。建议国家建立“一带一路”跨境基础设施证券交易所，为国内乃至沿线私人资本参与“一带一路”跨境基础设施投资提供平台。可由中国工程企业按照契约精神，发起建立“一带一路”的PPP合同标准，在尊重地方行政法规的同时，保障私营投资机构的权益，引入安全的退出机制。

（2）全产业链战略。中国工程企业需要延伸产业链条，与外交、商务、发改、财税等有关部门密切协同、高效配合，与国外相关方磋商和促成一批以国内外民间资本为主导的“一带一路”PPP项目，打造典型范例的同时，强调基建与相关产业上下游服务咨询业相结合，实现利益最大化。在运作工程项目的同时，中国工程企业可以联合国内优势产能企业，开展“一带一路”产能合作，促进全产业链共同发展。

（3）高端人才库战略。中国工程企业应联合成立“一带一路”PPP 研究中心，构建培育和促进国内专业机构、中介组织、智库平台和高校研究中心等，开展配合“一带一路”建设相关 PPP 机制创新的科研、咨询服务和专业团队定向支持，同时构建相关人才挖掘和培养的机制，形成 PPP 人才库。

（4）属地化战略。中国工程企业需要与当地企业和机构合作，实施真正意义上的属地化战略。项目团队需有一定数量的所在国人员配比，特别是管理团队要有属地化意识，可通过海外并购的模式，吸取海外优质资源，在最短时间内了解当地操作惯例、工作模式和社会风俗习惯。

（三）PPP 模式的风险分析

PPP 模式是一个十分复杂的系统工程，参与者众多，组织结构和形式非常复杂，需要牵头人有很强的组织协调能力。同时，PPP 模式一般周期较长，前期需要收集和分析大量的数据和资料，以识别项目各阶段的风险，对风险分担机制要求很高。2010—2015 年，新兴市场国家货币对美元大幅贬值。总的来说，受货币贬值、经济增长缓慢、市场波动、国别风险评级下降、利率升高、新的监管/财务规定等一系列市场条件影响，新兴市场国家的市场，特别是其基础设施市场前景不容乐观。私人投资基础设施对风险和投资环境是高度敏感的。此外，“一带一路”投资最大的风险是政治风险。由于 PPP 项目都是企业与政府合作类项目，政治的稳定性直接影响项目的操作和收益，而政治类风险是不可控风险，无法转移到企业，所以要对“一带一路”沿线国家进行政治风险评估，确保相对风险较低。

“一带一路”的核心在于“合作”二字，它追求的是和平发展、互利共赢。以 PPP 投资带动的基础设施建设即将成为“一带一路”基础设施互联互通的主旋律。中国工程企业要从全产业链的概念出发，发挥资本优势，利用好国家的金融支持，引入国际化专业人才，通过 PPP 模式与“一带一路”沿线国家政府部门实现合作共赢。

第六节　国际工程 PPP 案例

柬埔寨甘再水电站 BOT 项目是柬埔寨第一个 BOT 项目，被称为柬埔寨的“三峡工程”。本节将以这个项目为例，介绍国际工程 PPP 的实施方案。

一、项目简介

距离柬埔寨首都金边市 150 千米之外的柬埔寨贡布省的甘再水电站，具有发电、灌溉、供水、旅游等多项功能，能够满足柬埔寨贡布省和茶胶省全部电力需求，以及首都金边市白天 40％、夜间 100％的电力供应。

柬埔寨甘再水电站 BOT 项目是柬埔寨政府工业矿产与能源部以国际竞标和 BOT 方式开发实施的水电站项目。国际工程公司经过投标、评标和合同谈判，于 2006 年 2 月

23 日与柬埔寨工业矿产与能源部及柬埔寨国家电力公司（EDC）正式签约。项目实施进展顺利，并于 2011 年年末进入正式商业运营。

图 11-1　甘再水电站全景图

甘再水电站项目先后获得 2010 年度柬埔寨王国贡布省最优秀工程奖、2012 年度中国水电股份公司优质工程奖、中国电建集团 2013 年度科技进步二等奖，并于 2013 年 12 月获得了中国建设工程（境外工程）最高奖——鲁班奖。

项目位置：柬埔寨西南部贡布省境内大象山区的甘再河。

项目规模：总装机容量为 194.1 兆瓦，年平均发电量为 4.98 亿千瓦·时。

投资：工程动态总投资为 2.805 亿美元。

特许经营期：44 年，其中施工期为 4 年，商业运营期为 40 年。

电价：项目前 9 年为免税期，电价为 8.35 美分/千瓦·时，中间 6 年电价为 8.696 美分/千瓦·时，后 25 年电价为 7.72 美分/千瓦·时，平均电价为 8.008 美分/千瓦·时。超出年平均 4.98 亿千瓦·时之外的额外电量，EDC 承诺以 65％的电价水平购买。

股权：国际工程公司拥有 100％股权。

融资方式：由项目公司作为贷款人的纯项目融资方式。

保险：在中国出口信用保险公司投保海外投资政治保险；柬埔寨政府担保；其他类别商业保险（工程一切险、雇主责任险、机具设备险等）。

EPC 承包：国际工程公司为项目 EPC 总承包商，设计承包商是中国水电工程顾问西北勘测设计研究院（福建省水利水电勘测设计院分包大坝设计），采购承包商是国际工程公司保障部，施工承包商是中国水利水电第八工程局。

O&M 模式：运营商为国际工程公司，中国水利水电第十工程局负责现场电站运行维护具体工作。

二、项目前期

柬埔寨颁布实施了私有电力法，鼓励和推动独立发电商（IPP）以私有化方式开发柬埔寨水电资源，并决定以国际竞标的 BOT 方式开发和实施甘再水电站项目。

（一）资格预审

2004 年 3 月，国际工程公司正式向柬埔寨工业矿产能源部递交了资审文件；5 月 19 日，国际工程公司收到柬埔寨发来的通过资审的通知。

（二）项目投标

1. 组建投标团队

由于是首次编制以 BOT 方式投标的标书文件，国际工程公司组织了由公司海外投资部、中国水电工程顾问集团西北勘测设计研究院及中国水利水电第八工程局组成的团队进行标书的编制工作。

2. 现场考察和编制投标书

2004 年 8 月 15 日，国际工程公司组织了由 15 人组成的项目考察小组对甘再水电站进行了现场考察。该小组对项目相关情况作了尽职调查，并收集了大量资料，为编标工作奠定了一定的基础。

3. 获得相关许可

在工程承包项目投标中，一般只需要国家商务部的投标许可就能参加投标，中标后便可签约。但按当时政策，BOT 项目的投标及签约则需要国家发展和改革委员会与商务部的核准以及国家外管局的同意。此外，BOT 项目还需要银行的贷款支持函及中国出口信用保险公司的海外投资保险意向书。

4. 银行及保险公司的支持

投标前，中国出口信用保险公司为国际工程公司出具了项目海外投资保险兴趣函；中国进出口银行为国际工程公司出具了项目贷款兴趣函。

5. 技术可行性分析

投标团队聘请了国内水电行业的知名专家对甘再的情况进行了认真的研究，经过多重努力，国际工程公司得出以下结论：柬埔寨甘再水电站项目是一个普通的项目，国内类似项目经验丰富，技术成熟，不存在难点，因此从技术方面考虑该项目是切实可行的。

6. 经济可行性分析

投标团队收集了柬埔寨的相关法律、法规及政策，对柬埔寨市场进行了进一步了解和分析。在进行经济可行性分析时，投标团队通过参考国内水电项目的财务评价办法，运用财务分析模型对甘再水电站项目的投资及收益情况进行了分析。依据国内同类工程经验，初步确定资本金的基准收益率为 10%。如果项目的资本金内部收益率达 10%以上，商业运营期达 25 年以上，则该项目在经济上是可行的。而柬埔寨的法律规定：水电站的商业运营期可达 30 年，其市场电价更是高达 12～20 美分/千瓦·时。因此，只要电价合理，该项目在经济上就是可行的。

7. 风险管理计划

由于 BOT 项目周期长，包含建设期和运营期，因此潜在风险因素较多。项目投标团队对风险问题进行了充分的识别和评估，并制订了初步的风险管理计划。主要包括：①国家政治风险；②征收或国有化风险；③柬埔寨政府违约风险；④税收、法律等政策风险；⑤战争等不可抗力；⑥购电风险；⑦汇率风险；⑧利率风险；⑨排雷风险；⑩移民风险；⑪征地风险；⑫环保风险；⑬材料、设备价格风险。

（三）投标及开标结果

2005年1月17日上午11时，国际工程公司与另外一家中国公司在柬埔寨工业矿产能源部会议室参加了柬埔寨甘再水电站项目的投标。两家中国公司的投标价格都执行了国家发展和改革委员会协调的指导意见。但是柬埔寨评标委员会认为，两家中国公司的电价均超过了柬埔寨的承受范围，因此决定对此标进行评审后再给相关公司发邀请。

（四）合同谈判

1. 合同谈判邀请

2005年3月3日，柬埔寨评标委员会向国际工程公司发出了“直接进行合同谈判邀请函”。该邀请函指出，虽然所报电价过高，暂时难以让柬埔寨接受，但评标委员会认为可以通过直接合同谈判明确设计优化和替代方案，故决定邀请国际工程公司于2005年3月16日赴柬埔寨首都金边进行直接合同谈判以确定设计优化方案和电价。

2. 谈判团队组建

国际工程公司谈判小组由中国水电工程顾问集团西北勘测设计研究院国际部相关设计、施工、商务和融资的专家组成；柬埔寨谈判人员由工业矿产与能源部（MIME）、财政部、国家发展委员会（CDC）、国家电力公司（EDC）和评标委员会等十多名专家组成。此外，柬埔寨还专门聘请了印度咨询为他们出谋划策。谈判内容主要涉及技术、商务、法律等方面。

3. 第一阶段合同谈判

2005年3月16—30日是合同谈判的第一阶段，谈判的焦点问题是确定技术方案和总投资。

由于投标报价高于柬埔寨政府底线较多，如何通过降低总投资使得电价降低就是此次会谈的重点。柬埔寨希望中方能有合理的技术方案来降低总投资，而国际工程公司认为柬埔寨应在各方面给中方优惠条件以降低总投资，从而降低电价。

最后，双方共同研究决定，将原方案的一个厂房增加为三个厂房，总装机从初始计划的180兆瓦增加到193兆瓦，增加发电量，从而使电价有一定的下降空间。经过两国政府高层的沟通，双方在谈判中各自做出了承受范围内的让步。柬埔寨承担了项目的增值税、排雷任务及对水库清理要求的简化，国际工程公司在土建及机电设备采购等方面做出了一定的优化，最终在双方都认为合理的价格上达成了一致，甘再项目的最终总投资为2.805亿美元。

4. 第二阶段合同谈判

2005年3月31日—4月6日是合同谈判的第二阶段。在第一阶段合同谈判的基础上，柬埔寨于2005年3月31日致函邀请中国水利水电建设集团公司领导和国际工程公司领导就详细的合同条件进行第二阶段的合同谈判。

“或取或付原则”是此次谈判的重中之重。柬埔寨谈判团队开始时只承诺购买中方发出的电量，而没发的电却不予支付。中方坚持按“或取或付原则”申请支付，即按设计的年平均发电量均摊至12个月进行支付，除非由于中方的原因发不出电。经过多次谈判，最终柬埔寨同意了此条款。因此，甘再水电站项目的资金流就是稳定的，这对项目融资十分有利。

根据柬埔寨相关法律的规定，在柬埔寨进行水电站项目等基础设施投资可享有最长30年的特许经营期（运营期）。为了保证中方的最大收益，中方谈判团队将项目的特许经营期定为44年，包括4年建设期及40年运行期。为此，柬埔寨谈判团队做出了巨大让步，因为国王的最后签署，形成一个新的法律。

（五）中标通知书

2005年4月27日，柬埔寨工业矿产与能源部部长向国际工程公司颁发了中标通知书，该通知书明确指出柬埔寨决定由国际工程公司以BOT方式投资开发甘再水电站项目。

（六）项目合作备忘录

由于柬埔寨首相洪森要出席2005年7月4日在昆明举行的大湄公河次流域国家首脑峰会，为尽快推动柬埔寨甘再水电站项目的进程，国际工程公司希望在此次会议上，在中柬两国总理的见证下，签订甘再水电站BOT项目投资开发备忘录。为此，国际工程公司上下齐心协力，通过外交部、商务部及中国驻柬埔寨大使馆等方面的高层运作，打消了洪森首相对此项目的疑虑，对甘再水电站项目有了新的定位，同意参加甘再水电站项目备忘录的签字仪式，并要求双方尽快商定未定事宜，促使项目尽快签约。

（七）最终电价确定

项目合作备忘录签订后，国际工程公司又与柬埔寨工业矿产与能源部、财政部进行了为期2个月的多轮会谈，就原先涉及的所有未定事宜基本达成一致。其中最重要的是由于柬埔寨税法的变更，最终电价在保证中方的收益情况下进行了调整。调整后的电价：前9年电价为8.35美分/千瓦·时，中间6年电价为8.696美分/千瓦·时，后25年电价为7.72美分/千瓦·时。

调整后中方的总收益不变，但由于前期电价更高，因此项目的收益率有了一定的提高。

（八）合同签约

虽然电价谈判已经确定了最终的电价，但最终的签约过程仍十分困难。这主要是由于柬埔寨发展委员会的一些成员对其中一些内容有着自己的看法：首先，不同意出具政府担保；其次，认为融资安排不合理，应该由中国政府提供优惠贷款。而中方始终认为，此项目是国际招标项目，是一个标准的BOT项目。洪森首相受此影响，对项目是否以BOT方式建设摇摆不定。为了促使项目能够正式签约，中国驻柬埔寨大使馆直接与洪森首相对话，同时国际工程公司组织人员与柬埔寨发展委员会多次沟通，最终双方达成一致，同意签约。

图 11-2　柬埔寨总理洪森给中国水电建设股份公司总经理孙洪水（前排右一）授勋

三、项目融资

（一）项目公司

甘再项目公司成立于 2006 年 4 月 30 日，国际工程公司是唯一股东，是根据柬埔寨公司法在当地成立的独立法人公司。甘再项目公司注册资本 100 万美元，有效期为 99 年，经营范围是以 BOT 方式在柬埔寨开发水电项目业务。

（二）项目融资模式

市场化投融资主体的融资分为企业信用融资和项目融资。企业信用融资是以企业信用为基础进行的各种融资活动；项目融资是以合资成立的股份制项目公司为主体，在政府的支持下，以项目本身收益为基础进行的商业融资活动。主要融资渠道有：私募发起人、发行股票等股权融资；依托企业信用发行企业债券；国内商业银行的商业性贷款；项目融资，包括 BOT、BOOT、BOO、PPP 等；留存收益（利润）等内源融资。

（三）项目融资方案

项目融资方案为以甘再项目公司作为借款人的纯项目融资。借款额约 2.02 亿美元，完工前、完工后采用不同利差。还款期为项目完工后起至贷款还清结束，每半年还款一次，具体还款计划待定。项目完工前，股东的母公司（中国水利水电建设集团公司）提供还本付息的担保。营运期提供项目资产抵押；设立项目托管账户，托管账户质押；在电力购买协议上设置质押；在特许经营协议上设置质押；柬埔寨政府提供还款保证；借款人投权质押；投保境外投资险以及其他担保及支持性安排。

（四）项目信用保证结构

信用保证结构是指项目资产及项目参与者的各种担保。甘再水电站项目的融资担保结构由以下几部分组成：合同权益抵押、股东质押、土地权益及厂房抵押、机器设备抵押、账户质押、保险转让和抵押担保、股东支持协议。

（五）代理行选择与账户监督

中国进出口银行选择了 ANZ 银行作为甘再水电站项目的代理行。根据中国进出口银行要求，甘再项目公司需要在柬埔寨 ANZ 银行开立贷款控制账户（用于发放贷款注入和卖电收入注入）、营运账户、大修理账户、储备账户，并与 ANZ 银行签署了账户托管协议。

（六）项目保险

甘再水电站项目作为一个 BOT 项目，保险包括海外投资险及工程一切险项下的内容和范围。项目公司经过招标，选用了保险经纪人平台，为项目保险提供一揽子的咨询服务。

四、现场准备

（一）施工征地

作为君主立宪制国家，柬埔寨政务工作由国王任命的首相组阁的王国政府负责。柬埔寨是典型的土地私有制国家，所以征地难度很大。

针对柬埔寨土地私有的特点，甘再项目公司在施工征地中，积极探索出一条独特的方法，即创造性地采用补偿不同树种替代面积征用，这有效解决了甘再施工用地中不同土地属性、不同位置、不同经济树种间的差异问题，快速地解决了项目用地难题。

柬埔寨政府与甘再项目公司的 LA 协议中有专门的条款规定：凡属于柬埔寨政府所有的土地，只要工程建设需要，均可无偿提供给公司使用；而其他私有土地，柬埔寨政府部门则起到联络、协调、见证、公证的作用。因此，在所有的征地合同中，贡布市工业局均作为政府主管部门，同时以合同见证人的身份签字和盖章。合同补偿款项也均经过当地政府见证发放。

（二）施工移民

甘再水电站项目库区周围均为国有原始森林，因而不存在移民问题。受施工区域影响的几户村民在与项目公司及协商补偿后及时搬迁，因此没有对工程的进展产生影响。

（三）库区排雷

由于之前同邻国越南的多年争战，柬埔寨热带丛林里满是地雷。柬政府军派出一排工兵，对甘再工程勘探区域、建设区域以及库区进行了三次拉网式的扫雷，挖出地雷 500 多个。

（四）库区清理

柬埔寨没有库区清理的标准和要求，因此甘再项目公司均参照国内标准和要求进行库区清理。这既要满足国内规范，又要符合国际上通行的惯例，以确保不会因为库区清理问题给电站的运行及水质污染等环保问题造成隐患。

五、项目实施

甘再项目部组建了一个完善的项目管理组织机构。甘再项目的组织机构主要由投资方、管理方、总承包商、设计方、委托施工方及供货商六个部分组成。其中，甘再项目公司是项目的投资方，工程管理部和西北院咨询公司作为管理方，中国水利水电建设集团国际公司为甘再项目的总承包方，西北勘测设计研究院和福建水利水电勘测设计院是设计方，中国水利水电建设集团国际公司和中国水利水电第八工程局为项目委托施工方。供货商是由国际公司保障部负责并委托实施。组织机构的以上六方根据建设合同的规定和要求为协调关系的纽带，共同实施甘再项目。

图 11-3　甘再水电站右岸拌和及砂石系统投产

六、竣工验收和试运行

（一）竣工验收

鉴于柬埔寨尚无水电站验收规程规范，甘再项目公司本着对项目负责的精神，严格按照国内水电站验收规程规范，参照同等规模的国内水电站项目进行工程各项验收。

（二）水电站试运行

甘再水电站运行招标依据公平公正的原则，组织专家评审会，最终选定了中国水利水电第十工程局为运行单位。

2010 年 4 月，甘再项目公司与中国水利水电第十工程局签订了柬埔寨甘再水电站运行维护合同书。根据招标和运行、维护合同文件要求，运行部的主要工作范围是柬埔寨甘再水电站的生产准备，生产运行，设备维护、小修，管理和培训。

合同签订后，运行部即入驻现场，试运行阶段的主要工作有：完善运行管理制度，培训员工技能，运行前各项检修工作，配合施工单位进行相关工作。

图 11-4　甘再水电站鸟瞰图

七、项目运营

甘再项目公司做了大量富有成效的工作，包括建章立制、构建管理框架、团队能力建设等。具体在以下几个方面做了有益的探索。

2012 年 8 月 1 日，甘再水电站正式进入商业运营，由建设期正式进入商业运营期，为转变经营理念，提升运营管理水平，确保电站稳定、安全、高效运行，结合项目公司实际情况，参照国内发电公司管理模式，对项目公司的组织机构设置进行调整，详见图 11-5。

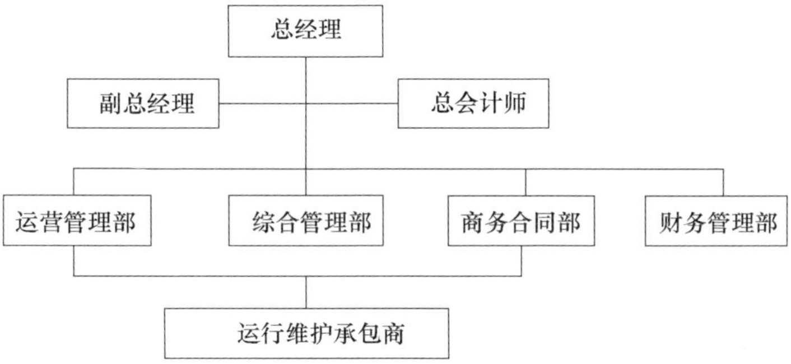

图 11-5　调整后项目公司的组织机构

目前，在建设期，国内大多数水电工程运行管理方不参与或较少地参与工程建设的实施过程，只在工程完工后由建设方整体移交管理方，依然是“建”“管”分离。为避免此不足，在该水电站项目建设过程中，项目公司委托运行维护承包商进入现场，参与包括合同执行、安装监理、现场调试、检验验收等在内的工程建设全过程的质量控制与管理，确保工程设备的移交平稳进行，并提前完成了工程运行管理所需的技术转移，直至全部工程竣工移交投产。在建设阶段，电站运行人员要熟悉工程建设每一个阶段的任务、重点，以降低后期纠正成本。

图 11-6　甘再水电站大拌和系统建成投产

八、经验教训

1. 项目管理团队实力不够

甘再项目公司管理团队实力不够，人员综合素质不高，除个别核心管理人员是从事过多年国际项目管理外，其他大部分管理人员都是本科毕业不久，具备英语语言优势但对国际工程管理经验缺乏的理工科院校毕业生，其对国际工程管理惯例及世行、亚行以及国际通行的工程管理合同体系都知之甚少。而甘再项目除了是个国际工程外，还需要管理团队具备法律、金融、进出口、保险等相关知识，因而管理团队全方位管理控制能力欠缺。

2. 项目合同关系不明确

由于甘再项目前期策划和运作情况复杂、历时较长，而且该项目参与方众多，涉及多个国家的很多公司，利益关系复杂，在项目的运行过程中很容易出现因为合同关系不明确而引起的影响项目有序进行的问题。

例如，在甘再项目筹备和施工前期阶段，甘再项目公司和委托施工方一直未能及时签订项目施工合同，因项目委托施工方由中国水电建设集团国际工程有限公司与中国水电八局两家共同承担，虽然采用了借支的形式支付委托施工方相应的工程款，然而造成了相当长的时间内项目三级管理的经济关系复杂，财务管理难度大的问题。发生的这些实际情况均是由于项目公司和承包商之间合同关系不明确，导致利益冲突和纠纷存在的现象凸显，影响了甘再项目按计划实施，因此，为了甘再项目的顺利进行，必须要将项目公司和承包商之间合同关系不明确的问题解决。

3. 项目风险规避有局限性

甘再项目风险规避有局限性，主要表现在实际情况与原可行性报告提供的资料有很大的差别；施工合同比投标时间晚四年签订，这些均给项目带来风险。甘再项目在项目技术、施工成本核算的风险规避有局限性，主要表现在中国水利水电建设集团公司在对项目实施地进行了详细的勘查和调研后，发现地质情况、地形情况、料源情况等与原可行性报告提供的资料有很大的差别。为了保证总投资基本可控，甘再项目不得不花时间和经费进行了大量的设计优化试验，希望借助新技术、新方法来降低施工投入成本。

另外，委托施工方在甘再项目筹备期就参与工作并给出施工报价，并在年内的项目临建期完成了大部分土建施工工作，而最终施工合同签订时间为 2006 年 2 月 23 日，这段时间内国际市场刚好经历次贷危机，东南亚地区材料和物价飞涨，使得施工方成本剧增。因此，本书认为甘再项目在项目技术、施工成本核算的风险规避上存在一定的局限性，应该将这种局限性通过良好的方法和措施予以规避或消除。

综上可知，本书首先介绍了国际工程的国内发展趋势，包括国内的政策和中国参加的国际组织，还介绍了为社会资本方“走出去”提供支持的国际金融机构。然后介绍了 14 个典型国家的 PPP 立法情况，帮助社会资本方了解国际 PPP 市场。紧接着，介绍社会资本方进入国际市场的准入条件和国际市场对外来资本的限制条件。然后，介绍了国际工程 PPP 市场的开发方式与战略准备，最后以一个国际工程 PPP 案例作为结尾，向社会资本方介绍实际案例的成功与失败经验。

参考文献

[1] 徐姣姣．PPP 投资模式下的操作流程的合规性分析［M］．北京：中国经济出版社，2018.

[2] John Scott. 社会网络分析法［M］．重庆：重庆大学出版社，2016.

[3] 陈青松．PPP 项目操作实务市场分析与案例［M］．北京：中国建设工业出版社，2017.

[4] 杨卫东等．PPP 项目全流程操作手册［M］．北京：中国建筑工业出版社，2016.

[5] 中央财经大学政信研究院．PPP 行业发展报告［M］．北京：社会科学文献出版社，2018.

[6] 吉富星．PPP 模式的理论与政策［M］．北京：中国财政经济出版社，2017.

[7] 中国 PPP 产业大讲堂．PPP 核心要素操作指南［M］．北京：经济日报出版社，2016.

[8] 李志生．PPP 项目操作实务与案例分析［M］．北京：中国建筑工业出版社，2017.

[9] 张彦春，王孟钧，周卉．PPP 项目运作・评价・案例［M］．北京：中国建筑工业出版社，2016.

[10] 刘飞．PPP 项目合同系列谈［M］．北京：经济日报出版社，2017.

[11] 曹珊．PPP 运作重点难点与典型案例解读［M］．北京：法律出版社，2018.

[12] 陈辉．PPP 模式手册——政府与社会资本合作理论方法与实践操作［M］．北京：知识产权出版社，2015.

[13] 杨俊杰．PPP 模式项目要略导论［M］．北京：机械工业出版社，2018.

[14] 吉福星．中国 PPP 模式的运作实务［M］．北京：中国财政经济出版社，2017.

[15] 黄华珍．完胜 PPP：融资与建造的全域解析［M］．北京：法律出版社，2016.

[16] 杨俊杰，董蕾．PPP 项目模式操作之道［M］．北京：机械工业出版社，2018.

[17] 赵琦．中国 PPP 理论与实操［M］．北京：企业管理出版社，2017.

[18] 盛和太，王守清．特许经营项目融资（PPP/BOT）：资本结构选择［M］．北京：清华大学出版社，2015.

[19] 王守清，王盈盈．政企合作（PPP）：王守清核心观点（三册）［M］．北京：中国电力出版社，2017.

[20] 王守清，柯永建．特许经营项目融资（BOT、PFI 和 PPP）［M］．北京：清华大学出版社，2008.

[21] 埃里克・布鲁索，让・米歇尔・格拉尚．契约经济学：理论和应用［M］．北京：中国人民大学出版社，2011.

[22] 赵振宇．中国国际工程承包——数据、模型与实践［M］．北京：清华大学出版社，2018.

[23] 周啸东．“一带一路”大实践——中国工程企业“走出去”经验与教训［M］．北京：机械工业出版社，2017.

[24] 赵珊．柬埔寨甘再水电站项目管理研究［D］．西北大学，2013.

[25] 马小锋．PPP 模式下交通基础设施建设项目收益分配模型研究［D］．吉林大学，2013.

[26] 张英怀．PPP 项目合同边界条件探索［EB/OL］．http：//blog. sina. cn/dpool/blog/s/blog_13d3f1da70102w39h. html

[27] 马强，刘登．非经营性 PPP 项目收益分配机制设计［J］．商业经济研究，2011（9）：97－98.

[28] 胡丽，张卫国，叶晓甦．基于 SHAPELY 修正的 PPP 项目利益分配模型研究［J］．管理工程学报，2011，25（2）：149-154.

[29] 白红飞，王刚．PPP 收益分配模型研究［J］．合作经济与科技，2015（20）：72-74.
[30] 王英．基于直埋成本法的地下综合管廊入廊费定价机制［J］．中国工程咨询，2016（6）：41-44.
[31] 张玉春，田红磊．PPP 模式下污水处理项目价格设计［J］．工业技术与职业教育，2016，14（4）：8-11.
[32] 曹元坤，占小军．激励理论研究现状及发展［J］．当代财经，2003（12）：57-61.
[33] 杨瑞龙，聂辉华．不完全契约理论：一个综述［J］．经济研究，2006，41（2）：104-115.
[34] 彭真善，宋德勇．财经理论与实践［J］．财经理论与实践，2006（4）：15-19.
[35] 陈加洲等．组织中的心理契约［J］．管理科学学报，2001（2）：74-78.
[36] 李艳天，李林林．英、法两国 PPP 法律规制的比较分析［J］．法制与社会，2018（28）：74-75.
[37] 何谐．印度基础设施 PPP 项目开发竞争力现状与建议［J］．经济研究导刊，2018（24）：169-175.
[38] Rayhan Asat. PPP 模式在土耳其［J］．国际工程与劳务，2014（06）：38-39.
[39] 张振海．沙特阿拉伯工程承包市场概述［J］．国际经济合作，2001（09）：57-59.
[40] 王济林．龙勤天下甘自来——记中国电建柬埔寨甘再水电站建设［J］．国际工程与劳务，2017（04）：93-95.
[41] 石全．柬埔寨甘再水电站运行维护管理综述［J］．科技资讯，2013（27）：131.
[42] 岳娟．PPP＋EPC 模式的健康发展之路［J］．施工企业管理，2018（07）：76-77.
[43] 赵周杰．PPP＋EPC 模式的实现路径及相关思考［J］．中国工程咨询，2018（02）：78-82.
[44] 颜锋．PPP 模式采购与传统模式政府采购的差异比较［J］．招标采购管理，2016（08）：43-46.
[45] 丰琳琅，陶升健，胡新赞．全过程工程咨询在 PPP 项目的应用研究［J］．中国工程咨询，2018（06）：24-27.
[46] 罗志娟．试论面向 PPP 项目的全过程造价咨询优化路径［J］．建材与装饰，2018（15）：181.
[47] 赵茜，孙家平．论 PPP 项目融资的信用结构设计［J］．经贸实践，2017（01）：91.
[48] 付正文．浅谈 PPP＋EPC 模式下 EPC 总承包方施工管理［J］．门窗，2018（6）：77-78.
[49] 廖诗娜．PPP 项目定量风险评估方法比较［J］．合作经济与科技，2010（11）：30-31.
[50] 冯燕．PPP 项目融资风险识别及量化研究［D］．重庆大学，2007.
[51] 梁锦霞．关于企业财务绩效评价的思考［J］．会计师，2016（15）：23-24.
[52] 郑峥．基于企业财务绩效的区域经济发展状态分析［D］．天津科技大学，2016.
[53] 何玉茹．企业财务绩效分析概述［J］．时代经贸旬刊，2007（SA）：165-165.
[54] 沈瑜．上海万博绩效管理体系再设计［D］．东华大学，2015.
[55] 李飞贞．破解存量 PPP 项目落地难题［J］．中国投资，2018（3）．
[56] 韩上尚．PPP 项目特许协议再谈判机制研究［D］．西南科技大学，2018.
[57] 樊世昊．PPP 项目再谈判流程的构建［J］．市场周刊（理论研究），2018（04）：28-30.
[58] 李瑞升．PPP 再谈判势在必行［N］．建筑时报，2017-12-18（003）．
[59] 娄黎星．基础设施 PPP 项目再谈判影响因素及其治理研究［J］．综合运输，2016，38（04）：18-24.
[60] 吴淑莲．PPP 项目再谈判关键风险因素识别与操作规程设计［J］．工程管理学报，2017，31（03）：70-74.
[61] 柯冬梅．PPP 模式下高速公路特许经营项目的定价机制研究［D］．重庆交通大学，2013.
[62] 朱海波．PPP 模式下高速公路项目定价机制研究［D］．武汉工程大学，2017.
[63] 杜相．收费高速公路 PPP 项目定价模型研究［J］．中国工程咨询，2016（7）：34-36.
[64] 蔡新民．高速公路 PPP 项目特许定价机制研究［J］．价格理论与实践，2015（9）：100-102.
[65] 姚张峰，许叶林，龚是滔．关于 PPP 垃圾焚烧发电项目特许定价研究——基于系统动力学理论分析［J］．价格理论与实践，2017（4）：132-135.
[66] 韦海民，鲁伟．垃圾焚烧发电 PPP 项目处理费定价探讨——基于风险管理的定量分析［J］．财

会月刊，2018（16）.
[67] 龚是滔．基于风险分担的 PPP 垃圾焚烧发电项目特许定价研究［D］．浙江理工大学，2018.
[68] 林立．项目融资和 PPP 运作全程指引［M］．北京：中国法制出版社，2018.8.
[69] 徐姣姣，邵卫国．PPP 投融资模式下的操作流程的合规性分析［M］．北京：中国经济出版社，2018.3.
[70] 樊树海，凌宁基．基于 AHP-TOPSIS 模型的企业财务绩效评价［J］．绩效评价．2018，（6）：78-80.
[71] 纪彦军．城市基础设施应用 PPP＋EPC 模式研究［J］．重庆建筑．2017：36-37.
[72] 王迎发，程合奎．PPP＋EPC 模式在建设领域中应用的探讨．东北水利．2018，36（5）：20-22.